ARKTIKA

DU MÊME AUTEUR

Mongolie – Nomades de la steppe, Éditions de la Boussole, 1999
Oxygène (en collaboration), Tana éditions, 2002

À Sokol, qui ne verra jamais le détroit de Béring.
À Pouchok, sans lequel je ne l'aurais jamais atteint.

« La difficulté de réussir ne fait qu'ajouter à la nécessité d'entreprendre. »

BEAUMARCHAIS

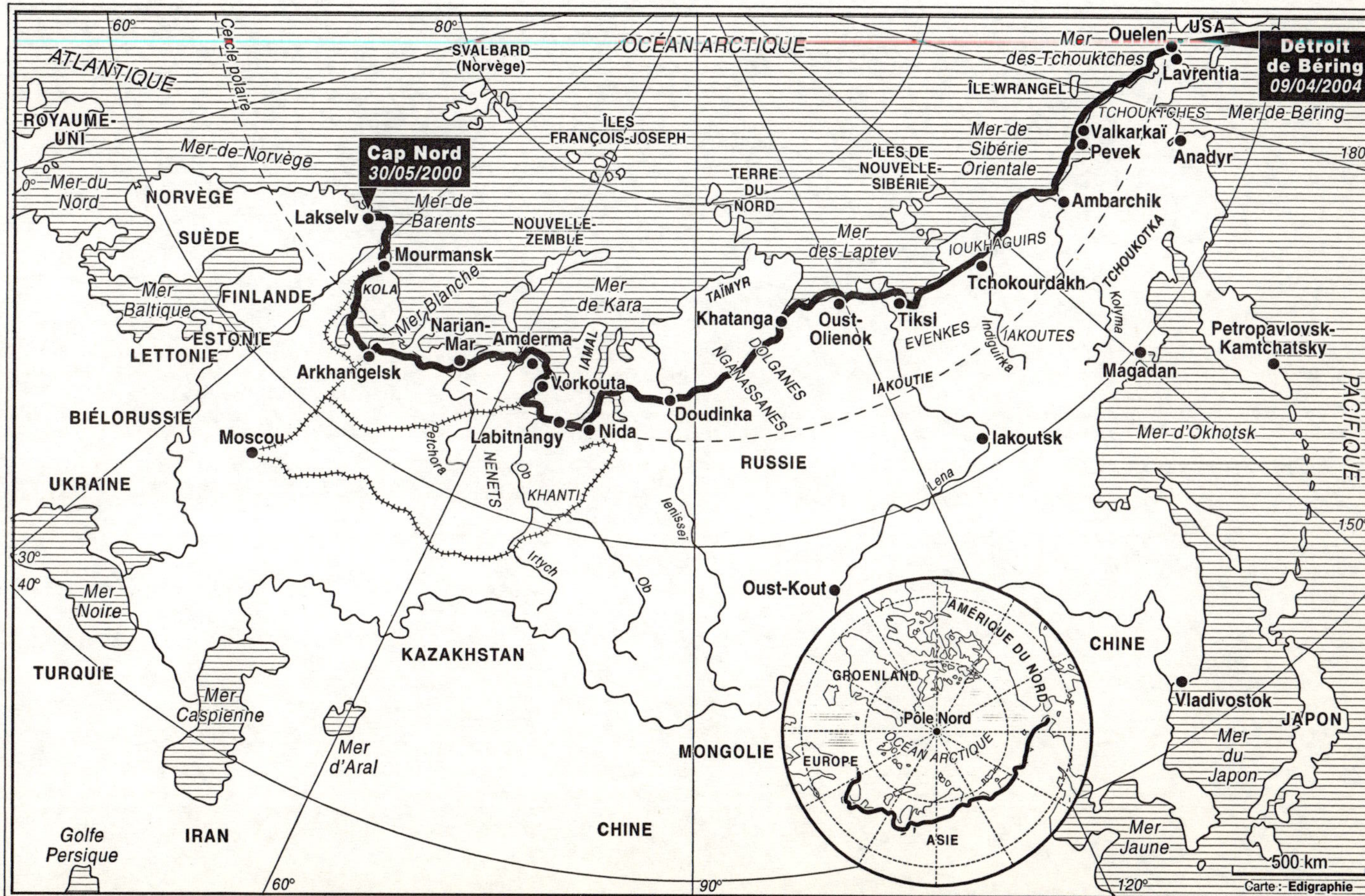

Expédition **ARKTIKA** (du cap Nord au détroit de Béring) - 11 372 km

Préface

Je rends ici hommage à une force de conviction tout à fait remarquable qui a permis à Gilles Elkaim, à l'aube du IIIe millénaire, de relier l'Atlantique (cap Nord, Norvège) au Pacifique (Lavrentia, détroit de Béring), par une courageuse traversée, le long des rives de l'océan glacial Arctique, en traîneau à rennes, à chiens, en kayak.

Ce livre raconte quatre années d'une marche solitaire sur douze mille kilomètres, réalisée en sept étapes. Ce récit passionné rend compte de l'audace de cet explorateur qui, dans un projet pédagogique, invite, par les médias, le jeune public de nos établissements d'enseignement primaire et secondaire à vivre son aventure. Cette expédition permet de découvrir une nature violente, contrastée et des peuples malheureusement peu connus en France comme les Nenets, les Khanti et les Tchouktches. La Société de Géographie a remis une belle distinction[1] à Gilles Elkaim, et je m'associe à cet hommage.

Il est remarquable que la Sibérie ait fasciné les géographes français. Une récente exposition au Muséum national d'histoire naturelle a rappelé trois siècles de coopération fraternelle franco-russe. C'est Joseph Nicolas Delisle, académicien des sciences, qui fonda la section de géographie de l'Académie des sciences de Russie. C'est son demi-frère Delisle de La Croyère qui, en tant que membre de la Grande Expédition du Nord, dirigée par le capitaine danois Vitus Bering et le lieutenant Aleskeï I. Chirikov,

1. Grande Médaille des explorations de la Société de Géographie, 2004.

a assuré le canevas géodésique des territoires sibériens traversés et les relevés astronomiques à bord du *Saint-Paul*, en route vers l'Alaska (juillet 1742). Il mourut d'épuisement en débarquant au retour du Kamtchatka et fut enterré en baie d'Avatcha. En 1787, le comte Jean-François de Galaup de La Pérouse, naviguant vers le sud de l'Alaska à bord de *La Boussole* et de *L'Astrolabe*, fit apposer une plaque de bronze sur sa tombe. Beaucoup d'autres noms mériteraient d'êtres notés et je renvoie le lecteur à l'album de cette très belle exposition[1].

En 1988, dans le cadre de la nouvelle politique de la *Perestroïka*, l'Académicien Dimitri Likatchev, conseiller du Président Mikhaïl Gorbatchev, me nomma directeur scientifique de la « Première expédition internationale en Tchoukotka » depuis la révolution d'Octobre – la seconde depuis Catherine II – sous le patronage du Gosplan (Leningrad), du Fonds de la culture (Moscou) et du CNRS (Paris). À la suite de cette expédition (août-septembre 1990), a été décidée la création, en 1991, à Leningrad, d'une École des cadres pour les peuples du Nord, transformée en 1994 par le ministère de l'Éducation à Moscou (Direction de l'enseignement supérieur) en Académie polaire, qui devint Académie polaire d'État, en 1998. J'en suis un des fondateurs et le président d'honneur à vie. Elle compte onze cents élèves venus de toute la Sibérie et quarante-cinq ethnies[2]. Cette présence permanente de la vie française en Sibérie, dont témoigne le périple de Gilles Elkaim, se manifeste aussi par le fait que dans les trois facultés de cette grande institution d'enseignement supérieur la langue française est la première langue étrangère obligatoire. J'ai lu avec beaucoup de plaisir que Gilles Elkaim est passé par Ouelen (nord de la Tchoukotka), qui a été un des secteurs très actifs de recherche de cette première expédition russo-française en Tchoukotka (1990) et où j'ai même enseigné, au cours de la mission, en

1. *À la découverte de la Sibérie, géographes et voyageurs français de Pierre le Grand à nos jours*, préface de Jean Malaurie, Paris, Éditions du Muséum national d'histoire naturelle, 2004.

2. Voir Azourguet Tarbaievna Chaoukenbaeva, « L'Académie polaire d'État à Saint-Pétersbourg », *in Inter-Nord* n° 20, juin 2003, Paris, CNRS/Economica, 2003, p. 221-226. Azourguet Tarbaievna Chaoukenbaeva est le Recteur, depuis sa fondation, de l'Académie polaire d'État. Et « Jean Malaurie veille sur l'élite du Grand Nord », propos recueillis par Françoise Huart, *Le Monde de l'éducation*, mars 2005, p. 64-65.

tant qu'« instituteur volontaire », dans l'École primaire soviétique pour élèves esquimaux et tchouktches, afin de m'immerger davantage, dans cette société en crise grave. Sans aucun doute, cette amitié franco-russe, qui n'a jamais manqué de se manifester par une coopération dans le domaine industriel et un développement rapide du tourisme, participe au succès du remarquable voyage de Gilles Elkaim. Ce livre nous en relate les divers épisodes, dont certains ont été particulièrement périlleux.

Jean Malaurie,
mai 2005

PRÉLUDE À L'AVENTURE

1984 : une année chez les Inuit

Septembre 1984.
Qeqertaq - Groenland.
Position : 70° N 51° 32′ W

Quelques instants après avoir viré de bord à la faveur d'un creux, le kayak, alourdi par l'eau embarquée, a subitement chaviré. Je me retrouve coincé sous la surface, dans l'étroite carcasse, luttant désespérément pour me libérer. Le manque d'air et l'horrible étreinte de l'eau glaciale sur mon corps ont dû décupler mes forces car, d'un ultime coup de reins, je suis parvenu à rompre la structure de bois et à retrouver la surface. L'hiloire, détachée de la coque, entoure ma taille comme une ridicule bouée. Ce détail grotesque me fait prendre conscience de l'insolite de ma situation. Il me semble percevoir le ricanement d'une voix résonnant dans mon subconscient. La mort est là, toute proche. Son visage hideux m'interpelle.

En une fraction de seconde, j'ai basculé, surpris d'accepter ma fin avec une telle sérénité. Mon esprit sombre, mon corps coule. Je n'en suis pas pleinement conscient, mais le bruit du vent s'est atténué et s'estompe au fil des millièmes de seconde qui s'égrènent. Je me sens glisser dans un doux cocon, n'ayant plus ni crainte ni douleur. Mon mental, bouillonnant un instant auparavant, s'apaise graduellement.

Comme c'est étrange ! Je me revois, enfant, débattant avec ma sœur de nos morts respectives. Une noyade ? Pas question. Tomber du haut d'une falaise, à la rigueur. Ou bien alors disparaître dans une crevasse. En clair, périr honorablement. Ni suffocation ni lente agonie, rien qu'un tout petit fracas pour trépas. Nous avions même établi un palmarès, une hiérarchie, en quelque sorte, de cette macabre apothéose. Le feu était de loin la pire des options. Nous ne connaissions pas alors la maladie, ne supposions même pas que nous puissions vieillir un jour. Les seuls spectacles de mort en direct que nous ayons jamais appréhendés étaient ceux du petit écran ou du corbillard conduisant au son du glas le défunt depuis la place de l'église jusqu'au cimetière, distant d'à peine une centaine de mètres. La dernière des virées terrestres avait des allures de funèbre expédient en regard du plus long de tous les voyages, celui vers un hypothétique au-delà.

Mon cerveau archive à la vitesse de la lumière toutes les phases d'une vie qui en est à son printemps. Curieusement, j'en accepterais presque mon sort comme la suite logique d'une accumulation impardonnable d'imprudences et de mises en garde bafouées. L'insouciance de ma jeunesse et la soif de tout voir, de tout comprendre, de tout expérimenter m'ont conduit à chaparder un vieux kayak eskimo pourrissant lentement sur un séchoir à viande. Pavia, son propriétaire, s'était tout d'abord amusé de mon projet de remise à flot de ce qu'il considérait n'être plus qu'une épave. Puis devant mon insistance, il avait tranché de son ton à la fois doux et péremptoire.

— *Ayorpok !* (Mauvais !)

Rien n'autorisait la prolongation du débat. Conscient de ma déception, il avait ajouté comme pour s'excuser :

— De toute façon, le kayak est trop petit pour toi. Mon père me l'avait construit sur mesure lorsque je n'étais qu'un gamin. Sa peau est trouée et cela fait des années que je ne l'ai plus descendu des tréteaux.

Je m'en étais retourné, dépité, chez Mikkili, qui s'était désigné comme mon père adoptif. Le kayak de Pavia était le dernier à Qeqertaq, minuscule hameau de la côte ouest du Groenland. Avant de m'éloigner, je n'ai pu m'empêcher d'y jeter un coup d'œil plein de convoitise. Du haut de son estrade, la coque blanche et savamment effilée semblait m'inviter. Mon rêve d'alors se résumait à naviguer sur ce bateau. Et comment renoncer à le réaliser lorsqu'on a conçu le projet, depuis sa plus tendre enfance, de devenir un jour un Eskimo ?

Le temps passait paisiblement dans le petit village du bout du monde. Le kayak ne cessait de m'obséder, de me narguer, jusqu'au jour où son propriétaire eut la bonne idée de partir traquer le phoque. Je n'ai pas hésité une seule seconde. Nous étions dimanche et la plupart des autres hommes s'étaient, eux aussi, éclipsés, prétextant diverses excursions de chasse ou de pêche. J'ai trouvé la pagaie dans la vieille remise et me suis saisi du léger esquif d'un seul bras. Sans l'inspecter plus avant, je l'ai mis à l'eau... Quelle satisfaction de le voir flotter dans les eaux scintillant au soleil de septembre ! J'ai ôté ma paire de bottes et, habillé d'une seule tunique en laine polaire, me suis glissé à l'intérieur de la carcasse – non sans quelques difficultés. Mes talons butaient sur une cale de bois, et mes genoux dépassaient du trou d'homme, faute de place. C'est alors seulement que je me suis aperçu que la jupe, destinée à assurer l'étanchéité du canot, me faisait défaut. Les paroles de Pavia me sont revenues en mémoire, mais mon esprit borné n'y attachait que peu d'importance. Je me contenterai de caboter le long du rivage... en toute sécurité.

Quelques coups de pagaie m'ont éloigné rapidement de la berge. L'odeur fortement iodée des flots groenlandais se mêlait au parfum rafraîchissant des éternelles glaces de l'Inlandsis dominant le fjord. Je jubilais. Après ces mois de dépendance au village, je recouvrais ma liberté avec extase. Dans l'excitation du moment, j'en oubliais toute notion de prudence et pagayais joyeusement vers le large, dans le clapot azur. La brise parvenait juste à faire moutonner la mer. De petites vagues qui venaient mourir sur le pont déversaient chaque fois quelques litres d'eau salée dans la coque. Bah, un peu d'eau froide n'a jamais tué personne. Et j'aurai bien tout le temps de me sécher plus tard, pensais-je.

Franchissant la frontière du raisonnable, je décidai de poursuivre. Le rationnel perdait prise face au désir d'aventure. Même la lenteur soudaine du kayak ne m'a pas fait comprendre l'imminence du danger. Voulant à tout prix éprouver mon courage, je m'obstinais à naviguer dans des vagues de plus en plus formées. Conscient toutefois de l'instabilité du kayak, j'ai fini par mettre le cap sur le village, mais je ne gagnais que peu de route face au vent. Lorsque je me suis enfin décidé à virer de bord, il était trop tard. Le chavirage, programmé dès la mise à l'eau, a eu lieu. J'ai vu mon kayak se cabrer, effectuer une chandelle et la mer polaire m'engloutir.

Je continue ma lente descente aux enfers. Je coule. Le compte à rebours se poursuit. Le mental s'évertue à passer en revue les détails marquants de ma courte vie. Mon esprit s'accroche à une vision sans pouvoir la lâcher, celle de mes proches apprenant ma disparition : ceux restés en France, ceux de mon petit village groenlandais. La culpabilité que je ressens subitement me fait l'effet d'un coup de fouet. Une décharge électrique me traverse le corps. L'onde, partie de mon cerveau, a déclenché un concert d'électrochocs dans mes neurones. Transmise par ces émetteurs, elle a atteint la moelle épinière qui a ordonné à une kyrielle de nerfs l'action décisive de tétaniser instantanément tous mes muscles. Mon corps se raidit, mon esprit se tend vers un seul but. Survivre !

Je retrouve la surface et avec elle la souffrance. Les frimas de septembre ne sont pas encore parvenus à souder la mer, mais sa température avoisine quelques degrés seulement. Comble de malchance, aucun des icebergs, d'habitude si nombreux dans le fjord, n'est aujourd'hui assez proche pour m'être d'un quelconque secours. Un cri de rage incontrôlable brise le silence lugubre de cette fin de journée. Ce hurlement désespéré est celui de l'animal pris au piège. Mais il est bien issu de mes entrailles, preuve que je suis encore en vie, paré pour l'ultime combat.

La lutte s'engage. Je nage lentement sur le dos pour limiter la déperdition d'énergie et donc de chaleur. La rive me paraît trop éloignée pour que je puisse jamais l'atteindre. Tant pis, je nage. Les manuels de survie sont formels sur ce point. Le corps humain ne tient pas plus de quelques minutes dans une eau à zéro degré. Ces savantes études ne tiennent cependant pas compte du facteur dominant, en ces circonstances : le psychique, qui se substitue au physique et décuple les forces issues de la seule volonté. La puissance du mental est phénoménale.

Une multitude de points noirs clignotent devant mes yeux, signe d'hypothermie, mais je nage. Ma vue se trouble, ma poitrine se serre, mais je nage lentement au rythme des battements de mon cœur, douloureux comme une mauvaise crampe. Mes sens se brouillent, mes forces m'abandonnent, mais je nage encore au seuil de l'inconscience. Mes membres sont raides comme ceux d'un mannequin de bois, mais je nage... sans plus d'espoir. Je vais mourir.

Mes bras ont cessé de s'agiter. Mon corps s'est arrêté... Ma tête heurte un rocher. Mort ou vivant ?... La grève ! Je suis sauvé.

L'événement a eu lieu vingt ans auparavant et le fait d'avoir frôlé la mort m'a permis de la démystifier, d'apprécier la fragilité et le prix de la vie. De cette année passée au Groenland, de ces chasses, de ces courses en traîneau sur la banquise, de ce labeur intense et limpide, j'ai tiré de nombreuses leçons. Elle m'a fait comprendre quelle est la véritable place de l'homme dans la nature et combien insensée est sa prétention à vouloir la dominer. Elle m'a appris à me satisfaire d'une existence ramenée aux nécessités de l'essentiel, réduite à sa quintessence. L'enseignement fondamental que j'en ai tiré est qu'au-delà de la confrontation initiale avec le milieu, se produit une osmose. J'ai eu la révélation, sans y parvenir toutefois, qu'il existe un état de grâce dans lequel l'individu, dépouillé de sa carapace sociale, peut approcher le fondement de sa quête intérieure et percevoir son cheminement dans le cosmos.

Cette année passée chez les Inuit n'avait donc pas été qu'une palpitante aventure de jeunesse. Elle avait conditionné ma destinée et donné un sens à ma vie.

PREMIÈRE ANNÉE
LA MARCHE INITIATIQUE

De Lakselv (Norvège) à Labitnangy (Russie)
4 079 km

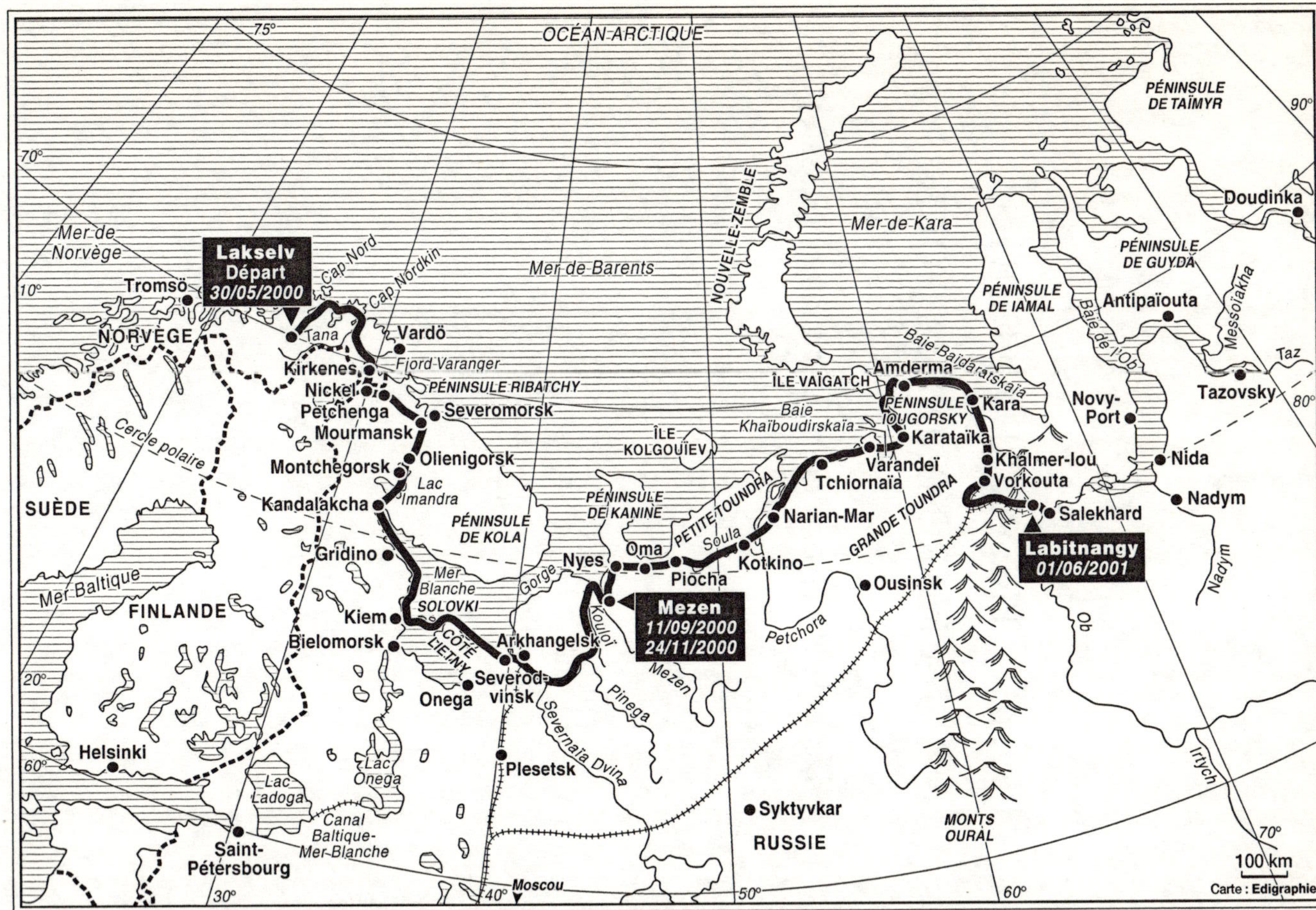

ARCTIQUE EUROPÉEN - Itinéraire de Lakselv à Labitnangy (Étapes 1 et 2) - 4 079 km

1

Bâtir son aventure

Mars 1999.
Guernilis - Bretagne.
Position : 48° 03′ N 3° 50′ W

Ma petite maison ressemble à un dessin d'enfant. Elle est bâtie près d'une chapelle, au cœur de la campagne bretonne. À l'intérieur, je voyage en observant l'atlas du monde affiché au mur. Je ne séjourne au creux de ce vallon des montagnes Noires que le temps nécessaire à la préparation de mes expéditions. J'ai, depuis vingt ans, parcouru une bonne partie de la planète, d'abord en tant que simple baroudeur, puis comme reporter-photographe. Mais ce matin, j'entends un appel venu du plus profond de mon être, qui me contraint à suspendre mon travail et à méditer sur l'avenir. Je ne recherche plus une énième destination de voyage ni un nouveau sujet de reportage. Après des années de pérégrinations, la mosaïque d'impressions et de sensations s'est quelque peu ternie. Je vais bientôt avoir quarante ans et aspire à relever un défi qui puisse me faire découvrir de nouvelles parcelles de moi-même ; non pas seulement par le dépassement physique, mais par un engagement mental qui pourrait ressembler à une longue méditation. Je pressens toutefois que, pour m'y engager, il me faudra aller très loin, changer de peau, oublier mes racines, redevenir le nomade qui est en moi. Ce tournant d'une vie, je le désire à cent quatre-vingts degrés.

Mes yeux découvrent les immensités du Grand Nord sur la carte murale. Ils parcourent le littoral de l'océan Arctique, de l'Atlantique au Pacifique, décelant, tour à tour, des mers mystérieuses dont les noms chantent à mes oreilles : mer de Barents, mer Blanche, mer de Kara, mer des Laptev, mer de Sibérie orientale, mer des Tchouktches, mer de Béring. Mon regard, d'abord erratique, se fait plus sélectif et je distingue à présent de fines lignes bleutées qui figurent les grands fleuves courant vers le nord : Petchora, Ob, Ienisseï, Lena, Indiguirka, Kolyma. Par cette calme matinée printanière, j'entends l'écho du vent glacial dans la toundra[1], la valse des troupeaux de rennes sous la luminosité crépusculaire de la nuit polaire. Des noms hurlent plus qu'ils ne me parlent : Kola, Iamal, Taïmyr, Tchoukotka. Des peuples que je n'ai jamais rencontrés m'interpellent : Nenets, Nganassanes, Dolganes, Evenkes, Ioukhaguirs, Tchouktches. Cette clameur semble venir de la nuit des temps, d'une époque préhistorique où l'homme devait chasser pour survivre, errer pour suivre son gibier. De cet homme de Neandertal, il me reste quelques gènes qui ont fait resurgir en moi un désir impétueux et glacial.

En ce 31 mars 1999, le projet Arktika venait de naître.

Choisir comme terrain de jeu l'Arctique russe m'est apparu d'emblée une évidence. Il me fallait une cour de récréation suffisamment vaste pour m'immerger totalement dans un cheminement de plusieurs années en marge de la civilisation. En outre, les populations autochtones disséminées sur le littoral sibérien contenteraient ma curiosité sur le plan ethnographique. Le but même de l'expédition était d'apprendre à vivre là où la plupart des voyageurs ne font que survivre, de m'adapter aux conditions implacables du pôle pour mieux comprendre, mieux voir, mieux sentir. Ne plus être un simple observateur, comme je l'avais été lors de mes précédents reportages, mais un authentique acteur sur la scène du Grand Nord. J'avais, certes, déjà vécu une expérience similaire, lorsque, âgé de vingt-quatre ans, je m'étais intégré à une communauté inuit du Groenland. J'avais appris la langue eskimo, m'étais initié à la chasse et à la pêche pour nourrir mes huit chiens de traîneau. Mais cette fois, l'aventure prenait une autre dimension. J'allais me lancer, en solitaire, sur un parcours que personne n'avait

1. Zone située au nord de la forêt boréale, à la végétation pauvre formée de mousses, de lichen et parfois d'arbustes poussant sur un sol gelé ou partiellement gelé.

encore à ce jour réussi en équipe et sans aide mécanisée : la traversée intégrale de l'Arctique eurasien, la plus longue et difficile traversée de la Sibérie que l'on puisse imaginer. Partant du cap Nord, en Norvège, je me proposais de rejoindre le détroit de Béring, extrémité orientale de la Russie, en longeant les côtes de l'océan Glacial. Au cours de cette odyssée transcontinentale, il me faudrait marcher douze mille kilomètres dans le désert polaire, survivre pendant trois ans[1] aux conditions les plus hostiles de la planète. Surtout, je savais que ce voyage m'entraînerait plus loin que la vaste Sibérie. J'allais explorer mes capacités physiques et mentales en un marathon de mille jours. Seul. Conscient du gros bébé que je venais de mettre au monde et comme assommé par la démesure de mon projet, je tentais de refouler cet embryon de folie, mais ma décision, je le sentais, était déjà prise. Il me faudrait encore aller jusqu'au bout de mon rêve. Quel cauchemar !

Le dossier Arktika se résumait alors à quelques feuillets présentant une équipe réduite à son leader, un itinéraire ébauché à l'échelle d'une mappemonde, et un budget irréaliste au vu de mon compte en banque. Toute ma richesse se résumait à un précieux album d'images que je conservais au plus profond de ma mémoire. Mais si je n'avais aucune économie, je n'avais pas non plus une seule dette, ayant toujours pris le parti d'éviter les crédits susceptibles de m'enchaîner à une vie que je ne désirais pas. Ma liberté, je le savais, était à ce prix.

La préparation de l'expédition a été laborieuse, épuisante, démoralisante. Le succès de cette première phase était conditionné par quatre aspects : technique, administratif, logistique et financier.

La moins ardue, parce que la plus concrète, a été la rubrique technique. Nombreux étaient les partenaires désireux de concevoir ou de tester de nouveaux équipements. Les conditions extrêmes dans lesquelles je les utiliserais et la durée de l'expédition représentaient, en effet, un banc d'essai idéal.

En dépit de l'inertie de la bureaucratie russe, et grâce à quelques bons contacts, les problèmes administratifs se sont réglés plus facilement que je ne le prévoyais. Le travail était cependant conséquent par le simple fait que pas moins de 80 % de mon itinéraire se situait en zone frontalière, strictement réglementée.

1. Durée initialement prévue qui sera prolongée comme nous le verrons par la suite.

Côté logistique, je dois remercier l'ambassade de France en Russie qui me sortait d'un mauvais pas en assurant le transfert de mon matériel hivernal, annulé au dernier instant à la suite du limogeage du ministre des Douanes russes.

Enfin le financement. Lorsque ce dernier point est résolu, il en va en général de même des trois autres. Malheureusement, et comme beaucoup d'autres entreprises en gestation, cela n'a pas été le cas. Tout mon temps a donc passé à rechercher des solutions aux questions budgétaires – épreuve décourageante, s'il en est. Mais chaque porte se refermant devant moi décuplait ma détermination, venait m'ancrer un peu plus dans ma résolution. Jusqu'au dernier instant, j'ai espéré décrocher *le* sponsor. Je refusais alors d'admettre qu'une opération longue de trois ans ne pouvait que difficilement s'insérer dans un programme de communication d'entreprise. J'étais ébloui par la beauté de mon projet, aveuglé par mon désir d'exploration. Je ne vivais plus que pour cela, n'étant devenu, ni plus ni moins, que l'instrument d'une œuvre que j'avais moi-même engendrée.

Le sponsor miracle ne se présentera pas ; du moins pas alors. Je devrai tout vendre (maison, voiture et quelques autres pacotilles) pour couvrir les seuls frais inhérents à quatorze mois d'organisation. N'éprouvant guère de regret devant la perte de ces biens – ou liens – matériels, je ne m'en suis senti que plus libre. Ma vie de nomade m'apprendrait bientôt à me satisfaire de peu.

Bien avant de s'engager sur la piste, l'aventurier est confronté à des épreuves qui imposent le dépassement de soi. Combien de nuits blanches ai-je passées sur les routes ! Combien d'enthousiasmes éteints, de promesses bafouées ! Planifier une expédition de cette complexité avec si peu de moyens nécessite de se métamorphoser en ressort de façon à pouvoir rebondir sans céder à la lassitude insidieuse qu'inspirent les fluctuations brutales d'espoirs et de déceptions. Le candidat doit, en outre, s'improviser, selon les circonstances, secrétaire, agent de communication, attaché de presse, conférencier, homme d'affaires, diplomate, logisticien et j'en passe... Toutes ces casquettes, sans oublier la sienne, celle qui lui sied le mieux, celle de l'aventurier qu'il est en réalité. C'est là que réside le risque majeur. Celui de perdre pied, de perdre de vue l'objectif réel. Rester soi-même est plus difficile qu'il n'y paraît.

La hargne nécessaire pour parvenir à ses fins n'est pas seulement une question de caractère. C'est aussi un trait que nous développons au fil de nos expériences. Les plus instructives sont d'ailleurs souvent celles qui nous paraissent d'emblée comme des échecs. Mieux que n'importe quel stade ou salle de sport, le parcours du combattant qu'est le montage d'une expédition affûte notre volonté, forge notre force mentale. Ce sont ces mille et une difficultés qui nous apprennent à nous montrer tenaces et déterminés sur le terrain. Lorsque le blizzard soufflera en tempête, lorsque la glace cédera sous nos pas ou que le froid nous paralysera, nos capacités physiques seront insuffisantes pour nous tirer d'affaire. C'est alors que le psychique prendra le relais. Se doter d'une volonté de fer et d'un mental d'acier est le plus sûr moyen de réussir. C'est du moins ce que je me suis toujours évertué à croire pour ne pas céder à l'abattement.

Je dois cependant admettre que sous l'avalanche de désillusions brillent toujours quelques belles étoiles, discrètes étincelles, anonymes parfois, dont la lueur, aussi modeste soit-elle, permet de refaire surface lorsqu'on se croyait irrémédiablement submergé.

Les problèmes de dernière minute m'ont mis sur les genoux et les coups de théâtre, survenus à quelques jours du grand départ, ont presque anéanti ma méticuleuse organisation. Mais il arrive un moment où l'on doit prendre les choses avec résignation. Même si je ne suis pas persuadé d'avoir fait tous les bons choix, je pense avoir donné le meilleur de moi-même pour la mise en place d'une structure – qui, en y regardant d'assez près, est tout de même un peu bancale. Le meilleur de soi-même. N'est-ce pas là l'essentiel ? J'ai toujours été en compétition permanente envers moi-même, dans tous les sports que j'ai pu pratiquer ou les différents projets que j'ai pu mener. Je me fais fort de faire un bon match. Le gagner ou le perdre, dès lors, m'importe peu.

Il n'y a plus rien à regretter à présent. À deux heures du matin, je boucle le dernier sac, expédie les dernières instructions et, dans la nuit étoilée, referme à jamais la porte de ce qui est déjà mon ancienne demeure. Mon vieux fourgon démarre au quart de tour. Un soupçon d'optimisme m'envahit. Une panne en cet instant crucial ne m'aurait pas surpris...

Je dois rallier Paris pour m'envoler vers Lakselv, petite localité norvégienne située sous le cap Nord. Vol prévu à onze heures du matin, à l'aéroport de Roissy. Après trois nuits sans sommeil, je vois le véhicule zigzaguer sur la route et des ours surgir du fossé pour me charger ! Hum !... Trois heures de cette conduite en somnambule me décident à réveiller un ami pour lui confier mon épave roulante et sauter dans un train avec cent cinquante kilos de bagages, kayak démontable compris.

ÉTAPE 1

Lakselv - Mezen, 2 006 km
30 mai au 11 septembre 2000, 105 jours

2

Cap Nord dans le sillage

Jour 1 : 30 mai 2000.
Lakselv - Norvège ; km 0.
Position : 70° 04′ N 24° 58′ E

Le petit avion survole une chaîne montagneuse qui blanchit au fur et à mesure que nous gagnons le Nord. Certains fjords sont encore pris par les glaces. L'excitation me gagne. L'aventure est là, sous la carlingue de ce zinc bruyant. Elle m'attend, accapare tout mon être. Je retiens une larme par pudeur. Nous y sommes ! Le cap Nord n'est plus seulement le symbole d'une libération que je désire apprivoiser. Il devient soudain une détonante réalité.

Le thermomètre affiche 4 °C lorsque je pousse le kayak au fond de l'anse boueuse du fjord Porsangen. Nous sommes à quelques dizaines de miles au sud du cap Nord et bien au-delà du cercle polaire. L'hiver vient de prendre fin et partout l'eau court pour remplacer la glace. Quelques sacs récalcitrants sont priés de trouver place à bord à grands renforts de coups de pied ; à mon grand étonnement, l'embarcation flotte encore. Je n'en reviens pas moi-même d'être à pied d'œuvre, prêt à réaliser mon grand rêve, prêt à m'évader enfin de la civilisation. Il ne me reste plus qu'à embarquer ; pourtant, je reste figé. Je songe à la gigantesque somme d'efforts qu'il m'aura fallu pour arriver là. Que me réserve l'avenir ? Comment vais-je surmonter ces trois années de vie sauvage ? Vais-je me perdre corps et âme ? En cet instant unique que je prolonge volontairement, je n'éprouve ni angoisse ni regret.

Je ne fais que prendre mon souffle, une longue inspiration. Le chemin sera long et ardu, je le sais déjà, mais je suis paré. De quoi aurais-je peur puisque je pars vivre ? Quoi qu'il arrive à présent, je n'ai plus d'autre choix que celui de marcher inlassablement vers l'est, de courir jusqu'au bout de la Terre.

En ce jour mémorable, il me suffit d'un pas pour briser le fil hypertendu qui me retient encore à l'autre monde. Je me sens seul. Mes amis se sont progressivement éloignés de moi. Sans doute n'ont-ils pas compris l'investissement nécessaire pour mener à bien une telle entreprise. J'aurais parfois aimé les avoir à mes côtés afin de m'épauler ou tout simplement m'encourager. Mais un fossé nous séparait alors. La préparation de l'expédition m'accaparait jour et nuit. J'étais déjà dans une autre dimension. Celle du rêve. Et le rêve ne se partage pas. Je ressentais aussi, chez eux, comme de la convoitise, voire une crainte de me voir franchir ce tremplin sans échouer. Je n'avais pas seulement liquidé tous mes biens, j'avais aussi quitté ma situation professionnelle, dans laquelle j'avais acquis une certaine reconnaissance. Bien que nous, aventuriers, soyons dans la profession de conférencier de joyeux marginaux, balayer du jour au lendemain le fruit de sept années de travail acharné en sidérait quelques-uns. Survivre de son art était devenu une telle gageure que, malgré l'amitié qui nous liait de longue date, nous étions en concurrence permanente. Je me suis donc isolé involontairement tout au long de cette exténuante période. Là encore, ne compter que sur ses propres ressources fut un excellent entraînement pour l'avenir. J'étais parfaitement conscient que ma démarche pouvait paraître radicale, mais je n'avais aucune hésitation sur la direction à prendre. Ce départ avait mûri en moi depuis si longtemps, depuis mon retour du Groenland, quinze ans auparavant. L'année que j'avais passée dans la plus grande île du monde m'avait paru trop courte. Réclamé par le service national, j'avais dû quitter mon petit havre polaire pour rejoindre l'Australie alors que je commençais seulement à m'y adapter. Le retour au monde civilisé n'avait pas été seulement un rude choc, il avait également tronqué mon rêve d'enfant.

Immortaliser la scène de l'évasion devant la caméra n'est pas facile. Je reste paralysé. L'esprit ailleurs, je bafouille quelques banalités. Ce départ est une pure folie. Je le réalise soudain et heureusement trop tard. Finie, la vente de dossiers ou la course aux contrats. La réalité s'affiche de manière flagrante au fond de ce fjord désolé. Au plus loin que se porte mon regard, il ne couvre qu'un rayon d'une dizaine de kilomètres. Avant d'atteindre mon but, je devrai parcourir mille fois cette distance, dans le froid, la longue nuit et les tempêtes. Seul... Le projet paraît bien ambitieux pour le petit bonhomme que je suis. Malgré le nœud qui me tiraille les entrailles, j'en souris presque. Même si le cap Dejnev, à l'extrémité orientale de la Sibérie, me semble aujourd'hui hors d'atteinte, l'expédition pour laquelle j'ai donné toute mon énergie débute en dépit de toutes les difficultés. Pour mon salut, je dois désormais me concentrer uniquement sur l'escale suivante, le prochain village ou campement à venir. La seule façon de ne pas avoir le vertige, d'éviter la folie, est de vivre dans l'instant présent. Autrement dit, pagayer. Foncer.

Je jette un dernier regard vers l'ouest, puis tourne le dos une bonne fois pour toutes à l'Atlantique. Ma destination est très loin vers l'est, le Pacifique, à près de douze mille kilomètres de ce marécage grisâtre.

L'action efface instantanément mes incertitudes, et le doute cède la place à l'émerveillement. Ciel, mer, toundra me sourient. Je hume à pleins poumons le vent de liberté. Depuis combien de temps n'ai-je pas éprouvé ce sentiment ? Celui de me sentir à la bonne place. Mon esprit se lave de mois de tracas et même mon corps semble faire peau neuve. Je suis ici chez moi. Retrouver ma véritable personnalité a un effet immédiat. Je force sur la pagaie avec un plaisir non contenu. Avez-vous déjà éprouvé la sensation que, si rien ne fonctionne, c'est tout simplement parce qu'il ne peut en être autrement ? Le puzzle, mal dessiné, ne permet pas aux pièces de s'agencer correctement. Lorsqu'un équilibre est atteint, les événements s'enchaînent, au contraire, sans souci apparent dans une parfaite logique. C'est exactement ce que je constate en cet instant.

Le vent portant est favorable à mon échappée. Force 4 en guise d'accueil. Je file à 6 km/h vers le nord. Quelques oies effrayées s'envolent à mon passage. Un phoque curieux montre le bout de son nez. Encore peu habitué à la nouvelle dimension de l'espace qui m'entoure et à l'échelle de mes cartes, je commets une erreur de navigation. Le point de midi me place bien plus au nord que je ne l'avais estimé. Il me faudra à l'avenir être plus vigilant. Mais j'ai tout mon temps. L'idée de ne plus être enfermé dans de quelconques limites artificielles me réconforte. Le temps et l'espace m'appartiennent, dorénavant. À moi d'en jouir avec discernement pour tracer ma route dans la plus douce harmonie.

Après une longue journée de navigation, j'installe mon premier bivouac dans la toundra. Quelques camarines noires[1] préservées depuis l'automne par le gel s'offrent un bain de soleil parmi les plaques éparses de neige. Un timide moustique s'aventure sur ma peau sans grande conviction. Dans moins de deux semaines, l'été se sera installé et la vie explosera. Le grand désert blanc ne sera plus qu'un souvenir, difficilement concevable dans la chaleur caniculaire, le frémissement animal et le foisonnement végétal.

Les diverses tâches de campement achevées, j'ouvre mon journal de bord et y inscris, non sans une certaine émotion : « Jour 1 : 45 km. »

Le soleil de minuit enflamme de ses rayons ambrés les sommets enneigés qui surplombent le fjord Laksen. Le jour est permanent, à cette latitude, et le soleil ne disparaît qu'à la faveur du relief montagneux. J'ai, comme de coutume, navigué de « nuit » avant d'installer le campement au petit matin, près d'une habitation isolée. Dès mon lever, je suis invité à un copieux déjeuner de pudding de poisson. Le nom de mon sympathique hôte est Ode. Il est gardien du Früholmen, situé sur l'île Rolsvöïa, le phare gardé le plus septentrional au monde, m'apprend-il en cachant mal sa fierté. Ils ne sont plus qu'une centaine, dont une femme, à pratiquer encore ce métier voué à disparaître au profit de stations automatiques. Ode partage son temps entre des périodes de travail monastique de quatre à six semaines et des congés en solitaire dans sa cabane. Le printemps vient juste de pointer son nez, ici, et la fonte des neiges est à peine amorcée. D'une congère située près de sa maison, il sort un litre de lait parfaitement conservé depuis deux mois. Il est dix-huit heures, et les conditions semblent idéales pour la traversée du « fjord aux

1. *Empetrum nigrum.* Les camarines résistent à l'hiver et peuvent encore être cueillies au printemps.

Saumons », large en cet endroit de vingt kilomètres. Ode, accompagné de sa jeune chienne, part lui aussi en exploration à bord de son canot à moteur. Nous nous quittons sur l'eau et je le remercie de son hospitalité.

— Tu es sûr que ton bateau ne va pas couler ? s'inquiète-t-il alors que son moteur vient de caler...

L'atmosphère est calme. Le silence de la nature me parle. Une loutre, dérangée par mon passage, tente une échappée par les terres, puis, acculée par la falaise, rejoint la berge et disparaît dans une plongée. Quelques rennes déambulent le long de la côte. Ils paraissent calquer leurs excursions sur le rythme des marées. Chaque femelle promène son faon, qui gambade maladroitement entre les rochers couverts d'algues. Les cent vingt mille rennes domestiques que l'on dénombre dans le Finnmark viennent compenser la faible démographie de cette province. Aussi vaste que le Danemark, celle-ci compte à peine plus de soixante-seize mille habitants. Certains d'entre eux sont des Saame, les Lapons, occupés à l'élevage du renne une partie de l'année. D'autres pratiquent la pêche au saumon – mais pas celle qu'affectionnent les touristes adeptes de pêche sportive. Les filets que l'on voit le long des berges sont les seuls indices d'une présence humaine lorsqu'on navigue dans les zones éloignées des grands centres urbains.

La petite brise contraire me ralentit à peine. Un chalutier croise ma route. Son équipage m'observe à la jumelle et fait retentir sa corne de brume pour me souhaiter bon voyage. Les montagnes de la rive opposée, hautes de près de trois cents mètres, se rapprochent lentement. Je double enfin le cap Vardnes, sur lequel est construit un petit phare en bois. Les conditions sont si clémentes que je décide de pousser jusqu'au fjord Mörö. Une heure plus tard, j'aborde les énormes galets d'une plage austère et installe la tente sur le seul tapis végétal ayant échappé à l'éboulis.

La vue imprenable offerte par la grande porte-fenêtre de la tente me permet d'apercevoir, au nord-ouest, les falaises escarpées du cap Nord. Le touristique rocher est communément considéré comme la pointe nord de l'Europe – à tort puisqu'il est situé sur une île. Selon quelques Norvégiens rencontrés sur ma route, la confusion aurait été volontairement instaurée par l'industrie touristique. Pour les géographes, la plus haute latitude européenne reste en Norvège. C'est le cap Nordkin, bien rattaché au continent et situé à l'est du « faux » cap Nord.

Dans les replis d'une falaise, je découvre une belle cascade. Bien abrité du vent, j'en profite pour me glacer sous la douche. Le milieu minéral dégage une énergie que je ressens intensément en moi. Les montagnes, la mer, le ciel m'offrent chaque jour les merveilleux effluves de leur essence sauvage. Il faut dire que les conditions sont, pour l'instant, exagérément idéales. Il est quatre heures du matin lorsque je saisis mon journal de bord. La luminosité est telle, à l'intérieur de la tente, que je n'ôte même pas mes lunettes de soleil. Après une courte séance d'écriture, le sommeil me gagne. Je m'écroule sur ma couche douillette, ivre de cet air vivifiant, repu de nature grandiose.

Ce matin, les goélands m'observent, incrédules, mettre mon embarcation à l'eau tandis qu'un globicéphale, sans aucun doute occupé à chasser le saumon, remonte le fjord. Un petit vent contraire freine mon allure ; il forcit au cours de ma traversée du fjord Lang. Le temps se gâte. La mer se creuse plus qu'elle ne le devrait du fait d'un courant de marée. Les conditions sont peu maniables et compromettent le passage du dangereux cap Digermulen. Je trouve refuge dans une anse assez peu abritée et parviens à monter la tente sur une corniche escarpée. En attendant l'accalmie, je m'en vais pêcher.

La pêche est un sport qui fait appel aux ressources mentales autant qu'à la maîtrise d'une quelconque technique. Si l'on n'y croit pas, on rentre penaud, bredouille et sans ligne. C'est ce qui m'arrive après quelques lancers. J'accuse injustement les éléments alors qu'ils ne sont en rien coupables en la matière. Aussi, pour me punir de ma mauvaise foi, je reprends la mer et double bientôt le cap aux falaises déchiquetées. La houle, à la fois profonde et serrée, semble faire tout ce qu'elle peut pour déséquilibrer le kayak. Entre crêtes et creux, je glisse sur un véritable toboggan.

À l'étape, je m'octroie une intéressante promenade dans le massif Digermulfjellet. La roche rougeâtre donne une ambiance très spéciale au cirque montagneux. Je profite de la balade pour collecter du bois de flottage. Il me permet, le lendemain, de préparer un joli feu et de concocter un bon petit déjeuner. Les arômes de thé brûlant et de pain grillé me mettent en appétit et d'excellente humeur. Je traverse donc le fjord en moins de temps que je ne l'avais prévu. Les oiseaux ne sont pas toujours des compagnons encourageants, pour le voyage. Leur agilité dans les airs me donne l'impression d'être au volant d'un semi-remorque. Huîtriers pies, gravelots, guillemots, pétrels, bernaches nonnettes, eiders, pygargues à queue blanche ainsi que les omniprésents goélands, mouettes et sternes m'offrent de fabuleux ballets aériens. La distraction est toutefois précieuse pour occuper les longues heures d'effort à la pagaie.

La ligne de partage des eaux salées du fjord Tana et des eaux douces issues de la rivière du même nom est matérialisée par de l'écume et des remous dans lesquels batifolent des phoques occupés à faire ripaille. Leurs yeux globuleux trahissent une curiosité mêlée de surprise à l'égard de cet étrange congénère évoluant silencieusement à la surface de l'eau. Le gros pinnipède de polyester ne manifeste pas le moindre intérêt pour le festin providentiel. Il passe sa route pour s'engager sur la rivière. Elle est une des plus réputées au monde pour son saumon de l'Atlantique. Il fournit à la région sa source principale de revenus. Quatre-vingt-cinq mille tonnes sont pêchées dans la rivière Tana chaque année alors que dans une baie attenante au fjord Varanger, on en prélève vingt tonnes par jour. Capturés lorsqu'ils ne pèsent pas plus de deux cents grammes, les alevins sont élevés dans de grandes enceintes flottantes jusqu'à ce qu'ils atteignent un poids d'environ cinq kilos.

Je force sur la pagaie pour remonter le courant jusqu'au hameau de Langness où je débarque pour changer de moyen de locomotion. Le kayak est dorénavant installé sur son petit chariot à deux roues et je m'en vais suivre une route le long de laquelle sont construites de luxueuses villas. Après cinq heures de marche, une voiture s'arrête soudain ; un homme vient à ma rencontre. Journaliste au *Finmarken*, le quotidien provincial de Vardö, il me dit avoir été alerté par des automobilistes intrigués par mon véhicule insolite. Il désire faire un article. Ce n'est pas tous les jours que l'on voit passer un kayak sur deux roues, dans la région... Les questions fusent au rythme pressé de mon interlocuteur. Cette interview, somme toute assez cocasse, n'aurait rien de très original si elle ne se déroulait le long d'une petite route, à une heure du matin, sous un soleil brillant dans notre horizon nord.

Parvenu à la petite ville de Tana, je dirige mes pas vers la mairie, gare mon kayak sur le parking et vais rencontrer un des adjoints au maire. Peter est un personnage volubile. Très compréhensif, il met à ma disposition son téléphone pour que je puisse m'enquérir d'une question logistique. Sa jeune épouse, une Russe de Mourmansk, ne s'adapte pas à la vie de la petite agglomération norvégienne, me confie-t-il, puis, consultant sa montre, il s'exclame effaré :

— *She will kill me !* (Elle va me tuer !)

Et sans même me saluer, il quitte précipitamment son bureau, me laissant méditer sur le caractère imprévisible des beautés slaves...

Le vent doit atteindre force 6. Malgré le poids du kayak, je vole littéralement sous les rafales. Le fjord est assez abrité et la mer, bien que moutonnante, n'est pas dangereuse. Passé le cap Angnes, le courant, perpendiculaire au vent, crée un clapot beaucoup plus chaotique. Le kayak reste cependant stable sur son erre et j'accoste une petite plage sur un isthme. L'endroit est si sympathique que je décide d'y célébrer mes quarante ans. Je suis allergique aux anniversaires de toutes sortes et n'ai guère l'habitude de fêter le mien. Mais je me sens aujourd'hui si heureux de vivre que le prétexte paraît assez louable pour une dérogation. Je prépare de délicieuses tartines de caviar de morue et trinque à la réussite de cette première semaine de navigation. Je songe à ce que me réservent les commémorations à venir. Péninsule de Iamal l'an prochain ; Iakoutie vraisemblablement l'année suivante ; Tchoukotka enfin, si tout se déroule normalement. Qui serai-je alors ? Homme ou bête ? Sûrement les deux à la fois...

Il est bon de se dégourdir les jambes le long du littoral. Je découvre un nid de sternes avec ses deux œufs vert olive. Le couple m'observe à distance sans manifester aucun mécontentement ni tenter de charge aérienne, comme il est de coutume pour les individus de son espèce. Ma petite promenade me fait gravir un mamelon d'où je prends les repères de ma navigation du lendemain. Le fjord Varanger, qui s'ouvre sur la mer de Barents, ressemble plus à la rade de Brest qu'au typique fjord norvégien. La côte devient plus érodée. La Russie est toute proche et le vent du large m'en apporte déjà les effluves. J'entrerai bientôt dans mon voyage.

J'ai eu la naïveté d'imaginer que des conditions aussi favorables pouvaient s'éterniser. Mon arrivée dans le fjord Varanger va remettre les pendules à l'heure. La mer de Barents n'est pas un lieu de villégiature. Ça se saurait... La météo capricieuse et une mer houleuse vont dès lors rendre la navigation difficile. Le soleil de minuit, que je ne reverrai pas de sitôt, cède place à la pluie et aux vents dominants du nord-est, en plein dans le nez. C'en est fini de la promenade, c'est en quelque sorte l'expédition qui débute.

Bougoyness est un petit village de carte postale situé à l'extrémité sud-est du fjord. Sa plage de sable fin rappellerait celles des îles Glénan, n'était sa position géographique. La bourgade de deux cent cinquante habitants est ouverte à tous les vents ; toutefois son port est parfaitement abrité dans une petite anse. J'y parviens dans la soirée et dans la bruine. Tractant le kayak derrière moi au hasard des ruelles, je suis interpellé par une dame sortie précipitamment de sa maison pour me prendre en photo. L'article paru dans le *Finmarken* me sauve d'un bivouac humide.

Ruth et Erlig m'ont installé dans un bungalow attenant à leur coquette demeure. L'aimable couple m'annonce qu'il va préparer un plat typiquement régional. Pendant que le dîner mijote, nous parlons longuement saumon et crabe royal du Kamtchatka, lequel a récemment été introduit à Mourmansk et dans les eaux norvégiennes. Après une bonne heure de palabres, mes papilles gustatives commencent à frétiller d'impatience. Mes hôtes installent le couvert. Vais-je enfin pouvoir le déguster, ce fameux saumon norvégien ? Ruth pose le plat devant moi avec un sourire entendu et annonce dans sa langue natale quelque chose du genre :

— Tranche de bœuf bouilli et petits pois *jardinière* à la confiture d'airelles. Bon appétit !

C'est en tout cas la traduction la plus vraisemblable étant donné ma parfaite méconnaissance des accents nordiques. Mes espoirs de saumon grillé, de crabe en sauce ou de plateau de fruits de mer s'évanouissent. La mine déconfite, j'observe le contenu de mon assiette diététique... Même une tête de morue séchée aurait fait plus couleur locale !

Erlig, moins à cheval sur la gastronomie, a déjà englouti son repas et se rattrape bientôt de trois énormes boules de glace au chocolat copieusement baignées de compote de mûres des marais[1].

1. *Rubus arcticus*.

Afin d'oublier nos différends culinaires, je suggère une promenade au port. Parmi les quelques navires amarrés à quai se trouve une grande épave rongée par la corrosion. Le *Neptune* bat pavillon russe. Son équipage effectue les réparations de fortune indispensables pour maintenir à flot le vieux rafiot. Ce triste tableau confirme que, malgré le changement de gouvernement, la situation ne s'est pas améliorée dans son pays d'origine depuis mes précédents voyages. Bien qu'immatriculé à Mourmansk, le navire pêche pour le compte d'une société norvégienne qui profite ainsi d'une main-d'œuvre et d'un équipement à bon marché. Si le salaire n'est pas élevé, les marins ont au moins l'assurance d'un emploi. De la cale sort, tout à coup, une espèce de géant. Son visage grimé de cambouis porte la marque de ses lunettes de soudeur relevées sur son front. Il me fait penser à un héros de *Germinal*. Brandissant fièrement une pièce de moteur qu'il est parvenu, contre toute évidence, à réparer, il s'exclame, ahuri, en me dévisageant :

— *Frantsouz !*

Mis au courant de mon projet d'expédition, il ajoute :

— Si seulement tu avais la chance de vivre notre quotidien, tu n'aurais pas tant besoin d'adrénaline. Je t'assure !

Le coup de chien du nord-ouest a cessé comme par enchantement. Il a cédé place à un noroît modéré.

— Le vent est mauvais. Il amène la grande houle, m'assure Erlig, alors que j'enfile ma combinaison étanche.

Effectivement, aussitôt sorti du port, je chevauche des vagues de deux mètres qui, régulières, me portent vers le fjord Bougoy. À l'approche des sombres falaises, le train d'ondes est plus désordonné et je tâche d'équilibrer au mieux mon bateau. Il ne manquerait plus que je chavire, après avoir tant fait le fier au village ! Le kayak est si chargé que je me demande si je parviendrai à m'en extraire...

« Deux semaines seulement après son départ, et parvenu à onze mille kilomètres de son but, un explorateur français est victime d'un naufrage. Le corps mutilé par les saumons et les crabes du Kamtchatka a été rejeté sur la plage de Bougoyness.. » Joli titre en perspective pour le *Finmarken* !

Après cinq miles de cette navigation acrobatique, je trouve une crique enserrée entre deux pitons rocheux. Sept ou huit huttes sont disposées dans la pente verdoyante. Pas une seule n'est ouverte. Les autres propriétaires du lieu ne sont pas plus enclins à partager leur résidence. Il s'agit d'une colonie de plusieurs milliers de mouettes tridactyles qui nichent dans les anfractuosités de la paroi. Le mâle exécute d'incessants va-et-vient depuis sa zone de pêche jusqu'au nid où trône la femelle. Dès son arrivée, le voilà qui régurgite sa pitance avec abnégation.

Je ne peux que me sentir ému par un spectacle si saisissant de candeur et de nigauderie. Et si nous en faisions autant, nous les hommes ?

— Garçon ! Le plat du jour, s'il vous plaît.

Et voilà le restaurateur qui vous apporte son dégueulis de moules-frites et éructe un sauvignon dans votre verre... Quelle déchéance ! Pourtant, les oiseaux, eux, apprécient.

Le vent hurle dans la soirée. La mer gronde et brise en coups de boutoir sur la muraille. Les mouettes s'invectivent de cris stridents. Inquiétante cacophonie ! La Nature joue, cette nuit, un concert de tous ses éléments.

La pluie ne m'encourage guère au départ. Température de 9 °C. Triste matinée. Heureusement, le feu est là pour me réanimer. J'atteins la ville de Kirkenes à pied, halant le kayak sur son chariot. Trouver un hébergement lorsqu'on possède un kayak comme bagage n'est pas si simple. Le personnel de l'hôtel, me voyant dégouliner sur sa moquette, se dit désolé pour moi car il n'y a aucune chambre disponible. Quant aux pompiers, ils acceptent de bonne grâce un kayak, mais point de kayakiste... Comme je n'ai pas l'intention de me séparer de mon bateau, je continue à arpenter les artères de la petite ville jusqu'à piler devant une enseigne *Bed & Breakfast* dans la rue Fridhof Nansen. Serait-ce un signe du vénérable explorateur norvégien ? L'établissement, très soigné, est tenu par une vieille dame rigoriste qui va vite regretter son hospitalité. Mon matériel détrempé est mis à sécher entre dentelle et porcelaine du rez-de-chaussée à l'étage. Voilà pour le *Bed*. Quant au *Breakfast*, vu mon appétit insatiable, il n'est pas nécessaire de me forcer beaucoup pour amortir la dépense d'un tarif que je trouve prohibitif.

Je profite de ma courte escale pour rendre visite au consul de Russie. Notre discussion est des plus cordiales. Cet homme très courtois me confie combien il est convaincu de l'importance de la route maritime du Nord, celle qui relie l'Atlantique au Pacifique, par ce qu'il est convenu d'appeler le passage du Nord-Est. La seule option possible pour un nouvel essor de l'Arctique russe est de faciliter le transport des richesses depuis ces régions coupées du monde – la voie aérienne est bien trop coûteuse. L'itinéraire se heurte à deux types d'entraves : la difficulté de navigation dans les eaux polaires totalement englacées dix mois sur douze et la lourdeur de la réglementation administrative. Si le premier point est depuis longtemps maîtrisé grâce à l'expérience et la technologie des brise-glace russes à propulsion nucléaire, le second reste soumis au bon vouloir des autorités. Selon mon interlocuteur, la seule façon de sauver le Grand Nord de la ruine qui le guette est de réformer radicalement un système qui n'a que peu évolué depuis l'époque soviétique. J'entendrai souvent un discours analogue, au cours de mon voyage, de la bouche des potentats locaux eux-mêmes, mais sans voir aucun signe de changement prochain. Les bonnes volontés s'enlisent vite dans les méandres de la bureaucratie.

Passé Kirkenes, c'est l'inconnu. L'excitation de découvrir une nouvelle terre, de quitter le système occidental, me fait accélérer le pas. Étrange sentiment que celui de se rapprocher de cette frontière, interdite il y a peu de temps encore. Curiosité, appréhension, mais aussi bonheur car je pressens que seule la démesure de ce pays-continent me conduira à ce que je recherche.

« *E 105 – МУРМАНСК* ». Mon regard s'arrête un bref instant sur le panneau indicateur. Mais alors que je m'éloigne, mon esprit s'y attarde, n'y voyant pas seulement la marque anodine d'une bifurcation vers un poste-frontière, mais l'annonce d'un virage prononcé vers un avenir incertain, le signe d'un destin dégagé des éternelles entraves que l'homme a imposées dans ses sociétés. En avant donc vers la liberté !

3

Le débarquement de Kola

Jour 20 : 18 juin 2000.
Frontière Norvège - Russie ; km 370.
Position : 69° 40′ N 30° 12′ E

Skorskog fait face à Boris Glebsky. L'Ouest et l'Est se regardent encore en chiens de faïence. D'un côté, un pays bien réglé, trop bien organisé peut-être, ce qui le rend assez froid, de prime abord. De l'autre, une nation régie par un sympathique désordre, dotée d'une chaleur humaine qui compense la confusion. Si le mur du bloc soviétique est aujourd'hui tombé, il suffit de parcourir quelques centaines de mètres de part et d'autre pour se rendre compte du fossé qui persiste entre l'Occident et l'Orient.

Le poste-frontière russe n'est qu'un simple baraquement de bois. Les toilettes sont à l'extérieur, dans le no man's land. Elles contrastent outrageusement avec celles du poste norvégien, confortables, qui accueillent les touristes venus par cars entiers de Kirkenes. Les vacanciers en mal d'exotisme se font tirer le portrait avec la Russie pour toile de fond. Inutile de franchir la démarcation, l'aventure a ses limites. On achète une *matriochka*[1] en couronnes norvégiennes et l'on s'en retourne, satisfait de l'événement.

« *No admittance, except on business.* »

On a bien compris les restrictions imposées pour préserver la sécurité d'une frontière hautement stratégique. La législation

1. Poupée russe.

réserve le droit de passage aux véhicules munis d'une autorisation spéciale. Prendra-t-elle en compte les kayaks de mer ? C'est la question que je me pose en pénétrant dans le bureau du douanier norvégien. Le fonctionnaire consulte mon passeport et me demande de compléter un formulaire. Je ne peux m'empêcher de sourire en remplissant la case « véhicule ». Le questionnaire, dûment signé, lui est remis et il le parcourt calmement avant de s'arrêter à ladite case. Ahuri, il jette un coup d'œil par la fenêtre. Garé face à la barrière de sécurité, un kayak attend en effet sagement son propriétaire.

— J'ai les papiers du véhicule, dis-je d'un ton ordinaire pour le rassurer.

La blague ne lui a pas trop déplu car il vient d'esquisser un sourire, faute professionnelle passible de sanction.

— Vous ne savez pas qu'il est interdit de franchir la frontière russe à pied ? Pour ma part, vous êtes en règle mais, de l'autre côté – il désigne une cabane délabrée –, ils ne vous laisseront jamais passer. Vous n'êtes pas le premier à tenter l'aventure et vous ne serez pas le dernier à être refoulé.

Cela étant dit, il me rend mon passeport, et me fait comprendre qu'il n'a pas plus de temps à perdre. La barrière se lève. Je m'attache au kayak et m'engage dans le no man's land.

Deux énergumènes en uniforme me regardent approcher avec suspicion. Le premier est un jeune bidasse au crâne rasé, kalachnikov au poing. Le second, débraillé, remonte un froc couleur kaki sur un ventre qu'il ne parvient pas à ramasser. Celui-là est à n'en pas douter le chef de poste. Les deux types me plaisent. Rien d'arrogant ni de provocant en eux ; ils sont juste les victimes d'un système croupissant.

— *Chto eto takoy ?* (Qu'est-ce que c'est que ça ?)

Je prends tout mon temps pour ranger ma remorque, me déharnache tranquillement, avant d'offrir le plus charmant sourire du niais qui n'a rien compris.

— *Dokument !*

Des mois de tractations à Moscou m'ont préparé à ce genre d'altercation. J'ai en poche toute une panoplie d'autorisations : celles délivrées par le quartier général des forces armées, le service de la Sécurité de l'État (ex-KGB), le service fédéral des Frontières, le ministère des Sciences et de la Technologie, et le comité d'État pour les Affaires du Nord. Mais je préfère garder mes jokers en réserve. Pour l'instant, je ne présente rien d'autre qu'un passeport et son visa en bonne et due forme. Je précise toutefois au chef de poste que tout est en ordre, que l'on m'attend au bureau de dédouanement éloigné de vingt-deux kilomètres, à seize heures précises, et que, par conséquent, je n'ai pas le temps de traîner.

Sceptique, il saisit le combiné d'un spécimen de téléphone qu'on classerait chez nous dans les antiquités. Mais il ne parvient pas à obtenir la communication – et pour cause ; il me demande de patienter. J'ai donc tout le loisir d'inspecter les toilettes russes avant d'engager la conversation avec le bidasse en faction.

— Vous vous plaisez par ici ? ai-je l'outrecuidance de plaisanter.

Originaire de Moscou, il accomplit un service militaire de deux années, sans aucune permission. Imaginez deux années dans ce trou perdu à regarder passer les « nouveaux riches ». Le commerce de vodka, ou plutôt son trafic, est fructueux entre les deux pays. Les prix sont presque cinq fois plus élevés en Norvège qu'en Russie. Mais revenons à notre jeune troufion. Ma boutade l'a embarrassé, comme si j'avais soudain éveillé en lui une nostalgie profonde qu'il tentait vainement de refouler. Pour l'achever, je lui demande :

— Vous êtes marié ? Des enfants ?

Le pauvre se met soudain à ricaner, tournant en dérision sa propre condition. Une femme ? Il n'en avait sans doute même plus idée...

Le chef vient interrompre ce passionnant échange. L'expression de son visage s'est déridée. Elle me laisse supposer qu'il vient d'obtenir confirmation auprès de ses supérieurs : passer sans trépasser. L'événement est historique. Je suis le premier piéton à franchir officiellement cette frontière ! Le record ne prend pas en compte évidemment les envahisseurs de 1941... Je m'en vais donc d'un pas allègre, croisant un groupe de touristes russes qui photographient de loin la civilisation avec leur appareil Zenith dernier cri.

Aussitôt la frontière franchie, de nouvelles essences apparaissent comme si le bois revendiquait, lui aussi, sa nationalité. Cela va du majestueux mirador à l'élégante tourelle en passant par de non moins admirables, bien que plus humbles, affûts. Toutes ces manifestations de l'état sauvage qui feraient le délice de nos savants m'emplissent de la joie ineffable que l'on ne peut qu'éprouver dans la contemplation de la nature à l'état pur. Comment nos sociétés occidentales, en vertu d'un progrès très contestable, ont-elles pu commettre le sacrilège de détruire de si rares spécimens en bafouant de manière irrémédiable le devoir de mémoire ? Mais ce n'est pas tout. Les espèces animales sont, en ce merveilleux pays, elles aussi, extravagantes. Poursuivant, guilleret, mon excursion, je passe des baraquements dominés de tours à la cime desquelles s'agitent nerveusement de curieuses créatures à mon passage. Toutes ne sont pas arboricoles et certaines se nourriraient, dit-on, de papier. Pourtant je n'aurai à déplorer aucune incursion malvenue de ces bêtes affamées. Un peu plus loin, alors que, tête baissée, j'effectue l'ascension d'une côte horriblement raide, tractant les cent kilos de ma remorque en complète autonomie, en solitaire, sans escale, sans oxygène (ou presque), contre vent et poussière, un vieux tacot vert pile soudain devant moi. Un naturel galonné s'extrait aussitôt de sa jeep et, se réjouissant de sa prise, régurgite le sempiternel :

— *Dokument !*

Du tac au tac, j'ose lui affirmer que :

— *Vsio, iest !* (J'ai tout ce qu'il faut !)

Il considère un moment ma « barque » sans bien en saisir l'utilité ni le danger en zone militaire terrestre, puis me quitte aussi brusquement qu'il est apparu dans mon paysage.

Les formalités de dédouanement se sont déroulées sans problème. Le chef du bureau, très attentionné, me conduit à la base de repos voisine. Comme si l'hébergement en chalet ne suffisait pas, le responsable me propose, dans la plus pure tradition russe, un *banya*. Ce bain de vapeur, que je situerais entre le sauna scandinave et le hammam arabe, va devenir au fil de mon voyage le plaisir le plus apprécié à l'étape. Opérant un décrottage en profondeur du corps, il procure apaisement et relaxation. Il aide au rétablissement des accidents articulaires ou musculaires et soigne les infections cutanées, fréquentes lorsque, durant la période hivernale, le voyageur polaire ne peut se laver qu'une ou deux fois par trimestre. Après avoir abondamment transpiré dans une vapeur d'une centaine de degrés, on se flagelle activement le corps à l'aide d'un bouquet de branches de bouleau puis, si l'on est suffisamment courageux, on se badigeonne de neige au-dehors ou, à défaut, on plonge dans les eaux glacées d'un lac. Amplitude thermique de cent cinquante degrés en hiver, effet revigorant garanti. Rien de plus efficace pour activer la circulation sanguine, aiguiser l'appétit et garantir le sommeil.

Nous terminons notre soirée bucolique autour d'un barbecue sur la terrasse d'une vieille cahute pompeusement nommée *Yakht-Kloub Golf Strim*. Ce misérable vestige de la belle époque soviétique a dû voir trinquer plus d'un travailleur, du temps où ils avaient encore droit à des congés payés. Tranquillement installés sur les marches, verre après verre, nous portons chacun notre tour des toasts à l'amitié entre les peuples. De l'autre côté du lac, se trouve la ville de Nickel et son complexe industriel. Un véritable désastre ! Tout le pays aux alentours est grillé. Je n'ai pas osé aller plus avant dans mes investigations, mais le témoignage de mon hôte m'a suffi. Il m'a simplement avoué :

— *Plokha !* (Mauvais !)... avant de resservir une dernière tournée.

Changeant la roue crevée de mon chariot sous la pluie torrentielle de ce pays oublié des dieux, j'observe du coin de l'œil les allées et venues de bidasses aux visages juvéniles. Ils arpentent un grillage sans fin qui court le long de la route, à travers la forêt. Cette clôture de barbelés électrifiée, longue de plus de trois cents kilomètres, mène jusqu'à la péninsule de Ribatchy, sur la côte de la mer de Barents. Est-elle destinée à limiter l'immigration clandestine venant de Norvège ? Je ne saurais le dire. C'est en tout cas un petit goulag pour ces jeunes gens : la boue, la neige, le barbelé, les moustiques, la caserne. Rien d'autre, pendant deux ans. Pour atterrir ici, il faut n'avoir eu aucun piston. Certains ne s'étonnent même pas de voir un type tracter un kayak de mer avec un pneu crevé.

— *Cigarette iest ?*

— *Niet ! Ni kouriou.* (Je ne fume pas.)

Une fois rejointe la route allant de Nickel à Mourmansk, la circulation s'intensifie. Il ne me faut pas longtemps pour comprendre le danger qui me guette dorénavant. Les véhicules me frôlent à vitesse folle. Il semble qu'aussitôt aperçu je devienne pour ces chauffards une cible à éliminer au plus vite de la chaussée. Dire qu'avant même d'attaquer mon premier hiver, je suis confronté à des conditions de survie – il me reste quatre cents kilomètres à parcourir sur cette route avant d'atteindre les espaces sauvages de la mer Blanche...

Visitez Zapolarny. Ou, pour épargner vos poumons, observez la ville à distance raisonnable. À droite, le paysage est brûlé par le complexe industriel. À gauche, un panneau recommande : « Attention au feu ! Respectez la forêt ! » La cité est enveloppée d'un nuage permanent de fumées nauséabondes – si ce n'est toxiques – issues de la mine de nickel jouxtant l'agglomération. Comment ses habitants parviennent-ils à vivre ici alors qu'il m'est impossible de respirer sans un masque sur la bouche ? Un homme ivre vient à ma rencontre en titubant. J'accélère le pas pour échapper au marasme. La pureté des paysages norvégiens n'est plus qu'un lointain souvenir.

Petchenga est une importante et secrète base navale. Les convois militaires faisant la navette entre les multiples casernes sont de plus en plus nombreux. Tout est dans un état de délabrement indescriptible. Il ne m'est pas autorisé, en théorie, de m'arrêter sur les cent kilomètres de la zone réglementée, ni de camper et encore moins de photographier ; pourtant, je ne peux m'empêcher de coucher sur la pellicule quelques-uns de ces affligeants décors, ceux que l'on aime tant afficher dans notre pays lorsqu'on présente la Russie. Je suis surtout attristé pour ce peuple victime de l'effondrement d'un système.

Les esprits de Kola m'ont offert aujourd'hui une belle journée. Après un dernier contrôle de routine par la police des frontières, je suis enfin sorti de la zone. Finis, les usines, les installations stratégiques et leurs corollaires sinistres. Dorénavant, la route répète à l'infini ses ondoiements, comme de grandes vagues qui se perdent à l'horizon. Au sommet de chaque colline, le temps de reprendre mon souffle, je découvre un panorama de montagnes enneigées, de lacs encore pris par le gel, de forêts de plus en plus clairsemées. La toundra reprend ses droits et je m'affranchis de cette espèce d'étouffement que je ressens toujours au milieu des bois. Je reste un homme de désert, qui voit dans un espace dégagé de toute végétation un symbole de puissance. Face à la beauté de la nudité, je me sens envahi d'un regain d'énergie. Délivré des mille distractions d'une jungle, je peux mieux épancher mes pensées, observer ma conscience individuelle, me libérer par l'introspection.

Une tête de cochon me dévisage. Posée sur un étal, dans le hameau de Spoutnik, elle me rappelle certaines des figures assises à leur bureau que j'ai laissées derrière moi, il y a déjà une éternité. La tenancière de l'échoppe vante les mérites culinaires de la pauvre bête quand un jeune garçon vient tourner autour de mon kayak.

— *Extralaïte ?* demande-t-il en tentant vainement de soulever les cent kilos.

Puis il me parle de l'*Euro 2000* de football. À mon grand étonnement, il connaît chacune des vedettes de l'équipe de France.

— *Bartess, Blank, Peti, Tsidane !*

Son visage rayonne de bonheur. Je suis le premier étranger qu'il voit en chair et en os.

Une babouchka[1] s'est approchée pour m'avouer qu'elle n'avait jamais encore vu rouler une barque dans son village.

— Est-ce qu'elle marche bien ? me chuchote-t-elle à l'oreille.

Sans doute s'attend-elle à ce que, installé aux commandes, je démarre les moteurs-fusées de mon bolide et quitte la place dans un nuage de poussière !

Un fourgon s'est arrêté à ma hauteur alors que je m'engageais dans la énième ascension de la journée. Cela fait trois jours que ce véhicule me croise. Deux hommes viennent me saluer chaudement. Ces agents des télécommunications m'offrent quelques reliques de la Seconde Guerre mondiale qu'ils ont dénichées dans la campagne. Obus, casques, plaques matricules, il n'est pas rare de découvrir ce genre de *témoignages* des violents combats survenus sur la péninsule de Kola lors de l'invasion allemande de 1941. Nous sommes le 22 juin, date anniversaire de l'événement.

La nationale quitte le massif montagneux en fin de journée, retrouvant quelques cultures de blé et de seigle, puis s'élargit à l'approche de Mourmansk. Je marche sur une route à quatre voies jalonnée de stèles fleuries. Elles rendent hommage aux fous du volant victimes d'avoir testé l'état des routes, défié la mécanique de leurs véhicules ou éprouvé leur taux d'alcoolémie.

Mourmansk est la plus grande ville du monde au nord du cercle polaire. L'entrée dans la bourgade de Kola, située à sa périphérie, est au premier abord démoralisante. Le seul bâtiment

1. Grand-mère russe.

qui ne soit pas teinté de gris est la petite église orthodoxe récemment reconstruite. La route défoncée rend la marche difficile avec le kayak, et, à deux reprises, celui-ci se renverse sur la chaussée sous l'œil incrédule des passants.

Kola est une des plus anciennes villes de l'Arctique russe. Elle fut fondée en 1565, alors que Mourmansk n'a que quatre-vingts ans. Kirill, l'ancien instituteur, travaille à la mairie. Son physique rondelet m'inspire toute confiance. Au foyer où il me rend visite, il me regarde préparer le thé dans ma casserole noircie par le feu ; il raconte qu'autrefois, lui aussi, se plaisait à aller en forêt pour y cueillir baies et champignons. Aujourd'hui, le risque de contamination provoqué par les bases militaires atomiques et les vaisseaux à propulsion nucléaire croupissant dans le port de Severomorsk l'en décourage. Il me vient à l'esprit que certains secteurs de mon itinéraire – la péninsule de Kanine en particulier – sont justement interdits en raison d'un taux de radioactivité important...

Monsieur le maire m'a aimablement reçu dans son bureau. Nous en venons à parler de la situation économique locale. Personnage intelligent, il déplore que les technocrates moscovites soient les premiers décideurs malgré leur méconnaissance des affaires du Nord. Bien que le sous-sol de la région soit extrêmement riche (nickel, platine, aluminium, gaz naturel...), l'administration régionale ne récolte guère les subsides de l'État. Sa lucidité va jusqu'à lui faire admettre que les soixante-dix années de régime soviétique ont ôté aux gens l'esprit d'initiative indispensable à la construction d'un pays. Ses remarques grinçantes cachent, en fait, un sentiment de désillusion ; celui de voir la Russie tomber en pleine déliquescence. Mon regard se porte vers l'immense portrait de Lénine encore accroché au mur. Vladimir Ilitch approuverait-il ces propos ?

— Tu vas loin comme ça, *moujik* ?

Une voiture s'arrête. Son chauffeur me propose de monter à bord, oubliant que mon kayak est une bagatelle de cinq mètres de long. Un peu plus loin, un autre homme m'interpelle. Il suit mes pas pour un brin de conversation. Je suis à présent sur l'axe Saint-Pétersbourg/Mourmansk ; l'ambiance a un peu changé, même s'il reste quelques maniaques pour me raser de près. Les vacanciers du mois de juillet ont pris le pas sur les militaires et les hommes d'affaires des zones frontalières. Après avoir garé mon kayak, je me réfugie dans une boutique pour échapper à l'emprise des moustiques. Trois adolescentes en mini-minijupes sont là, émerveillées de voir un Français pénétrer chez elles.

— Vous habitez Paris ? Vous êtes journaliste ? Qu'est-ce que vous avez comme voiture ?

— Non, non, je suis clochard polaire et je marche en kayak à roulettes.

— ?...

Un chien errant m'a croisé alors que je me reposais sur le bord d'une route sans ombre. Je lui ai offert les meilleurs morceaux de mon frugal déjeuner avant de le regarder partir vers le nord. Nous nous ressemblons, finalement, tous deux vagabonds animés de desseins mystérieux.

En soirée, j'avale un gros insecte que j'ai du mal à déglutir puis à digérer. Comme souvent après avoir installé le campement, je n'ai ni courage ni appétit pour cuisiner. Mon insecte me suffit – c'est toujours une économie de faite. Je ne désire qu'une seule chose : me mettre à l'abri de ses congénères, qui me harcèlent comme autant de vampires voraces.

Ainsi est fait le quotidien du marcheur : une succession de joies profondes suivies de peines qui paraissent infimes une fois la fin de l'étape venue et souvent dérisoires au regard de la plénitude d'un choix de vie accompli.

35 °C : chaleur. 35 km : fatigue. Moustiques. Mouches noires. Impossible d'échapper ni aux uns ni aux autres. L'agression est permanente. Mon rythme est lent, comme si je n'avais rien dans les jambes. Je suffoque. Quelle est donc cette expédition polaire qui progresse sur de l'asphalte en fusion ? À quand les grands espaces sauvages pour lesquels j'ai tout quitté ? Il me faut atteindre au plus vite la mer Blanche pour ne pas sombrer. Marcher. Encore marcher...

Le thermomètre a chuté de vingt et un degrés ! Petit matin frisquet à 14 °C. Quel changement ! Plus de moustiques par milliers dans mon sillage. Je marche gaiement et, d'un pas léger, avale une vingtaine de kilomètres jusqu'au lac Permous, sur les rives duquel j'aperçois deux pêcheurs occupés à ranger leur matériel. J'en profite pour m'assurer de la faisabilité d'atteindre le lac Imandra en kayak. Comme il y a quatorze mètres de dénivelé entre les deux plans d'eau, je crains des rapides. L'un des pêcheurs m'assure qu'il y a en effet beaucoup d'eau en ce moment, mais qu'aucun torrent ne marque la jonction.

La transformation de ma remorque en kayak est simple. Je remercie mon petit chariot et me lance vent arrière sur les flots. Le premier lac contourne la ville d'Olienigorsk et se referme sur un étroit cours d'eau que j'emprunte pour rejoindre le grand lac Imandra. Après avoir raclé quelques cailloux, je parviens à un ressaut dans lequel le courant s'accélère. Mon kayak de mer n'étant pas conçu pour une navigation en eau vive, je dois manœuvrer pour lui épargner les chocs contre les rochers. Trop concentré sur ma tâche, je n'ai pas senti le rapide m'entraîner ; ma seule crainte, en cet instant, est pour mon embarcation. Soudain, le kayak vient buter contre un gros bloc. Immobilisé en travers du courant, il se remplit d'eau. Je parviens à m'extraire du bateau et nage vers la rive en le halant. Une abondante fumée s'échappe du bois. Je m'y dirige d'un pas décidé. Un homme moustachu sirote vodka et vin de Géorgie auprès d'une beauté locale aux cheveux décolorés. La fumée âcre provoquée par l'herbe qui se consume a pour rôle de chasser les moustiques susceptibles de briser le charme du rendez-vous galant. Et voilà qu'un individu en tunique étanche rouge vient jouer les parasites, rompant le romantisme de la scène.

— Où sont tes compagnons ? me demande l'homme.

— Seul.

Ils sont abasourdis, le mot n'est pas trop fort. Un Français, dans la forêt, un vendredi à minuit, dans les environs d'Olienigorsk ! Ils me prennent d'abord pour un inconscient. Puis, quand ils découvrent mes projets, pour un fou. Je crois bien que le type appellerait la milice, s'il n'en faisait partie. Une courte reconnaissance me révèle la présence, un peu plus loin, d'un torrent tumultueux qui m'oblige à reprendre le chariot pour tirer mon bateau sur une mauvaise piste. Deux heures plus tard, j'installe le campement dans les gravats d'une centrale électrique.

« Vive le peuple soviétique ! » affiche la pancarte qui annonce mon arrivée à Montchegorsk, centre minier de la péninsule de Kola. Cobalt, cuivre et manganèse font la richesse de la petite ville de caractère. Ce sont les pompiers qui m'accueillent, ici. Quatre malabars se chargent de monter mon matériel dans une suite aimablement mise à ma disposition par la municipalité. C'est ça, l'aventure, la vraie, me dis-je en sifflotant une bonne heure sous la douche avant de me vautrer dans un lit moelleux.

Le kayak reprend du service pour effectuer la traversée de soixante-dix kilomètres du lac Imandra. Les montagnes qui le bordent culminent à 1 200 m. On m'avait mis en garde contre le danger caché dans ses eaux insidieuses, en cas de tempête, mais ma croisière se déroulera sans incident. Cette paisible navigation s'arrête au pied d'une centrale hydroélectrique que je crois hors d'usage. Un détour forcé m'apprend, une fois de plus, qu'en Russie les installations fonctionnent encore lorsqu'elles ne le devraient plus.

Il ne me reste plus qu'à marcher vingt kilomètres pour rejoindre Kandalakcha, port de quarante mille habitants situé aux portes de la mer Blanche. La progression entre cheminées d'usines à charbon, garages rouillés et terrains vagues est interminable. Il faudra pourtant que je m'y habitue car ce décor est celui de toutes les zones habitées de l'Arctique russe. Entre deux immeubles au jaune délavé, je vois poindre enfin la mer Blanche, sous un ciel limpide. Même si le coup d'œil est fugace, il m'a suffi pour oublier la laideur qui m'entoure. Un millier de kilomètres sur cette mer mystérieuse devrait effacer les vicissitudes de la péninsule de Kola et me faire réellement entrer dans une nouvelle dimension du voyage.

4

Marin de la mer Blanche

Jour 39 : 7 juillet 2000.
Kandalakcha, mer Blanche ; km 803.
Position : 67° 09′ N 32° 24′ E

La mer Blanche sera-t-elle clémente ? Au moment de troquer mon kayak roulant contre un kayak flottant, je ressens au fond de moi une légère appréhension.

La mise à l'eau se fait entre deux garages déglingués. J'aurais pu rêver plus digne inauguration... Kandalakcha pourrait devenir une destination de vacances. Sa baie est parsemée d'une multitude d'îlots couverts de végétation. Mais, à part le transport d'apatites[1], il n'y a aucune activité portuaire qui témoignerait d'un intérêt commercial ou touristique.

Des phoques plongent nerveusement à mon passage. Profitant du vent, j'enregistre quarante-six kilomètres pour cette première journée de navigation. La grève sur laquelle j'ai jeté mon dévolu est jonchée de coquilles d'œufs brisées. Les oisillons – oies et canards – sont déjà partis, en route pour une vie de migration. Je passe deux heures à explorer l'île en quête d'eau. Deux lacs sont indiqués sur ma carte, mais ce ne sont que de pauvres marécages infestés de moustiques. Une flaque d'eau croupie me permet néanmoins de remplir ma gourde. Je m'en contenterai pour la nuit. J'ai depuis longtemps cessé d'utiliser un quelconque désinfectant. Mes intestins, soumis aux traitements les plus ingrats, se sont blindés au fil de mes différents voyages.

1. Phosphates de chaux naturels.

La mer moutonne. Dans le vent contraire, je fais du surplace ou presque. Et dire qu'hier j'échafaudais un programme fabuleux fondé sur des moyennes insensées ! Nous qui nous sommes déconnectés de notre environnement naturel, avons l'habitude de planifier sans inclure les éléments naturels dans les paramètres. Il me faut réapprendre à vivre, pas seulement selon mon rythme biologique mais en fonction des impératifs fixés par mon environnement qui reste maître du jeu. Les populations traditionnelles se situent rarement dans le temps. Le mot « peut-être » est celui qui revient le plus souvent dans leurs conversations lorsqu'on évoque l'avenir. Quand arrivera-t-on ? Aujourd'hui ? Demain ? N'espérez rien de précis. On vous répondra que le vent choisira, que la glace décidera. J'aime, par-dessus tout, la mesure de distance des Papous. Il y a « *long way lik-lik* », « *long way* » et « *long way too-munsh* ». À vous de vous y retrouver...

Un timide soleil réapparaît dans un ciel argenté. La mer prend toutes ses teintes de gris. Un navire passe au loin. Sa gîte, qui n'est due ni à la mer ni au vent, en dit long sur son état. L'équipage, que j'observe aux jumelles, n'a pas l'air de s'en inquiéter outre mesure.

J'achève, le plus innocemment du monde, mon déjeuner sur un îlot de sable quand un canot à moteur, lancé à toute allure, accoste. Deux types en treillis sautent de leur barque dans un élan typiquement militaire. Ce sont les gardes du parc ornithologique. Le plus jeune, le regard torve, déclare solennellement que je viens d'enfreindre la loi russe. J'ai, paraît-il, abordé sans autorisation une île située dans la réserve. La proclamation est formulée avec une telle véhémence que je ne suis pas loin de signer mon acte d'accusation, convaincu de ma culpabilité. J'avais pensé qu'en mer Blanche je pourrais rayer de mon vocabulaire l'auguste injonction « *Dokument !* », mais ce commando me convainc du contraire – et il n'est pas du genre à se contenter d'un minable « *Vsio iest !* »

Après une demi-heure de déballage, mes deux inspecteurs bouillent d'impatience. Je parviens enfin à extraire le bon sac, celui qui contient le précieux tas de parchemins humides dans lesquels les deux gendarmes déchiffrent le fameux verset m'autorisant à naviguer en territoire réservé aux sternes. Contraint d'admettre, à contrecœur, que je ne suis pas un dangereux hors-la-loi, le vieux range son carnet de procès-verbaux. Me voilà donc en règle vis-à-vis de toute espèce d'oiseau, y compris celle au plumage kaki, fort répandue dans la région.

Par ses terres basses, ses rivages désolés et ses mirages parfois, la mer Blanche a l'étrange faculté de provoquer une espèce d'engourdissement mental auquel il est difficile d'échapper lors d'un voyage en solitaire. À peine suis-je encore émoustillé par l'apparition d'une tête grise, celle d'un phoque qui plonge devant l'étrave dans une gerbe d'éclaboussures. Le ciel est pesant, la chaleur lourde, le silence à peine rompu par les oiseaux querelleurs. J'entre en Carélie et passe le cercle polaire vers le sud. Cela n'a rien de très réjouissant car je devrai, l'hiver prochain, le franchir à nouveau, cette fois vers le nord ; ce Nord qui est en fait ma véritable destination.

La forêt bordant la mer distrait le regard, anime l'esprit. Cependant, le plaisir s'arrête là car, aussitôt débarqué, moustiques et moucherons m'ôtent toute envie de promenade. Le courant de marée est au moins de trois nœuds. Il me propulse vers le cap Kuzokotsy près duquel un chalutier a été jeté à la côte. Il ne doit pas faire bon se promener dans le coin, à l'automne. Les phares, autrefois entretenus, ont été laissés à l'abandon. Ce sont d'utiles amers de jour, mais invisibles lors d'une navigation de nuit.

Longeant l'île Sidorov, je distingue un superbe quatre-mâts d'une quarantaine de mètres de long échoué sur les récifs, à quelques miles du rivage. De quelle époque peut-il dater ? Des milliers de petits poissons argentés sautent à la surface de l'eau. Peut-être sont-ils pourchassés par un prédateur, à moins qu'eux-mêmes ne prennent les moucherons pour proie. Après neuf heures de navigation, je mets pied à terre sur un îlot enchanteur. La tente est plantée sur un lit de mousse, à la cime d'un caillou verdoyant qui me permet de dominer la mer de toutes parts. Luxe suprême, il y a de l'eau douce en abondance au creux des rochers. La pêche est bonne et quelques morues sont bientôt mises à roussir sur une pierre plate chauffée au feu de bois et graissée avec l'huile des foies.

La forte houle qui brise sur les falaises du cap Charapov m'a contraint à chercher un abri dans une petite anse, juste sous son promontoire. Un pêcheur trime sur ses avirons pour aller relever son filet. Sa barque rudimentaire est chahutée dans les vagues au large d'une côte qui n'est que succession de saillies rocheuses.

Elle disparaît régulièrement dans les creux. L'homme barbu est tout occupé à son travail et n'a pas l'air de prêter attention aux lames qui le menacent. Ces Caréliens sont de rudes gens de mer.

Caboter est devenu dangereux. La gorge de la mer Blanche, qui s'ouvre sur la mer de Barents, canalise la grande houle de l'océan Arctique sur la zone de littoral dans laquelle je navigue. Cette particularité jointe à la ligne de sonde qui atteint une centaine de mètres près du rivage fait grossir et briser les vagues à la côte. Les croix orthodoxes dressées au sommet des parois de roc évoquent les fréquents naufrages. L'atmosphère est sinistre.

Gridino marque mon premier millier de kilomètres parcouru et ma première escale de ravitaillement depuis Kandalakcha. Arrivé un dimanche matin, j'ai trouvé le village endormi et sa boutique fermée. La tenancière ayant finalement consenti à m'ouvrir ses portes, j'ai pu faire connaissance, dans le quart d'heure qui a suivi, avec tous les habitants sortis un à un de leur tanière en quête de trésors.

— Vous avez du jus de fruits ?

— *Niet*. Seulement de la vodka.

Gridino vit replié sur lui-même. Ses trois cents âmes sont toutefois reliées au monde extérieur par un bus hebdomadaire. Une forte dame blonde m'annonce fièrement qu'il y a même une école primaire au hameau. Les Caréliens sont pêcheurs de morues l'été et chasseurs de phoques à l'automne. Les visages sont burinés par les éléments du grand large. Leur vie précaire est dictée par les caprices de la mer Blanche. Leurs barques de bois sont de misérables esquifs, face aux coups de vent imprévisibles. Quelques-uns m'observent de leurs yeux bleus impénétrables. Ces mines patibulaires me donnent la sensation d'être tombé dans un repaire de pirates. J'ai l'impression d'avoir fait un bond dans le temps. Je me sens écrasé par leur simplicité sauvage, et ridicule, avec mon lot de boîtes de conserve. Je souhaite quitter l'endroit au plus tôt.

Alors que je sors du chenal menant à la bourgade, une barque se dirige vers moi dans un bruit de moteur d'hélicoptère. Les types à bord sont ivres. L'une des trois brutes à gueule de boucanier brandit une morue géante qu'il voudrait partager avec moi sur le rocher voisin. Bien que touché par cette délicate attention, je préfère passer ma route discrètement, et lutte jusqu'au soir contre vent et courant dans un dédale d'îlots et de hauts-fonds.

La mer est étale. Il fait 26 °C. Pourtant, sous le cap Khennoy-Navolok, je remarque quelques remous que j'attribue à de violents courants. Sifflements et jets de vapeur me renseignent bientôt sur l'origine véritable du phénomène. Il s'agit d'une colonie de bélougas en chasse dans un banc de harengs. Je m'en approche avec circonspection. L'eau bouillonne autour de moi dans une danse de dos ronds et blancs. Alors que le groupe s'éloigne, voilà que deux jeunes espiègles à la peau grise viennent solliciter mon kayak. Plongeons et coups de queue commencent à me faire regretter ma curiosité. Ces gros bébés de plus de une tonne pourraient bien pousser la blague jusqu'à m'envoyer par le fond. La tête d'un jeune voyou émerge à quelques mètres. Je distingue parfaitement son œil malicieux qui m'interroge. À ce moment, des cris aigus retentissent au loin. Les deux compères rejoignent alors sagement la troupe des adultes.

La brume tombe et me fait oublier mes fatigues. Un gros phoque inquisiteur me suit depuis une bonne heure. Je me demande si, lui aussi, ne s'ennuie pas dans le calme ouaté. Ses plongeons se rapprochent comme pour m'intimider. Lorsque je ne le vois pas, je l'entends renifler dans mon dos, tout près du kayak. Si je me retourne, il plonge aussitôt et le manège reprend. À l'inverse des bébés bélougas, il n'a pas l'air porté sur la plaisanterie. Je dois traverser son aire de chasse, à moins qu'il ne me considère comme un séducteur potentiel de la femelle qui montre timidement son museau, à deux cents mètres de là. N'étant pas un spécialiste du libertinage pinnipède, je m'éloigne sans insister.

Le Morsky Magazin est une vraie caverne d'Ali Baba. Situé à deux pas du quai du port de Rabotcheostrovsk, il propose tout le nécessaire au marin-pêcheur de la mer Blanche : cordes, hameçons, pièces de moteur, bottes, vêtements, produits alimentaires de toutes sortes et surtout vodka à bon marché. J'ai pu y faire le plein de vivres en prévision de ma traversée vers les îles Solovki. La scierie de la ville est encore active, mais les grands hangars se souviennent d'une époque plus prospère. C'est l'achèvement du chantier dantesque du Belomorkanal, reliant la Baltique à la mer Blanche, qui permit d'ouvrir la forêt carélienne à l'exploitation, à la transformation et au transport du bois.

Cap à l'est ! Je suis heureux de reprendre la bonne direction. Depuis Mourmansk, je m'écartais de la route directe pour atteindre, au sud, la latitude des Solovki, qui doivent me permettre de rejoindre la côte d'Arkhangelsk. Je suis à présent engagé dans un chapelet d'îles entre lesquelles circulent de forts courants. Heureusement, le vent n'est pas de la partie et je m'en tire honorablement jusqu'à l'île Rousky Kouzov. Je dois la contourner pendant deux bonnes heures avant de forcer le flot pour achever mon ultime étape carélienne sur la petite plage du caillou abordable le plus oriental de l'archipel. Aussitôt la tente montée, je grimpe au sommet d'un escarpement pour découvrir dans la brume du couchant les îles Solovki, à peine perceptibles à l'œil nu. Le ciel est zébré d'éclairs. La nuit s'annonce agitée.

Ce matin, j'ouvre un œil inquiet. Quel temps va-t-il faire ? La baie d'Onega est le fond de la mer Blanche. Partiellement refermée par les îles Solovki, elle connaît, en été, des conditions météo très instables provoquées par la rencontre des flux d'air chaud continentaux et des fronts froids venus de l'Arctique. Le cercle polaire n'est pas seulement une ligne arbitraire tracée sur le parallèle 66° 30′ N, il délimite aussi la zone arctique, au climat et à la végétation spécifiques. Je me trouve, depuis peu, au sud de cette démarcation imaginaire et je dois donc m'attendre à en subir les conséquences.

À neuf heures, le vent souffle du nord-est, et le clapot dû au courant n'est pas très engageant. Je me recouche, presque rassuré, me disant que la traversée ne sera pas pour aujourd'hui.

Onze heures. L'orage menace et le vent tourne au sud-est. C'est plutôt bon signe car ce vent ne dure jamais très longtemps. Tout en prenant mon petit déjeuner, je réfléchis à une heure probable de départ prenant en compte les courants de marée. Mais alors que je rince ma gamelle dans la vague, je réalise que le vent a cessé et que la mer s'est calmée. Ma décision est prise. Le pont du kayak est dégagé du superflu et le chariot bien arrimé. Il est quinze heures ; le soleil est de retour. Le fort courant de jusant me jette dans l'arène à trois nœuds. Un canot à moteur me croise. L'homme à son bord m'interroge par gestes sur ma destination. À l'indication des Solovki, il répond par un pouce levé vers le ciel. Un labbe pomarin vient souligner la voie du large dans laquelle je trace mon sillage.

Le fort courant me déporte inexorablement au nord-ouest, mais si j'oriente ma route au sud-est, vent et courant font chuter ma vitesse. Je serre donc au plus près la brise sachant déjà que je ne pourrai, comme je l'avais prévu, rendre visite aux phoques de l'île Topy, située à mi-parcours.

Un bateau vient droit sur moi. Comme les chauffards de la presqu'île de Kola, les navigateurs sont trop curieux – ou un poil inconscients. L'embarcation modifie son cap au moment où je croyais la collision inévitable. L'homme de barre me fait de grands signes pour m'indiquer la direction des Solovki. Évidemment, je la connais ! Mais je dérive de... trente degrés, pas moins, mesure confirmée par les indications comparées du GPS[1] et de mon compas de route.

La façade blanche du monastère est le fanal de la grande île Solovki. Par ce temps orageux, elle rayonne sous le soleil de fin d'après-midi puis s'estompe dans la brume. Cette traversée d'une vingtaine de kilomètres, je l'ai maintes fois pensée depuis mon départ. J'imaginais ces îles austères, sans doute en raison du triste passé qu'elles évoquent. Et voilà qu'au contraire elles semblent m'inviter à les aborder. Le reflet des coupoles dorées me sourit. Il me vient à l'esprit que je pagaie depuis plus de sept heures vers ce que les prisonniers du Goulag des années 1920 considéraient comme un enfer. J'accoste un îlot à quelques encablures du village, monte la tente et jouis de l'instant présent, du calme. Deux foyers scintillent sur la plage. Un homme chante auprès de l'un d'eux. Aucun autre bruit ne vient troubler ce début de nuit. La lune se lève derrière le kremlin et fige le décor telle une peinture. Cette première image empreinte de sérénité restera, dans mon souvenir, la marque distinctive des Solovki.

La douceur du climat a attiré l'homme sur ces îles dès l'Antiquité. Des vestiges de l'époque néolithique tels que dolmens, labyrinthes de pierre et inscriptions énigmatiques sont les témoignages troublants d'une première occupation. Puis l'archipel retrouve le silence jusqu'au XVe siècle, époque à laquelle des moines en quête de retraite spirituelle le redécouvrent. Ainsi se forme une communauté religieuse qui, dans la seconde moitié du XVIe siècle, fait édifier un monastère dont les fortifications imposantes sont destinées à protéger les insulaires des ennemis suédois. Mais bientôt, l'épaisseur des murs et l'isolement des lieux donnent des idées au pouvoir : le monastère devient prison. C'est le début d'une histoire

1. GPS (*global positioning system*) : boîtier électronique de navigation par satellite donnant la position en latitude, longitude et en altitude.

mouvementée qui donnera au nom de Solovki une connotation tragique.

Les années postrévolutionnaires ne feront qu'accroître l'activité carcérale. En 1920, un camp de travaux forcés est établi sur la plus grande des îles ; le premier goulag de la jeune Union soviétique venait de naître. Tortures et exterminations se multiplient alors dans le lieu saint. Si en 1923, on comptait trois mille détenus, en 1930 ce nombre dépasse déjà les cinquante mille. Le développement industriel d'un Grand Nord dépourvu de voies de communication justifie cet afflux spectaculaire. La déclaration de guerre avec la Finlande, en 1939, clôt la macabre apogée. Les prisonniers sont transférés dans un autre goulag, tout aussi tristement célèbre, celui de Doudinka, et les îles deviennent une base de la marine soviétique. Ce n'est qu'à partir de 1965 que le village retrouve sa tranquillité et que l'on redécouvre les richesses architecturales léguées par les moines.

Le charme très particulier de l'unique bourgade tient à son style « vieille Russie ». On ne s'y déplace plus à cheval, mais à vélo. Seuls quelques véhicules viennent troubler de temps en temps le silence. On se dit bonjour en se croisant et l'on n'hésite pas à engager la conversation. Le temps n'a pas ici la même importance que sur le continent. On n'est pas solovkien de souche, on le devient.

En cherchant la piste de la baie Dolgaïa, je rencontre un couple âgé s'en allant aux champs.

— Pourquoi vous êtes-vous installés ici ?

— Regarde donc la nature autour de toi, répond la vieille dame, et sens l'air du grand large. Dès que j'ai visité l'île, j'en suis tombée amoureuse et je n'ai plus voulu en repartir.

Même raison invoquée par Piotr, artiste dans un théâtre moscovite. Tout quitter pour la qualité de vie propre aux Solovki.

Deux jeunes moines sortent du monastère en poussant devant eux une charrette emplie de légumes frais. L'image est droit sortie d'un autre siècle. Pourtant, non loin de là, déambulent quelques touristes. Même leur présence ne peut nuire à l'atmosphère. La plupart sont russes, quelques-uns sont peintres ou photographes, d'autres sont de simples vacanciers en promenade, passionnés d'histoire et de nature. On y arrive aussi en voilier, depuis la ville de Kiem. Pour eux comme pour moi, c'est une Russie différente que l'on observe depuis ce caillou posé au cœur de la mer

Blanche, une Russie ancrée dans ses traditions et pleine d'insouciance.

J'ai rejoint Malaïa-Mouksalma, une des îles de l'archipel sur laquelle est établi un petit hameau de cinquante-trois insulaires, qui disputent la place à une colonie de sternes. Ni ferraille ni béton, ici. Pour mon plus grand bonheur, le village est constitué uniquement d'isbas[1]. On est en ce lieu « marin-cueilleur ». Les algues, que l'on collecte à marée basse à l'aide de longues perches-râteaux, sont séchées sur de hauts tréteaux. Elles entreront dans la préparation de divers produits cosmétiques ou pharmaceutiques. Quant au chou de mer, comestible, il sera dégusté frais, bouilli ou mis en conserve. L'activité prenant fin au mois de septembre, le village est déserté jusqu'à l'été suivant.

Le boulanger du village s'est déplacé tout spécialement pour m'apporter son pain frais. Il me conte, avec force détails et anecdotes, ses voyages, ses plus belles escales et ses frayeurs aussi du temps où il était sous-marinier. J'apprends que le lendemain, 30 juillet, sera la fête de la flotte soviétique. Je célébrerai, pour ma part, mon deuxième mois d'expédition et entreprendrai une traversée de vingt-cinq kilomètres pour atteindre la côte Lietny, dans la région d'Arkhangelsk. La partie est loin d'être gagnée d'avance. La navigation est rendue périlleuse par le fort courant du chenal. Que le vent de nord-est se lève, et la mer grossira dangereusement.

Les Solovki constituent un tournant dans mon voyage. J'y ai trouvé le repos du corps et de l'âme, la sérénité nécessaire pour poursuivre mon but. Désormais, la solitude ne me pèsera plus. Je l'aurai apprivoisée. Je serai véritablement entré dans mon voyage.

On quitte toujours les îles à regret. Elles font de nous d'heureux prisonniers du bleu du ciel et de la mer. Elles nous enferment dans le cercle de l'horizon illimité.

Le village est encore endormi quand je pousse le kayak à l'eau. Seules les sternes s'agitent, rapportant, en piaillant, de petits poissons argentés à leur progéniture. Une légère brise soufflant du nord ne présage rien de bon. Va-t-elle forcir ? Comment sera la mer ? Je coupe court aux interrogations en me préparant rapidement.

Une fois passée la ligne de hauts-fonds, sur lesquels sont

1. Maisons de rondins que l'on trouve dans la campagne russe.

vautrés quelques phoques paresseux, je trouve la houle du large et, un peu plus loin, le courant traversier du chenal. Je prends la mer par bâbord et parfois une vague plus forte que les autres vient exploser sur le pont. Trois heures après mon départ, j'ai déjà parcouru treize kilomètres. Terre ! Je discerne enfin la côte opposée. Depuis ma position, ballotté par les vagues qui me font monter et descendre comme un bouchon, je peux parfaitement détailler le contour du littoral : l'île Solovki, derrière moi, la côte Lietny, face à l'étrave, l'île Anzer, au nord-ouest.

Le vent forcit au fil de l'ascension du soleil. La mer s'agite, déferle, devient mauvaise sous l'effet de la renverse du courant. Cette atmosphère sauvage me pousse à tirer un peu plus sur la pagaie. J'entre dans une veine de courant qui me fait battre le record de vitesse de la traversée : 7 km/h à l'écran du GPS. Je vole vers la nouvelle terre, mais suis bientôt ralenti aux abords d'un banc de sable où la mer, nerveuse, s'agite en tous sens. Le kayak reste pourtant très stable grâce aux appuis que je peux prendre sur les hautes vagues. Je double bientôt le cap Lietny-Orlov, que je laisse à quelques miles sur tribord, et entre dans la baie Komioukhova où j'accoste après sept heures d'efforts intensifs. Je viens de traverser la mer Blanche de part en part. J'embrasse bêtement un rocher pour lui communiquer mon bonheur et pars aussitôt explorer les environs.

Un nouveau pays s'étale à mes yeux. Cèdres et pins sont apparus dans la forêt, mais aussi de nouvelles plantes, d'autres algues, des oiseaux aux chants inédits, des arômes méconnus et... de nouveaux insectes. Des fourmis ailées en plein vol nuptial viennent désormais me distraire des moustiques, mouches noires et autres moucherons à la danse aérienne trop rebattue. Côté approvisionnement d'eau, la situation empire. Les marécages qui me fournissaient jusqu'à présent un peu d'eau croupie sont par ici à sec.

Une barque s'approche de la grève. L'homme ne parvient pas à croire que j'arrive de ces îles, si éloignées qu'on les distingue à peine à l'horizon. Malgré mes commentaires, il reste dubitatif quant aux qualités marines du kayak. Son moteur ayant calé une bonne fois pour toutes, il s'en va en tirant sur les avirons, inconscient des avantages que j'ai sur lui – mon embarcation est pontée, insubmersible, et ne dépend que d'une seule mécanique, celle des muscles animés par la volonté.

Un phoque indiscret sort la moitié de son corps dodu hors de l'eau pour mieux m'observer. Trois bélougas font le gros dos au large. Et le vent se lève... le calvaire du jour commence. Dix longues heures à la pagaie pour reporter une croix de treize petits centimètres sur ma carte à l'échelle 1/200 000. Au moins ai-je le temps, durant ces vingt-six kilomètres, d'apprécier la beauté du paysage. La forêt borde des plages aussi blanches que des cayes tropicales. Une épave rouillée surgit des eaux limpides de la baie. Il s'agit en fait d'un ponton militaire autrefois utilisé comme stand de tir. Le soleil se couche sur la livrée mordorée de la mer Blanche.

Voilà trois jours que je campe sous le cap Oukht-Navolok. Le coup de vent ne semble pas vouloir mollir. La mer déferle en gros rouleaux sur la plage et les brisants font le blocus du cap. Rationnement oblige, je collecte du chou de mer que je mets à sécher pour le déjeuner. Et puisque j'ai déjà récolté tous les bolets du coin, je m'en vais ramasser airelles et myrtilles. Côté « bio », mon régime s'améliore. À quoi bon s'en faire pour l'instant ? Je préfère aller rendre visite aux occupants de l'isba voisine. Par chance, j'arrive juste au moment du maigre dîner de carrelet, un festin pour mon estomac affamé. Vassili et son fils Gregori vivent là pour la saison. Ils pratiquent la cueillette des algues, vendues séchées trois roubles[1] le kilogramme. Le reste de l'année, ils capturent le phoque au filet – pour sa peau, la viande n'étant pas consommée.

Ayant fait le plein de rencontres, je rentre chez moi en longeant la baie. Tout au long des cinq kilomètres qui me séparent de mon campement, je fais le point sur ce début d'expédition. Je me rends compte que cette vie au grand air, pleine d'imprévus, me sied tout à fait. Je m'y installe doucement en faisant ma trace intérieure. Si ce n'est pas encore le bonheur, c'est en tout cas mieux que l'ennui. Il faut un certain temps pour se dégager de ses vieux réflexes, pour entrer dans le monde clos et minimaliste que le voyageur solitaire crée autour de lui. Il ne s'agit pas de renier son passé. Cela reviendrait à se désavouer soi-même puisque nos rêves sont le pur produit de notre vécu. Il s'agit plutôt, parvenu à un certain stade de sa vie, de remettre les choses au clair pour

1. Environ vingt centimes d'euro.

vivre en harmonie avec sa raison. La nature, l'effort, la frugalité sont de bons moyens pour y parvenir. Il y a la mer. Il a le ciel. Il y a la terre. Et une petite cellule de vie que l'on déplace gentiment sur la planète. Si la nature nous met à l'épreuve, à nous d'en être digne en la respectant, en faisant corps avec les éléments.

Tout au long de la côte Lietny, je vais côtoyer les vestiges d'une époque où les *Pomors*[1] entretenaient des établissements collectifs. C'est ici un kolkhoze[2] abandonné, là d'anciennes étables près desquelles devaient paître vaches et chevaux. Ces ruines ajoutent encore au mystère et à la désolation des lieux, comme si le pays, victime d'un cataclysme, avait subitement été vidé de ses habitants. Mon voyage ressemble à la découverte d'un monde caché. Moi qui désirais lui conférer une dimension exploratoire, je suis comblé. Certes, aucun kayak n'a jamais traversé la mer Blanche de part en part, mais le record ne m'intéresse pas. Ma priorité va à la perception de la beauté du monde, à la sensualité qui se dissimule derrière le rempart du réel. Chaque jour offre son lot de difficultés, de dangers parfois, et d'émerveillement aussi. Cette dose quotidienne d'adrénaline est devenue indispensable à mon équilibre. Je me sens parfois tel un enfant qui s'éveille au monde.

Lietny-Navolok. Houle de deux mètres et brisants sur fond de base militaire. Les crêtes sont hautes. Elles déferlent sur le rivage. Elles déferlent au large. Seule solution : traverser la baie droit sur le village voilé dans une brume d'embruns. Le kayak, fidèle à lui-même, passe comme un charme. À peine débarqué (acrobatiquement) sur la plage, j'avise une jeune fille s'en revenant du bois.

— Où puis-je trouver de l'eau, s'il te plaît ?

Après m'avoir fait répéter plusieurs fois ma question, l'innocente pointe son doigt vers la mer... Histoire de m'assurer de son équilibre mental, je poursuis la conversation.

— Tu vas au village ?

— Non, je vais à la base regarder la télévision.

1. Les pêcheurs russes de la mer Blanche.

2. Coopérative réunissant des travailleurs en vue de la gestion d'une exploitation fondée sur la propriété sociale des moyens de production et sur le travail collectif.

— Et flirter avec les militaires ! ajoute d'un ton moqueur son amie venue la rejoindre.

Étrange atmosphère. La bourgade est presque déserte. Ne vivent ici que six retraités qui, au vu de leur maigre pension, ont fait le choix de quitter la ville voisine de Severodvinsk pour retourner s'installer au village natal. Pêche, jardin et cueillette des produits de la forêt leur permettent de vivre décemment. De très belles isbas s'enfoncent dans les dunes. Elles subissent inexorablement les assauts dévastateurs du vent et du sable. Le monument soviétique est envahi par les orties. Le puits, au centre du village, paraît le seul édifice ayant échappé au désastre. Ces quelques détails me font comprendre que je ne dois pas espérer trouver de boutique par ici.

Une vieille dame passe, une fleur à la main. L'image est tellement incongrue dans le contexte d'abandon que je crois avoir rêvé. Une autre femme prend la même direction, elle aussi une fleur à la main. Elles se rendent à l'anniversaire d'une amie. Les gens vivent donc ici comme partout ailleurs ! Vladislav est heureusement venu changer l'opinion que je commençais à me faire de ce coin perdu. Après avoir travaillé quarante-deux ans à l'arsenal de Severodvinsk, il coule une paisible retraite loin des tracasseries de la ville. Je repars, grâce à lui, avec quelques vivres dans mon sac et de l'eau... douce.

La braguette de ma combinaison étanche ne s'ouvre plus qu'à moitié. C'est une petite catastrophe car il devient très difficile d'accomplir la délicate opération qui consiste à uriner à bord d'un kayak. Je ne peux évidemment pas mettre pied à terre chaque fois qu'un besoin urgent se fait sentir. Toute la journée, je tente d'imaginer une solution au problème. J'ai, tout d'abord, pensé utiliser le tuyau de la pompe à main pour évacuer le précieux liquide mais, bien que son diamètre corresponde à celui du flasque organe dévolu à cette fonction, j'avoue que le risque encouru de m'asperger de ce type d'embruns ne m'enchante guère. Mes besoins hygiéniques ne peuvent quand même pas se conformer à la direction des vents ! Ou bien alors imaginer une sangle qui, en se resserrant sur l'appendice en question, m'autorise à l'extraire de ses profondeurs pour l'orienter vers l'écope qui fait d'habitude office de vespasienne. Finalement, aucun système ne me satisfait complètement et j'en suis réduit à limiter ma consommation de liquide pendant ma navigation.

Je reprends ma chevauchée maritime sur une belle houle de nord-ouest qui me pousse allègrement. Les conditions sont un peu rudes, mais je les préfère à l'inactivité qui rend maussade. Je file à trois nœuds le long d'une plage longue d'une quinzaine de kilomètres. Les rouleaux ne m'engagent pas à accoster. Il le faut, pourtant, car, par ce temps, il est hors de question de poursuivre jusqu'au raz, aussi répugnant que dangereux, qui se profile à l'horizon. Soudain, je trouve une faille entre les rouleaux, négocie adroitement les vagues en un long surf et me retrouve sur le désert de sable, seul avec le vent. Quelle impression de dénuement ! Entre dunes et pinède, on se croirait dans les Landes, n'étaient ces traces d'ours bruns qui me rappellent le voisinage du cercle polaire.

Hasard ou signe du destin ? Caché derrière la dune, je trouve un lac à peine salé. Il est alimenté par un ruisseau dont les eaux sont cristallines et fraîches à souhait. Les plantigrades ne s'y sont pas trompés. Leurs empreintes et excréments abondent le long de la ravine. Sans doute choisissent-ils la promenade le long du littoral lorsque les moustiques se font trop voraces.

J'atteins la localité de Iaranga sous coup de vent modéré. La plage est séparée du village par une rivière où sont mouillées les barques. Je campe sur la grève, près d'un amoncellement de bois flotté construit par les tempêtes. Une femme vient me souhaiter la bienvenue en espérant recueillir, par mon intermédiaire, des prévisions météo. Elle déplore le mauvais temps et se désole que son époux n'ait pas eu le courage de prendre la mer. Grutière à l'arsenal de Severodvinsk, elle doit impérativement rejoindre son lieu de travail.

— Regarde donc ! dit-elle à son mari. Cet étranger navigue en kayak et toi tu n'as même pas le cran de nous ramener en barque à la maison !

L'homme, la mine déconfite, marmonne quelques excuses.

— Tu sais bien qu'elle prend l'eau et que le moteur n'est plus ce qu'il était...

La ville est distante d'une centaine de kilomètres. Je comprends donc ses réticences. Même par beau temps, je n'oserais pas entreprendre une telle navigation à bord de l'épave qui lui sert de bateau. Je le tire de son embarras :

— Vous savez, madame, le kayak est bien plus sûr car il est léger, et puis, je n'ai pas d'enfant à bord...

Sur ce, je suis invité à boire le thé et déguster quelques *blinis* dans l'habitation de leurs parents. Une femme conduit sa vache au pré. Un homme porte une meule de foin au bout de sa fourche. Il se plaint à nous :

— Le temps est sec. Les jardins sont pauvres. Depuis dix jours, il y a trop de vent pour la pêche. Nous n'avons plus grand-chose dans le garde-manger...

On tient pourtant à m'offrir quelques poissons séchés. En rentrant à mon campement, je suis accueilli par une jeune admiratrice qui sollicite un autographe en échange d'une jolie petite fleur que je conserverai avec soin entre les pages de mon livre de bord. La soirée est calme et m'offre un magnifique coucher de soleil sur la mer tandis que les isbas du paisible village se mirent dans le cours d'eau.

Il fait chaud et lourd. Envahi par la torpeur, je ne peux résister à l'envie de piquer un somme sur le kayak. Je vogue sur ma coraline vers des atolls de paradis quand le grondement du tonnerre me rappelle à l'ordre. Finis, les tropiques ! Je fonce vers la terre, brise les nuées de moustiques en effervescence et monte le campement. L'orage éclate enfin. Je m'active comme un diable sous un ciel déchiré d'éclairs afin de mettre en place une astucieuse installation réalisée à l'aide de ma combinaison dans le but de recueillir l'eau de pluie, plus précieuse à mes yeux que quelques miles supplémentaires à comptabiliser en fin de journée.

Severodvinsk est la dernière épreuve avant Arkhangelsk. C'est ici qu'est construite une grande partie de la flotte sous-marine russe. Les vaisseaux à propulsion nucléaire étant testés dans la baie, toute navigation y est interdite. Je dois donc effectuer une traversée en haute mer. Compte tenu de la météo capricieuse, il s'agit de bien choisir son moment.

Le plus difficile, dans une entreprise à risques, est de faire les bons choix : objectif, itinéraire, équipement, sécurité. Le courage vient ensuite. Il consiste à refouler le poltron qui est en soi ; craintes et incertitudes étant minimisées par une bonne préparation technique, physique et mentale.

Le ciel est plombé. Puis-je m'engager dans la traversée ? En attendant de prendre ma décision, j'étudie la navigation ; la traditionnelle d'abord : amers, cap vrai, cap compas, dérive vent, dérive courant ; puis l'électronique, en entrant dans le GPS les *way-points*[1] et en vérifiant les données déjà établies à la main. Ce travail m'oblige à mûrir ma réflexion, à percevoir les différents messages d'alertes communiqués par l'intuition. L'organisation technique est ensuite une routine bien établie.

L'arsenal s'illumine à tribord, reflétant sur sa structure métallique le rougeoiement du soleil couchant. Soudain, le GPS, avec lequel je suis ma route depuis mon départ, m'indique une vitesse nulle. Aurais-je accroché au passage un sous-marin par la queue ? Je regarde stupidement derrière moi, m'attendant à voir surgir l'engin à la surface et son capitaine s'en extraire pour me demander mes papiers – il est vrai qu'après quinze kilomètres de route, la dérive m'a fait entrer, malgré moi, dans la zone interdite. Constatant que rien d'anormal ne se profile dans mon dos, je tâche de considérer la situation d'un œil plus réaliste. Seul un fort courant contraire a pu causer ce surplace imprévu. La côte n'est plus qu'à cinq kilomètres, mais je dois batailler encore deux heures pour parvenir au chenal Nikolsky. Dans une nuit d'encre (ma première depuis trois mois), je devine la berge toute proche par ses senteurs. J'accoste une anse sablonneuse et monte mon petit abri sous les arbres. Je ne peux décrire la paix intérieure que me procurent de tels moments d'accomplissement. Il me semble avoir donné un sens à mon existence, comme si je m'éveillais soudain à la vie, comme si je lui souriais plutôt que de la bouder.

Atteindre Arkhangelsk, soixante kilomètres plus loin, n'est plus qu'une promenade sur la rivière. Il n'y a pas si longtemps, la ville se targuait de posséder l'un des cinq plus grands ports de la Russie. On y exporte encore aujourd'hui bois et cellulose, mais l'étiolement de l'activité économique et les salaires peu avantageux ont fait fuir une partie de la population vers le sud. En ce mois d'août, la cité se donne des airs de vacances et sa population se montre charmante. La télévision locale y est pour quelque

1. Points de repère enregistrés dans la mémoire d'un GPS par leurs coordonnées latitudinales et longitudinales.

chose, qui m'a fait subitement passer du statut d'inconnu à celui de héros.

Mon parcours maritime s'achève ici. Un grand pas vient d'être franchi. La mer Blanche ne m'a pas seulement conduit vers la ville que mon imaginaire d'enfant plaçait au rang de mythe (allez savoir pourquoi). Elle a, par son atmosphère empreinte de mystère, chassé l'image d'austérité que je m'étais faite d'elle avant mon départ. Elle a surtout révélé une partie de cet être tapi au fond de moi.

Que découvrirai-je demain ? Quelles seront mes peurs, mes joies ? Mon existence est faite d'incertitudes et de dangers quotidiens. C'est ce qui fait tout son charme. C'est ce qui lui donne sa saveur exquise. J'existe ! Mais quel a été le prix à payer pour en arriver là !

Lentement sur la Terre, je fais ma trace,
Par la seule force de mon mental je passe,
Ne laissant derrière moi qu'un vague sillage,
Pur comme l'air, éphémère tel un nuage.

5

Sur la trace des *Pomors*

Jour 81 : 18 août 2000.
Arkhangelsk ; km 1 478.
Position : 64° 32′ N 40° 40′ E

Mes nouveaux amis du yacht-club sont présents le long du quai lorsque je quitte la jetée. Tous ont tenu à me souhaiter bon voyage bien que l'inquiétude et l'émotion les taraudent. On vient d'apprendre le naufrage du sous-marin *Koursk* en mer de Barents.

Après une semaine de séjour à Arkhangelsk, je suis heureux de reprendre ma pagaie, même si je tourne le dos à la mer Blanche, ayant prévu de remonter les rivières Dvina et Pinega, puis de descendre la Kouloï, jusqu'à son embouchure.

Sans le savoir au préalable, j'ai tracé un itinéraire calqué sur le chemin historique des *Pomors*. Rien de bien surprenant à cela puisque la « route du Nord-Est » offre deux options lorsqu'on quitte la ville d'Arkhangelsk pour rejoindre la mer de Barents : le passage par la gorge de la mer Blanche, endroit rendu dangereux par l'exceptionnelle force des courants, ou le trajet par les rivières, un peu plus long, mais plus sûr et moins dépendant des caprices de la météo. J'ai, pour ma part, choisi le nautisme fluvial.

Le mot *Pomor* dérive du russe *pomorye*, qui signifie « littoral ». Les Pomors étaient les habitants des côtes de la mer Blanche. Dès le XIe siècle, ces hardis marins sillonnaient les mers arctiques à bord de robustes galères, les *kotchs* : bâtiments à fond plat en cuir de peaux goudronnées, à voile et à rames, parfaitement adaptés à la navigation dans les glaces.

Le commerce pomore connut son heure de gloire au XVIe siècle. En été, les marins s'en allaient vers l'ouest, le long des côtes norvégiennes, pour échanger avec les Saame farine de seigle contre poisson. Le parcours vers l'est était autrement plus risqué. Il fallait atteindre la Sibérie pour rejoindre Mangazeïa. La ville, quasi mythique pour les colons de l'époque, était située près de l'actuelle Tazovsky, sur le fleuve Taz, non loin de l'embouchure des deux grands fleuves sibériens, Ob et Ienisseï. Cette position géographique privilégiée faisait de la cité médiévale une plaque tournante du commerce. On s'y procurait les richesses en provenance de Sibérie – fourrures, ivoire de mammouth et de morse, métaux précieux – et on y vendait sel, eau-de-vie et autres produits de l'Ouest. Une route mi-maritime, mi-terrestre fut tracée par les Pomors. Elle reliait Mangazeïa à Arkhangelsk, où Britanniques et Hollandais entretenaient des postes permanents. Sur certaines portions de cet itinéraire inédit, les bateaux devaient être halés à travers les terres. En 1615, le volume d'échange à Mangazeïa surpassait, à lui seul, celui de toute la Russie. Celle-ci ne percevait aucune dîme sur les transactions en raison des discordes régnant au sein de l'État. De surcroît, le risque était grand de voir les Britanniques mettre la main sur la Sibérie. En conséquence, peu après son avènement, en 1613, le tsar Mikhaïl Romanov interdit tout commerce le long de la route pomore. Quiconque dérogeait à la loi risquait la peine capitale. Mangazeïa périclita rapidement. Puis un incendie la dévasta. La légendaire cité sibérienne ne fut bientôt plus qu'une ville fantôme.

Je file le long d'îles de bois flotté, près desquelles sont amarrées d'immenses barges rouillées attendant leur remorqueur. Le port s'étend sur plus de dix kilomètres, mais les navires sont peu nombreux, trahissant le déclin du commerce dans les régions du Nord. En revanche, les allées et venues de canots à moteur sont incessantes car la pêche au saumon débute. La pêche n'est pas ici un loisir, mais une nécessité vitale.

Finis, le mouvement des vagues et le relief de la mer. La progression sur la rivière Dvina devient vite monotone. Parfois, quand je me surprends à pagayer machinalement, à mon rythme, je me gronde : « Espèce de vieux pépé ! N'es-tu pas en expédition ? Que diable ! » Alors ça repart avec plus d'entrain.

Mes seules distractions au cours du jour sont les hameaux

tous plus pittoresques les uns que les autres. Les isbas au bois patiné par le temps ne cachent pas les souffrances endurées. Victimes des rudes hivers, leurs toits sont désarticulés et leurs murs penchent dangereusement. Malgré ces quelques détails, elles tiennent encore debout et on y habite. La forêt se teinte d'ocres et de rouges. L'automne approche à grands pas. Dans la tente, j'allume ma première bougie en repensant à la lumière de la mer Blanche.

Une nuit, deux pêcheurs passent près de mon campement. L'un d'eux marche sur la grève pour tendre un filet en travers du cours d'eau, tandis que l'autre le guide depuis sa barque portée par le courant. L'écho de leurs voix se répercute dans les cavités de la roche, donnant des allures de spectres menaçants aux deux silhouettes qui évoluent dans l'obscurité. Ailleurs, on utilise une autre technique de pêche. Le bout d'une palangre est fixé à un flotteur en forme de petit catamaran et l'autre extrémité est tenue par un pêcheur se déplaçant sur la rive à contre-courant. Cette ingénieuse méthode ne nécessite ni embarcation ni canne à pêche sophistiquée ni même de se mouiller les pieds.

À force de mettre du cœur à la pagaie, j'ai atteint l'entrée de la rivière Pinega. Ses rives calcaires me rappellent celles de la Loire, avec leurs villages troglodytiques. Même si j'en suis loin, j'ai tout de même atteint, à 64° 07′ N, le point le plus méridional de mon itinéraire à travers l'Arctique, ayant perdu six degrés de latitude depuis mon départ de Norvège. Il est grand temps de remonter vers le Nord envoûtant. La route est désormais toute tracée par la Pinega.

L'espace d'un instant, j'ai réalisé que j'étais en train de traverser de part en part un continent. Le plus étonnant est que ce projet se réalise chaque jour davantage. Je me revois, il y a presque un an, dans le bureau d'un responsable de la communication d'une banque que j'avais sollicitée pour un partenariat. Heureux d'avoir pu obtenir un rendez-vous, je pensais jouer et peut-être gagner là mon expédition. Le grand brun que j'avais devant moi semblait ne pas écouter le discours passionné que je tenais. Tout en auscultant nerveusement les pages de mon dossier, il me faisait la leçon en matière de diététique sportive. Affichant une mimique faussement désolée, il m'avait reconduit jusqu'à sa porte en me prédisant que j'allais devoir ramer longtemps pour le boucler, ce budget. Je lui avais simplement répondu : Je sais ramer.

Et en effet, aujourd'hui, je rame. Je rame fort pour ne progresser que d'un minable kilomètre à l'heure face au courant qui gagne en force. Cette lenteur exaspérante me décide à haler mon bateau en cordelant sur la berge. Il m'arrive aussi d'emprunter une mauvaise piste forestière parallèle à la rivière, mais ses pentes me font souvent regretter de m'y être engagé. Mon petit chariot remplit toutefois parfaitement son rôle. C'est un robuste compagnon, qui ne rechigne devant aucun obstacle. Mises à l'eau scabreuses ou débarquements acrobatiques, rien ne l'arrête. Il est aussi mon joker lorsque je décide d'emprunter des raccourcis à travers les terres. Son compteur affiche près de cinq cents kilomètres.

Ma remontée du cours d'eau est aussi une remontée dans le temps. À Lenovo, un groupe de femmes, foulard blanc noué sur la tête, quittent leur village pour s'en aller aux champs. L'image est droit sortie de la Russie ancienne, celle du lin et du bois, celle du cheval et de l'isba, celle des vieux-croyants. À croire que la région ne subit aucune influence du monde extérieur, comme si l'horloge du temps était ralentie par l'isolement. Pourtant, la plupart de ces localités rurales jouissent d'un réseau de transports en commun qui, en dépit d'une faible rentabilité, n'a pas son égal en Europe. À Nijnaïa-Palenga, par exemple, un autobus traverse la rivière sur un bac pour conduire quatre passagers seulement vers le village voisin, où se trouve une petite gare. En quelques heures à peine, on peut rallier Arkhangelsk. Mais la ville ne présente que peu d'intérêt pour ces villageois dont la vie tourne autour de l'isba, du jardin, de la rivière et de la forêt.

Ce matin, avant de démonter le campement, j'ai la visite d'un vacher qui s'en vient abreuver son troupeau. Il m'observe, ébahi.

— D'où viens-tu ? me demande-t-il.

— *Ot deliko !* (De loin !)

Il est inutile de préciser le point de départ de mon voyage ni même de mentionner la mer Blanche. Son horizon à lui se limite à Arkhangelsk, voire à Pinega. Malgré mon espoir de me rapprocher des peuples en voyageant humblement, je constate souvent qu'un fossé nous sépare, celui qui, depuis toujours, oppose le sédentaire au nomade.

La pause de midi me trouve assis sur mon bateau garé en pleine forêt. Je déjeune, les fesses lacérées par les fourmis et le visage criblé de piqûres de moustiques. J'éprouve la plus grande difficulté à porter à la bouche les aliments par le dessous de ma moustiquaire de tête sans inviter ces maudites bestioles à partager mon déjeuner. C'est dans cette triste situation qu'un homme sortant de la futaie me découvre. Plus sobrement coiffé d'un béret et portant un panier d'osier débordant de girolles, il s'arrête, éberlué par le spectacle qui s'offre à lui.

— Est-ce qu'elle va sur l'eau ta barque ?

— Quelle barque ? En France, nous utilisons de petits véhicules de type tout-terrain pour nous déplacer en forêt. Le mien est du modèle sport. Tu vois, il n'a que deux roues motrices...

Considérant la « barque » d'un haussement d'épaules, il se force à acquiescer sans trop saisir le semblant d'humour puis s'en repart, dubitatif, estimant probablement que ces étrangers sont décidément tous un peu fous.

Le village de Pinega est le lieu de naissance du cosaque Semion Dejnev, célèbre navigateur russe qui légua son nom au cap le plus oriental du continent eurasien[1], point ultime de ma longue randonnée à travers l'Arctique.

Quittant l'embouchure du fleuve Kolyma, en 1648, Dejnev aurait, d'après son rapport, navigué vers l'est en longeant les côtes de Tchoukotka à bord d'un kotch jusqu'à la rivière Anadyr, aux portes du Pacifique. Il aurait ainsi été le premier à établir, de manière formelle, la limite orientale du continent eurasien, confirmant que celui-ci était séparé de l'Amérique.

Ce n'est que quatre-vingts ans plus tard, à l'issu d'une campagne d'exploration partie en 1729 du Kamtchatka, que Vitus Béring, marin danois enrôlé dans la marine russe par Pierre le Grand, redécouvrit le détroit qui fut ultérieurement baptisé de son nom par James Cook, en 1778.

L'Histoire, écrite selon les intérêts de certains États, semble avoir oublié Maurice Auguste Beniowsky. Le comte polonais, fait prisonnier à Saint-Pétersbourg et relégué au Kamtchatka par ordre de la Grande Catherine de Russie, parvint à s'enfuir à bord d'un navire après avoir fomenté une révolte. Il aurait ainsi atteint le détroit de Béring, en 1771 (antérieurement à Cook), et abordé la côte d'Alaska (le premier après Béring). Son livre de bord foisonne d'observations qui laissent peu de doutes sur son excursion.

1. Ce n'est qu'en 1879 que l'explorateur suédois Nordenskjöld, vainqueur du passage du Nord-Est, suggéra l'intitulé de ce cap.

Pas si facile à trouver ce canal creusé par les Pomors. Il est censé relier la rivière Pinega à la Kouloï mais, en cette saison, les eaux sont basses et les bancs de sable cachent l'entrée du chenal. Après quelques laborieuses recherches, je le déniche enfin. Long de dix kilomètres, il relie deux bassins qui présentent seulement cinq mètres de dénivelé entre eux. L'unique écluse du parcours garde donc ses portes ouvertes la plupart du temps.

Lorsque j'entre dans la Kouloï, j'ai du mal à imaginer que cette rigole de dix mètres de large va me mener, sur près de deux cents kilomètres, jusqu'à la mer. Elle va m'offrir dix jours de vacances amplement méritées. Porté par le courant à travers forêt boréale et marécages, je vais vivre au rythme de la pêche à l'ombre arctique[1], de la cueillette de baies et de champignons. Il m'arrive parfois de cesser de pagayer pour écouter le silence de la nature. Pas de véhicule, ni même de vent bruissant dans les arbres. Je peux disséquer chaque son, l'analyser tel le jeu d'un instrument de musique dans un orchestre. C'est ici le bec affairé d'un pic épeiche sur un tronc, là le battement d'ailes d'un canard qui s'envole, le bourdonnement d'une abeille ou le gazouillis d'un oiseau au lointain. Le concert est joué comme le serait une grande symphonie.

Au fur et à mesure de mon approche vers la mer, la présence humaine devient plus importante et les rives sont encombrées de déchets. Il y a aussi moins d'oiseaux dans les airs et moins de poissons à l'hameçon. D'immenses barges tirées par des remorqueurs font la navette entre le village de Kouloï et celui de Kamenka, port important de la rivière Mezen. La taille démesurée des convois me fait admirer la dextérité et l'expérience de leurs pilotes qui doivent composer avec l'inertie de la caravane et posséder une parfaite connaissance des pièges du cours d'eau pour ne pas s'échouer sur les multiples bancs de sable. Ces bateaux déplacent, de village en village, tout ce qui peut être transporté : passagers, marchandises et véhicules.

Aux abords du hameau de Karepole, je m'arrête pour un déjeuner à la lisière d'un vaste pré. Il a dû en falloir, de la sueur, pour former ces jolies meules de foin ! Point de tracteur ici. Tout à la faux. Non loin des berges est construit un hangar à l'intérieur duquel sont stockés des outils rudimentaires. Une vingtaine de

1. *Thimallus arcticus.*

châlits disposés de part et d'autre de la pièce principale offrent le repos aux ouvriers après leur travail. Près de l'entrepôt, deux longs bancs et une large planche faisant office de table côtoient un foyer à crémaillère qui a dû servir de copieux repas à des bouches affamées.

Je me représente l'activité frémissante du lieu lors de la fenaison. Je vois défiler devant mes yeux un vieux film soviétique vantant les mérites des kolkhoziens, œuvre de propagande enjolivée d'une intrigue amoureuse. J'échafaude la scène du déjeuner sous le soleil d'été, les plaisanteries, les flirts aussi. Je surprends une jeune fille vêtue d'une robe à fleurs trop ajustée. Couchée sur un lit de paille, elle défait ses épais cheveux blonds. Sans pudeur, elle dégrafe son corsage pour dévoiler son ample poitrine à l'homme robuste qui l'étreint gauchement. J'imagine le regard lascif de la jeune fille s'attarder, sous la pulsion du désir, sur le torse nu et hâlé de son soupirant. Je perçois la sueur qui perle sur les fronts, humidifie les boucles blondes et brunes des amoureux passionnés qui, dans un moment d'extase ultime, se donnent avec volupté pour ne plus former qu'une seule masse de chair exaltée. J'entends les époux d'un jour murmurer quelques formules puériles par lesquelles l'un et l'autre se promettent un amour éternel avant de regagner, un peu gênés, la troupe paysanne sous les quolibets mi-moqueurs, mi-envieux des autres faneurs. À présent, ce champ est vide et silencieux. Comme partout où je passe, le pays semble déserté. J'aime cette atmosphère qui permet de laisser libre cours à l'imagination. J'en ai même besoin pour combler les longues heures monotones passées dans le kayak.

Mes vacances s'achèvent dans l'estuaire de la Kouloï. L'automne, bien avancé, me livre son chapelet de dépressions. À cinquante kilomètres en amont de l'embouchure, j'ai commencé à subir l'influence de la marée sur la rivière. L'eau est devenue boueuse, les berges plus abruptes. À présent, il me faut calculer précisément mes horaires de navigation afin de ne pas être victime de la brutale renverse entre flot et jusant, contrecarrant ma progression et m'obligeant à aborder une zone d'estran large parfois de plusieurs kilomètres.

Les fortes marées ont toutefois un avantage : elles facilitent la pose des filets. Il suffit de les tendre sur la plage lorsque la mer s'est retirée et d'attendre le perdant suivant pour venir les relever...

à sec. Les habitants de la région ont donc le privilège de pouvoir aller à la pêche à pied ou à moto.

J'avais prévu de pagayer jusqu'à dix-sept heures mais, à seize heures, le courant s'inverse brusquement et, en quelques minutes, je dois trouver un lieu de débarquement pour mon bivouac. À peine ai-je le temps de remonter quelques sacs de la plage que le kayak dérive déjà. La mer monte ici à la vitesse d'un renne au galop !

Pendant deux jours, vent et pluie se déchaînent sur la tente. Je fête mon centième jour de route et mon deuxième millier de kilomètres parcourus en rationnant les vivres. Il fallait s'y attendre, après les jours heureux passés sur la Kouloï... Pour l'occasion, j'ai des visiteurs très matinaux. Deux miliciens du village voisin de Dolgachelye m'ont rejoint en camion, par la grève asséchée à marée basse.

— Y'a quelqu'un ?

J'ai envie de répondre qu'il n'y a personne, mais n'abusons pas d'emblée de leur sens de l'humour, généralement assez peu développé dans la profession.

— *Dokument !*

Ça recommence ! Si j'ai bien compris, ils désirent voir mes papiers... Le passage d'un étranger voguant dans une embarcation non identifiée a dû alerter certains villageois, suspicieux de nature. Les deux dévoués fonctionnaires inspectent sous la pluie mes tampons officiels, puis, après quelques questions courtoises, admettent qu'il ne leur reste plus qu'à me souhaiter bon voyage.

Cette méfiance vient de ce que je suis entré dans une zone frontalière autrefois étroitement surveillée par le KGB. Le polygone de Plesetsk, lanceur de fusées militaires, n'est pas très éloigné d'ici. Chaque mise à feu est d'ailleurs une aubaine pour les pêcheurs de la région, qui récupèrent le métal ultraléger des étages retombant dans les marécages pour se construire des barques de haute technologie – « hydrospatiale ».

La baie de Mezen est réputée pour ses fortes marées. Avec plus de onze mètres de marnage à leur maximum, elles sont les plus fortes de la Russie et parmi les plus fortes du monde. Le flux de la mer de Barents s'engouffre avec une force prodigieuse dans cet entonnoir naturel qu'est la gorge de la mer Blanche, provoquant dans la zone de rencontre des rivières Kouloï et Mezen de monstrueux tourbillons et de formidables courants. Les pêcheurs locaux n'osent que très rarement s'y risquer. C'est justement ce passage qui doit me mener au point final de mon étape estivale.

Sept caps redoutables jalonnent le parcours jusqu'à la Mezen, distante de plus de trente kilomètres. Une fois engagé dans ce boyau, il ne sera plus question de faire demi-tour puisque je ne peux progresser qu'avec le courant. Pas question non plus de trouver refuge sur la côte ; elle n'est que falaise et le marnage trop important interdit tout accostage. Si par malheur je n'ai pas quitté le cercle infernal avant la renverse ou si le vent se lève en s'opposant au courant, je resterai prisonnier et m'engagerai peut-être dans un autre voyage... celui-là éternel.

Pour résumer, il me faut sortir de la Kouloï avec le jusant et entrer dans la Mezen avec le flot ; tout cela impérativement par temps calme. Autant dire qu'il s'agit de ne pas se tromper dans le choix de la fenêtre météo, ni dans celui de l'heure de départ, savamment déduite d'un calcul où se mêlent horaires de marée, direction et force des courants respectifs des deux rivières. Ce sera un tout ou rien où seuls le vent, la mer et mon propre jugement décideront.

Y aller ou ne pas y aller ? J'entends les gouttes tomber sur le toit de la tente et un coup d'œil frauduleux par la lucarne m'indique que les feuilles des arbres s'agitent. Mauvais. Les conditions ne doivent pas être très maniables vers le cap Kargovsky. J'ai encore deux bonnes heures devant moi, avant l'étale. Je reste donc sagement au lit.

Sept heures. Le réveil sonne. Le temps est plus calme. Il y a même un petit bout de ciel bleu, il est vrai très isolé dans la grisaille. Peut-on vraiment lui faire confiance ? Cela m'amène à considérer la situation présente et à tenter de répondre à la question posée une heure plus tôt. D'un côté, il y a le confort du sac de couchage, mais la bassesse de l'inaction ; de l'autre, la douche froide sur une mer chocolat, mais la hauteur de mon courage. L'équation n'est pas simple à résoudre. Après une âpre lutte intérieure, la bravoure l'emporte sur la couardise. J'enfile plusieurs couches de vêtements car, au-dehors, le thermomètre affiche seulement 9 °C.

Le port de la combinaison a rendu le départ irréversible. Plus question de reculer sous prétexte que je risque de me faire mouiller à bord. D'avoir pris la décision, je me sens déjà fier et heureux de ma journée. Il ne me reste plus qu'à pagayer... Je n'aime pas les jeux de hasard et encore moins les jeux de cartes, pourtant je vais gagner un fameux coup de poker. Au terme de dix heures de navigation ininterrompue, mon bolide franchit allègrement les rapides du cap Tolstik et j'entre dans la Mezen en compagnie d'une lune blanche comme un nuage.

Je crois alors la bourgade de Mezen à portée de pagaie, mais il est dit que la mer Blanche ne me lâchera pas de sitôt. Il est vrai que nous sommes amants depuis deux mois déjà. Le coup de vent du sud-est sévit, mais peu m'importe à présent car les difficultés sont derrière moi. J'en profite pour effectuer une petite excursion à Tchetsa. Le village ? On en a vite fait le tour puisque trois familles seulement résident ici. Pas de magasin, pas d'école, pas de point médical et encore moins d'eau courante. La vie en quasi-autarcie et en communauté. Nina s'affaire sur son vieux samovar chauffé au bois pour préparer le thé selon la tradition russe. Entre Feodor s'en revenant de la forêt. Il pose sa besace, retire ses bottes et s'installe dans un coin, les yeux pétillants d'énergie malgré son âge avancé. La récolte de lactaires et la dizaine de brochets qu'il rapporte seront conservés dans la saumure et mis en bocaux pour l'hiver. Délicieux, leur saumon salé, leur pain croustillant, leurs pommes de terre du jardin, leurs confitures... Quant au banya, je m'y prélasse si longtemps que Feodor vient s'assurer que je suis toujours vivant. J'apprécie, par-dessus tout, la générosité et la chaleur qui se dégage de ces gens simples. Sans eux, ce voyage n'aurait été qu'une succession de miles et de caps enregistrés sur un carnet de bord bien ennuyeux.

La rivière Mezen est large et sans grande beauté. Se profilent sur la rive opposée des installations portuaires importantes. Kamenka était, il y a quelque temps, un port majeur sur la côte de la mer de Barents. Il accueillait de nombreux navires étrangers venus jusqu'ici pour charger bois brut et planches, mais son activité a aujourd'hui considérablement diminué.

Je longe des marécages dans un étroit chenal alors que l'eau descend à grande vitesse. La marée me joue encore un tour et je dois accoster en catastrophe face au village de Malaïa-Sloboda. Vasière et falaise d'argile ne sont guère idéales pour camper. Je n'ai pas le choix. J'installe mon bivouac sur une grande barge de métal.

Ponch ! Ponch ! Plusieurs mottes de terre viennent de s'écraser soudain à deux pas de la tente. Un éboulement ? Je sors précipitamment de mon abri et aperçois une bande de gamins qui s'enfuient vers le village. Sales gosses ! L'occasion était trop belle pour ces garnements : la localité est située en surplomb de la berge sur laquelle j'ai élu domicile ; l'affût est idéal pour exécuter la dangereuse mission « Tempête sur la vasière ». Il y a si peu de distractions, par ici.

Baaam ! Boum ! Le bombardement a repris, mais le calibre des obus a changé. Ce sont à présent de gros galets qui font trembler la structure métallique de mon camping. Que faire ? Poursuivre ces petits cow-boys et leur régler leur compte ne m'attirerait que des ennuis. Je doute d'ailleurs de parvenir à en capturer un seul.

Pffff ! Le boulet a atterri juste sur le toit de la tente. La frappe a été exécutée avec une précision chirurgicale. Je ne suis pas touché mais, cette fois, c'en est trop ! C'est décidé. Je passe à la charge. Et tout de suite ! Enfin... le temps d'enfiler un pantalon. Le 10 septembre à minuit, le débarquement sur la plage de Malaïa-Sloboda a lieu. La contre-attaque sera décisive.

J'avise deux morveux assis sur le toit d'un garage. Ils fument leur clope et crachent à la russe toutes les quinze secondes en arborant un sourire narquois au coin des lèvres. J'escalade le mur avec difficulté pour me retrouver comme un... niais sur le toit. Seul évidemment puisque mes lascars se sont éclipsés en moins de deux. Il me faut du renfort. J'interpelle un homme qui a forcément assisté à toute la scène puisque sa demeure est située en bordure de l'escarpement – je me demande d'ailleurs comment elle ne s'est pas encore écroulée. J'obtiens en guise de réponse quelque chose comme :

— *Khouyo... !*

Pas la peine d'être très doué en russe classique pour se douter qu'il s'agit d'un spécimen assez courant de juron. Les étrangers n'ont pas la cote, par ici !

Sur ces entrefaites et faute de combattants, la bataille a cessé. Je regagne mon quartier général que je déménage en fond de cale et finis la nuit dans ce misérable abri antimissile.

Des vaches paissent nonchalamment le long de berges inondées. Elles ne se détournent pas à mon passage car elles ne savent pas que ce jour est mémorable pour moi qui achève mon deuxième millier de kilomètres et la première étape de mon expédition. Des pêcheurs qui ont échoué leur barque dans la vase s'enlisent au fur et à mesure de leurs efforts. Comme nous le voyons, Mezen n'a rien de très maritime. Le village aux coquettes isbas est situé à la confluence de deux cours d'eau boueuse.

Gleb Igorevitch, maire de la petite agglomération, ne me déroule pas le tapis rouge mais installe une passerelle qui me permet d'enjamber le bourbier sain et sauf. Il me conduit à l'hôtel où une réceptionniste rétive se réfugie derrière ses barreaux en refusant catégoriquement de m'inscrire avant que je ne me sois fait enregistrer auprès de la milice. Devant ma mine contrite, Gleb m'assure qu'il s'agit bien d'un hôtel et non d'une prison.

Je rejoins donc le quartier des miliciens où je suis reçu par le chef en personne, qui est une chef, et très jolie – cela existe à Mezen. Pour le coup, je changerais bien l'infâme taudis de béton tenant lieu d'auberge pour leur geôle ; malheureusement, la ravissante jeune femme me signale que son établissement n'en possède pas encore.

— Vous savez que vous vous trouvez en zone frontalière et qu'il est interdit de vous arrêter le long de la côte ? me précise-t-elle d'une voix suave.

— Oui, oui, bien sûr. Je vous assure que j'arrive tout droit de Mourmansk et sans escale.

La séduisante fonctionnaire n'a pas réagi au trait d'ironie. D'un geste très professionnel, elle tamponne mon visa et s'empresse d'ajouter en m'offrant son plus affriolant sourire :

— Voilà ! Vous êtes libre. Au revoir !

Soupir...

ÉTAPE 2

Mezen - Labitnangy, 2 073 km
24 novembre 2000 au 1er juin 2001, 190 jours

6

Premiers pas dans l'hiver

Jour 105 : 24 novembre 2000.
Mezen ; km 2 006.
Position : 65° 50′ N 44° 14′ E

Quel pays ! Quel labeur ! Ce n'est pas loin du goulag, un goulag volontaire. La tension est si soutenue, toute la journée, que je n'ai même pas le loisir de penser, seulement de tirer sans jamais relâcher mes efforts sous peine de voir le traîneau se coller à la neige. Le ciel est désespérément gris et le vent souffle en permanence.

Mes skis, adaptés à la banquise, se révèlent trop courts dans le dédale forestier. Une trouée entre deux bosquets paraît me libérer du louvoyage démoralisant. Je débouche enfin sur une vaste aire plane et dégagée : le grand marécage. Le ciel se dévoile pour la première fois depuis mon départ et la planète Vénus apparaît dans le firmament crépusculaire. Il est vingt-deux heures lorsque je souffle la bougie qui fait monter la température sous la tente à – 10 °C. Cette douceur ambiante me fait vite somnoler et je dors d'une seule traite jusqu'à six heures du matin, heure à laquelle le réveil m'annonce une nouvelle journée de travail.

Ce début d'étape s'est révélé éprouvant. Le halage de la *pulka*[1] de cent trente kilos dans la toundra à peine enneigée est harassant, et la marche sur la jeune glace du marécage risquée ; l'été a été très sec et le niveau de l'eau reste assez bas, favorisant

1. Mot d'origine scandinave désignant un petit traîneau tiré par un homme ou par un ou deux chiens.

le transfert de chaleur du sol vers la glace, qui ne parvient pas encore à se consolider convenablement. Mes deux réchauds américains ne m'offrent leur exquise flamme bleue que trop rarement. Pour répondre à mes tentatives d'intimidation, ils répandent une affligeante couche de suie dans la tente. Sécher mes affaires est devenu un luxe. Heureux lorsque j'arrive à cuisiner ma ration de pemmican[1]. En bref, mon premier saut dans l'hiver n'est pas très encourageant. Pourtant, je suis satisfait d'être là et impatient de pénétrer dans le Nord, le Grand, celui des blanches immensités figées dans un écrin de glace, celui de la nuit polaire et du froid suprême. Je n'ai donc pas perdu mon enthousiasme malgré les petits soucis qui s'accumulent.

Vostok se fatigue vite sur la piste. À présent familier de mes habitudes, il attend la fin d'étape avec impatience. Le jeune laïka de Sibérie orientale aura pour tâche d'assurer la garde des rennes que je compte mener cet hiver. Le loup. La population locale m'engage à le craindre plus encore que le froid. Mais quel crédit puis-je accorder à ces avertissements ? La haine de l'homme envers son ennemi ancestral est si profondément ancrée en lui qu'il le redoute alors même qu'il a presque réussi à exterminer l'espèce. Je doute que le risque soit réel, mais préfère toutefois éviter à mes futures bêtes de mauvaises rencontres. À observer Vostok, je me demande pourtant s'il sera un jour assez intrépide pour repousser ne serait-ce qu'une attaque de lemming. Sa mine perpétuellement affligée et ses incessants bâillements donnent l'impression qu'il va s'assoupir d'un instant à l'autre ; ce qu'il fait d'ailleurs à la moindre occasion. Pour être franc, Vostok n'a pas du tout le profil du chien d'expédition. Le pauvre semble porter sur son dos toute la misère du monde. Que je vous rassure, ce cabot n'a pas que des défauts. En effet, son calme, peu habituel pour un chiot, devient une qualité lorsqu'il faut cohabiter dans l'espace exigu d'une tente. Tout bien considéré, Vostok est donc une bonne compagnie, donnant un peu de distraction dans un paysage terne et fort triste.

---

1. Aliment d'origine amérindienne, riche en protéines, préparé à base de viande séchée pulvérisée, mélangée à toutes sortes d'ingrédients (baies, champignons, soja, bambou, sésame...). Le tout est pris dans la graisse et conservé en tablettes.

Des épinettes rabougries écartent leurs courtes branches dans un semblant de rapprochement, comme pour contrer le vide envahissant de la toundra et se sentir ainsi moins vulnérables. Au sommet de leurs crêtes ébouriffées, la boule rouge sang monte lentement, s'immobilise très bas sur l'horizon, vire au jaune délavé en irisant les cristaux de givre d'une tiédeur chimérique, puis agonise sans plus dispenser d'œuvre bénéfique sur les frimas terrestres.

Nous croisons, dans un bosquet, un lieu coutumier nenets. Je m'arrête là pour observer la multitude d'offrandes et de fétiches suspendus aux arbres. Les symboles animistes côtoient toute une panoplie d'objets hétéroclites. Crânes de rennes fréquentent sans honte volants de voiture, pièces de motoneige, bottines, jouets, sans oublier le plus prisé de tous les talismans : la bouteille de vodka... vide. Vostok ne se sent guère inspiré par le lieu sacré. Il lâche sans scrupules quelques gouttes jaunes sur le tronc d'un arbre enguirlandé de rubans multicolores, gratte un peu la neige pour se faire une couche douillette sur le lit végétal, grignote quelques instants un andouiller de caribou tombé de son piédestal puis sombre, comme à son habitude, dans un profond sommeil. Peut-être est-ce, après tout, sa façon à lui de s'attirer de bons auspices pour le voyage...

Le traîneau a calé. J'ai l'impression de tirer un semi-remorque sur lequel on aurait laissé le frein à main. J'ai beau porter de tout mon poids vers l'avant, donner de violents coups de reins, rien n'y fait.

Ah ce traîneau ! J'ai bien cru ne pas pouvoir l'embarquer à Arkhangelsk. Ma navigation en kayak achevée en septembre, j'avais été contraint de me rendre à Moscou pour quelques semaines afin de régler les questions administratives de ma deuxième étape. N'ayant pas d'équipe de soutien, j'assurais aussi ma propre logistique. Les services de l'aéroport, supposés connaître les dimensions exactes de mon bagage, m'avaient confirmé que toutes les dispositions seraient prises pour le loger dans le petit Antonov-2 à destination de Mezen. Je suis donc arrivé plutôt confiant à l'enregistrement. C'était oublier les imprévus que vous réserve immanquablement ce malheureux pays.

Dans la file d'attente, les passagers, bougrement chargés eux aussi, considéraient d'un mauvais œil mon matériel soigneusement entassé face au guichet. Une longue caisse de forme oblongue ressemblant étrangement à un cercueil intriguait tout particulièrement mon public. Enfin, la grosse dame que nous attendions tous est arrivée d'un pas décidé. Elle a jeté un œil méprisant sur mon amoncellement de caisses et, croisant mon regard davantage suppliant qu'interrogateur, a lancé un cinglant « *Ni païdiot* ! » (Ça n'ira pas !) avant même d'ouvrir sa guérite.

J'ai eu beau lui expliquer que la direction avait accepté d'embarquer mes colis, certes un peu exceptionnels, ce n'était pas son affaire. J'ai donc attendu sagement sa supérieure, qui a fait une brève apparition. Le temps de déballer autoritairement un charabia tout à fait compréhensible pour qui se trouve dans ma situation, et la voilà repartie, affairée à régler les problèmes d'organisation – ou de désorganisation – relatifs au décollage de son avion. Mon expérience des voyages aériens en Russie m'a enseigné à ne jamais perdre espoir. Combien de fois ai-je pu embarquer in extremis et contre toute attente ? Combien de fois, aussi, suis-je resté en rade dans un aéroport alors que tout semblait se présenter normalement ?

Une demi-heure a passé. Je commençais à croire mon départ compromis lorsque la lionne est revenue accompagnée d'un homme pas le moins du monde épouvanté à la vue de mon chargement. Inutile de vous avouer qu'il m'a paru d'emblée très sympathique. Celui qui semblait se porter volontaire pour mon sauvetage tenait la fonction de pilote d'hélicoptère ; il acceptait de prendre à son bord tout mon barda à condition que je règle l'excédent de poids au tarif en vigueur – sans réclamer de facture. Il faut bien que ces excellents professionnels, honteusement sous-payés, arrondissent leurs fins de mois...

Une voix monocorde a alors retenti dans le haut-parleur pour annoncer l'annulation, jusqu'à nouvel ordre, du vol de l'Antonov-2. Encore le mauvais temps, ou une panne. Quant au MI8 chauffant son moteur, il n'attendait plus que moi. La chance me souriait, une fois de plus. Les passagers s'en retournaient chez eux sans manifester le moindre mécontentement. Il faut dire qu'à force d'être confrontés quotidiennement aux pires épreuves, les Russes se font une raison de toutes les situations, le report d'un vol n'étant qu'un banal contretemps.

— Konstantin.

Une main énorme secouait énergiquement la mienne au risque de me broyer quelques phalanges.

— Gilles, ai-je répondu en m'efforçant de ne pas me laisser impressionner par l'aspect fruste de mon compagnon de voyage, un des dix passagers ayant pris place dans l'hélicoptère.

— Hein ?

— Jil !

— C'est quoi, ça ?

— Ben..., c'est mon nom.

— Ah ! Disons plutôt Jenia, alors.

— D'accord.

— Tiens, bois un petit coup !

Il m'a tendu une bouteille de vodka qui lui arrivait du fond de l'hélicoptère. Ayant fait de courtes escales dans chacune des bouches bardées de dents en or, celle-ci est arrivée à bon port à moitié vide.

— Désolé. J'ai mal à l'estomac, ai-je dit en me tenant le ventre.

— Justement, c'est le meilleur des remèdes pour les douleurs abdominales, a objecté le plus sérieusement du monde son voisin, engoncé dans une parka graisseuse ayant depuis longtemps perdu sa couleur d'origine. Tu vas où ? a-t-il poursuivi.

— À Mezen. Et vous ?

Le type m'a expliqué longuement sa destination mais, à ma grande surprise, je ne relevais dans son flot de paroles aucun nom de localité de ma connaissance. Où allions-nous donc ? Puisque je n'y pouvais rien, je me suis laissé porter par le destin, jetant un œil de temps à autre par le hublot de l'appareil, tandis que la bande de brutes à la gueule patibulaire s'envoyait de grossières plaisanteries en me dévisageant.

La taïga[1] enneigée défilait sous l'appareil, mais le gel n'était pas parvenu à faire son œuvre. L'eau coulait encore çà et là. Après une heure de vol, l'hélicoptère a perdu de l'altitude et nous avons amorcé une descente vers une clairière perdue en plein bois. Personne ne bronchait. J'en étais à me demander qui donc allait débarquer dans cet endroit perdu lorsque le mécanicien de bord a fait irruption dans la cabine et sommé deux énergumènes couchés

1. Grande zone de forêt boréale ou sub-boréale formée de conifères.

sur le tas de viande et de caisses encombrant l'arrière de l'appareil de se préparer. Chacun des colosses y mit du sien, qui d'un coup de botte, qui d'un coup de gueule, pour faire lever les deux péquenots ayant sombré depuis longtemps sous l'effet des boissons fortes. Les cadavres de bouteilles roulant de-ci, de-là dans la carlingue indiquaient clairement l'origine du mal.

L'un des deux ivrognes a été jeté à l'extérieur sans bien comprendre ce qui lui arrivait. Il se retrouvait en chaussettes dans la neige, qui tourbillonnait sous le vent des pales. Débraillé, l'air hébété et titubant, il regardait sans se départir d'une vilaine grimace l'équipage lui lancer sans ménagement ses bottes de feutre, sa chapka[1] de fourrure et le reste... Son compère, ayant quelque peu recouvré ses esprits, cherchait en toute hâte ses affaires dans le capharnaüm ambiant. Les vociférations hostiles des uns et des autres, y compris du pilote impatient de reprendre les airs, n'accéléraient en rien sa manœuvre. L'homme du dehors serrait sa bouteille de *spirit*[2] sous sa veste, ce qui semblait lui suffire. Mais celui du dedans, plus pragmatique, craignait de perdre des équipements indispensables à la survie dans leur cabane. Il se débattait avec ferveur pour sauver sa petite fortune, n'écoutant plus les formules d'exaspération fusant de toutes parts. Voilà une peau de renne qui prenait le large, une hache, son fusil... Où était donc passé son fusil ? Finalement, il a été éjecté à son tour de l'hélicoptère et l'appareil a repris de l'altitude, à la satisfaction générale. Un des géants a roté bruyamment pour fêter le décollage et a annoncé une tournée générale.

— T'as vu les gars ? Complètement bourrés ! Tiens, rien de tel qu'une petite lampée pour se remettre de ses émotions.

Il m'a tendu un gobelet de fer-blanc rempli à ras bord et proposé un toast avec un sourire engageant.

— Buvons au mal de ventre du petit Français ! Ah, ah, ah !

Après avoir déposé sa cargaison humaine à un puits de forage pétrolier, l'hélicoptère a atteint Mezen. Je me suis retrouvé seul sur la piste auprès de mon fourbi, faisant mine de m'y affairer pour donner la réplique aux regards interrogateurs de quelques spectateurs. Il faut dire que mon détour moscovite avait quelque

1. Coiffe en fourrure (le plus souvent de renard, de loup, de chien ou de glouton).

2. Alcool pur à 70° ou 90°. La boisson préférée des Sibériens !

peu corrigé mon look : avec mes cheveux coupés court, ma barbe taillée de près et mon accoutrement tout neuf, je ne remplissais plus guère le rôle de l'explorateur polaire que j'étais venu jouer sur la scène du Grand Nord.

Ces épisodes revenus en cascades m'ont redonné un peu de baume au cœur. Le traîneau consent finalement à suivre son propriétaire et je me sens plus à l'aise sur mes skis.

J'arrive en vue des isbas de Siomja. Un profond ravin creusé par la rivière m'interdit d'y accéder directement, m'obligeant à un long détour. Une silhouette apparaît au loin et vient à ma rencontre. Rouslan me conduit à sa maison. Son père étant parti à la chasse pour plusieurs jours, c'est sa mère, Galia, qui m'offre l'hospitalité. L'accueil est chaleureux et le thé vite servi en attendant des chères plus copieuses. Saumon salé, potée de grand tétras, confiture de myrtilles et *boulotchki*[1] cohabitent bientôt au fond de mon estomac affamé.

Galia est une femme d'intérieur exemplaire. Occupée du matin au soir à de multiples tâches, elle contre la désolation du monde extérieur en faisant de son logis un havre de confort. Les Maslov sont les seuls habitants du hameau, à l'exception d'un couple qui, prédit Galia, ne tiendra pas l'hiver. L'homme boit et n'est pas un bon chasseur. Il faut une sacrée trempe pour vivre ainsi en autarcie. La petite famille n'en manque pas. Galia est d'origine citadine, mais a choisi de partager la vie de Robinson de son époux. Rouslan, lui aussi, a connu les avantages et inconvénients de la civilisation. Il vient d'achever son service militaire au cosmodrome de Plesetsk. Est-ce que ces installations secrètes, se demande sa mère, ne seraient pas à l'origine des changements climatiques qui affectent la région ? Pendant que nous débattons de ce sujet épineux, Rouslan me dédicace avec une fierté joyeuse une photo de fusée – trois missiles de ce type suffiraient à détruire la France entière, assure-t-il. Charmante perspective !

La mer n'est qu'un conglomérat de glaces noirâtres qui s'amoncellent au pied des falaises. Perchées sur le rebord des à-pics, de grandes bâtisses de bois sculpté ressemblent à d'énigmatiques fantômes dans la brume glaciale. Une croix orthodoxe,

1. Petits soufflés que l'on déguste en friandise avec le thé.

gravée en vieux russe, brave courageusement tous les vents de la mer polaire. Le paysage est lugubre. Au lointain, point le meurtrier cap Masliany, marque de mi-parcours entre les rivières Kouloï et Mezen que j'avais reliées l'été dernier en kayak. Cet automne, une barque, prise dans les tourbillons, a sombré, entraînant par le fond parents et enfants. Mes yeux se tournent à présent vers le nord, vers l'inconnu, vers la péninsule de Kanine interdite. S'il y a un bout du monde, c'est bien ici. Le village n'est plus qu'un spectre onirique voué à une lente et sinistre agonie.

Rouslan a tenu à m'accompagner jusqu'à la rivière Siomja. Il fait encore nuit lorsque nous quittons la douce chaleur de la demeure des Maslov – il n'y a, à cette latitude, que quelques heures de luminosité quotidienne.

À dix kilomètres de son embouchure, la rivière est encore soumise à des marées de quatre mètres. Une fois sur la berge, j'en saisis mieux les risques. Les glaces empilées laissent apparaître une neige grisâtre qui est loin d'être sûre. Sans bavardages inutiles, Rouslan coupe deux arbustes. L'un pour sonder la glace, l'autre pour y poser ses pas. Après une demi-heure de cette besogne, nous sommes en sécurité sur l'autre bord et gagnons ensemble le marécage avant de nous quitter. Rouslan s'en retourne par le bois, espérant rapporter chez lui de la viande fraîche.

Le marécage est une alternance de mares à peine gelées et de monticules de terre déneigée. J'aimerais atteindre la côte avant la nuit et trouver refuge dans une isba de pêcheurs. Rien de plus simple, si l'on suit l'itinéraire du doigt, sur la carte. En réalité, la forêt m'oblige à de longs et pénibles détours. Il fait déjà sombre lorsque j'estime n'être plus qu'à deux cents mètres de la cabane – qui n'apparaît toujours pas. La mer charrie au lointain ses convois de glace noirâtre. Quelques tétras s'agitent dans les arbres. Je me dessangle du traîneau et pars en reconnaissance, le fusil sur l'épaule. L'isba est bien là, mais en contrebas d'une falaise, d'où elle me nargue. Les oiseaux ont pris leur envol et des traces de loup m'incitent à garder Vostok sous la tente pour la nuit.

De sa mine accablée, il m'observe m'éreinter au traîneau. Ses yeux noirs paraissent m'encourager, me plaindre ou se moquer, je ne sais trop. Sur la piste, il court peu, ne joue jamais. En général, il suit le traîneau dans ses traces, comme anéanti par ce long purgatoire. Parfois, lorsqu'il se sent trop fatigué, il me dépasse et s'assoit sur son derrière, en travers de ma route, comme pour m'implorer de m'arrêter. Un jour peut-être, les rôles seront inversés et c'est toi, Vostok, qui seras attelé à ma place. Mais à quoi bon le lui avouer et gâcher l'insouciance de sa jeunesse.

Mon poids lourd s'enfonce dans des aulnages de plus d'un mètre de hauteur. Le lac Mglinskoïe est proche. D'après ma carte, je trouverai sur ses rives trois isbas. Je me réjouis déjà du confort de la nuit quand mes espoirs s'écroulent : la première cabane est en ruine et les deux autres sont cadenassées. Après avoir rêvé de l'odeur d'un bon feu de bois sous un toit, je me refuse à monter la tente. Je me contenterai du vestibule – et d'une nuit sous une grandiose aurore boréale, à quelques kilomètres seulement du cercle polaire.

Une piste de *bouran*[1] nous mène jusqu'au village de Vierkh-Mgla. J'ai l'air tout bête, sur la place centrale du village. Pas âme qui vive, pas un bruit. D'une seule isba s'échappe de la fumée. Je m'apprête à m'y rendre lorsqu'une voix me hèle. Une femme, une valise à la main, me fait signe d'approcher. Son bagage m'intrigue et je ne peux m'empêcher de lui demander où elle va – elle est infirmière, tout simplement. Passé deux portes basses contre lesquelles je me cogne la tête, chacune leur tour, j'entre dans la maisonnette et entreprends de dégeler lentement. Artem, le propriétaire, est couché au-dessus du poêle en terre. Il souffre de maux d'estomac à la suite d'un excès de boisson nationale. L'infirmière lui administre quelques comprimés périmés de plusieurs années en lui conseillant de ne pas quitter sa douillette paillasse. Anatoly, son compère, s'affaire déjà sur le samovar. En attendant le thé, une soupe de poissons m'est servie. Le sourire du bonhomme m'assure du logis pour la nuit. Il me décrit en quelques phrases la vie morose qu'il mène ici. Il m'envie.

Le village possède quarante habitants, en majorité des hommes, célibataires par conséquent. Seul un groupe électrogène donne au village un air de civilisation, en fournissant à chaque habitation de l'électricité de quinze heures à vingt et une heures. Pêche et chasse assurent le ravitaillement. Il y a pénurie d'essence. De toute façon, on n'a pas d'argent pour s'en procurer. Les motoneiges restent donc sagement au garage. On se déplace à pied ou en traîneau à cheval pour se rendre aux lacs où l'on tend des filets

1. Motoneige russe à monoski.

sous la glace. Mais depuis que le sovkhoze[1] a fermé, à qui vendre le poisson ? Toujours le même discours, les mêmes plaintes d'une population livrée à elle-même et désespérée, comme si Vierkh-Mgla n'était plus rien d'autre qu'un point marqué sur une carte.

La piste est bonne, en direction de Nyes, et je cours, non, je vole devant les bourrasques d'un *metel*[2]. Dix-huit kilomètres en cinq heures de marche, enfin un record qui ne soit pas de lenteur. Je passe le cercle polaire pour la deuxième fois depuis mon départ de Norvège et pénètre dans le district autonome des Nenets. Dire que le village me paraît accueillant à mon arrivée serait exagéré, pourtant, durant tout mon séjour, chacun se fera un point d'honneur de me rendre la vie agréable. À défaut d'hôtel, Vostok et moi sommes hébergés dans un bureau du kolkhoze et nourris à la cantine de l'école.

Le kolkhoze. Enfin une structure qui permet à la population de vivre décemment, en l'occurrence grâce à la production et à la vente de viande et de poisson. On est même équipé, à la mairie, de communications par satellite. Ce n'est donc plus tout à fait un bout du monde. Même si, au magasin, il n'y a plus qu'une lampe à pétrole, sans verre et sans pétrole, j'ai la chance de repartir avec un rouleau de papier-toilette, deux boîtes d'allumettes, un kilogramme de sucre et trois paquets de thé.

Les craintes de Galia, mon hôtesse de Siomja, étaient-elles fondées ? Serait-ce la proximité du cosmodrome militaire de Plesetsk qui rend le climat de la région si instable ? Ou bien alors la présence sur la péninsule de Kanine d'un dépôt de déchets radioactifs, l'influence de la mer de Barents, ou encore le réchauffement de la planète ? Ce matin, le thermomètre affiche une température positive et il pleut ! Le village fond en plein mois de décembre. En attendant de meilleures conditions météo, je m'en vais donner une conférence à l'école primaire. La discipline n'a rien à envier à celle de certains de nos établissements scolaires. Autrement dit, c'est la pagaille. Le plus triste, dans tout cela, est de voir de petits Nenets très calmes, isolés des autres élèves, occupés, peut-être, à rêver de la toundra de papa et maman. Ils

1. Grande exploitation d'État de l'ex-URSS.
2. Littéralement « tourbillon de neige », en russe : le blizzard.

vivent ici en internat, ne retournant sur les campements que pendant les grandes vacances.

Je l'ai aperçu en grande discussion avec le chef du kolkhoze. Sa ceinture ornée de boucles d'airain m'avait frappé. Elle resserrait à la taille une pelisse en peau de renne. Une chaînette en argent retenait l'étui d'un long couteau qui venait pendre sur sa hanche. Sur l'arrière, une canine d'ours suspendue à un cordon de cuir tenait lieu d'amulette ou de simple trophée. Ses longues cuissardes en peau de renne lui donnaient un air magistral. Le chef du kolkhoze en costume élimé faisait piètre figure face au noble représentant d'une lignée de nomades millénaire. La conversation portait sur des questions de rennes, de stratégie d'élevage, de salaires. Le petit fonctionnaire paraissait se contenir pour ne pas s'énerver. Enfin je l'ai entendu clore le débat d'une seule parole.

— *Vsio !*

Et il a planté là l'éleveur en peau de bête, qui n'a pas perdu son flegme pour autant. L'homme a fait glisser son bras à l'intérieur de sa manche, fouillé dans sa tunique et en a ressorti une cigarette qu'il a allumée, imperturbable. Tout en lui respirait la dignité. Je l'ai observé tandis qu'il rejoignait son traîneau parqué face au bâtiment. Plaine desséchée ou toundra hivernale ? Saloon ou kolkhoze ? Cheval sellé ou rennes attelés ? Valeureux cow-boy ou fier Nenet ? Nous avions là tous les ingrédients d'une scène typique de western américain ou d'« *eastern* » eurasien.

Je restai immobile, intimidé par cette image, comme subjugué par l'aura ancestrale qui émanait de cet homme. Je n'osais l'accoster. J'aurais pourtant tellement désiré le suivre jusqu'à son campement, lui avouer ma fascination pour les hommes de son peuple, lui exprimer mon désir de tout apprendre de son savoir de la nature. Mais le déphasage était trop important, l'occasion presque inconvenante. Je préférai attendre une rencontre plus spontanée, un contexte plus favorable, espérer une conjoncture qui nous rapprocherait. À ses yeux, je ne pouvais être qu'un Occidental en mal d'exotisme. Pourquoi aurait-il surmonté sa méfiance ? Comment aurais-je pu devenir son ami ?

7

Le royaume des Nenets

Jour 123 : 11 décembre 2000.
Petite Toundra ; km 2 170.
Position : 66° 37′ N 45° 24′ E

Aliosha est un Nenets de la péninsule de Kanine. Depuis dix jours, je vis dans sa tente en compagnie de sa femme, Nadia, et de leur petite fille, Daria. Notre campement est installé à proximité d'une forêt, minuscule îlot de végétation perdu dans la toundra. Les femmes ont apprécié l'endroit car il y a un cours d'eau gelé à proximité et que nous avons pu faire provision de bois. Cinq autres familles composent la communauté de la brigade nº 5 qui compte un total de vingt éleveurs, une quinzaine de chiens et deux mille rennes.

Atteindre le campement depuis Nyes n'a pas été très difficile. Une bonne piste m'a guidé sur une cinquantaine de kilomètres, puis, comme on me l'avait prédit au village, j'ai repéré la fumée des tentes dans le lointain. Mon arrivée n'est pas passée inaperçue. Un groupe d'éleveurs habillés de fourrures m'a entouré. L'image était pour moi saisissante, mais ce qui m'a le plus étonné était leur réserve. Il y a eu quelques questions sur le but de mon voyage, mon équipement, puis chacun a repris la tâche qu'il avait quittée à ma venue, me laissant seul auprès de mon traîneau. Me signifiait-on que je devais passer mon chemin ? Un homme au visage jeune et souriant s'est enfin décidé à m'inviter à boire le thé dans sa tente et m'a présenté à sa petite famille. C'était le prélude d'une belle amitié.

Le temps est brumeux et humide, le terrain extrêmement chaotique. Je suis assis auprès d'Aliosha, qui guide ses rennes de gestes sûrs. Nous partons à la recherche d'une partie du troupeau constituée des bêtes castrées.

Je suis impressionné par la tenue de son traîneau, parfaitement adapté à la progression dans la toundra. Vostok suit tant bien que mal alors que son nouvel acolyte, Droujok, ne cesse de courir dans tous les sens, tenté par de multiples pistes. À cette époque de l'année, une faible luminosité est encore perceptible, entre onze heures et quatorze heures. Le reste du temps, c'est la nuit, la longue nuit polaire. Comment retrouver la harde dans la pénombre, sans aucun point de repère perceptible – du moins à mes yeux ? Aliosha me précise :

— Je connais chaque mare, chaque colline, chaque bosquet sur notre territoire. Rien de mystérieux. Nous sommes simplement des professionnels. Peut-être aussi ai-je une boussole dans la tête..., conclut-il en plaisantant.

Le territoire en question, aussi vaste que la Bretagne, est sillonné par les nomades selon des routes de migration préétablies. Chaque brigade possède son propre itinéraire. Le troupeau de la brigade n° 5 est mené vers le nord de la péninsule de Kanine au printemps, et s'en retourne dans la région où nous nous trouvons pour passer l'hiver. Mais, avec un cheptel de plus de quinze mille rennes groupés sur la presqu'île, les couloirs de migration sont devenus de plus en plus étroits et les pacages insuffisants.

Les Nenets, ou Samoyèdes comme on les désignait autrefois, occupent un territoire de un million de kilomètres carrés, s'étendant de la péninsule de Kanine à l'embouchure de l'Ienisseï. Parmi les trente-cinq mille individus que l'on compte actuellement, seulement sept mille pratiquent encore l'élevage du renne. Issus de la race ouralienne, les Nenets possèdent des caractères mongoloïdes, si ce n'est ceux de la région d'Arkhangelsk qui ont des traits européens très marqués.

Le chien Droujok a bien fait son travail. À grands renforts d'aboiements et de coups de dents sur les jarrets fugueurs, il est parvenu à rassembler le bétail. Avec son aide, nous conduisons les animaux jusqu'au campement. Un corral rudimentaire est improvisé à l'aide des traîneaux disposés en cercle et reliés entre eux par des filets ou des cordes tendues par les femmes. C'est un moment privilégié, pour ces dames, confinées de l'aube à l'aurore dans la tente, où les retiennent les tâches ménagères : la cuisine, les enfants, le poêle, la corvée d'eau et parfois celle de bois. Elles profitent de ce moment de répit pour s'échanger les nouvelles de leurs foyers respectifs.

Une fois tous les rennes emprisonnés dans l'enclos, les hommes se rassemblent au centre du corral pour discuter de l'emploi du temps de la journée. Le chef de brigade, Ivan, préside la séance. Il présente le programme du jour, écoute les doléances des uns et des autres et tente de régler les conflits qui naissent inévitablement entre les bergers. Justement, la réunion s'achève aujourd'hui par un différend. L'un des éleveurs, aux yeux bleus perçants, réclame un congé pour le nouvel an qu'Ivan ne veut pas lui accorder. Lorsque Polycarpe – père d'Ivan et vieil avare, au dire de Nadia – s'en mêle, le débat s'enflamme. Quelques bergers perdent leur retenue coutumière et des éclats de voix fusent. Finalement, les rivalités des nomades de la toundra ne sont pas très éloignées des nôtres.

Si chaque famille possède quelques bêtes en bien propre, l'ensemble du troupeau n'est que géré par la brigade selon un plan établi par le kolkhoze. Sous l'ère soviétique, tous les éleveurs étaient des fonctionnaires d'État. Depuis la perestroïka, certains d'entre eux ont fait le choix d'une complète indépendance alors que d'autres – la majorité dans cette région – ont opté pour la sécurité d'un compromis, ne sachant trop comment profiter d'une liberté qu'ils considèrent souvent comme un cadeau empoisonné. À qui vendre la viande ? Avec quel argent se procurer le minimum vital pour se déplacer dans la toundra ? Les structures collectivistes telles que kolkhozes ou sovkhozes répondent, en partie, à ces nécessités matérielles. Elles assurent un modeste salaire et offrent des facilités lorsqu'il faut acheter à crédit les vivres nécessaires à une transhumance de quatre mois sur des chemins dépourvus de points de ravitaillement. Mais ces structures, non rentables dans l'économie de marché actuelle, s'effondrent les unes après les autres, au grand dam des éleveurs qui les regrettent amèrement, même s'ils sont parfaitement conscients d'avoir été exploités par elles.

L'altercation n'a pas duré. Chacun s'en va capturer ses rennes en se frayant un passage dans une cohue de ramures enchevêtrées, de mufles haletants et de pattes entremêlées. Les bêtes ayant échappé au choix du jour sont relâchées. Elles s'en vont paître librement dans la toundra, non loin du campement. Elles forment le « petit troupeau » de castrats et de bréhaignes : environ cinq cents têtes rassemblées chaque matin et destinées à être attelées aux traîneaux, à tour de rôle. Le « grand troupeau » est constitué des bêtes entières regroupées sur de meilleurs pacages, plus éloignés du campement. Chaque jour, un des membres du groupe s'en va repérer sa position et orienter sa marche. Si les loups menacent, en particulier lorsque souffle le blizzard, un berger reste sur place pour surveiller le bétail, dormant à la belle étoile sur son traîneau, seulement protégé de sa *malitsa*[1]. Les pertes annuelles peuvent aller jusqu'à 10 % du cheptel selon l'assiduité de la brigade. Cependant, les loups ont une fonction d'assainissement bénéfique car ils éliminent, en priorité, les animaux affaiblis ou malades. Rares sont les éleveurs possédant une arme à feu. Le permis ne leur est pas accordé ou alors ils n'ont pas les moyens de s'en procurer. La lutte est donc âpre entre le berger et son ennemi juré, le loup.

Régulièrement des rennes du « grand troupeau » sont transférés vers le « petit troupeau » afin d'être dressés au traîneau. Inversement, les animaux fatigués par le travail sont renvoyés vers la troupe éloignée pour qu'ils puissent se refaire une santé. Les femelles ayant mis bas vivent autour des tentes avec leurs faons. Les enfants trouvent en eux de très dociles compagnons de jeu.

Le travail accompli, nous rejoignons la tente d'Aliosha pour nous régaler d'un ragoût de viande de renne. Il a été décidé que nous déplacerions aujourd'hui le campement. Le repas achevé, chaque famille s'affaire à démonter sa tente et à ranger ses affaires sur les onze à quinze traîneaux nécessaires à chaque maisonnée. Évidemment, rien ne se fait avec presse. La routine est bien établie entre Aliosha et Nadia. Même la petite Daria se rend utile en courant de sa maman aux traîneaux pour porter quelques ustensiles. La ribambelle de chiens n'est pas oubliée. Peu avant le départ, une soupe chaude leur est servie. Vostok se sent obligé de

1. Longue tunique en fourrure de renne intégrant capuche et mitaines. Elle est portée (poils tournés à l'intérieur) par les Nenets et est suffisamment ample pour retourner le bras à l'intérieur de la manche pour se réchauffer ou ôter le vêtement, qui ne possède aucune fermeture.

participer au festin, mais n'a pas l'air très à son aise. Prenant des allures de fils de bourgeois, il extirpe de la gamelle quelques morceaux de viande qu'il s'en va grignoter à l'écart de ses congénères du bout de ses babines délicates.

Le grand frère d'Aliosha arrive du village voisin à brûle-pourpoint. Ses rennes ont dû effectuer une belle course pour ne pas manquer notre départ car ils sont couverts de givre. Du traîneau descend sa jeune épouse, vêtue à la mode traditionnelle d'Oma. Elle porte une haute chapka de fourrure et une malitsa bariolée de rubans multicolores. Une grâce sauvage émane de sa silhouette. Une collation leur est immédiatement servie en plein air ; entre deux bouchées de foie de renne gelé, la jeune femme toise le curieux étranger en visite dans son clan.

Le premier train s'ébranle. C'est, bien sûr, celui de Polycarpe. Chaque traîneau, chargé d'environ deux cents kilos de matériel, est guidé par un couple de rennes dont le meneur a la bride reliée au traîneau qui le précède. Ainsi, un seul individu peut conduire le train tout entier – qui comporte en général quatre à sept traîneaux. Nous sommes les derniers à partir malgré tous les efforts que met la pauvre Nadia à accélérer le paquetage. Aliosha ne s'en offusque pas. C'est un époux compréhensif.

Il fait déjà nuit, mais la lune allume sa lanterne argentée au travers du rideau de vapeurs qui nous enveloppe. Notre caravane fend le brouillard de plus en plus dense. Quelle magnifique vie de bohème ! Belle mais intransigeante. Nadia, toujours anxieuse, jette des regards en arrière pour s'assurer que ses cinq traîneaux suivent correctement. Son mari n'est pas très loin derrière.

— Tu es sûr qu'il n'y a pas d'abrupts à traverser ? Je ne suis pas tranquille avec la petite.

Daria, emmitouflée dans ses fourrures, dort sous un dôme construit à l'arrière du traîneau de sa maman. Un véritable cocon de peau. Aliosha veille sur le convoi et rassure Nadia.

— Ne t'inquiète pas. Le terrain est plat. Juste deux ruisseaux à franchir, mais ils sont sans grand danger. Reprends un peu le mou de ta bride et reste bien dans les traces !

Le paysage défile, gris et morne, mais il y a la vie. Il y a les rennes.

Après seulement six kilomètres, ordre est donné de s'arrêter et de camper. Le choix de l'emplacement n'est pas fait au hasard.

Il tient compte en premier lieu des pâturages, mais aussi du confort de la communauté. Il faut penser à l'eau et au bois.

Les tentes sont vite montées. Chaque mur s'articule en deux panneaux de bois qui se déploient selon une charnière transversale. Le toit est fait d'une double bâche tandis que les planchers sont constitués de quelques lattes. La porte donne impérativement à l'est. La table est donc à l'ouest et la couche commune au nord. L'isolation d'une telle habitation n'est pas sensationnelle, loin s'en faut. Elle ne pourrait rivaliser avec celle des *tchoum*[1] en peau de renne ou des *iaranga*[2] tchouktches, mais elle a l'avantage d'être compacte, plus légère et facile à monter.

La veillée est longue pendant la nuit polaire. Les langues se délient au fil de notre intimité, de notre amitié. Nadia aime particulièrement se confier à moi. Pauvre femme ! Originaire du grand village de Kamenka, de père russe et de mère nenets, infirmière de profession, elle vit depuis huit années en toundra. Pour suivre son époux, elle a dû tout apprendre. Aliosha a beaucoup de patience ; c'est un excellent instructeur. De forts sentiments les unissent mais Nadia m'avoue qu'elle n'en peut plus, de cette vie. Le froid, la pénombre perpétuelle de la tente, les déplacements incessants, les moqueries de ses voisines, le manque de confort, d'hygiène et de soins des enfants. Son existence n'a manifestement rien de très romantique. Se sentir femme, porter de jolis vêtements, s'évader en regardant la télévision. Voilà ce qu'elle désire. Oui, mais au village, il n'y a pas de perspective, pas de travail, pas d'argent. Ici au moins, on mange à sa faim. La viande est présente à chaque repas. Alors, chaque année, on reprend la marche vers le nord en se disant que c'est la dernière fois... Malgré son amertume, Nadia garde le sourire. Mais, m'assure-t-elle, plus aucune femme ne veut désormais vivre en toundra.

Aliosha pense que s'il y a menace pour l'avenir des Nenets, elle ne vient pas seulement des difficultés économiques ni des problèmes écologiques – tant qu'il y aura des rennes, il y aura des Nenets pour les garder. Le péril trouve plutôt son origine dans la famille. Femmes et enfants ne désirent plus perpétuer ce genre de vie.

---

1. Tente traditionnelle des Nenets, en forme de tipi.
2. Tente en peau de renne des éleveurs nomades tchouktches, plus vaste que la *tchoum* et à l'architecture plus complexe.

Avant de se coucher, Nadia recouvre d'une nappe les mets posés sur la table afin que les mauvais esprits ne puissent se restaurer. Une odeur de roussi envahit la tente. C'est Droujok, qui dort la tête fichée sous le poêle. Tantôt il ronfle, parfois il gémit, souvent il grogne. Est-ce de plaisir ? Fait-il quelque rêve prémonitoire ? C'est juste le tic-tac qui rythme la nuit du logis nenets.

— Puisque nous campons près de la forêt, il faut faire une bonne provision de bois, a déclaré ce matin Aliosha.

Puis il décide qu'il est temps de me former à la conduite d'un attelage de rennes. C'est donc moi, aujourd'hui, qui prendrai les rênes...

Aliosha harnache son équipage. Il m'explique posément le sens de chaque geste, la fonction de chaque pièce. Je lui demande ensuite de défaire son œuvre pour m'y atteler à mon tour. Le renne de tête me regarde d'un œil intrigué. Il est superbe, avec ses grands bois et sa fourrure blanche maculée de taches brunes.

Tchekk ! Tchekk ! Tchekk !... Un attelage de rennes engagé au trot produit des claquements secs très particuliers. Les bêtes de mon instructeur sont dociles. Je m'en tire donc plutôt bien jusqu'à la forêt où il reprend la direction des opérations. Les trois traîneaux louvoient parfaitement entre les arbres, amorçant des virages serrés sans trop d'inertie.

La hache résonne sur les troncs pour la sélection d'un sapin sec sur pied. Aliosha se fie au timbre. Après quelques recherches, nous scions l'arbre de son choix. Je me charge ensuite d'élaguer pendant qu'il va chercher les traîneaux. Il fait déjà nuit, mais mes yeux se sont habitués à la pénombre du mois de décembre. Nous coupons encore trois bouleaux et un jeune pin au tronc rectiligne pour mon futur *khoreï*[1]. Les traîneaux sont enfin chargés et nous rentrons.

À notre arrivée, nous trouvons la tente vide, le poêle éteint et rien pour nous restaurer. Notre statut d'hommes en prend un coup, surtout celui d'Aliosha qui, en tant qu'époux, se sent particulièrement concerné. Nadia arrive bientôt, un peu essoufflée. Sans dissimuler sa gêne, elle confesse avoir passé l'après-midi à papoter avec Olga, puis s'empresse de raviver le fourneau pour la

1. Longue perche qui permet, chez les Nenets, de guider les rennes au traîneau.

cuisson du dîner. Aliosha lui pardonne volontiers. Je crois qu'il en est très amoureux.

Plus tard dans la soirée, je me rends dans la tente d'Ivan, le brigadier. Je désire soulever les questions importantes qui conditionnent mon séjour dans la communauté. Rien ne sert de se précipiter ; il faut avant tout se caler l'estomac d'un second souper. Je tombe à point : un faon vient d'être trucidé. La viande est délicieusement tendre et épicée. Nous fendons quelques tibias avec nos couteaux pour en extraire la moelle crue, puis tendons chacun notre tasse à la maîtresse de maison pour nous désaltérer d'un thé fort, qui fait office de digestif. Seulement alors, je peux aborder le sujet de ma visite.

— Comme vous le savez, dis-je en guise d'introduction, je dois bientôt reprendre ma route. Mon voyage est très long. Il sera difficile...

Ivan n'est pas dupe. Il sait très bien où je veux en venir.

— J'irai jusqu'à Narian-Mar, puis traverserai la Grande Toundra jusqu'à l'Ob, peut-être même pousserai-je au-delà...

Ivan affiche un sourire en coin et adresse quelques remarques en nenets à son père, qui se tient en retrait, couché sur ses fourrures. Depuis mon arrivée, l'homme ne cesse de m'épier avec antipathie.

— J'ai décidé de prendre deux rennes...

— Seul ?

Ivan me coupe d'un ton sarcastique. Même vis-à-vis de son frère Aliosha et des autres éleveurs, il reste très hautain.

— Seul.

— Où trouveras-tu tes rennes ? reprend Ivan faussement crédule.

— Je comptais justement vous demander si...

— Nous n'avons que très peu de rennes et ils ne sont pas en très grande forme. L'hiver est rude. Nous ne sommes qu'au mois de décembre. Les loups...

— Je les paierai. Combien coûte un renne ?

— Nous n'avons pas l'habitude de vendre d'animal vivant. Seulement sa viande. Tu n'as qu'à offrir ton fusil en échange.

— Le fusil ? Pas question. Tu sais bien que j'en ai besoin. Je paierai en argent. Combien ?

Ivan s'attarde à un savant calcul qui prend en compte le poids de la viande plus une bonification. On discute en nenets, dans la famille. J'entends prononcer tout bas « mille cinq cents », « fusil »... Enfin Ivan annonce :

— Deux mille roubles minimum par tête.

— Avec les harnais ?

— Sans.

— D'accord, ça me va.

— Ce n'est pas encore sûr. Il faut que j'y réfléchisse, que je considère la santé de mon troupeau. Tu comprends, ça va nous faire perdre deux bêtes adultes. C'est beaucoup.

Puis se pose la question du traîneau. Ma pulka n'est pas très stable, sur ce terrain bouleversé. Un traîneau de type nenets serait préférable, mais il ne faut pas espérer le trouver ici. Il y a bien Anton, le plus jeune frère d'Aliosha, qui vient de s'en construire un tout neuf, mais il a dû lui falloir tant de recherche en forêt pour trouver le bois adéquat, tant de temps pour le sécher et le travailler que je n'ose penser qu'il acceptera. J'aimerais aussi une malitsa et des *toboggi*[1] pour parfaire mon équipement vestimentaire, mais là encore, la mère d'Ivan ne me laisse guère d'espoir.

— Il n'y a pas assez de peaux et de *kamous*[2], en ce moment. Si tu étais arrivé chez nous à l'automne, ça aurait été différent... J'ai bien une malitsa, à Nyes, qui est trop petite pour mes fils, mais...

Il est décidé aujourd'hui de se rendre au « grand troupeau » pour capturer de nouvelles bêtes. Ce sera mon véritable baptême car je serai seul pour conduire mon traîneau. Comme à son habitude, Nadia s'inquiète.

— Tu es sûr que tu ne veux pas accompagner Aliosha ? Tu n'as encore jamais conduit tout seul. Tu risques de tomber.

— Ne t'en fais pas, Nadia. J'ai déjà mené des chameaux dans le désert. C'est un peu pareil, tu sais.

Évidemment, cela n'a rien à voir. D'ailleurs, mon apparente assurance ne convainc personne. Surtout pas le groupe de bergers entourant Polycarpe – qui n'attend qu'une seule chose, c'est que

1. Bottes de fourrure de renne en forme de cuissardes portées par les Nenets.

2. Pièces de peau aux poils drus et ras prélevées sur le jarret du renne. Très résistantes et imperméables, elles sont utilisées pour la confection de moufles, de bottes ou de peaux antidérapantes pour les skis.

je me casse la figure. Manque de chance pour eux, je pars sur les chapeaux de roues. Très satisfait de son élève, Aliosha s'écrie :

— *Maladiets !* (Bravo !)

Pas de quoi me pâmer, pourtant, car j'ai bien failli perdre mon traîneau, les rennes ayant démarré sans mon ordre. D'ailleurs, un peu plus loin, je manque d'être éjecté dans les bosses, et fends le khoreï, qui est allé buter contre une motte de terre gelée.

Par ces douces températures, la glace est devenue encore plus fine qu'elle ne l'était à mon arrivée au campement. Les bêtes craignent de s'engager sur les mares, nous obligeant à de nombreux détours. Après une heure de route, nous rejoignons les autres traîneaux, dont celui de Polycarpe, qui nous a devancés. Mais par où est-il donc passé celui-là ? Je le croyais encore au campement.

Le « grand troupeau » apparaît dans toute sa splendeur indomptée. Les deux mille bêtes forment une seule masse brunâtre ondulant dans la plaine sous un brouillard de condensation. On croirait une grande vague dans un océan voilé d'embruns. Sublime. Grandiose. Les superlatifs s'épuisent à décrire la beauté du spectacle, qui paraît irréel dans la grisaille. Quand je me vois cheminer dans une caravane de dix traîneaux suivie par le raz-de-marée animal, j'oublie presque mon projet d'expédition. Et si je renonçais à ces ambitions à la gomme pour m'installer ici, et apprendre ? Inadapté. Voilà ce que je suis avec tout mon équipement sophistiqué. Je comprends mieux à présent les sarcasmes d'Ivan et les plaisanteries de quelques autres bergers. Il ne leur a pas fallu longtemps pour mesurer ma prétention. Je suis bel et bien remis à ma place, aujourd'hui : celle d'un simple aventurier occidental.

Les hommes ont mis pied à terre. Certains ont relevé la capuche de leur malitsa et déroulé leur lasso de cuir tressé à quatre bruns. Quelle technologie ! Car il s'agit bien de cela : de la haute technologie traditionnelle.

Il va y avoir de l'action. Les pasteurs se dispersent. Les rennes, pressentant le grabuge, s'énervent, s'affolent. Ils courent dans tous les sens, mais les chiens sont déjà au travail, rameutant les fuyards. Les hommes, eux, sont d'un calme olympien. Ils pénètrent la mêlée, cherchent les bêtes – seulement celles qu'ils ont décidé de capturer. J'ai peine à croire qu'ils les connaissent toutes, qu'ils sont capables de les distinguer les unes des autres. Pourtant, lorsqu'un lasso accroche par mégarde le cou, la patte ou les bois d'un renne non sélectionné, ils le relâchent immédiatement. Les bergers ont vu naître chaque faon, dans la toundra, et peuvent décrire n'importe quel animal par sa robe, ses bois, sa morphologie et même son caractère.

J'entends parfois quelques jurons fuser mais, le plus souvent, chacun accomplit sa tâche en silence. Dans ce tumulte parfaitement orchestré, je ne sais trop où me mettre. J'ai honte de ce que je représente ici. Avec ma caméra en main, je me sens mal à l'aise. Je suis encore loin de l'harmonie que je recherche depuis mon départ. Vostok ne se pose pas ce genre de questions métaphysiques. Complètement indifférent au spectacle, il se roule en boule au creux d'un tertre, au risque de se faire piétiner par des bêtes effarouchées.

Aliosha a capturé les quatre rennes qu'il souhaitait. Ils sont sages, à présent. Ils ont appris à se faire une raison. Il leur faut attendre patiemment d'être à nouveau relâchés pour se saouler de liberté, se gaver de lichen.

Nous rentrons. Il fait nuit. Aucune piste n'est perceptible. La toundra est, à l'inverse de l'orée du bois où nous avons élu domicile, complètement déneigée. Le manque de neige ajoute encore à l'obscurité. Je n'ai pris aucun repère avec ma boussole pour retrouver le camp, aussi ai-je intérêt à suivre Aliosha de près. Pourquoi s'en va-t-il de ce côté ? Moi, j'aurais opté pour la direction opposée. Mais au détour d'un vallon, je vois apparaître les lueurs vacillantes des lampes à pétrole disposées aux fenêtres.

Les Nenets m'ont prouvé aujourd'hui qu'ils étaient bien des « Hommes » – sens littéral du mot « Nenets ». Leur peuple serait originaire des monts Saïan, dans la Sibérie méridionale. Il serait remonté vers le nord au Ier siècle de notre ère, chassé par les ethnies d'origine turque. Il est probable qu'il ait alors assimilé une peuplade nordique vivant déjà dans ces régions de l'Arctique.

Au XVIIe siècle, les Russes ayant détruit le khanat de Sibérie, les Nenets passent sous domination russe. Les marchands envahissent alors les régions boréales à la recherche des fourrures et de l'ivoire. Ils apportent dans leurs bagages les maladies et l'alcool, qui déciment les populations autochtones. Les négociants sans scrupules vendent à prix d'or les produits de première nécessité tels que farine, sucre, thé, eau-de-vie, tabac, poudre à canon. Les Nenets sont ainsi rendus dépendants des dettes qu'ils ont contractées et qu'ils sont contraints de rembourser parfois sur plusieurs générations.

Dès 1929, la jeune Union soviétique instaure la collectivisation. Les Nenets refusent de s'y plier, mais l'implacable rouleau compresseur est en marche. Lavage de cerveau et propagande les font entrer, peu à peu, dans le moule de l'*Homo sovieticus*. Puis viennent, en 1950, les déportations en masse, accompagnées d'une sédentarisation forcée. Les enfants sont scolarisés en internat, où ils sont coupés de leurs traditions, de leur culture et de leur langue. Le fossé parental se creuse. L'homogénéisation est presque accomplie. Le boom industriel parachève l'œuvre destructrice. L'industrie chimique, les exploitations minières, gazières et pétrolières polluent les pâturages, modifient les voies de migration ancestrales. Pourtant, dans leur for intérieur, les Nenets résistent pour préserver leur identité ethnique.

Après l'écroulement de l'Union soviétique et les bouleversements qui ont suivi, les Nenets ont tenté de se réorganiser pour échapper au marasme économique. De cette longue tempête, ils ont sauvé des biens inestimables à leurs yeux : les rennes, la toundra et surtout leur liberté. Et rien qu'en cela, ils ont gagné la bataille.

— Qu'est-ce que tu es en train de faire ? C'est quoi cette machine ? interroge Nadia alors que je pianote sur mon ordinateur pour relever ma messagerie électronique satellitaire.

La petite Daria est aussi émerveillée que sa mère par les images et les caractères incompréhensibles qui apparaissent à l'écran. Aliosha s'approche, intrigué. À mon tour de jouer au professeur ; je lui explique le principe de la Toile. Bien qu'il n'ait jamais vu d'ordinateur auparavant, ses questions sont pertinentes. Il pige incroyablement vite.

— Tu vois, chaque ligne correspond à une lettre, comme si l'ordinateur était le facteur. Tu comprends ?

Nadia, tout d'abord interloquée, suit à présent chacun de mes gestes avec un mélange de fascination et de circonspection. La réalité lui saute aux yeux. Elle semble prendre conscience que le fossé qui sépare son existence au campement de la vie moderne est encore plus profond qu'elle ne l'imaginait.

— Nous sommes vraiment des arriérés, n'est-ce pas ?

— Pas du tout, Nadia. Chaque peuple possède sa culture, qui

est sa richesse. Regarde, moi, par exemple, je ne saurai jamais capturer les rennes au lasso, comme Aliosha.

Bien qu'elle interprète parfaitement mes paroles, je ne la sens pas très convaincue ; je commence à regretter de l'avoir menée sur ce terrain miné.

— Pourquoi certaines lettres sont plus foncées que d'autres ? demande-t-elle.

— Ce sont les nouvelles, celles que je viens de recevoir et que je n'ai pas encore ouvertes.

Concours de circonstances, l'une d'elles provient du très sérieux quotidien *Le Monde*. Le journaliste prépare un article sur les Nenets et sur mon expédition. Dans sa liste de questions, j'en ai relevé deux qui sont sujettes à réflexion. Aussi plutôt que d'y répondre moi-même, je préfère les soumettre aux personnes concernées :

« Les Nenets : vie traditionnelle et modernisme. » Le couple d'Aliosha et Nadia incarne bien le dilemme.

« La pollution sur le territoire des Nenets. » Là, je sens Nadia se fermer comme une huître. La crainte d'en haut est ancrée en elle, viscéralement. L'affaire est donc vite classée.

Après avoir rédigé mon papier avec leur collaboration et effectué quelques photos numériques, j'expédie le tout depuis la tente. Une semaine plus tard, le témoignage sera publié en pleine page couleur. Miracle d'une nouvelle technologie, qui permet le télescopage des mondes.

C'est samedi, nous pouvons décamper – le vendredi, m'a assuré Nadia, il n'est pas bon d'entreprendre un quelconque projet. Il faut à nouveau plier les tentes et ranger le matériel, ce à quoi je participe activement car Aliosha est absent, chargé de guider le « grand troupeau ». Ma bonne volonté n'empêche pas Nadia de multiplier les critiques. Chaque chose a une place précise et doit être rangée selon un ordre immuable depuis la nuit des temps.

— Que fais-tu ? L'homme ne doit jamais porter le matelas conjugal ! Et, de toute façon, l'épouse du brigadier n'a pas encore chargé le traîneau réservé à sa couche. Nous devons attendre.

Le convoi s'organise lui aussi selon une logique qui se réfère à des critères familiaux et hiérarchiques. Chaque traîneau est d'ailleurs désigné par un terme différent – ainsi est-il aisé de préciser la destination de tel ou tel objet.

La pauvre Nadia perd patience et moi je ne sais plus comment me rendre utile.

— Aide-moi plutôt à démonter les panneaux de la tente, lance-t-elle. Nous sommes très en retard !

Elle craint de se perdre si, par malheur, elle devait faire le chemin toute seule. Mais les traîneaux sont finalement tous chargés à temps et les rennes attelés ; nous quittons la place, ne laissant derrière nous que la terre piétinée par les rennes et quelques espaces déneigés rappelant l'emplacement de nos tentes.

Nous sommes tous fatigués, ce soir, pourtant Nadia entreprend quelques travaux de couture dans la demi-clarté d'une lampe à pétrole au verre fendu. Pour façonner une nouvelle paire de moufles destinée à son mari, elle utilise la peau du genou de l'animal, dont la courbure naturelle épousera celle de la main. Le fil de tendon de renne séché assure l'étanchéité des coutures.

Probablement pour se racheter d'un dîner tardivement servi, elle a tenu à donner un air de fête à son logis. Nos oreilles frémissent à l'écoute du poste de radio qu'elle est allée emprunter à ses beaux-parents. Le récepteur crachote une musique couverte de parasites. Tout le monde, y compris la petite Daria, est heureux. Mais le concert est de courte durée. Les piles sont déjà épuisées et nous devons aller nous coucher.

Ces derniers temps, les bergers sont envoyés dans les brigades voisines à la recherche de bêtes égarées. Ne restent au campement que Polycarpe et la doyenne de la brigade, que j'ai surnommée Babush. À notre tour, Aliosha, Nadia, Daria et moi-même nous apprêtons à partir avec trois traîneaux pour nous rendre à Oma. J'ai décidé de me procurer là-bas mes rennes car Ivan, comme je le prévoyais, a changé d'avis.

Les préparatifs sont très lents et la nuit est sur nous lorsque nos traîneaux sont enfin aménagés. Toujours la nuit. Ce n'est pas tant l'obscurité en elle-même qui m'exaspère que la difficulté qui en résulte pour exécuter des tâches complexes.

Aliosha prend place en compagnie de Nadia et de Daria sur le premier traîneau, qui en guide un deuxième, sur lequel est arrimée la pulka Arktika. Je conduirai seul le troisième traîneau. Mais, à l'instant du départ, la bride, mal enroulée autour de mon poignet, m'échappe. Mon attelage, trop heureux de cette faveur, saisit l'occasion et s'enfuit. C'est bien la pire des sottises dont puisse se rendre coupable un conducteur de traîneau. Je pars immédiatement à leur poursuite mais, après une épuisante course, je rentre penaud au campement. Aliosha et son père ont déjà pris le relais ; ils retrouvent les fugitifs une demi-heure plus tard auprès du « petit troupeau ».

— Tu ne sais donc pas mener des rennes ? me réprimande Polycarpe.

J'ai pris note de la leçon. Nous pouvons enfin nous en aller.

Assis sous la voûte étoilée, nous contrôlons la marche des traîneaux. J'aime entendre le souffle des bêtes et le crissement des patins sur le marécage gelé. Ces périodes de calme sont pourtant rares car le parcours est rendu difficile par le manque de neige. Une végétation rabougrie entrave notre progression et, malgré l'apparente planéité de la toundra, le cheminement en ligne droite est totalement exclu.

Je suis de près Aliosha, qui mène prudemment le convoi entre les bosses. Mais il est dit que cette soirée sera animée. Après dix kilomètres seulement, le deuxième traîneau se retourne et se brise. Nous ramassons chacune des pièces, une à une, comme pour soupeser l'importance du désastre. Du traîneau, il ne reste plus qu'un vulgaire tas de bois. Pas un mot n'est échangé, mais je devine qu'on s'amuse intérieurement de la catastrophe. Le traîneau appartenait à Polycarpe...

Nous tenons un bref conseil qui nous conduit à mettre ma pulka en remorque. Sans doute grâce à nos plaisanteries, Nadia ne cède pas à la panique. Pourtant, en pleine nuit, par – 30 °C, avec une petite fille de trois ans, elle a bien de quoi s'inquiéter. Nullement incommodée par les soubresauts du traîneau, Daria dort cependant paisiblement dans le cocon de sa petite malitsa.

Quelques glaçons s'incrustent dans ma barbe et s'évertuent à chatouiller mes narines. Nous sommes en route depuis quatre heures maintenant et, malgré la protection de nos peaux, le froid commence à nous prendre. Voici qu'Aliosha arrête subitement le convoi. Je le vois faire quelques pas le regard fixé sur la neige. Deux de ses rennes se sont égarés, lance-t-il après un moment ; ils ont pris une direction opposée à celle du campement ; il partira demain à leur recherche. Intrigué par son assurance – comment a-t-il pu distinguer quoi que ce soit dans cette obscurité ? – je lui demande l'heure. Sans malice, il me répond qu'il fait trop sombre pour discerner les chiffres du cadran de sa montre. Aurait-il donc pressenti plutôt que vu les traces ? Le mystère reste entier. Le matin suivant, nous atteignons Oma. Je parviens à persuader le timide Aliosha de me suivre dans le bâtiment administratif de la localité. Les secrétaires sont étonnées de voir débarquer deux Nenets, sans plus de préambule. Lorsque nous retirons nos malitsa, leur surprise se mue en stupéfaction de constater qu'un étranger émerge des fourrures. La fonctionnaire dirigeante nous reçoit poliment. Je présente Aliosha de manière élogieuse ; aussi la jeune femme oriente-t-elle aussitôt la conversation sur la condition nomade.

— Ce doit être dur de vivre ainsi dans la toundra, sans aucun confort. Nous, nous n'avons pas tant de soucis. Comme je vous plains, insiste-t-elle, pleine de commisération.

La suffisance de la jeune femme met Aliosha mal à l'aise. Pour qui se prend-elle, cette Russe qui ne connaît rien de notre peuple ? doit-il penser.

— Nos problèmes nous concernent et la façon de gérer notre avenir aussi, répond sèchement mon compagnon.

Nous ne sommes plus au temps de l'époque soviétique, où les autochtones étaient considérés comme les « handicapés de la nation ». À défaut de disposer de grands moyens d'action, les « petits peuples du Nord » peuvent aujourd'hui s'exprimer.

Je préfère clore cette confrontation et raccompagne Aliosha à son traîneau. Déformé par la réfraction, un soleil rougeoyant embrase l'horizon. Sous cette ovation grandiose des cieux, sans plus de discours, nous nous faisons nos adieux, très simplement. Aliosha, Nadia, Daria, je ne vous oublierai pas.

8

La marche des rennes

Jour 138 : 26 décembre 2000.
Oma ; km 2 230.
Position : 66° 39′ N 46° 29′ E

Le rêve est devenu réalité ! Mon projet de mener un attelage de rennes se réalise enfin. Pourtant, en quittant le village d'Oma, je ressens plus d'inquiétude que d'enthousiasme, je l'avoue. Le souvenir de mon traîneau qui m'échappe dans la nuit est encore trop vif pour que je me réjouisse pleinement. La bride de l'animal de tête s'enroule dorénavant autour de mon poignet de plus de tours qu'il n'en faut pour l'empêcher de filer. Perdre mon équipage ne serait plus seulement déshonorant, mais catastrophique. La toundra me le ferait payer très cher.

Je n'ai guère pu faire connaissance avec mes deux nouveaux compagnons de route. Achetés au kolkhoze, ils m'ont été confiés la veille de mon départ par deux éleveurs ivres morts. Je n'ai donc pu glaner aucun renseignement à leur sujet. L'un des rennes n'est pas castré, ce qui promet des séances de sport extrême. Quant aux harnachements, les seuls que j'aie pu trouver ne sont pas de première jeunesse.

C'est pure folie de se lancer ainsi sur la piste sans encore maîtriser les techniques de conduite, je le reconnais. Si j'apprécie l'aventure, il me tient à cœur de m'y préparer avec rigueur. Autant dire qu'aujourd'hui je ne me sens pas tout à fait à la hauteur. Et il ne va pas me falloir longtemps pour changer cette impression en certitude. À peine sommes-nous sortis du village que le renne que je baptiserai sous peu le Méchant s'énerve, fait demi-tour sur lui-même et entremêle ses bois dans ceux de son voisin, le Gentil. Les deux animaux coincés par leurs cors donnent de violents coups de sabot à la pulka. Il me faut une bonne dose de sang-froid pour remettre de l'ordre dans mon attelage – je comprends alors que les ennuis ne font que commencer.

Les paroles du directeur du kolkhoze d'Oma me reviennent en mémoire, comme celles des Nenets de la brigade nº 5.

— Tu n'iras pas loin avec tes rennes. Une fois affamés, ils refuseront d'avancer. Il te faudra absolument les échanger tous les deux ou trois jours...

Oui, mais selon la rumeur, toutes les brigades dépendant du village de Nijnaïa-Piocha ont déjà rejoint leur lieu d'hivernage en forêt. Or le détour m'embarquerait trop au sud de ma route. Il me reste à espérer atteindre mon but en prenant soin des bêtes. Je transporte à cet effet un sac d'aliments vitaminés, et j'ai prévu de les attacher, le soir venu, au bout d'une corde d'une trentaine de mètres de long afin de leur permettre de brouter le lichen de la toundra. Ces dispositions suffiront-elles à les maintenir en forme ? Les Nenets pensent que non. Les rennes sont habitués à paître sur de grandes étendues. Je l'ai bien compris, lors de mon séjour dans la brigade nº 5.

C'est en songeant à cela que j'installe mon bivouac, à la nuit tombante. Il y a maintenant de la vie autour de la tente : deux rennes dont l'un est une brute, le placide Vostok, et un chien pétulant qui ne me lâche pas d'une semelle depuis le village. Tchiorny (le Noir) est le nom provisoire que j'ai donné à ce petit berger nenets en référence à sa robe mouchetée.

Ma ménagerie m'a occupé jusque tard dans la soirée. Je ne suis donc pas très matinal, ce matin. Un soleil baveux diffuse ses rayons cramoisis par l'entrée de la tente. D'un pas décidé, je vais voir mes bêtes. Vostok lève une paupière en guise de salut tandis que Tchiorny, plus expansif, me fait des fêtes à n'en plus finir. Le Gentil, plutôt taciturne, se laisse volontiers cajoler. Quant au Méchant, il refuse obstinément de se laisser approcher. Encore un pas et le voilà qui charge, ruant comme un jeune cabri. Son habitat naturel réintégré, il a retrouvé son instinct de bête sauvage. Je réduis son champ d'action en ravalant progressivement le mou de la corde et la noue solidement autour d'un arbre. À nous deux, maintenant ! Mais l'animal n'a pas dit son dernier mot. Il se dresse en battant l'air de ses sabots antérieurs, déterminé à me boxer. Mon apprentissage de dresseur de renne débute en même temps que celui de toréador. Équipé de mon khoreï, je parviens tant bien que mal à esquiver les coups. Ni l'un ni l'autre n'avons l'intention de nous laisser dominer.

Une fois son manège compris, j'ai pu l'agripper par les bois – pas question de le lâcher, à présent. Le corps à corps s'engage. Ce sera lui ou moi. Je porte de tout mon poids et de toutes mes forces sur ses ramures pour l'empêcher de relever la tête et, par conséquent, de me frapper de coups de sabot. Nous improvisons ensemble une valse acrobatique sur une piste de danse très nordique. Une bonne demi-heure de bousculade passe... Je transpire. Il s'essouffle. Je fatigue. Il s'épuise. C'est le moment de lui passer son licol.

Le pauvre a perdu un merrain dans la bataille. Moi, j'ai cassé mon khoreï. Nous sommes quittes. La bête n'a jamais été attelée auparavant. C'est une évidence et une difficulté supplémentaire dont je me serais bien passé. Employer un guide aurait été plus sage, sans doute, mais celui-ci, en me secondant, ne m'aurait pas permis d'être pleinement confronté à mon environnement. Je dois mettre en œuvre 100 % de mes facultés physiques ou mentales pour éprouver une vraie jubilation intérieure. C'est en cela que l'aventurier gagne selon moi ses lettres de noblesse.

La rude séance de domptage conclue, nous pouvons enfin partir. Mais mes tribulations ne sont pas achevées. Au passage d'un ravin, un harnais cède, puis un autre, quelques kilomètres plus loin. Le cuir ne vaut plus rien. J'improvise quelques réparations de fortune dans la nuit. Ah le délice de marcher sous un soleil radieux ! Je ne parviens plus à l'imaginer, même en rêve. Mon univers est devenu obscur, gris et morne.

La tempête a soufflé toute la nuit. Lorsque le réveil sonne, le vent reste violent. Nous sommes le 31 décembre 2000. Une journée de repos me semble s'imposer, pour marquer la fin du siècle. J'en profite pour composer un texte destiné aux lecteurs du *Télégramme*, mon quotidien partenaire.

Cette expédition et mes précédents voyages m'ont fait rencontrer des gens de toutes nationalités, de toutes cultures, de toutes religions, de toutes croyances. Outre cette disparité, qui fait la richesse de l'humanité, je m'aperçois que les hommes, quelles que soient leurs origines, se ressemblent terriblement, que leurs problèmes, leurs craintes, leurs espoirs sont similaires. Vu du cercle polaire, seul dans la toundra plongée dans la nuit polaire, j'ai parfois l'impression d'observer la Terre depuis le cosmos. Je suis de plus en plus conscient de sa fragilité, et redoute davantage la folie de l'homme tellement avide de profit. Je rêve parfois d'un monde qui ne soit pas uniquement régi par l'argent. Utopie ? Peut-être. Mais nos enfants et petits-enfants n'auront sans doute pas le choix s'ils veulent vivre et non survivre sur notre planète.

Le Grand Nord m'apprend la patience et la persévérance. Si je devais donner un seul conseil pour tenter d'être heureux, je dirais simplement qu'il faut croire à ses rêves.

Le mois de décembre s'achève. Cela signifie pour moi un peu plus de lumière chaque jour et des étapes un peu plus longues. Lorsque je consens à mettre le nez dehors, le rougeoiement du ciel me salue et le vent a cessé. Le paysage m'apparaît enfin attrayant. Les différents tons de lumière esquissent de subtiles nuances. Trop occupé sur la piste à m'orienter, à éviter les accidents de terrain, je n'ai que très rarement l'esprit à la contemplation.

J'étais en train de repérer le meilleur itinéraire pour descendre une ravine lorsque je l'ai aperçu au centre d'une clairière. Magnifique dans son plumage noir, le grand tétras est assis dans la neige, immobile, sans aucun doute endormi. Je cours au traîneau chercher mon fusil. À mon retour, l'oiseau est toujours là. Il ne s'est pas envolé, n'a même pas bougé. L'occasion est trop belle. Attention ! Viser avec précision... Touché ! J'ai fait mouche. Mais au lieu de l'envolée de plumes habituelle, rien. Vostok me regarde de ses yeux de merlan frit.

— Eh bien quoi ? Je te dis que je l'ai eu. Allons voir !

Il ne m'a pas fallu plus de trois pas pour comprendre le ridicule de la situation. Un grand tétras gît effectivement dans la neige, mais il appartient à une sous-espèce en contreplaqué – c'est un leurre, de ceux qu'utilisent les chasseurs locaux. Je fais promettre à Vostok de ne pas ébruiter cette malheureuse affaire. Qu'en penserait le constructeur de l'arme magnifique offerte pour mon expédition ?

— Tu prendras un peu sur la droite, à cette rivière. Fais bien attention à ne pas la traverser à cet endroit, l'à-pic est dangereux. Il y a un poteau cassé pour se repérer. Tu verras. Tu ne rencontreras personne sur ton trajet, à part les loups...

J'écoute attentivement les conseils du chef des communications de Nijnaïa-Piocha. Selon ses dires, ces deux cent cinquante kilomètres en direction de Kotkino ne vont pas être de la tarte. Quant au chef du kolkhoze, il a achevé de ruiner mes illusions.

— Tes rennes ne passeront pas dans la forêt. Il y a trop de neige. Et puis il faut être fou pour voyager par ici au mois de janvier !

Cela ne l'a pas empêché de trouver séduisant mon projet d'atteindre à pied le détroit de Béring ni d'y participer à sa façon en m'offrant une paire de chaudes *lipti*, ces longues chaussettes que l'on porte à l'intérieur des *toboggi* nenets.

Le hameau, avec ses isbas fumant dans la froidure, est vraiment typique du Grand Nord russe. Tchiorny s'est apparemment trouvé un maître puisqu'il arbore fièrement un collier. Une image me frappe plus qu'une autre : un groupe de petits Nenets plantés devant un western américain diffusé à la télévision. Les éclats de rires fusent. Suivis de silences graves. Le film leur parle plus que les quotidiennes séries brésiliennes ou mexicaines. À cela rien d'étonnant puisque sur le petit écran les Blancs nomadisent avec leurs chariots et les Indiens leur ressemblent vraiment beaucoup !

Mes deux rennes peinent, de la neige jusqu'au garrot. Je dois à la fois damer la piste au-devant des bêtes et les guider par l'arrière. De denses futaies m'obligent parfois à faire la trace à la pelle et à la hache. La rivière Bezmotchitsa est particulièrement encaissée. J'attelle les rennes à l'arrière du traîneau pour qu'ils le retiennent dans la pente. Lors de la remontée sur l'autre rive, une traîne de cuir casse alors que le traîneau est presque au sommet. Au deuxième essai, la panique surgit dans l'attelage. Le Gentil manque s'étrangler. Il s'écroule et reste inconscient une dizaine de minutes. Il me faut décharger le traîneau et le hisser moi-même en haut du ravin pour nous sortir de ce piège. Le voyage devient dur...

Ce soir, je fête mon arrivée à la source de la rivière Soula, qui devrait me mener, sur deux cents kilomètres de méandres, jusqu'à Kotkino. Une rustique cabane m'accueille sous la pleine lune. Je peux enfin sécher mes affaires et effectuer les réparations nécessaires bien au chaud.

La rivière devrait marquer la fin de mes tracasseries. Si la route qu'elle trace n'est pas directe, elle aura toutefois l'indéniable avantage de m'éviter de brasser en forêt dans la neige profonde jusqu'à la taille.

Les jours suivants voient s'ouvrir une nouvelle phase de ma croisière avec les rennes. Je peux parfois m'installer sur le traîneau et guider mon équipage comme un vrai Nenets. Enfin, parfois seulement... Je n'en suis donc plus au domptage, mais au dressage. Il y a du progrès. Un bruit de verre cassé vient soudain ébranler mon optimisme. La glace cède sous les sabots des bêtes. Une violente sollicitation de la bride leur permet de reprendre pied sur une surface plus solide. Le traîneau passe à l'eau. Conçu pour flotter avec une charge de cent quatre-vingts kilos, il s'en tire sans grand embarras, mais l'incident ne présage rien de bon. Je n'ai pourtant pas d'autre choix, pour l'instant, que de suivre ce long ruban neigeux.

Le lendemain, nous tombons dans une zone de *slush*[1]. S'en dépêtrer est toute une affaire. La première urgence est d'extraire le traîneau de sa mare de boue neigeuse avant qu'elle ne le scelle dans un solide ciment de glace reformée. Compte tenu que les rennes s'affolent et que les skis ont, en quelques minutes, gagné quelques kilogrammes de sabots neigeux, l'affaire n'a rien de simple.

Une fois la zone « sèche » rejointe, il faut se hâter de gratter la glace formée sous les skis et les patins du traîneau. Ce qui prend une bonne demi-heure et me laisse littéralement gelé du fait de mon immobilité. L'épreuve, qui peut se renouveler plusieurs fois dans la journée, ralentit considérablement ma progression.

Plus je descends le cours d'eau, plus il me semble entrer dans la gueule du diable. Les problèmes s'accumulent. La météo devient infernale : aux pluies diluviennes succèdent des journées à – 30 °C. Tantôt ma tente est transformée en baignoire d'eau froide, tantôt mon équipement est pétrifié par le gel. Ces variations de température mettent le corps à rude épreuve. Le retard s'accumule

1. Mélange de neige et d'eau qui remonte de la rivière ou de la mer par les fissures de la glace.

et je dois tout rationner : vivres, bougies, allumettes... La famine nous guette.

Le sort semble s'acharner sur ma caravane, qui prend des airs de retraite de Russie. En tête, un explorateur voûté qui fait péniblement la trace. Suivent deux rennes se faisant tirer scandaleusement par la longe et arc-boutés pour haler un traîneau qui s'enlise tous les cinquante mètres. En fin de cortège, la queue basse, un chien qui ne relève ni le prestige ni l'allure du convoi. Depuis vingt jours, je n'ai entraperçu le soleil que deux fois. Cette grisaille accentue encore le sentiment de solitude – même si je n'ai guère le temps de réfléchir à ma propre condition. Comment ai-je pu en arriver là ? J'ai concentré toute mon énergie sur cette expédition et voilà que je ne m'y sens plus heureux. La durée même du projet commence à m'effrayer.

Tandis que je nettoyais le réchaud après une pénible marche, une des valves s'est malencontreusement ouverte et l'essence m'a giclé à la gueule. Totalement aveuglé, j'ai renversé la bougie tandis que le fioul continuait à se déverser sur le tapis de sol, imprégnant mon sac de couchage et ma paire de gants. J'ai bien cru que la tente allait flamber et moi avec ! Je n'ai eu que le temps de lancer le réchaud par la porte et de ramper au-dehors, à moitié asphyxié par les vapeurs toxiques. Je me suis retrouvé en tenue légère dans la nuit glaciale, occupé à me rincer les yeux brûlés avec de la neige. Ni parka, ni chaussures, ni moufles : fri-go-rifié ! Non seulement j'ai perdu un litre de précieux carburant, mais j'ai deux gelures aux doigts et mes yeux sont très irrités.

Chaque jour m'apporte son lot d'épreuves. Au lieu de profiter du bivouac pour récupérer, je dois passer mes nuits à résoudre mes ennuis les uns après les autres. Casser la glace accumulée sur tout l'équipement, me battre avec les rennes, nettoyer ce satané réchaud, recoudre les harnais... Et puis il y a la slush, la pluie, le gel, le rationnement, la faim et, pis que tout : le manque de lumière. Je n'ai plus que deux bougies et ma dernière pile alimente ma frontale. J'avais compté quinze jours d'autonomie. Voilà treize jours que je suis parti et je n'en suis qu'à la moitié du parcours. Comment ai-je pu prévoir aussi juste ? Je m'en mords les doigts (gelés) à présent. L'Arctique se moque de l'arrogance des hommes. Chaque négligence se paie cher. Le tribut peut conduire à la mort.

— *Oush ! Oush !*

J'encourage mes rennes, qui n'en peuvent plus. Eux aussi sont affamés. Le long de la rivière de glace, le lichen est rare. L'épaisse couche de neige fatigue mes bêtes qui doivent gratter longuement de leurs sabots tranchants pour atteindre le couvert végétal.

— *Oush ! Oush !*

Marcher. À tout prix avancer. Je sens bien que mon renne de tête manque d'énergie, mais lorsque je le vois tomber sur la piste, je ne veux pas y croire. Dix fois il se relève sous mes sollicitations, puis se recouche. Vostok, venu aux nouvelles, lui lèche gentiment le museau. Attention touchante. Le petit chien veut-il me donner des leçons d'indulgence ou vient-il voir si le dîner est bientôt prêt ? Les rennes n'ont guère bénéficié de mon amour des bêtes, je dois l'avouer. Eux non plus n'ont pas exprimé tellement de sympathie envers moi. Nous avons tous été confrontés, dès le départ, à une situation de stress peu propice à la création d'une équipe soudée.

Pauvre Gentil ! En plus de haler le traîneau, il a dû remorquer son voisin borné qui gaspillait toute son énergie à essayer de me flanquer des coups de sabot. J'ai fini par le dételer et le prendre à la traîne. J'occuperai dorénavant sa place vacante dans l'attelage. J'enfile mon harnais et m'installe aux côtés du Méchant. Nous formons un joli couple !

Nous progressons péniblement, bien que mon nouvel acolyte paraisse de meilleure humeur à me voir ainsi transpirer à ses côtés. Même si son gros œil reste mauvais, il s'est résolu à ne plus tenter de m'estropier. J'avoue que, lorsque les conditions me permettaient encore de le guider par l'arrière, j'ai plus d'une fois exercé ma vengeance à la pointe de mes bâtons de ski. À présent, nous sommes deux coéquipiers confrontés à la même galère : la « soupe » neigeuse de la rivière Soula.

Il nous faut absolument atteindre une cabane dans laquelle je pourrai attendre que les rennes récupèrent leurs forces. Trente kilomètres seulement nous en séparent. Dans notre état de fatigue, cela correspond à deux journées de route. Rien que deux petites journées, mais tellement de congères à escalader, d'enlisements dans la boue et d'imprévus... La cabane ? Aucune de mes bêtes n'y parviendra. L'une après l'autre, épuisées, elles s'écrouleront pour ne plus jamais se relever.

J'ai pris mon fusil. Le Gentil est couché dans la neige, à bout de forces. Il n'y a désormais qu'une issue : tirer – pour abréger ses souffrances mais aussi pour me nourrir. Puis c'est au tour du Méchant... Ai-je ressenti quelque remords ? Je ne saurais le dire. La loi de l'Arctique est implacable. Face à ce genre de situation, l'homme retrouve un instinct animal dépouillé de tout sentimentalisme. Mon corps m'interpellait face à une urgence, celle de me nourrir, de manger... DÉVORER.

De la pénurie, je passe subitement à l'abondance. Je n'imaginais pas être si sous-alimenté ; ce sont des monceaux de viande crue que j'ingurgite sans pouvoir me rassasier. Je fais ripaille de la chair de mes anciens compagnons de route et, pis, je m'en délecte. La moralité ne pèse pas lourd, pour l'ogre affamé que je suis. Vostok éprouve visiblement plus de scrupules que son maître. Après avoir flairé un quartier de viande fraîchement dépiauté, il s'en est retourné, dégoûté, se coucher au milieu de la rivière. Le petit a l'estomac fragile, à moins que la transmutation d'un fier représentant de la ligue animale en briquettes de bidoche désossée ne lui ait coupé l'appétit. Peut-être sa réaction n'est-elle que le pressentiment d'un avenir encore plus morbide...

C'est dur et triste, le noir. Ce matin, je me suis préparé dans l'obscurité totale par souci d'économie. Je conserve même mes allumettes usagées, que je ranime à la flamme du réchaud, du moins lorsqu'il daigne fonctionner. Il m'a fallu cinq heures de préparatifs avant de m'engager sur la piste, aujourd'hui. Quel bagne insensé ! Et, le comble, volontaire...

Je sais qu'il n'est pas bon de s'apitoyer sur son sort, mais mon quotidien n'est plus qu'une suite de petits soucis : un arceau de tente coincé, une fermeture cassée, un gant introuvable, des allumettes qui ne s'enflamment pas... Et toutes ces manipulations, qu'il faut réaliser avec des doigts torturés par l'onglée et dans une clarté livide.

Comment expliquer ce harassement ? Je me sens harcelé. Le mot n'est pas trop fort. C'est bien la première fois que j'éprouve des sentiments aussi pernicieux depuis mon départ. Je ne compte plus les jours, sur cette rivière. Je vis avec elle. Je vis sur elle. Et si la chance ne tourne pas bientôt, je pourrai aussi bien disparaître en elle. Pourtant, mes désirs ne m'éloignent pas d'ici, si près de la vie, si près de la mort. Ma volonté m'y a hissé, et si, par un incroyable hasard, un hélicoptère venait à atterrir près de moi, sans doute aurais-je le réflexe de me cacher, de fuir le désordre venu briser mon intimité avec le milieu.

Un coup de feu a retenti. Je m'arrête et retiens ma respiration. Tous les sens en éveil, j'analyse le silence au travers des battements de mon cœur. Juste une plaque de neige qui s'est affaissée. Déçu, je reprends ma cadence. D'énormes empreintes attirent mon attention. Ce sont celles d'un loup solitaire, comme moi, à la recherche d'un refuge. Peut-être m'observe-t-il de ses yeux jaunes, en ce moment – la piste est fraîche. En quête de nourriture, il a sûrement éventé les alléchants effluves de mon bagage.

Au détour d'une courbe, il me semble enfin discerner le toit de l'isba salvatrice. Elle paraît perchée très haut au-dessus de la berge. Je n'ose pas y croire. Serait-ce encore une illusion due à la pénombre, à la solitude, à la folie ? J'en suis si proche, mais je dois reprendre mon souffle tous les cent mètres. Qu'ai-je donc, depuis quelque temps ? Toute énergie paraît m'avoir abandonné. Si vite ! Mes membres sont lourds, mes muscles raides. Je commence à ressentir les effets d'un régime exclusivement carné, qui manque de glucides pour soutenir les efforts inouïs exigés par la traction. Cette misérable masure est un phare, mon port dans la tempête. Je ne peux plus la quitter des yeux. Encore quelques mètres sur la rivière... J'ôte mes skis, mon harnais, fais quelques pas vers le traîneau.

Floc ! Floc ! Je regarde mes pieds qui s'enfoncent dans la slush. Maudite rivière ! Jusqu'au dernier moment, elle me garde en son emprise. Parti à la recherche d'une zone dure où accoster, je mets les deux jambes à l'eau jusqu'aux genoux. Je rechausse vite les skis et me hâte d'extirper le traîneau de son linceul brunâtre. Englué, trempé et transi. Ainsi s'achève mon voyage sur la Soula.

Il m'a fallu près d'une heure pour parvenir à la hutte. Quand enfin je pousse sa porte démantibulée, je suis à peine déçu par l'absence de bois de chauffage et de vivres. Il y a un toit, un poêle rouillé et une vieille lampe dans laquelle il reste un peu de gazole. À défaut de chaleur, j'aurai donc de la lumière, ce soir. Trop épuisé, je n'ai pas le courage de récolter du bois. Je mange quelques morceaux de viande gelée et m'écroule sur ma couche.

Les jours défilent sans que je récupère mes forces. J'ai perdu toute notion du temps. Mon obsession, à part couper du bois, est de manger, mais sans jamais parvenir à me rassasier. Mon corps exige du sucre, du sel, de la graisse, qui me font totalement défaut à présent. La faim consécutive à une semaine de rationnement a complètement vidé mon corps de sa vitalité. Je comprends mieux à présent la chute des rennes. Qui viendra me donner le coup de fusil fatal ?

En attendant, je fais bonne chère. Au menu de ce soir : brochette de foie grillé, suivie de trois volumineux steaks bien saignants. Enfin, pour assouvir une fringale persistante, je m'offre encore un bon morceau de ragoût de la veille. Vostok fait toujours la fine bouche devant la viande que je lui offre. Il préfère explorer le coin toilettes pour y dénicher quelques crottes à son goût, puis il s'en va chercher consolation sous un grand sapin.

Une nuit, des bruits de moteur me font sursauter. Trois motoneiges déboulent devant ma porte. Partis de Kotkino, ses conducteurs sont venus à mon secours. On s'inquiète là-bas de mon retard. Mes premiers être humains depuis un mois n'ont dans leurs poches que quelques bonbons, de précieux morceaux de lard, un peu de sucre et une bouteille de vodka. Ils me conseillent de repartir avec eux le jour même, mais je décline leur invitation, présumant que leur trace facilitera ma progression. Malheureusement, le lendemain, la tempête fait rage. Lorsque je quitte enfin l'isba deux jours plus tard, leur piste a totalement disparu. Avec mes skis trop courts pour la forêt, je m'enfonce jusqu'aux genoux. Il me faut admettre que je n'aurai pas la force de parcourir les quatre-vingts kilomètres qui me séparent du village. Je ne parviens même plus à traîner ma pauvre carcasse. Je n'ai jamais eu aussi froid, c'est comme si mon corps avait perdu son autorégulation thermique. Je suis contraint de faire demi-tour.

À la cabane, la routine reprend : couper mon bois, cuisiner ma viande. Je me donne le temps de la réflexion. Le ciel s'est enfin libéré de sa grisaille et le thermomètre flirte avec les – 40 °C. Peut-être le gel fera-t-il son œuvre sur la rivière ? Entre deux grillades, je profite du spectacle féerique qu'offrent les aurores boréales, qui enflamment le ciel de draperies, arches ou faisceaux. Finalement, la vie devient agréable malgré l'exiguïté et le délabrement relatif de l'isba.

Une semaine s'est écoulée depuis leur première visite lorsque Vladimir, le milicien et Oleg, le radio du village, sont de retour. Ils insistent pour que, cette fois, je les accompagne. On ne plaisante pas, dans la région, avec ce genre de situation. La plupart des chasseurs en ont fait l'amère expérience : accident ou panne de motoneige, maladresse, imprudence... C'en est devenu une routine. Pas moins de trois pertes humaines chaque hiver malgré des recherches menées parfois en hélicoptère. L'échec est difficile à accepter, mais je n'ai plus le choix. Il faut se montrer raisonnable. La slush de la Soula ne regèlera pas. Ce sont les conditions habituelles de la rivière, comme les intempéries sont spécifiques de la cuvette de Kotkino. Il arrive que le thermomètre saute allègrement de – 40 °C à + 5 °C en un seul jour ! Enfin, je dois me rendre à l'évidence : je n'ai plus aucune force...

Vladimir et Oleg ressemblent à deux ours qui s'agitent dans la nuit. Le carter des bouran est chauffé à la flamme pour dégeler son huile. Je jette un regard, déjà nostalgique, à la cabane tandis que le rugissement des moteurs déchire le silence. Nous nous enfonçons dans la nuit glaciale. Vostok et moi sommes installés sur ma pulka, elle-même arrimée sur l'un des traîneaux. La neige profonde chassée par la chenille de la machine me fouette le visage. Compte tenu du refroidissement induit par le déplacement d'air, la température doit atteindre – 70 °C. J'essaie de m'activer pour que mes extrémités ne gèlent pas. Vostok est blotti contre ma jambe. Il n'apprécie pas plus que moi ces véhicules et n'hésiterait pas à s'échapper s'il n'était pas retenu par sa laisse.

Les heures défilent. Les motoneiges se fraient un passage entre les sapins alourdis de leur manteau immaculé. Soudain, le roulis me déporte. Me suis-je assoupi ? Sans aucun choc, j'ai la surprise de me retrouver dans la neige.

— Oleg ! Oleg !

Je hurle de toutes mes forces. Incroyable : les deux motoneiges s'éloignent dans la nuit étoilée, me laissant seul face à mon destin. L'espace d'un instant, j'ai pensé que c'en était fini. Puis j'ai réalisé que le phare qui disparaissait dans la nuit n'était pas celui d'un navire abandonnant un homme à la mer. Il y a une piste tracée qui ne s'effacera pas ce soir et, dans quelques heures au plus tard, mes compagnons s'apercevront de mon absence. Mon inquiétude est pour Vostok, qui tentera sûrement de sauter de l'engin démoniaque. Sa laisse, je m'en souviens, est attachée au traîneau.

La forêt est glauque, autour de moi. Je me trouve dans une clairière. Une tache noire dans la neige attire mon attention. Il s'agit de la *touloup*[1] sur laquelle j'étais assis ; une chance, si je dois passer la nuit ici. Je m'organise vite pour ne pas geler. Il doit bien faire – 40 °C et je crains pour mes pieds. Marcher ? Suivre la piste est difficile car je n'y vois pas grand-chose, sans lune. Il me semble plus raisonnable d'attendre sur place ; je me couche en boule sur le manteau.

Sans allumettes ni couteau – laissés dans mon autre veste – je ferais une bonne proie pour un loup de passage. Cette idée est stupide. Je la chasse immédiatement de mon esprit. Des loups s'attaquant à l'homme ? Cela n'arrive que dans les romans ou dans les films. Je repense plutôt à cette longue série de déboires vécus depuis Nijnaïa-Piocha : les redoux successifs, la slush sur la rivière, les réchauds en panne, les vivres rationnés, le manque de lumière, les rennes épuisés et à présent cette chute idiote... Hasard ou fatalité ? Les forces célestes ne m'ont pas accompagné sur la Soula. Que va-t-il encore nous arriver, avant Kotkino ?

Mes réflexions sont interrompues par le bruit d'une motoneige qui se rapproche. Son phare grandit rapidement et vient bientôt gommer l'obscurité. Le bouran fait une large boucle pour effectuer son demi-tour... il traîne quelque chose derrière lui. Vostok ! Je cours vers lui. La pauvre bête est inanimée.

— Vostok ! Vostok !

Je le prends dans mes bras et le pose délicatement sur le traîneau. Ses membres sont déjà raides. Sa gueule est emplie de neige. Je crois qu'il est mort. Oleg, impatient, m'enjoint de décrocher sa laisse et de l'abandonner dans la neige. J'obéis machinalement, l'esprit confus, encore incapable de réaliser que je viens de perdre mon compagnon. Misérable petite boule blanche ! La piste de la Soula a été dure. J'en suis le seul survivant.

1. Long manteau en laine de mouton.

9

Les hommes de Barents

Jour 195 : 21 février 2001.
Narian-Mar ; km 2 670.
Position : 67° 38′ N 52° 59′ E

Narian-Mar marque une étape importante dans mon voyage. Ayant parcouru seulement sept cents kilomètres depuis Mezen, je ne peux pas me vanter d'avoir réalisé une belle performance sportive. Pourtant, ces trois derniers mois, bien qu'éprouvants, ont été particulièrement enrichissants. Mon séjour parmi les Nenets m'a permis de mieux aborder le Nord, avec plus d'humilité. Il m'a prouvé que ma quête de l'harmonie dans ce milieu si rude n'en était qu'à ses débuts, que la voie serait encore longue vers l'adaptation. La marche avec les rennes, à défaut d'être une réussite, a été formatrice. Elle a confirmé que l'Arctique ne laisse aucune place à l'erreur, que la mort est un couperet suspendu au-dessus de ma tête ; le fil de cette guillotine peut se rompre à la moindre négligence, au moindre assoupissement de l'esprit. Mes sens devront donc s'aiguiser et ma vigilance s'affiner pour ne plus laisser de faille dans mon organisation.

Je sors de ma première nuit polaire sans trop de séquelles. Mon moral, atteint par la mort de mes compagnons, s'est bien sûr effrité, mais j'ai retrouvé ma soif d'exploration intacte, elle qui paraissait s'être éteinte sur la rivière Soula. J'ai, à présent, un colossal besoin de me fondre dans la nature, une irrépressible envie de gagner du terrain vers l'est.

Sur le plan physique, rien de très alarmant. Une nécrose s'est formée à l'extrémité du majeur de ma main droite, mais je pense la contrer avec un traitement antibiotique.

Un souci de santé plus inquiétant s'était déclaré à mon arrivée à Kotkino. Un beau matin, je me suis réveillé avec les jambes enflées comme des ballons de baudruche. Tout d'abord, j'ai mis le symptôme sur le compte du changement brutal d'environnement. Pensant enrayer le mal, je passai une après-midi à dévorer un livre les pieds plongés dans une cuvette emplie de neige. Cette thérapie n'a eu aucun effet, si ce n'est de me passionner par la lecture d'un roman. Intrigué, j'ai pris ma température : 39°. Ma maladie n'avait donc rien à voir avec le chauffage excessif de la chambre du foyer.

Quatre personnes patientaient comme moi dans la salle d'attente du modeste cabinet de gynécologie, seul point médical au village. Une cinquième est entrée. Avec sa chapka et son écharpe assortie, la vieille ressemblait à un renard roux. Ses petits yeux malicieux se sont posés sur moi, étonnés de découvrir un homme en ce lieu.

— À qui le tour ?

— C'est à lui, a répondu ma voisine.

J'ai balbutié quelques mots.

— Celui-là n'est pas de chez nous ! s'est exclamée la vieille.

Puis elle a déversé un flot de nouvelles fraîches sur l'assistance intéressée. Un bouran s'était enlisé dans la slush d'une rivière et son conducteur avait été secouru in extremis par un chasseur alors que ses jambes commençaient à geler. Le beurre manquait à la boutique. L'arrivée de l'avion était reportée. Une épidémie de grippe s'était déclarée dans la ville voisine...

— Au suivant !

Une infirmière a passé la tête dans l'entrebâillement de la porte. Son visage a exprimé la surprise en me voyant me lever.

— Aïe !...

— Et ici, ça fait mal ?

La sage-femme a commencé par tapoter d'un geste ferme mes parties les plus sensibles, a palpé sans aucune complaisance différents organes, contrôlé leur fonctionnement à l'aide d'instruments révolus avant de me ficher son thermomètre dans le derrière. La pose n'était pas très avantageuse, mais la jeune praticienne n'a pas semblé troublée. Elle a poursuivi son interrogatoire le plus naturellement du monde.

— Qu'avez-vous mangé ces derniers temps ?

— De la viande de renne.

— Et quoi encore ?

— Euh... que du renne, souvent cru, enfin... gelé.

— Voulez-vous dire que vous n'avez rien mangé d'autre ?

— Pendant quinze jours, non. Peut-être ai-je un peu abusé sur la quantité. Deux kilos par jour...

— Vous souffrez sûrement d'une infection rénale. Il faudrait le vérifier par des analyses plus sérieuses, mais on ne peut les faire qu'en ville. En attendant, vous allez rester tranquillement au village. Je vais vous donner quelques diurétiques qui devraient résorber votre œdème.

Sans vergogne, elle a retiré le thermomètre de mon postérieur, et s'est préparée à me flanquer une piqûre dans les fesses. Je fermais les yeux, terrorisé, que ma blondinette lançait déjà :

— Voilà, c'est fait ! Je vous invite à la maison demain soir. Mon mari est bon pêcheur. Vous goûterez le cisco[1] de notre région. Cela vous changera du renne !

De retour au foyer, j'ai inspecté mon corps nu devant la glace, effaré par le spectacle. Ma maigreur faisait peur à voir. Plus un pouce de graisse sur les os, avec des mollets dignes d'une vieille éléphante obèse. Heureusement, quelques muscles bien trempés complétaient cette hideuse anatomie et cautionnaient la poursuite du voyage. Je commençais à comprendre l'origine de l'épuisement que j'avais ressenti à l'isba de la Soula. J'étais donc déjà malade, atteint d'un problème rénal ou hépatique qui m'avait empêché de poursuivre mon voyage.

Trois jours plus tard, je quittais Kotkino pour me rendre à Narian-Mar, distant de cent vingt kilomètres. Le voyage à skis, à travers la forêt, n'a posé aucune difficulté. La piste était tracée, les villages nombreux, mes forces presque rétablies. Et surtout la lumière était de retour – si brutalement, après ces deux mois de nuit polaire, que j'avais l'impression de sortir d'un trou, d'une tanière.

Une nuit, deux Nenets ayant eu vent de mon passage sont venus me rendre visite dans la petite cabane où j'avais fait halte. Iaroslav, le plus âgé, m'a longuement détaillé les aléas de la vie de berger ; pour la garde d'un troupeau de mille têtes, il reçoit mensuellement du kolkhoze cinq cents roubles (quinze euros).

1. *Coregonus autumnalis.*

Auxquels il ajoute quelques revenus d'appoint comme la vente des bois de velours, ou *panty*[1], dont on tire la pantocrine[2], objet d'un commerce fructueux pratiqué par des marchands asiatiques et américains. Attendait-il quelque changement des prochaines élections régionales ? Il m'a répondu avec la sagesse des gens de sa race.

— Nous savons combien le gouverneur actuel vole, mais nous ne savons jamais combien volera le suivant...

Plus loin, sur la piste, j'ai croisé un homme à la recherche de sa femme. Elle avait été éjectée du traîneau attelé à sa motoneige sans qu'il s'en aperçoive. La sécurité routière locale pourrait placarder sur les pistes les portraits des femmes ainsi abandonnées, en guise d'encouragement à la prudence... Nous signalons bien le long de nos routes le nombre de morts.

Au village de Viska, j'ai été convié à un banquet d'anniversaire. Viatcheslav, le héros du jour, m'a vivement remercié ; la présence d'un Français venu à pied jusque chez lui était son plus beau cadeau, a-t-il proclamé en levant son verre à la réussite de mon expédition. Son rêve à lui avait été de construire le communisme – un rêve effondré depuis longtemps déjà.

J'atteignais Narian-Mar, cœur pétrolier de la Russie européenne, sous les objectifs de plusieurs caméras de chaînes de télévision locale.

Cette aimable réception à peine achevée, je suis convoqué par les autorités de la région. On m'invite à me mettre à table : pourquoi ai-je traversé la zone interdite de la péninsule de Kanine ? Après un interrogatoire en règle par le service fédéral de la Sécurité, par la police intérieure, puis par le service des Frontières, je suis assigné à résidence avec interdiction formelle de quitter la ville. Outre la pénétration – sur une dizaine de kilomètres seulement – de ce secteur réglementé, on me reproche de ne pas être en possession de l'autorisation de l'état-major des Régions arctiques.

---

1. Les bois de rennes mâles se recouvrent, au printemps, d'une espèce de velours qui tombe à l'automne. Les panty sont récoltés après deux mois de croissance en sciant quelques andouillers de la bête. Le bois de velours prévient l'arthrite, ralentit le processus de vieillissement, améliore les défenses immunitaires et combat l'impuissance.

2. La substance est reconnue pour accélérer le processus de régénération des tissus nerveux.

Le lendemain, le document en question est miraculeusement retrouvé dans un bureau de Mourmansk, à deux mille kilomètres d'ici. Je suis heureux d'apprendre de mes accusateurs soudain décontractés que, réflexion faite, je ne suis pas un espion. L'affaire est close par un protocole selon lequel je dois avouer avoir enfreint la loi russe, qui d'ailleurs date de l'époque soviétique. Cet incident risque de coûter quarante roubles (environ un euro) à l'association Arktika !

— Puis-je vous poser une dernière question ? se risque timidement le petit garde-frontière. M'accorderiez-vous un autographe ?

Libéré sans condition, j'explore les magasins de la petite ville. Narian-Mar est célèbre pour son saumon et ses succulents harengs de la Petchora. Pourtant, je ne trouve aucun poisson sur les étalages et la viande est importée. Sans doute faut-il en chercher la raison auprès des grands hommes d'affaires moscovites...

Les commémorations nationales sont prises très au sérieux, dans le pays. À l'occasion de la fête des Défenseurs de la patrie, je donne une conférence pour les personnes âgées du club des Feuilles mortes (sinistre appellation, pour un club du troisième âge).

Les questions fusent :

— Avez-vous la télévision dans votre tente ?

— Quel alcool buvez-vous pour supporter le froid ?

— Quel goût a la viande de renne ?

— N'avez-vous pas peur des loups ?

Français ou sibérien, mon public de conférence paraît surtout s'intéresser à l'aspect matériel des choses. D'ailleurs, on quitte bientôt le monde de l'aventure pour un autre, aux yeux de ces auditeurs plus étonnant encore ; on veut tout savoir des conditions de vie en Occident. Des chiffres... et précis, s'il vous plaît : le prix du pain, le salaire moyen, les loyers... Des oh ! et des ah ! s'échappent des bouches incrédules. Ne savons-nous pas que nous sommes des nantis ?

Plus tard, je rencontre le responsable d'une association occidentale d'aide aux minorités de l'Arctique. Sans bien connaître les Nenets, il participe à l'élaboration de leurs projets, n'hésitant pas à dépenser un millier d'euros pour se faire déposer en hélicoptère dans un campement et y passer une seule journée. La même somme suffirait à offrir à la brigade n° 5 des conditions royales de vie pour une année entière...

Je retire le résultat de mes analyses faites à l'hôpital. Le médecin a l'air heureux d'accueillir une personnalité à la fois importante et bien portante. Les chiffres sont normaux ; ils confirment le diagnostic fait par la sage-femme de Kotkino et le docteur Charbonnier, médecin de l'expédition, que j'avais pu joindre par téléphone. Bon pour le service... arctique !

Nous sommes le 4 mars, le printemps pointe son nez. Le traîneau, bien chargé, glisse sans encombre sur la glace du fleuve Petchora. Je suis en forme et file vers l'embouchure où je dois retrouver la banquise de la mer de Barents. Mon équipement a subi deux petites révolutions qui rendent ma vie plus agréable, sur la piste comme au bivouac. Tout d'abord, une couturière nenets m'a confectionné une bonne paire de moufles en peau de renne selon le patron que je lui avais présenté. Finies, les gelures aux doigts, et vive le vent de la banquise ! Le chaud et le sec aussi dans la tente, grâce au *Schmell*[1]. Ce rustique réchaud russe se satisfait des essences les plus douteuses. Je m'en suis procuré deux exemplaires pour parer à toute éventualité. Je vis, dorénavant, comme un coq en pâte, buvant et mangeant à satiété. Et quel plaisir d'enfiler des vêtements secs le matin !

À Kouïa, je passe une soirée en compagnie de deux enseignantes. Il y a sur la table du sucre, du beurre, du pain, du sel... toutes ces denrées qui me manquaient tant à l'isba de la Soula. Je me rends compte combien les choses les plus simples de la vie doivent être appréciées au moment où la Providence nous les offre. Ma solitude dans la cabane a été une période de grande richesse intérieure. J'étais loin des hommes, face à moi-même, seul pour surmonter mes faiblesses, mes défaillances, mes doutes.

Le temps passe vite, sur la piste, lorsque l'esprit s'abreuve de tant de rencontres et de souvenirs de rencontre. Chaque détail est revécu au fil des kilomètres. Je me surprends parfois à parler seul. Et le son de cette voix me paraît alors incongru, presque étranger. Nous sommes bien dans le monde du silence.

Un matin au réveil, une odeur inhabituelle me titille les narines. J'ouvre la porte de la tente, le nez en l'air, pour capter plus d'informations olfactives. Ça sent le gaz... de l'usine d'à côté. La toundra est parsemée de puits de forage. Les éleveurs de rennes

1. Le « bourdon » en russe.

se rapprochent volontiers de ces exploitations car les loups sont moins nombreux dans leur voisinage.

Au voleur ! Tous les sous-vêtements que j'avais mis à sécher ont disparu ! C'est la panique dans la maisonnée qui m'a hébergé pour un soir, au village de Krasnoïe. Une minutieuse enquête nous conduit au coupable présumé : la grand-mère. Suite à un interrogatoire, nos soupçons deviennent certitude. Nous en venons aux menaces, mais la vieille folle nie ; impossible de savoir où elle a caché son butin. Culottes et tricots restent introuvables. La poursuite de l'expédition est fortement compromise. Finalement, j'ai la surprise de découvrir mon linge sec et bien plié dans mon sac. Pauvre babouchka ! Perfides individus que nous sommes.

Non loin de la sortie de l'estuaire de la Petchora, alors que je m'apprête à monter la tente, le phare d'une motoneige brille soudain à l'horizon. Leonid, le chauffeur de l'engin, m'ayant rejoint, me propose de pousser jusqu'à son logis pour m'y installer.

Leonid et Jacob, son voisin, m'offrent cette hospitalité bienveillante propre aux gens du Nord. Les deux pêcheurs vivent toute l'année dans leurs cabanes respectives mais, pour célébrer la fête des Femmes, Jacob a rejoint Leonid chez lui. Bien qu'il n'y ait aucune femme à moins de cent kilomètres à la ronde, pas question de manquer une telle occasion. La fête des Femmes est, en Russie, la date du calendrier la plus populaire après le nouvel an. Bien qu'elle soit fixée au 8 mars, elle dure au moins trois jours ; on chauffe le banya, on fait bombance et, surtout, on trinque. Mes hôtes n'ont pas les moyens de s'offrir de la vodka mais, à défaut, ils concoctent une mixture appelée *bragga*. Prenez du sucre, de la levure, de l'eau, laissez fermenter, et c'est...

— ... excellent pour la santé ! assure Leonid.

Les deux hommes ont fait le choix de vivre de la nature. L'argent les intéresse peu. Ils sont conscients qu'en dépit de leur isolement et de la vétusté de leur cabane, pêche et chasse leur procurent une vie plus respectable que celle qu'ils mèneraient au village ou à la ville, où les habitants sont écrasés par le poids des problèmes économiques. Ici, au moins, à remonter dans ses filets brochets, ciscos, ombles ou saumons – selon les saisons –, on garde sa dignité ; les seuls soucis se rapportent aux caprices de la météo. Pour se procurer les produits manquants, on vend ou on troque le poisson.

Levé à cinq heures, Jacob chauffe le poêle et prépare le thé. Je suis le deuxième debout, à six heures. La demeure retrouve graduellement sa douce chaleur alors qu'au-dehors le vent souffle. Leonid paresse au lit avec sa chienne Julia. Après tout, c'est jour de fête. La radio diffuse louanges et poèmes dédiés aux femmes – comme si, soudain, elles étaient toutes devenues des anges... Le bulletin météo transmis par la radio n'est pas optimiste. Jacob réussit à me persuader de reporter mon départ au lendemain. Eux-mêmes ont décidé de ne pas relever leurs filets aujourd'hui.

Jacob et Leonid ne font rien de toute la journée. Ils me regardent, fument, boivent du thé de temps en temps. Je ne me sens nullement gêné par leur indolence. Nous vivons le même sort, subissons la même contrainte. Nous attendons le temps. Qu'il veuille bien être beau ou, par ici, pas trop mauvais. Le Nord vous apprend la patience. Seuls les chasseurs de records ou les sportifs fous de leur ego bravent la tempête pour le plaisir. Ici, l'énergie ne se dissipe pas dans de telles futilités. La force doit être convertie en labeur. Gagner sa pitance sur l'océan polaire est un exploit qui se suffit à lui-même.

Il est l'heure de préparer le déjeuner. Pendant que Leonid et la chienne Julia se vautrent dans des ébats de plus en plus polissons, Jacob s'affaire dans le corridor sur un étrange réchaud à essence. Il s'agit, en fait, d'un chalumeau qui crache sa flamme au travers d'un tube coudé débouchant sur un brûleur artisanal. Sur un tel fourneau, je peux vous assurer que le repas cuit rapidement. Il est fortement déconseillé d'oublier le plat sur le feu car, sinon, c'est la casserole qui fond !

Nous partageons une copieuse soupe de poisson, puis Leonid décide de donner quelques nouvelles par radio. Un opérateur est en veille deux fois par jour, au village de Krasnoïe. Sa mission est de transmettre des messages, de souhaiter des anniversaires, d'enregistrer des listes de commissions, etc. Mais aujourd'hui, c'est la fête. Son taux d'alcoolémie doit déjà être dans le rouge car il ne répond pas aux appels.

— *Davaï !*

Nous levons notre verre à hauteur des yeux, le maintenons un instant à bout de bras comme pour mieux nous concentrer sur la phase suivante, puis le faisons basculer d'un mouvement de poignet pour déverser le liquide laiteux dans nos gorges. Leonid, qui remarque que mon gobelet n'a pas été vidé d'un coup, me fait la leçon.

— Tu bois mal !

— En France, dis-je, pour apprécier un alcool, on le déguste. Boire mal, c'est boire beaucoup. Donc je bois bien.

Jacob acquiesce en remplissant à nouveau les verres.

— Il a raison le Français. C'est toi, Leonid, qui ne sais pas boire. *Davaï !*

Jacob repose son verre... vidé cul sec.

Vers minuit, arrivent des voisins en motoneige. Ils se vantent d'avoir, à eux trois, liquidé quinze bouteilles, soit sept litres de vodka – et porté pas moins de vingt-cinq toasts en l'honneur de ces dames. La conversation tourne autour du prix de la vodka, de la distillation de la bragga pour obtenir le *samagon*, des moyens de se procurer du spirit... La question de la condition féminine reste, elle, soigneusement au placard.

— *Frantsouz, davaï !*

Et c'est reparti pour un tour...

Cap au 70. Contrairement à ce que Leonid m'a affirmé hier soir, la bragga, ce n'est pas si bon pour la santé... Je ne sens plus mes jambes. La journée sera pitoyable... Tandis que je traverse la baie Bolvanskaïa, le brouillard tombe. Tant pis. Finalement, mieux vaut ne plus rien discerner du tout. Rien n'est plus démoralisant que de fixer pendant des heures un objectif dont l'aspect ne change pas. Cela vous éclaire trop sur votre allure navrante. Pour cette raison, je préfère suivre une côte ; les repères qui défilent donnent une appréciation plus satisfaisante de sa vitesse.

J'ai retrouvé la mer de Barents quittée trois mois plus tôt. L'influence de la dérive nord-atlantique (prolongement du Gulf Stream) se fait sentir jusqu'ici. La banquise semble s'étendre à l'infini, pourtant la mer libre est toute proche. Elle vient torturer le littoral englacé, le rendre encore plus menaçant par la formation de brumes et de nuages dominant l'horizon d'un aspect sinistre. La végétation a disparu et c'est tant mieux. Je n'apprécie guère ces buissons qui enlaidissent le paysage dépouillé par le gel.

Après sept heures de marche, j'arrive en vue d'isbas sombres à peine visibles sur la grisaille environnante. Farikha ne compte que dix habitants, en ce moment. La saison du navaga[1] vient de s'achever et les pêcheurs s'en sont retournés chez eux. Cette pêche n'est guère rentable en raison du coût du transport vers la ville. En outre, cette espèce de petite morue se fait rare depuis la catastrophe écologique d'Ousinsk. Un oléoduc s'était fissuré, il y a cinq ans, et le pétrole s'était déversé dans la toundra, empoisonnant les rivières et les pâturages jusqu'au fleuve Petchora.

Parfois, des hélicoptères de contrebande venus de la république des Komis survolent les villages côtiers malgré l'interdiction formelle de pénétrer dans la zone frontalière. Ils échangent leurs produits contre le poisson, très apprécié au sud. Pour compliquer encore la vie des résidants de la côte arctique, un arrêté ministériel réglemente la pêche artisanale au filet. Un comble. Les bureaucrates moscovites s'imaginent sans doute qu'on peut pêcher à la ligne sur une banquise de deux mètres d'épaisseur ! Aucun pêcheur ne perd son temps dans les méandres de l'administration pour essayer d'obtenir une autorisation. Tous sont donc des braconniers, et le fonctionnaire, censé contrôler les permis, forcément corrompu. Étant donné son salaire dérisoire, l'affaire se règle en ombles[2] ou en saumons. Personne n'est dupe.

La précarité de ces conditions de vie pourrait sembler inévitable au vu du climat intransigeant et de la nature stérile... Sauf que le district autonome des Nenets est appelé à devenir prochainement un nouveau Koweït. Les ressources pétrolières et gazières y sont phénoménales. Des compagnies russes, américaines et européennes exploitent les gisements, et les autorités régionales en retirent de fructueux profits. Aucune amélioration, pourtant, dans le quotidien du quidam local, aucune structure qui permette un quelconque commerce si ce n'est des kolkhozes dont l'administration, le plus souvent véreuse, exploite la naïveté de ses employés. Point de syndicat sur la mer polaire.

— Arrête-toi et viens te réchauffer. Tu peux rester dormir ici et il y a à manger pour toi.

Ces mots simples d'Albert m'ont immédiatement mis à l'aise. Le temps de retirer les glaçons accrochés à ma barbe, et me voilà devant une soupe chaude. Albert a soixante et onze ans. Il vit seul

1. *Eleginus gracilis*.
2. Omble chevalier (*Salvelinus alpinus*).

ici, loin de tout, pêchant et chassant encore de temps en temps malgré son âge. Sa maigre pension suffit à peine à acheter le fioul de sa génératrice. Pour le reste, c'est la débrouille à la russe. Peut-on imaginer pareille retraite ? Le village le plus proche est à deux cents kilomètres !

Albert fait partie de cette catégorie d'hommes poursuivis par la guigne. L'hiver dernier, il s'est fait voler sa motoneige en allant rendre visite à sa fille de la ville. La même année, voilà le kolkhoze qui « oublie » de lui payer son poisson. Les fonctionnaires sont parfois si distraits... Il leur arrive d'anéantir ainsi six mois d'astreignante besogne sur la banquise, le résultat entier d'une saison de pêche. Victime de sa naïveté, Albert a dépensé une partie de ses maigres économies dans l'achat d'une parabole, sans savoir que celle-ci n'était pas compatible avec son téléviseur de modèle soviétique. Mais ce n'est pas tout... Il y a cette aventure tragi-comique. Voyant son énorme chien roux se déplacer les pattes arrière entravées par une chaîne, je m'en étonne auprès du maître. Le vieil homme s'explique. Avant d'être ainsi handicapée, la fripouille avait l'habitude de pisser devant l'entrée du logis, ce qui, à la longue, formait une colonnade de glace contre la porte. Tant et si bien qu'un beau jour, le pauvre Albert s'est retrouvé prisonnier dans sa propre demeure. Les fenêtres étant bloquées par les congères, c'est en perçant une ouverture dans le toit qu'il a pu s'évader. La poisse !

Le regard ancré sur la boussole fixée sur la spatule de mon ski, je m'attache à ne pas dévier de mon cap. Rien de plus simple, dans cette contrée où rien ne vient heurter le regard. Difficile même de discerner la mer gelée de la toundra enneigée tant la région est plane. Seule la consistance de la neige me renseigne. Parfois, lorsque le brouillard devient plus dense, il me semble que je flotte dans les airs, que je navigue dans le néant. Un navire broyé par les glaces offre, à défaut de gaieté, un peu de distraction au paysage. Mes réflexions vont vers l'absence de vie autour de moi. Difficile d'imaginer qu'au-delà de la plage il n'y a rien d'autre que la toundra neigeuse. Ni boutique ni jolie fille. De l'autre côté, c'est encore pis. C'est la banquise avec ses chaos gris, beiges, noirs. La désolation.

Je médite souvent, au cours du jour, sur l'utilité de haler un traîneau dans le désert polaire, mais chaque rencontre, même si elles sont rares, vient me conforter dans mon entreprise.

En cette fin d'étape, trois femmes au crâne rasé me sourient. Des femmes ici... et sans cheveux ! Deux hommes viennent bientôt les rejoindre. Ce sont les cinq météorologues du cap Konstantinovsky. Ils enregistrent les données mais sans pouvoir les transmettre. Originaires d'Arkhangelsk, ils vivent là onze mois sur douze. Un stock de vivres pour un an ; aucun autre moyen de communication que le morse depuis que leur radio est tombée en panne. À la base où je les ai suivis, nous dissertons sur la question énergétique de mon équipement de transmission satellitaire. C'est alors que Iouri, le chef de station, m'interrompt :

— Nous avons ici des calculateurs qui peuvent fonctionner pendant plus de cent ans sans batterie !

Il quitte la pièce et s'en revient avec cette extraordinaire machine : un antique et encore très usité boulier russe. Ainsi peut-on vivre isolé pendant des mois sur la côte arctique sans perdre son humour.

En arrivant au village de Tchiornaïa, j'ai tout de suite remarqué ce chien, un superbe laïka de Nouvelle-Zemble. Après m'avoir flairé sans timidité, il a rejoint son maître occupé à fendre du bois sur le pas de sa porte. Vitali m'attendait. Dans la toundra, les nouvelles circulent plus vite que les aventuriers. L'homme est de nature bavarde. Il m'a parlé de *tchoum* énergétiques, du triangle des Bermudes, du mystère des Incas... Sa vieille isba est emplie d'ouvrages de sciences occultes. Lui-même se qualifie de médecin par les plantes. Il m'a offert quelques remèdes peu ordinaires comme des gésiers d'oie séchés destinés à soigner les maux d'estomac, une pierre dont la poudre obtenue par grattage avec la lame d'un couteau est un antiseptique et un anticoagulant extrêmement efficace, et aussi des « racines d'or[1] », excellent stimulant et puissant aphrodisiaque. J'avoue que cette dernière propriété ne m'a guère intéressé, dans ma situation présente. Son épouse nenets, beaucoup plus calme, a servi le dîner. Après que je leur eus raconté l'épisode peu concluant des rennes, l'histoire de Vostok, et formulé mon dessein de former un attelage de chiens de traîneau,

1. « Racine d'or » ou ginseng de Sibérie (*Rodiola rosea*).

Vitali a spontanément proposé de m'offrir Sokol, ce laïka que j'avais admiré à mon arrivée.

De toute façon, le lendemain, le jeune cabot ne voulait plus me lâcher. Il avait même manifesté un goût particulier pour mon équipement : la veille au soir, il était parvenu à voler un de mes skis, grignoter la sangle d'une fixation, déplacer mon fusil, ouvrir la bâche du traîneau, en sortir la balise de détresse et l'extraire de sa housse. Par chance, il n'était pas parvenu à actionner le mécanisme de déclenchement !

Sokol gambade loin devant moi. Il revient en courant, fait des cabrioles, virevolte, se mord la queue et, infatigable, décampe de plus belle. Il doit accomplir deux ou trois fois plus de distance que moi qui, ficelé à mon traîneau, suis forcément beaucoup plus sage.

Sokol s'est très vite passionné pour mon voyage. Son tempérament vif et son esprit curieux lui servent à découvrir le monde. Chaque chose nouvelle retient son attention. Ses yeux intelligents fixent un objet, ses oreilles dressées l'analysent, ses petits coups de dents le testent, le déchiffrent. Ce peut être un défaut, certes, mais je lui pardonne car il n'est encore qu'un grand chiot. Sokol est un chien que l'on aime dresser car il est avide de savoir, attentif à chaque parole, à chaque geste. Il peut se montrer posé lorsqu'il scrute l'horizon, réfléchi lorsque je lui parle, obéissant lorsque je le commande, turbulent, joueur et espiègle lorsque nous marchons. Sokol possède un caractère égal. Ni capricieux, ni lunatique, il est toujours de bonne humeur et tellement affectueux. Je sais déjà qu'il sera un grand chien. Il sera mon chien.

Après une semaine de route, nous arrivons en vue de Vieux-Varandeï. Dès notre entrée dans le village, nous croisons un Nenets qui, sans plus de discours, m'accompagne à son logis. Taras habite avec sa mère une maisonnette bien gardée par six chiens de traîneau. Il est pêcheur, chasseur, trappeur, mais aussi sculpteur, peintre et dessinateur à ses heures. L'intérieur de l'habitation est dans un désordre indescriptible : instruments de pêche et de chasse hétéroclites côtoient des sculptures, des toiles inachevées... Un phoque est mis à dégeler sur le plancher de la cuisine, près d'un réchaud à gaz. Après m'être restauré, je le suis le long de sa ligne de trappe. Les pièges à renard sont disposés sur une dizaine de kilomètres, entre toundra et banquise. Goupil est malin. Les appâts ont tous disparu. Taras est bredouille. Nous nous apprêtons à rentrer au village lorsque nous rencontrons l'un de ses voisins. Après m'avoir salué, le Nenets me prend à témoin.

— Mon âme, ma vie est ici ! grogne-t-il en pointant d'un geste belliqueux Nouveau-Varandeï, la localité voisine. Ils ne me la prendront pas !

Nouveau-Varandeï s'oppose de manière choquante à Vieux-Varandeï. Dix-sept irréductibles Nenets se sont enracinés au vieux village, ayant refusé de quitter leurs logis délabrés pour s'enfermer dans les appartements offerts, à Narian-Mar, par la compagnie pétrolière établie à Nouveau-Varendeï.

Nous sommes sur la banquise, près d'immenses empilements de glace et le soleil déclinant sur l'horizon rend ses propos encore plus poignants. Depuis notre point d'observation, les deux bourgs, séparés de cinq kilomètres, semblent se toucher. Vieux-Varandeï n'est pas à proprement parler un village. Pas d'administration, pas d'école, pas même d'électricité. Et pourtant la nuit, la toundra s'illumine des feux des puits d'exploitation – nous sommes à quelques kilomètres d'une base pétrolière ! Taras confirme qu'il ne leur est même pas permis de s'approvisionner à la base, pourtant ravitaillée régulièrement par d'énormes camions qui empruntent la route hivernale d'Ousinsk sur près de cinq cents kilomètres.

J'ai tenu à rester au vieux village pour y passer la nuit. Vitali, qui m'a précédé en motoneige, a répandu le bruit de mon projet de traîneau à chiens. Taras m'annonce qu'une recrue m'attend chez la voisine.

Le molosse au pelage roux esquive la main pourtant habile de Taras mais, lorsque je m'en approche, il se laisse caresser, bien que je le sente encore craintif. Le vieux mâle répond curieusement au nom d'Aglaé ou de... Bars, selon les goûts. Eu égard à sa gueule patibulaire et à ses multiples cicatrices, Bars paraît mieux lui convenir. Vu que l'animal m'a d'emblée adopté, l'affaire est vite entendue avec sa maîtresse. Rien de commercial cependant dans la transaction. Les Nenets sont juste intéressés à donner un coup de main au voyageur solitaire que je suis.

Près de la maison, un grand chiot ne cesse de nous observer. Il me reluque d'un air soupçonneux. Je vois bien qu'il se méfie de nos conciliabules autour de Bars. Lorsque je croise son regard, je suis frappé par son aura impénétrable. Sa seule physionomie le distingue des autres chiens, mais il y a autre chose en lui, de plus énigmatique. Ses yeux jaunes de loup, par exemple, débordent de vanité et de suffisance. Un vrai Nenets, celui-là ! D'où lui vient donc cette allure hautaine qui le rend si méprisant du monde qui l'entoure ? Ce chien me plaît. Et le seul moyen de savoir ce qu'il cache est de l'intégrer à ma toute nouvelle meute. Peut-être par intuition, je pressens qu'il sera la clé de voûte de mon expédition. Je veux ce poilu et supplie la gentille dame de me le céder.

— Pouchok ? Mais il n'a que neuf mois. Il est bien trop jeune pour ton voyage !

— Je vous assure qu'il sera plus heureux à sillonner la toundra qu'à s'ennuyer au village...

Pouchok ne l'entend pas de cette oreille. Tirer un traîneau dans le désert polaire n'est pas du tout dans ses projets. Sa place est ici, à Varandeï. D'ailleurs, il me le prouve sur-le-champ : lorsque je fais un pas un seul vers lui, il décampe.

Pouchok a, malgré lui, rejoint le rang dans mes troupes. Me voilà donc propriétaire de trois chiens. Reste à en faire des chiens de traîneau... Je m'attelle à la tâche le jour même. La première heure de dressage est décourageante. Seul Bars tire, mais sa gueule effarée en dit long sur son enthousiasme. L'inconvénient est qu'il ne sait aller que dans une seule direction : celle du bercail. Sokol voudrait bien courir, mais il y a une corde qui le retient à cet objet que je suis censé moi-même haler et qui ne cesse de le poursuivre. Malgré toute sa bonne volonté, il n'a pas encore assimilé la différence entre l'avant et l'arrière. Quant à Pouchok, il se laisse traîner purement et simplement dans la neige comme s'il était déjà mort. Signe évident qu'il désapprouve la chose.

Restons calme et opérons par étapes. Voyons... dételer Pouchok pour n'initier qu'un seul chien à la fois me semble être une bonne idée. En effet, après quelques allers et retours, Sokol a pigé ; il prend même plaisir à déplacer son traîneau... dans le bon sens.

— Brave chien ! C'est bien !

En me voyant féliciter Sokol, Pouchok se renfrogne. Son regard fusille le jovial laïka beige. Je sais que j'ai tapé dans le mille : sa fierté. À partir de ce jour et malgré sa répugnance pour les tâches de prolétaires, Pouchok tirera. Pour ne pas être en reste vis-à-vis de son rival. Mais jamais il n'oubliera l'affront. Jamais sa jalousie, sa haine farouche envers Sokol ne s'estompera.

Cette première séance d'entraînement est donc plutôt positive. Je me doute bien, toutefois, que la route vers Karataïka, notre prochaine escale, ne sera pas de tout repos. En attendant la grande vadrouille, il me faut préparer le traîneau.

À l'instar des Nenets de Varendeï, j'opte pour une disposition des chiens en éventail. Chaque trait aura la même longueur. Autrement dit chaque chien évoluera à la même distance du traîneau, à l'image des attelages groenlandais. Cependant, une ligne de cou reliera les voisins entre eux comme il est pratiqué dans les traîneaux à rennes.

Trouver les matériaux nécessaires à la confection des harnachements n'est pas aisé. N'ayant plus d'équipement en réserve, j'accorde une valeur inestimable au moindre bout de corde, de chaîne ou de peau récupéré çà et là. Pour ce qui est des harnais, j'habillerai Bars du cuir d'une vieille botte de l'armée ; Pouchok, en vertu de son rang, aura droit aux plus souples lanières de peau de renne ; tandis que Sokol, moins susceptible, se contentera d'une courroie d'alternateur. Et vogue la galère !

— Tu as de la chance de pouvoir voyager, admet Taras.

— Tu n'as qu'à venir avec moi, répliqué-je sur le ton de la boutade.

Taras est pensif. Une lueur s'allume dans ses yeux. Il sourit, puis s'exclame :

— D'accord ! À quelle heure part-on ? Que dois-je emporter ? Ma hache ? Mon fusil ? Un ou deux couteaux ?

En moins d'un quart d'heure, son baluchon serait prêt ! Cette fois, c'est moi qui suis pris au dépourvu. Aussi, pour me donner quelques instants de réflexion, je lui expose les difficultés du voyage. Je crois qu'il ne se rend pas bien compte de la distance, de la durée, du danger. Mais sa décision est déjà prise et même sa mère ne parvient pas à l'en dissuader. Je lis dans son regard la soif de l'aventure, l'excitation de l'inconnu.

— La vie n'est plus possible à Varandeï. Tu comprends, ici, nous ne sommes plus rien ! Et puis j'ai toujours rêvé de rencontrer mes cousins de l'est, les Dolganes, les Evenkes, les Tchouktches...

Soit ! Nous sommes des hommes libres, n'est-ce pas ? Si nos routes se croisent pour un temps, alors tant mieux. Lorsqu'elles divergeront, nous devrons aussi l'accepter. J'aime cette idée d'échange entre deux hommes issus de cultures différentes qu'une même passion rapproche.

Afin de nous permettre de nous organiser, je décide de me rendre à Nouveau-Varendeï pour quelques jours. En vérité, je pense que Taras a agi sur un coup de tête et qu'il serait bon de le laisser réfléchir. Bars et Pouchok resteront aux bons soins du Nenets, tandis que Sokol et moi irons faire le plein de vivres à la base.

Cinq kilomètres suffisent à me faire entrer dans un autre monde. Nouveau-Varendeï porte mal son nom. À croire que l'endroit a subi un bombardement récemment. Bâtiments éventrés, rues défoncées, carcasses métalliques entortillées. Est-ce donc cela, la base pétrolière ? Un chien famélique aboie mollement à notre encontre, comme pour nous signifier l'indécence de notre présence en ce cimetière. Le bureau de l'administration a survécu au cataclysme. On me l'indique, près d'une antenne parabolique toute neuve dressée fièrement au-dessus du marasme.

Le personnel de l'exploitation m'accueille aimablement. Toutes les facilités de la compagnie sont mises à ma disposition, y compris la douche et la cantine. Sokol est aux anges. On insiste même pour me donner toute la nourriture que je désire emporter. Je pense à mes amis nenets. Voilà des largesses dont ils seront heureux de profiter.

— La base est un lieu « sec » ! précise crânement l'intendant Valéria.

Autrement dit, pas une goutte d'alcool n'est permise en mission. Fouille de rigueur au départ et à l'arrivée de l'hélicoptère. Je ne croyais pas une telle initiative possible, dans l'Arctique russe. Le salaire confortable doit compenser le déficit de liqueur forte.

À Nouveau-Varandeï, je passe la barre des trois mille kilomètres. Comme le cap Nord me semble déjà éloigné ! Trois mille kilomètres, ce n'est pas un record et je m'en félicite. La lenteur justifie à mes yeux la richesse du voyage. Trois mille kilomètres, ce sont des fjords et des montagnes ; des mers et des rivières ; des lacs et des forêts ; la toundra et la banquise ; mais aussi le soleil, la pluie, le vent, la neige, la glace et encore les oiseaux, les phoques, les bélougas, les rennes, les chiens et enfin l'Homme... Finalement, le monde vu du pôle n'est pas si laid qu'on veut bien nous le faire croire. Il serait même plutôt attrayant, à mes yeux.

10

Un traîneau à chiots entre Europe et Asie

Jour 234 : 1er avril 2001.
Varendeï ; km 3 000.
Position : 68° 49′ N 58° 03′ E

Je donne le cap à Taras, qui me suit un kilomètre en arrière. Nos deux attelages s'en vont plein est à vive allure. Auprès de chacun d'eux, un homme court. Rares sont les moments où nous nous permettons de nous asseoir sur les traîneaux. Notre route sera longue, nous le savons. Aussi évitons-nous de fatiguer les chiens inutilement.

Lorsque, m'en retournant de la base pétrolière, j'avais aperçu le Nenets venant à ma rencontre avec un grand sourire, j'avais tout de suite compris qu'il avait mûri sa décision. J'en étais heureux. Le temps de coudre de nouveaux harnais, de répartir les charges sur les traîneaux, nous étions fins prêts pour la grande aventure. Traverser la Sibérie en traîneau, vivre ce long voyage en compagnie de chiens, je l'avais souvent rêvé et voilà qu'en ce 1er avril – ce n'était pas un canular –, le rêve devenait réalité.

Bars ne s'embarrasse pas l'esprit de mes ordres de direction. Son intelligence est moyenne, mais il tire comme un forcené. Je marche en tête de la caravane afin de mettre les chiens en confiance. Trente kilomètres sont parcourus le premier jour. Je suis très satisfait. Ils font du bon travail, mes petits bleus. Un attelage de trois chiens est bien sûr insuffisant, mais je compte augmenter mes effectifs en cours de route. L'atmosphère a radicalement changé, sur la piste. Chaque canaille ajoute du piment et de la gaîté

Banya : le bain russe.

30 mai 2000.
Départ de l'expédition sous le cap Nord de la Norvège.
Devant l'étrave : 12 000 km jusqu'au détroit de Béring.

Île Solovki.
Dans les années 1920,
le monastère devient
le premier goulag
de l'Union soviétique.

Le courant contraire
de la rivière Pinega
m'oblige à hâler le kayak
sur une piste.
Des nuées d'insectes
me harcèlent malgré
la protection d'un vêtement
spécialement adapté.

Sous l'œil attentif d'Aliosha, la petite Daria effectue quelques pas vacillants autour de la tente. Les Nenets de Kanine utilisent des huttes préfabriquées plutôt que les traditionnels tipis en peau de renne.

Bien emmitouflé dans sa pelisse, un petit Nenets, ficelé à un traîneau, attend sagement le déplacement du campement.

Neige profonde en forêt et slush sur la rivière Soula.
Vostok, compatissant, observe la difficile progression des rennes.

Nuit polaire au-dehors, confort au-dedans. La tente est un cocon de 4 m^2 qui sera ma maison pendant quatre ans.

Le renne de tête est tombé d'épuisement. Affamé, je me nourrirai de sa viande pour survivre.

Après la mort des rennes, le hâlage en solitaire du traîneau se poursuit sur les côtes de la mer de Barents.

Le premier attelage de chiens de traîneau de l'expédition Arktika manque un peu de panache, même si les trois nouvelles recrues (Sokol, Pouchok et Bars) mettent du cœur à l'ouvrage.

Dans la toundra, lorsqu'il y a les rennes, il y a la vie.

Taras présente son esquisse d'une *tchoum* dans un campement de la Grande Toundra. Le Nenets voyagera à mes côtés durant une semaine.

Les véhicules chenillés dérivés des tanks de l'armée soviétique sont utilisés pour le transport des marchandises.

Ruine de base militaire dans la région d'Amderma.

La route directe vers la péninsule de Iamal est coupée par la débâcle de la mer de Kara. Nous devons effectuer un détour d'un millier de kilomètres pour atteindre la baie de l'Ob.

La fonte printanière impose de poursuivre le voyage à pied, avec les chiens bâtés. Un an après mon départ de Norvège, j'achève la traversée de l'Arctique européen et entre en Sibérie pour 8 000 km.

Pour Macha, l'élégante bibliothécaire nenets du village de Koutop-Iougan, l'été est l'occasion de retrouver la *tchoum* familiale.

au voyage. Nous vivons désormais vingt-quatre heures sur vingt-quatre ensemble, pour le meilleur souvent et pour le pire parfois.

La toundra est défigurée par les puits pétroliers. Des conduites sillonnent tout le secteur. La réglementation impose l'aménagement de « gués » sur le trajet des oléoducs afin de permettre le passage des rennes mais, à ce que je vois, il faut être malin pour ne pas se laisser enfermer dans le labyrinthe ainsi formé. J'attends Taras au sommet d'un monticule. Ma pulka, bien que plus chargée, s'avère plus rapide que son traîneau car ses lisses offrent une meilleure glisse. Je dois aussi avoir développé une bonne condition physique après une année entière de randonnée.

— Tu marches vite ! s'écrie Taras en me rejoignant, essoufflé.

— As-tu remarqué ces taches noires sur le versant de ce massif ?

— Ce doit être le camp sismique.

— Nous pourrons peut-être y passer la nuit. Qu'en penses-tu ?

Rien n'échappe à l'attention du Nenets. Pourtant, je m'aperçois que son interprétation est erronée. D'un coup d'œil dans les jumelles, je réalise qu'il s'agit d'un troupeau de rennes se mouvant dans les adrets. La vie au village a quelque peu émoussé ses sens et son savoir ancestral.

Taras débite à la hache des rondelles de phoque à même la carcasse gelée, un peu comme on couperait des tranches de saucisson. Il l'entame à moitié en commençant par la queue. Puis il repose le cadavre amputé sur sa face sectionnée pour que les chiens ne soient pas trop tentés de grignoter la chair mutilée. Vision surréaliste que ce demi-phoque qui paraît sortir de la neige en pointant son museau vers le ciel !

J'installe notre premier bivouac et cuisine un bon repas. Il fait chaud, dans la tente, et nous nous sentons bien.

— Gilles, je te suivrai partout où tu iras. Même jusqu'en Tchoukotka...

— Tu sais Taras, la Tchoukotka, c'est encore très loin.

Ce soir, je crois revivre les aventures extraordinaires de Vladimir Arseniev en compagnie de son ami chasseur Dersou Ouzala. Je vais sûrement faire de beaux rêves.

La toundra est resplendissante, sous ce soleil de printemps. L'air est empli de cristaux de glace qui scintillent. Chacun de ces microprismes réfracte à sa façon la lumière, embrasant l'atmosphère d'étincelles chamarrées. Il fait tellement bon que j'ôte ma veste et me défoule dans une marche bien cadencée.

Nous traversons le lac Pilnya quand j'entrevois sur la rive opposée quelques bandes éparses de rennes, puis deux tentes coniques. Le terrain est labouré d'empreintes. Les chiens s'excitent. Justement, le troupeau rentre au campement – avec nous à sa suite. Les hommes aux visages burinés sont très typés, dans leurs malitsa. Je pénètre dans la tchoum. Son architecture est celle du tipi amérindien. Pas moins de cent peaux de renne recouvrent cette structure au double toit. Le traditionnel foyer, au centre de la tente, est maintenant remplacé par un poêle en fer alimenté par le bois récupéré dans les bases pétrolières. Ces dernières achètent la viande à bon prix ou la troquent contre de l'essence. Un tel voisinage ne présente donc pas que des inconvénients.

Taras dessine. Moi, je filme, photographie, écris. Il me semble alors que nous formons une bonne équipe. Les bergers nous proposent la carcasse d'un renne tué récemment par un loup. Nous la scions en quartiers. De la viande de phoque en entrée et du renne en dessert, c'est un « quatre étoiles », pour nos chiens. Je les envie car nous-mêmes n'avons droit qu'au sempiternel pemmican-macaronis. Aussi, tout en surveillant leur souper, j'avale goulûment quelques dés de phoque cru.

Michka, notre hôte, a réveillé Taras pour l'avertir de la fugue d'un de nos chiens. Lorsque Taras revient, il m'annonce qu'il s'agit de Bars et qu'il n'a pu le rattraper. Il va se recoucher. Il est neuf heures. Occupé à des travaux de couture depuis déjà une heure, je ne peux m'empêcher de lui faire une remarque.

— Taras, nous devons confectionner des bottines pour les chiens car la neige de printemps est mauvaise.

Taras se ferme. C'est notre premier différend, depuis notre départ ; aussi anodin soit-il, je vois qu'il accuse le coup. La relation qu'il entretient avec les éleveurs de rennes est ambiguë. Ils gardent envers lui la même distance mi-respectueuse, mi-dédaigneuse qu'envers moi. Taras ne connaît rien de la vie de berger. C'en est presque honteux, pour un Nenets. Comment vit-il cette confrontation ? Je n'ose lui poser la question.

La chance est de notre côté. La baie Khaïboudirskaïa, habituellement ouverte du fait de forts courants, est solidement gelée. Le vent, qui souffle du nord, à quatre-vingt-dix degrés de notre route, me permet de conserver le cap. La traversée est un peu chaotique, mais nous en venons à bout au terme d'une journée d'efforts. Comme j'ai pris un peu d'avance sur mon compagnon, j'en profite pour filmer son arrivée du haut du cap Sinkin.

— *Svaboda !* (Liberté !) me crie Taras en achevant la montée au pas de course.

Je suis heureux de le voir de si bonne humeur. Il est vrai que nous avons quitté la région que l'on appelle « Grande Toundra », pour aborder la presqu'île Iougorsky ; c'est un peu comme s'il suivait les traces de son père. Durant l'époque soviétique, ce grand conducteur de traîneau acheminait régulièrement les vivres depuis Varendeï jusqu'à l'île Vaigatch en rapportant le poisson pour le compte du kolkhoze. Il a disparu un jour, avec ses chiens, dans les glaces traîtresses de la mer de Barents.

Nous trouvons à l'extrémité du cap des chasseurs qui nous accueillent dans leur baraquement. Les félicitations me sont dédiées alors qu'on ignore Taras. Mais un peu plus tard, quand ils s'intéressent à notre itinéraire, c'est moi qui suis mis à l'écart – parce qu'on prend Taras pour mon guide. Ces réactions nous mettent mal à l'aise tous les deux et faussent un peu notre relation.

En ce début de mois d'avril, les vents furieux font paraître le temps froid malgré la température printanière. Notre départ est imminent mais, tandis que je suis occupé à réparer des traînes que Sokol m'a encore grignotées, Taras va se réchauffer au *balok*[1].

— Taras, peux-tu m'aider à harnacher les chiens ?

Je sens Taras prêt à bondir ; pourtant, il se tait. Pendant quelques instants, nous nous dévisageons dans un silence bourré de non-dits. Il est vrai que, depuis quelque temps, la plupart des corvées m'incombent : l'installation de la tente alors que Taras se repose sur son traîneau ; la cuisine lorsque Taras fait la sieste ; le démontage du campement quand Taras soigne ses chiens. Il est temps que nous nous répartissions les tâches communes.

Nous restons cloîtrés dans notre mutisme jusqu'au soir. Le vent nous cingle et le chasse-neige profite du moindre interstice

1. Wagon, citerne, conteneur maritime ou toute autre cahute de tôle ou de planches aménagée en abri ou habitation.

dans les replis de nos vêtements pour nous glacer. Assis sous le vent du traîneau, je vérifie ma navigation quand Taras me rejoint pour inspecter avec moi la carte.

— L'isba doit être plus loin, au-delà de ce cap, affirme-t-il.

— Non, je crois plutôt qu'elle se cache juste derrière cette colline, pas à plus de deux kilomètres.

Nous y arrivons effectivement après un quart d'heure. Sorti de son territoire, Taras a perdu ses repères et son sens de l'orientation n'est plus aussi infaillible. Encore une déconvenue qui doit le piquer dans son amour-propre.

Il nous faut une bonne heure pour dégager l'entrée du logis à la pelle. Nous devrions nous réjouir d'avoir trouvé un toit pour la soirée mais l'ambiance n'y est pas. Je m'en vais chercher un peu de réconfort auprès des chiens. Sokol m'accueille, comme toujours, avec des effusions qu'il parvient difficilement à contrôler. Pouchok ne consent pas encore à descendre de son piédestal. Quant à Bars, le sentimental, il s'exprime à grands coups de son énorme langue, surtout lorsque le dîner approche. Son appétit d'ogre ne se dément jamais. Rien d'étonnant, vu sa carrure. Justement, ce soir, à force de tronçonner notre phoque, nous arrivons au foie, un régal pour les chiens – sauf pour Pouchok qui n'aime que la viande de renne coupée en petits morceaux servis sur une nappe de neige parfaitement propre.

Exaspéré par la froideur qui règne entre Taras et moi, je décide de mettre les choses au point. Chacun écoute l'autre courtoisement déballer son linge sale. S'il est vrai que nous restons campés sur nos positions, la discussion nous a fait le plus grand bien. Pour combien de temps ? Je doute que nous poursuivions ensemble notre voyage au-delà du prochain village. Je crois d'ailleurs que je ne le désire plus.

Karataïka offre un triste spectacle. L'alcool fait des ravages parmi la population métissée de Nenets, de Komis et de Russes – chaque ethnie ne n'entendant pas forcément avec l'autre. Dès mon arrivée, je suis assailli, bousculé même, par des ivrognes prompts à me vendre leur poisson. Voilà au moins le problème du ravitaillement résolu. La saison de pêche étant achevée, il n'y a plus guère d'activité au village. Toute somme empochée est aussitôt dépensée en vodka. Dix roubles (trente centimes d'euro) le kilogramme de navaga, ce n'est pas cher payé. Pourtant ces gains providentiels partent aussitôt en vapeur d'alcool.

— Quelle est donc la fête du jour pour qu'il y ait tant de poivrots ? s'exclame un des habitants venu me porter secours.

Parmi tous ces visiteurs éméchés, il en est un qui consent à me vendre un chien. Mais le lendemain, je fais la connaissance de l'authentique propriétaire qui refuse net toute négociation. Finalement, après de laborieuses recherches, je parviens à dénicher un jeune squelette tout blanc répondant au nom de Sharik. Je doute toutefois de pouvoir former ce bâtard à la noble fonction de chien de traîneau.

Pour clore le sombre tableau, ma relation avec Taras s'est définitivement rompue. Depuis notre altercation et malgré nos efforts pour n'en rien laisser transparaître, le malaise persistait. Rêver de voyage est une chose. Le vivre au quotidien, avec son inconfort, ses difficultés, ses dangers, en est une autre. Jour après jour, le fossé se creusait entre nos deux personnalités et l'échange perdait de sa richesse. La routine peut mettre en péril le romantisme de la vie de nomade. Néanmoins, son départ précipité m'a surpris.

Aussitôt les traîneaux garés devant l'administration du village, Taras m'a rendu l'appareil photo que je lui avais confié et a exprimé le désir de retourner immédiatement à Varandeï. J'ai tenté de l'en dissuader, de la convaincre de profiter d'une nuit de repos, le temps pour moi d'organiser son trajet, mais Taras se sentait de trop dans ce nouvel univers. Tous ces gens qui m'entouraient, me congratulaient, l'ignoraient. Peut-être ce mépris avait-il à voir avec de la jalousie. À peine avait-il déchargé quelques sacs de son traîneau qu'il s'éclipsait.

À présent, le voilà sur la piste, sans tente ni vivres, avec une semaine de route en perspective et de terribles intempéries – vents et pluie – se déchaînant sur la région. Merci à toi, Taras le Nenets. Merci d'avoir partagé mon aventure. Cette expérience m'a démontré une fois de plus que le voyage en solitaire est très particulier, qu'il se déroule plus à l'intérieur de soi que sur le terrain proprement dit.

Pas question de s'éterniser à Karataïka. Jamais, depuis mon entrée en Russie, je n'ai expérimenté de tels déboires lors d'une escale. Une population sous l'emprise de l'alcool, et prête à tout pour s'en procurer, m'aura fait vivre trois jours de calvaire. Aussi, malgré le désordre qui règne dans mon attelage, je presse le pas en direction du Nord, un groupe d'hommes assoiffés à mes trousses. Dans la confusion du départ, un coup de dents a dû se perdre car Sharik a l'oreille ensanglantée. Pouchok le toise d'un œil condescendant. Côtoyer de tels hybrides est indigne de l'aristocrate de Varandeï.

Les vingt kilomètres jusqu'à Nijnaïa-Baza sont rapidement franchis. Kolia vient m'accueillir sur son vieux bouran. Les nouvelles de mes tourments m'ont devancé par radio. Lui et son compère font tout pour rendre la nuitée agréable. Un petit phoque est offert aux chiens et nous cuisinons des *kotletti* de poisson. La chair est hachée menue, mélangée à de la farine, de l'oignon, de l'ail, du sel, du poivre. Il ne reste plus qu'à faire frire les boulettes de farce ainsi obtenues. Karataïka n'est déjà plus qu'un mauvais souvenir.

La saison de pêche a été bonne. Vingt-cinq tonnes de navaga forment d'impressionnants monticules dans l'attente d'être expédiées à Vorkouta, par véhicule chenillé. Le redoux des derniers jours a, cependant, fait des dégâts. Une bonne partie du stock est, à présent, invendable. Kolia se souvient du temps où cet établissement accueillait une cinquantaine de pêcheurs et plus de deux cents chiens. Il y avait même un club avec cinéma pour se distraire. Ne restent plus de ce passé pré-perestroïka que quelques ruines. Comme partout dans le Nord, les villages ferment les uns après les autres. La carte indiquera « abandonné ». Pourtant on y découvre souvent quelques réfractaires ayant préféré rester vivre là où ils sont nés, malgré le défaut de structures sociales et administratives.

— Ton chien semble bien à l'aise ! s'exclame Kolia, en remarquant un grand énergumène assis sur le siège de sa motoneige.

— Mais ce n'est pas *mon* chien !

La factorerie du kolkhoze quittée, je constate que la silhouette sombre nous suit. Elle garde une route parallèle à la nôtre en tenant ses distances. Dans mon attelage, on se méfie de cette sournoise filature. Sokol, résolu à identifier le voyeur, tire de côté. Sharik, en bon clochard, devine, peut-être, un confrère. Des liens étroits et des rivalités ont dû se tisser autour des poubelles des bas quartiers de Karataïka. Bars aboie, plus par crainte que par défi. Pouchok, occupé à lécher son merveilleux pelage, se moque éperdument du visiteur. Peut-être veut-il intégrer la meute, après tout ? Qu'à cela ne tienne ! Je parviens sans grande difficulté à capturer le grand fauve, et l'attelle au traîneau. Dingo – c'est désormais son nom – se met à tirer sans rien réclamer de plus. Comme Sokol, un mois auparavant, Dingo a choisi de son plein gré de voguer au vent de mon aventure.

Le jour blanc fait disparaître tout contraste ; sous cette lumière blafarde, je trébuche à chaque pas. Le jour gris, quant à lui, alterne pluie, grésil, et neige, le tout assaisonné d'un bon vent glaçant. De l'un à l'autre, on couvre toute la gamme climatique du printemps arctique.

Isba Belkovo en vue ! Les chiens font de grands bonds en avant. Quel bonheur ! Je distingue un homme qui vient à notre rencontre. Il veut sûrement nous aider à gravir la pente. Je lui signifie ma joie par de grands gestes... pour m'apercevoir, quelques instants plus tard, qu'il s'agit d'un bâton planté dans la neige... Ai-je encore toute ma tête ?

Une isba sur sa route est un havre de confort, une petite revanche sur la nature hostile. Il est toujours excitant d'imaginer ce qu'on va trouver à l'intérieur. De la nourriture ? Des outils ? Quels autres indices d'une occupation antérieure ? Mais avant de pouvoir satisfaire sa curiosité, il faut procéder à un long rituel bien établi.

D'abord, trouver la porte du chalet. Rien n'est moins évident que de découvrir l'accès d'une demeure ensevelie sous la neige, compte tenu que vous effectuez vos recherches au niveau de son toit.

Dégager à la pelle le seuil de ce domicile d'une nuit demande quelques efforts. La tâche, toutefois, laisse l'esprit au repos et, après tout, il faut savoir mériter son confort.

Vous pénétrez dans l'antre mystérieux. C'est déjà une satisfaction : cela suppose que la porte du logis n'était ni irrémédiablement bloquée par le gel ni cadenassée – ce qui est la pire des frustrations. Une fois la cabane éclairée, le regard se porte sur le poêle. Est-il en bon état ? Fonctionne-t-il au bois, au charbon, au fioul ? Où sont donc les trappes du conduit ? Y a-t-il des réserves de combustible ? Ce premier examen ne supporte aucune négligence car il conditionne toutes les actions à venir. Si, avec l'expérience, il devient de plus en plus rapide, il reste cependant essentiel car chaque fourneau possède son caractère et ses lubies. Tous, cependant, ont un point commun : ils sont susceptibles et ne supportent que les caprices du maître des lieux. Inutile par conséquent de s'énerver, encore moins de frapper sous prétexte que votre adversaire tire mal ou qu'il fume. Il restera insensible aux coups. Il faut au contraire se montrer bienveillant, éprouver un grand respect pour le vénérable tas de ferraille et d'argile qui a opposé tant de force aux innombrables gelées de l'envahisseur.

Couper du bois, récolter le charbon, remplir la cuve de fioul ne sont que des préliminaires de routine avant la manipulation décisive : le chauffage. On ne démarre pas un feu comme on s'en va au front. Il faut encore beaucoup de délicatesse et de doigté car les brindilles ou copeaux que vous pouvez dénicher sont humides, le papier manque et vos mains sont depuis longtemps transies par le froid.

Le feu s'allume ! Ne vous réjouissez pas trop vite. L'enthousiasme est souvent de courte durée. Après avoir brillé d'une lueur fallacieuse, il est fréquent que le foyer avorte piteusement au moment même où vous vous apprêtiez à crier victoire. Prier ne sert à rien dans ce cas précis. Mieux vaut agir. Faire preuve de considération et de minutie. Déplacer un copeau par-ci, attiser une flammèche par-là – d'un souffle léger, bien sûr. Tous ces égards peuvent sauver votre feu du trépas.

Alléluia ! Cette fois, c'est parti ! C'est une belle prouesse. Mais la véritable volupté est encore prématurée. Il faut affronter l'épreuve du dégel. Insidieusement, celui-ci déclenche à l'intérieur du refuge une ondée inopinée. Vous aviez déjà enfilé votre pyjama ? Tant pis, vous voilà trempé. Selon l'efficacité du poêle et l'isolation de votre hutte, il peut se passer plusieurs heures avant que vous obteniez la chaleur tropicale dont vous rêvez depuis le début des hostilités.

La conquête est consommée. Il vous est permis de fêter votre victoire. Vous pouvez enfin savourer votre dîner le torse nu tandis que, suprême délice, sèche votre garde-robe suspendue aux multiples crochets fixés au-dessus de l'âtre.

Les chiens, attachés près de la maisonnette, font un raffut d'enfer. Croient-ils que je les ai abandonnés ? Pouchok, Sokol et Dingo ont rompu leur corde. Finalement, je me résous à installer tout mon monde dans le corridor. Profitant du confort ambiant, j'effectue sur l'équipement les modifications nécessaires à une meilleure accommodation des chiens au traîneau. Les veilles traînes s'effilochent, les cuirs détrempés se déchirent, les chaînes rouillées cèdent. Mousquetons, sangles, cordes synthétiques ne sont plus que souvenirs d'une époque lointaine.

Il fait nuit lorsque je m'éveille. Ma tête est lourde. En voulant me dresser sur mes jambes, je m'écroule sur le plancher de la cabane. Mes yeux, grands ouverts, ne distinguent qu'un épais brouillard. Rien d'autre. Un mauvais rêve ? Je manque d'air. Cette brume m'étouffe. Est-ce une hallucination ? Tout est cotonneux autour de moi et au-dedans de moi. Au seuil de l'inconscience, je rampe péniblement jusqu'à la porte. Une vague d'air glacial se déverse brutalement sur moi. Elle emplit mes poumons d'oxygène. Elle me mord en plein cœur, mais je respire. Le mauvais tirage du poêle est cause de ce début d'asphyxie. Pour un peu, j'y passais... Tant de mansuétude récompensée par un homicide volontaire. Merci le poêle ! Je finis ma nuit dans le vestibule en compagnie des chiens. Sharik se blottit contre moi. Sokol est affalé à mes pieds. Bars et Dingo forment à eux deux un bon traversin. Pouchok, resté à l'écart, observe le spectacle dépravant d'esclaves soumis à un maître.

Dresser mes cinq athlètes tout en dévorant du kilomètre n'est pas une sinécure. Bars tient le rôle glorieux de chien de tête. Je crois qu'il s'en passerait volontiers. Tracter est dans ses cordes, mais il ne faut pas lui en demander plus. Pouchok, son voisin, est en progrès. Il fait mine de dédaigner cette tâche déshonorante, mais je crois qu'il commence à y prendre goût. Dingo tire sans se soucier du reste. Il boitille ; je crains qu'il ait mis la patte dans une trappe à renard, dans le passé. Sharik est prompt à partir mais tout aussi prompt à s'essouffler. À chacun sa spécialité. Lui est plutôt fait pour le cent mètres que pour le marathon. Il possède cependant un excellent odorat qui lui permet de retrouver toutes ses forces dès qu'un quelconque gibier passe à portée de truffe. Toujours plein d'entrain, le laïka : Sokol lance œillades sur œillades à son maître adoré, pour s'assurer qu'il remarque son dévouement, mais il faut souvent calmer ses manifestations de joie, qui le font emmêler les traînes. Voilà donc mes quatre mousquetaires.

La tente est plantée au centre du détroit de Iougorsky. Derrière moi, la mer de Barents et l'Europe. Au-devant, la mer de Kara et l'Asie. À ma gauche, l'île Vaïgatch et, plus au nord, la Nouvelle-Zemble. Je vis un bivouac mémorable car j'entre en Sibérie après avoir couru trois mille trois cents kilomètres depuis le cap Nord.

J'imaginais la mer de Kara plus complaisante que sa voisine de Barents. Quelle erreur ! À peine ai-je foulé ses premières vagues de glaces que l'ouragan se déchaîne. La banquise se démantèle sous mes pas. Dans l'urgence, nous n'avons d'autre recours que d'escalader un escarpement rocheux sur la côte tandis que se joue une scène d'apocalypse en contrebas. La mer de glace démontée affronte les falaises érodées dans une lutte titanesque. Sous l'action des forces prodigieuses, des empilements s'entrechoquent, cognent la paroi, se désagrègent.

Nous errons sur le plateau à la recherche d'un abri. Une ruine d'isba n'est qu'un piètre pare-vent, mais nous nous en contenterons pour la nuit. Des traces suspectes m'incitent à garder quelques balles à portée de main. Les ours blancs arpentent en grand nombre la zone délimitée par le triangle formé par la Nouvelle-Zemble (Novaïa Zemlia), le Svalbard et la Terre du Nord (*Svernaïa Zemlia*). Les populations autochtones de Nouvelle-Zemble n'ont, elles, pas cette liberté. Elles ont été déplacées d'office et définitivement sur l'île Vaïgatch en 1955, pour laisser la place aux militaires d'un polygone de tir pour essais atmosphériques et souterrains. La Nouvelle-Zemble sert aujourd'hui de dépôt (officieux) de détritus nucléaires hautement radioactifs.

Nous poursuivons notre route par les terres. Une affreuse pustule déforme au loin la montagne. Il s'agit d'Amderma, qui était, il y a peu de temps encore, une ville d'importance stratégique. Après avoir dégringolé une pente, nous atterrissons sur le tarmac de l'aéroport. Quelques carcasses de Tupolev décorent les bords de la piste. C'est assez joli, mais pas très gai. Mais il n'y a pas que l'aéroport qui soit dans un état déplorable. Immeubles, navires, installations portuaires et militaires... tout est en ruine. Je suis tenté un moment de croire que le cataclysme dont je vois partout les traces a localement exterminé l'espèce humaine, mais ce serait sous-estimer sa faculté d'adaptation. Au cœur du délabrement général, surgissent deux enfants. Ils jouent à cache-cache entre les bras tordus et rouillés d'une immense pieuvre de métal qui fut, en son temps, une des plus nobles grues du port.

Amderma a vu sa population chuter des trois quarts, ces dernières années. Les salaires et avantages sociaux ne sont plus aussi déterminants qu'autrefois pour attirer les candidats à l'exil dans le Grand Nord. Les garnisons n'ont plus assez de crédits pour fonctionner. Les neuf cents habitants de la cité n'ont plus que deux options : partir, pour ceux qui en ont les moyens ; rester, pour ceux qui en ont encore le courage. Nous faisons heureusement partie de la première catégorie. Aussi nous ne nous attardons pas ici et continuons, sur les collines avoisinantes, notre visite du musée dédié à la guerre froide. Antennes désuètes et radômes anachroniques nous offrent une flânerie vraiment pitoresque.

Le piémont côtier, large d'une centaine de mètres, borde la mer ouverte de Kara. Les isbas enfouies sous la neige prouvent que la trappe au renard polaire a bel et bien été abandonnée. La vente des peaux ne rembourse même plus le déplacement. L'activité de pêche, qui reprend à la fin du mois de mai, devrait bientôt inciter les âmes courageuses à quitter le village pour faire autre chose que boire de la vodka frelatée. Malgré les contrôles, certaines bouteilles contiennent de véritables poisons. Deux habitants de Kara sont morts d'éthylisme, cette année.

Six heures durant, nous bataillons contre le vent qui nous cingle. Les queues sont basses. Un violent grésil voile l'imposante structure de bois d'un vieux phare haut perché. Pour nous protéger du vent, je guide le traîneau dans une espèce de défilé montagneux, installe le campement et emmène toute l'équipe en excursion sur le promontoire.

J'ai pris l'habitude d'effectuer une promenade en compagnie des chiens lorsque le temps le permet, en fin d'étape. Cette récréation leur permet de se défouler. Je les vois s'étirer, se rouler dans la neige pour relâcher leur corps courbaturé, jouer ensuite – et avec quelle fougue ! – malgré toutes les fatigues de la journée. C'est un réel plaisir de contempler leur célébration de la vie sauvage. En ces occasions, j'ai le sentiment qu'ils m'insufflent toute leur force.

Depuis le belvédère, la tente paraît minuscule. Elle permet de donner toute sa dimension au panorama. Le ciel a pris une couleur jaune pâle au-dessus de la banquise tandis que des masses de glace voguent sur la mer libre. Le décor mais aussi les énergies qui nous animent sont primitifs. Ma solitude est immense, mais je l'aime !

Ce matin, je trouve Pouchok soudé à son lit de neige, incapable de se lever. Comme il bouge peu durant son sommeil et que son pelage de grand chiot ne possède pas encore un sous-poil assez épais, sa chaleur corporelle est parvenue à faire fondre la neige – qui a regelé ensuite autour de lui. Malgré son regard réprobateur, je dois sortir le couteau pour l'extraire de sa gangue de glace.

Le soleil brille enfin, après une semaine de mauvais temps. Nous en profitons pour lézarder un peu afin de recharger nos batteries internes. Nous ressemblons à des touristes aoûtiens sur une plage méditerranéenne. Pouchok, les quatre pattes en l'air, recueille chaque parcelle de tiédeur solaire pour sécher sa fourrure de loup. Sharik, comme à son habitude, est vautré sur le ventre, les pattes postérieures allongées. Sokol profite de la permission pour explorer les environs. Dingo me colle aux talons. Étrange, la confiance que ce chien solitaire m'a spontanément vouée. Bars ronfle. Cette matinée de farniente a anéanti toute velléité d'effort. Au moment de repartir, nul ne consent à se faire harnacher. Pouchok, indigné, semble me dire :

— Travailler par ce temps ! Il n'en est pas question, maître. D'ailleurs, vous nous aviez promis une journée de vacances. Je ne bougerai pas d'un poil.

C'est faux, je n'avais rien promis du tout. C'est donc dans les bras de leur commandant que chaque petit soldat rejoint son poste.

J'ai arrêté le traîneau à deux pas de la mer. Se trouver ainsi sur la banquise avec les eaux libres à quelques centimètres de soi est saisissant. Bien en sécurité sur le parapet du piémont, j'observe la baie Baïdaratskaïa encombrée de « crêpes » formées par le gel fragmentaire de la mer. Face à moi, à cent kilomètres et invisible : la péninsule de Iamal. J'envisageais de la rejoindre par une traversée directe mais, sous la pression des vents, la banquise s'est disloquée et la débâcle est engagée. Que faire, à présent ? Peut-être trouverai-je une issue au fond de la baie.

Ils sont mignons mes chiens. Quand, en tête du convoi, je me retourne, je croise leurs regards fixés sur mes pas. Chacun fait mine de se concentrer sur son travail pour me montrer comme il a bien appris sa leçon. Je jurerais qu'ils me sourient. En tout cas, leur plaisir est évident.

Il neige à gros flocons. Tout est verglacé et trempé. Il fait – 1 °C. Je ferme les yeux pour fuir la morosité et me laisser bercer par le rythme de mes pas. Je rêve de ruisseaux qui coulent, de verdure, de ciel azur sans savoir que, très bientôt, mes désirs les plus fous seront exaucés – ce qui rendra notre avancée encore plus problématique. J'essaie d'imaginer l'endroit dans sa parure estivale. La plage serait de sable fin et la mer turquoise. Mouettes et goélands viendraient prouver que la vie existe ici aussi. Pour l'heure, je n'en ai pour trace que quelques troncs d'arbre jetés sur la grève, qui émergent de leur carcan neigeux pour me distraire. Et aussi... j'oubliais. Il y a les chiens ! Oui, la vie existe bel et bien autour de moi : ça ronfle, ça grogne, ça chante. Notre caravane avance en peignant la désolation ambiante d'une touche de gaieté impertinente.

Le calvaire vécu à Karataïka me fait appréhender mon escale à Kara – nous sommes en pleine fête nationale du 1er Mai. Mais cette fois, la population n'exprime aucune agressivité. Le banya auquel je suis convié est, sans conteste, le meilleur que j'ai pu expérimenter depuis Nickel, très loin sur la péninsule de Kola. Température de 150 °C pour bien transpirer, fût empli de glaçons pour bien grelotter. Absolument délicieux ! Volodia expose, très doctement, les meilleures techniques pour rendre le bain de vapeur efficace. La chaleur doit être bien dosée, l'humidité savamment dispersée par l'aspersion parcimonieuse d'eau sur les pierres brûlantes. Il est judicieux d'ajouter à celle-ci quelques gouttes de bière ou d'essence d'eucalyptus, selon son goût, pour aromatiser la fumigation. La durée du séjour dans l'étuve et le choix de l'instant favorable à la flagellation sont eux aussi déterminants pour la réussite de la cérémonie. Enfin, le *pre-banya*, vestiaire où l'on se relaxe entre chaque cuisson, se doit d'être chaleureux.

Volodia déplie dans ce salon étroit une table sur laquelle il dispose les meilleures spécialités de la région, dont le cisco arctique, qui, m'affirme-t-il, est le meilleur de toute la Russie. Ces zakouski doivent être, bien entendu, arrosés de vodka qui est aussi la spécialité du pays. Ayant débuté nos ablutions à vingt heures, nous y sommes encore à deux heures du matin et nous y serions encore au matin si une femme n'avait lancé de fulminants avertissements à l'encontre de Volodia, son époux. Celui-ci, embarrassé, s'empresse de replier la tablette, de remettre son caleçon, de ranger discrètement la dernière bouteille sous son blouson avant de s'en aller poursuivre la soirée en d'autres lieux plus secrets, accompagné de son ami Jenia, le milicien. Pour ma part, j'estime m'être assez bien lavé comme ça ; je peux me passer de quelques autres rincettes.

Les informations sur la suite de mon parcours sont peu encourageantes. J'apprends que les villages de Iary et de Iouribeï sont dorénavant abandonnés. Autrement dit, au sud de Kara, la baie est complètement déserte. Selon Boris, il devrait y avoir un dépôt servant de boutique aux nomades de Iamal, mais ses renseignements datent de l'année précédente. La seule véritable escale de ravitaillement sur ma route serait donc Novy-Port, à quatre cent cinquante kilomètres. Je ne réussirai pas à m'approvisionner ici pour assurer un mois d'autonomie. De plus je ne possède pas de carte de la région. J'hésite.

Le détour est énorme : près de mille kilomètres par rapport à la route directe que j'avais envisagée, vers la péninsule de Iamal. Il me fait retourner en Europe et rejoindre la ville de Vorkouta, avec la contrainte de devoir traverser l'Oural durant la fonte printanière. C'est pourtant le seul choix qui paraisse raisonnable.

Je pressentais une rude journée. Elle l'a été au-delà de toutes mes prévisions. À force d'encouragements mutuels, nous parvenons les chiens et moi à nous hisser sur le haut plateau. Le soleil est déjà haut et chauffe comme jamais auparavant, cet hiver. La toundra fond. La rivière Kara coule au bas d'un canyon impressionnant. Des oies passent dans le ciel. Je ressens comme un choc. Dans mes narines, explose l'odeur du printemps. La transition est tellement brutale que je ne réalise pas tout de suite le pourquoi de ce changement inattendu. Les chiens reniflent la terre dégelée, grignotent quelques brins d'herbe jaunie, s'abreuvent d'eau liquide. Eux aussi sont surpris de cette subite métamorphose. Je ne parvenais pas à croire à la prédiction d'un Nenets, à Kara. Et pourtant...

— Tu pars à Vorkouta ? m'avait-il dit. Ton voyage sera dangereux. Les rivières vont s'ouvrir dans quelques jours !

Il m'avait été difficile de prendre au sérieux cette mise en garde compte tenu des – 10 °C affichés au thermomètre ce jour-là. Je suis à présent face à la dure réalité ; il faut prendre une décision : poursuivre ou faire demi-tour ? Je n'imagine pas qu'il soit possible de parcourir deux cents kilomètres en traîneau dans de telles conditions. Pourtant je choisis d'aller de l'avant. L'idée d'abandonner une partie qui n'est pas encore perdue me rebute. Nous descendons donc le ravin jusqu'à la rivière. Le traîneau passe alternativement dans la boue, la neige, la flotte. Il paraît soudain tellement lourd !

Je repère un pont de glace moins inondé que les autres et nous nous y engageons. Par chance nous parvenons sains et sauf sur l'autre rive. Il faut remonter sur le plateau, mais je ne peux plus bouger. Je suis enlisé dans une neige fondante jusqu'à la taille. Les chiens paraissent inquiets de me voir ainsi disparaître à moitié sur le chemin. Retourné au traîneau, j'analyse la situation avec pragmatisme. J'ai soudain une idée. Deux sacs feront office de radeaux – ou de bouées, comme on voudra. Le principe est simple. Je me tiens sur le premier sac, tasse la neige devant moi avec le second avant d'y prendre appui et de recommencer la manœuvre. Cette technique de reptation pourrait rappeler celle inventée par les phoques pour se déplacer sur la glace au printemps. Elle se révèle efficace : j'atteins la terre promise sans plus de problème. Les chiens n'ont plus qu'à me rejoindre en suivant le profond sillon ainsi tracé dans la neige humide.

Ce jour-là, j'ai pensé abandonner dix fois. Pourtant, je continue : les chiens et moi escaladons les massifs les uns après les autres, en une course folle contre le printemps.

À la pause de midi, je gâte mes compagnons de bonbons au glucose que je transporte depuis la France. Tous, sauf Bars, ont l'air d'apprécier. Sokol, frétillant, ne sait plus comment me remercier. À défaut de pouvoir m'administrer ses coups de langue sur le visage, il lèche son voisin Sharik, qui retrousse les babines de dégoût.

Le soir, j'installe le bivouac sur la toundra déneigée. Ma routine est perturbée. Comment stabiliser la tente ? Comment boire ? Par automatisme, je saisis la pelle. De la neige, il me faut de la neige !

Le réveil a-t-il sonné ? Je n'ai pas eu le courage de me lever tant je me sentais vidé. Je lâche les chiens, déjeune, effectue quelques tâches indispensables et me recouche. Dans l'après-midi, Bars et Dingo s'en reviennent d'une longue escapade, ensanglantés l'un et l'autre. Ils ont l'air comblés. Je ne parviens pas à deviner lequel des deux a remporté le combat. Sokol est aussi guilleret car il a trouvé un lièvre mort qu'il arbore crânement devant ses acolytes sidérés. Pouchok fulmine intérieurement devant ce tour d'honneur. La viande étant avariée, il est décidé à deux voix contre quatre que le lièvre ira à Dingo, doté de l'estomac le moins fragile. Qui a dit que la démocratie devait régner au sein d'une meute ?

Las de sa trop longue relâche de nuit polaire, le soleil folâtre au-dessus de l'horizon jusque très tard. Il fait encore clair lorsque nous poursuivons, à minuit, notre marche forcée. Le vent souffle, mais ne parvient plus à pulvériser la neige, qui a perdu de sa légèreté. Éole, dépossédé de son chasse-neige, a perdu en même temps de sa perversité. Lui succède l'humidité. Sous peu, je suis trempé et glacé. Pouchok mène le rythme de l'étape. Il tracte sans effort apparent. Ce petit promet !

Après sept heures de marche, nous trouvons une trace fraîche de traîneau à rennes. Les chiens, ayant commencé à mollir, retrouvent aussitôt leur vigueur et s'autorisent un sprint jusqu'à la tchoum. Un Nenets, vêtu d'une vieille pelisse élimée, en sort. L'autre tchoum n'est pas montée. Les peaux sont simplement posées au sol. Au-dessous dorment les enfants. On discute. Et on discute encore... L'homme cherche visiblement à me retenir sur place et s'épuise à évoquer de nouvelles banalités ; c'est qu'il ne veut pas me recevoir dans sa tente avant que son épouse ait préparé le poêle et chauffé le thé. Je vois la malheureuse femme échevelée sortir précipitamment de la tente et s'activer pour collecter du petit bois. Arrivé à une heure indue, j'ai réveillé toute la compagnie qui, de toute évidence, campait là juste pour la nuit. Comme je commence à avoir froid, je décide de poursuivre ma route. Personne ne me retient.

— Allez les chiens !

Les chiens n'ont pas réagi. Ils ne font qu'échanger des regards interrogateurs qui en disent long sur leur réprobation.

— Que dit-il ? Ne s'installe-t-on pas ici ? L'endroit est pourtant idéal ! lâche Sharik.

— Et la viande de renne ne doit pas manquer..., reprend Pouchok.

Frustrée, et déterminée à me le faire savoir, la bande ne consent à tirer qu'en service minimum. Nous n'en sommes pas au stade de la grève sur le tas, mais ce mouvement social me donne toutefois mauvaise conscience. Par deux fois Sokol se laisse choir sur la piste. Ses yeux angéliques m'expliquent qu'après neuf heures de route il a bien mérité un repos. Je marche auprès de lui pour l'encourager, en lui promettant qu'aussitôt trouvé un espace sec, nous installerons notre bivouac. En ce petit matin brumeux, je suis fier de mes chiens.

Mon rythme de marche est désormais inversé. Il est vingt-trois heures lorsque je plie le camp. Nous sommes le 11 mai. Il neige et il vente. Dans d'autres pays, les jupes des filles se retroussent et les jardins fleurissent. Les chiens n'ont pas l'air d'y voir là une injustice ni un quelconque motif à déprime. Et de le constater me réconforte. Tout en rangeant mon paquetage sur le traîneau, je surveille le manège des chiens. Bars ne consent à jouer qu'avec son petit frère Pouchok. Le dieu de la planète canine serine, à loisir, ses manœuvres d'intimidation envers Sokol qui admet pourtant de plein gré sa suprématie. Lui-même s'enhardit à dominer Sharik, qui lui offre son ventre, plein de soumission. Le pauvre se laisse mordiller, tirailler, supplicier par les crocs acérés de Sokol jusqu'à ce qu'il n'en puisse plus ; alors, excédé, il envoie son tortionnaire bouler violemment. Et Sokol de chercher refuge auprès de son maître chéri... il sait que j'interviendrai en sa faveur. Sokol est mon chouchou, je peux bien l'avouer.

Dingo est exempté de traîneau sur certificat médical. Malgré cela, il est parfait sur la piste. Claudiquant en avant, il maintient constante la distance qui nous sépare. Ni trop loin, pour ne pas nous semer, ni trop près, pour ne pas nous gêner. Lorsque nous nous arrêtons, il garde son poste en tête de ligne, à deux cents mètres. Drôle de chien !

Les terrils de la grande mine apparaissent. Nous atteignons la ville charbonnière de Khalmer-Iou. Du moins ce qu'il en reste. « Inhabité », indique la carte. Et pour cause. Ce ne sont que des ruines.

La toundra devient plaine à charbon encombrée d'ossatures métalliques. Soudain, le traîneau s'arrête net. Les chiens n'y sont pour rien. Je scrute avec anxiété le dessous de la pulka et découvre l'horreur. Le traîneau s'est empalé sur une tige de fer. Le fond est crevé. Des gouttes de sang perlent sur la neige grise. Il saigne. C'est atroce ! Dingo, ayant flairé la bonne affaire, se rapproche. Le phoque congelé que nous transportions depuis Kara a fondu. Il fait 0 °C.

Cette fois, je pressens la fin de notre randonnée en traîneau. Nous marchons encore un kilomètre dans le champ de bataille puis installons le camp. Passent trois hommes ayant pris la teinte du décor. Le premier tire derrière lui une espèce de poussette rouillée. Ils me font penser à des vautours s'en allant glaner quelque pitance sur un charnier. Je ne les intéresse pas. Je dois les héler pour qu'ils daignent s'apercevoir de ma présence ; ils m'assurent que le pont de chemin de fer tient encore. Étranges individus. Ils repassent dans l'après-midi devant mon bivouac, toujours en tirant la poussette...

Nous sommes vendredi, jour du passage de la chenillette reliant Kara à Vorkouta. Ce devrait être sa dernière navette de la saison. Ces engins, dérivés des véhicules de l'armée, pèsent la bagatelle d'une dizaine de tonnes, consomment soixante litres de gazole à l'heure et transportent deux à trois tonnes de marchandises. Espérons qu'elle n'a eu aucun ennui sur la piste. Je présume qu'elle pourra se charger du transport de mon traîneau et de l'équipement inutile jusqu'à Vorkouta. Je compte en effet effectuer les quatre-vingt-cinq kilomètres restants à pied, en compagnie des chiens. Je ne m'encombrerai ni de tente ni de sac de couchage. Je me sens suffisamment aguerri, à présent. Et puis je dispose de cinq chaudes boules de poils qui peuvent, si nécessaire, me servir d'oreiller et de couverture.

À peine me suis-je assoupi que je capte un bruit de moteur éloigné. Le monstre approche à vive allure. Sa puissance est telle qu'il semble décidé à tout détruire sur son passage. Pour être sûr de me faire repérer, je lui barre la route en écartant les bras en croix. L'hippopotame d'acier grince de toute sa masse, fait quelques embardées avant de stopper à mes pieds en faisant vibrer sa carcasse. Le moteur hoquette encore plusieurs fois avant de caler. La trappe du toit se relève et un individu casqué émerge de la cabine. Je le reconnais. C'est Volodia, instigateur du mémorable banya de Kara. J'apprends que, lors de la traversée de la rivière, la chenillette a été submergée par les eaux. Le vaisseau, supposé amphibie, n'est plus étanche depuis longtemps. Aussi chacun profite de la pause pour vider ses bottes et se remplir le gosier. La consommation de spirit à bord est effrayante. On ne compte plus en bouteilles, mais en jerrycans de cinq litres. En fait, ce genre d'excursion ne se limite pas au transport de marchandises. Il y a la chasse, les réparations, les rencontres... Vous devez admettre que tous ces imprévus donnent soif.

Tout est en ordre. Nous voilà allégés d'un fardeau. Je ne conserve qu'un sac à dos chargé de quelques vivres de course, de cartouches et de mon fusil. Les chiens sont à la fête. Je suis heureux de leur offrir une belle promenade.

Je marche le jour. Je marche la nuit. Je ne m'arrête que pour grignoter un morceau ou somnoler et je repars dès que le froid me prend. Pouchok et Sokol mènent, en général, loin devant. Ils poursuivent, en vain, les lagopèdes ou creusent la toundra pour déloger quelque lemming. À cette compétition, c'est toujours Sokol le vainqueur, suivi de près par Pouchok qui tente de lui chaparder son butin. Sharik, plus philosophe, marche sereinement derrière nous, en queue de cortège, sans se presser. Quand on est maigre comme un clou, on ne se permet pas de perdre ses forces inutilement.

Les chiens ont senti la ville de loin. Nés et élevés dans la toundra, c'est la première fois qu'ils approchent une aussi grande agglomération. Je commence à me sentir mal à l'aise, moi aussi. La fumée des usines à l'horizon, la ferraille, les tessons de bouteilles... toutes ces manifestations nouvelles entachent de marques impures notre environnement. Les chiens, intrigués par le changement, scrutent le paysage malsain en tendant l'oreille au bruit de fond de la cité. Chacun réagit à sa manière. Sokol devient nerveux. Sharik ne cesse de bâiller. Je m'assois pour profiter des derniers instants de nature et de calme avant le tumulte de la civilisation.

Nous nous trouvons sur le boulevard périphérique. À la vue de tous ces véhicules, les chiens sont terrifiés, et cherchent refuge entre mes jambes. Les automobilistes nous regardent, également ahuris. Je dois avoir l'air d'un singulier clochard, avec ma longue barbe, mes vêtements graisseux, mes cinq bêtes fourbues et mon fusil sur l'épaule.

Face à mes gestes insistants, un véhicule s'arrête enfin. Le conducteur n'ose sortir de sa fourgonnette.

— La mairie, s'il vous plaît ?

— Avec les chiens ?

Il lorgne alternativement le vagabond, sa meute, son fusil avant de conclure courageusement :

— Bon ! Allez, montez !

— Euh !... Combien ?

— Rien du tout. Dépêchez-vous !

Sharik est déjà installé sur la banquette arrière, à la meilleure place. Pouchok a, pour une fois, perdu de sa verve. Il se tapit sous un siège.

Nonobstant mon apparence peu civile et l'odeur insistante de phoque répandue autour de moi, le maire de la ville, Igor Leonidevitch, a accepté de me recevoir. Le notable a trouvé une cour d'usine pour héberger mes chiens et m'a proposé de passer quelques jours chez Nikolaï, le chef de l'administration de Vorgachor, une bourgade voisine.

Cité charbonnière, Vorkouta était l'un des plus célèbres goulags de la Russie stalinienne. Son statut est aujourd'hui plus enviable. Pas de chômage, des salaires relativement élevés et, malgré sa position géographique, une bonne qualité de vie. La ville possède nombre de théâtres et d'installations sportives. Un train la relie directement à Moscou et même à Sotchi, station balnéaire des rivages de la mer Noire.

Le pauvre Dingo, souffrant d'une patte, termine ici son aventure. Je le laisse aux bons soins de Nikolaï qui se propose de lui offrir une bonne retraite. Il ne nous reste plus que quelques semaines pour achever notre marathon vers la Sibérie.

11

Quatre chiens bâtés à travers l'Oural

Jour 282 : 19 mai 2001.
Vorkouta ; km 3 750.
Position : 67° 23′ N 63° 37′ E

Gare de Moulda. Rails d'acier. Tristesse. Nikolaï me presse dans ses bras, ne sachant que dire. Son gros ventre m'empêche de lui donner l'accolade. Ce brave homme m'aura offert une véritable famille lors de cette semaine passée à Vorgachor. Ma gorge se serre. Seuls les chiens, curieux de nouvelles aventures, semblent satisfaits de rompre leur ennui.

Bars se méfie toutefois de la nouvelle lubie de son maître. Ses gros yeux toisent la paire de sacoches que je sangle sur son dos. Quelle idée de le vêtir de la sorte ! Ce bât va forcément le déséquilibrer ou gêner ses mouvements... Il y a, à l'intérieur, quatre kilos de croquettes – de quoi, prétend l'homme, l'alimenter pendant une semaine. N'importe quoi. C'est le goulag qui continue...

Les bourrasques de neige glacent mes amis, qui se réfugient dans leurs voitures. Les chiens vacillent sous leur fardeau. Ils n'ont pas encore la notion de leur nouvelle corpulence et se télescopent. Fusil sur l'épaule et sac de quarante kilos sur le dos, je jette un dernier regard en arrière, esquisse un bref signe de la main, puis m'éloigne.

Tout est gris et sale autour de moi. La neige, qui tombe pourtant de plus en plus dru, ne parvient pas à recouvrir le cambouis. Je me sens désemparé, après tant de gentillesse. Ce nœud à l'estomac me fait prendre conscience de ma solitude. Qu'est-ce donc que ce purgatoire ? Quelles fautes ai-je donc à expier ? Pourquoi toujours quitter ceux qu'on aime ? Rester ? Ma conscience s'y oppose. Elle me rappelle à une tâche fixée par je ne sais quelle puissance intérieure. Mon esprit y voit une trahison. Mon corps réclame sa drogue sportive. Tout mon être est programmé sur un seul objectif : courir vers l'est.

Je baisse la tête pour oublier les pensées qui m'accablent, fuir ma lucidité. Au fil de mon chemin dans les grandes étendues glacées, je me suis construit un monde très particulier. Les règles en sont simples : marcher et survivre. Je suis désormais détaché de tous ces liens qui donnent à un individu son identité sociale. Je suis un Gitan du Grand Nord. Mon gouvernement ? La nature. Mon adresse ? La toundra. Mon métier ? Comment le définir... S'agit-il au moins d'un métier ? Ah oui, explorateur polaire. Marié ? La belle s'appelle Arktika. Des enfants ? Quatre chiens sibériens. Des amis ? Tout un tas, mais le plus souvent d'un jour.

Le dernier aiguillage de la petite gare franchi, nous sommes sur la route, sur la voie... de chemin de fer, celle qui traverse l'Oural de part en part, sur deux cents kilomètres, jusqu'au bassin de l'Ob. Nous n'avons pas d'autre solution que de la suivre pour progresser plus avant et atteindre la petite ville de Labitnangy. En cette fin de mois de mai, la fonte printanière est bien trop engagée pour marcher dans la toundra, devenue un immense cloaque.

Bars prend la tête du convoi en se dandinant. L'espacement des traverses semble mieux convenir à son pas qu'au mien – trop court pour deux étais, trop long pour trois. Après six mois de marche dans la neige, les skis aux pieds, je souffre énormément des chevilles et des mollets. Le sol est devenu subitement trop dur. La cadence inadaptée et les cailloux qui roulent sous les pieds rendent la marche vite fatigante.

À la pause de midi, je débâte les chiens qui se frictionnent le dos sur le lichen et jouent comme de jeunes chiots. Pouchok recherche quelques molles congères pour son habituel bain de neige. Malgré son long pelage, il ne dédaigne pas non plus la baignade. Sharik a deux taches sur le haut de son crâne blanc. L'une est rose, empreinte d'une airelle des marais[1] de l'automne

1. *Vaccinium uliginosum.*

passé, l'autre est rouge, marque d'un récent coup de canines de Sokol.

Je préférerais marcher parallèlement à la voie, mais toujours une neige trop molle ou une mare trop profonde nous en empêche. À chaque courbe, je crains le pire : tomber nez à nez avec une locomotive. Je n'ai trouvé aucun réconfort dans les avertissements affichés à la gare de Moulda : « Interdiction formelle de marcher sur la voie ». Comme il n'y était pas question de règles de priorité, je me les suis faites sur mesure : dès que j'entends approcher un train, je dévale le ballast. Pris de panique les premières fois, les chiens sont maintenant accoutumés à cette débauche de bruit. Ils regardent passer les terribles convois ferroviaires, sagement assis à mes pieds – hormis Bars qui se tapit dans les fourrés en priant pour que le ciel ne lui tombe pas sur la tête.

Aux abords de la station Khanaveï, tout est huileux et graisseux. Un type m'ayant vu à la télévision sollicite un autographe.

— C'est toi le Voyageur français ?

— C'est moi. Y a-t-il un magasin par ici ?

— Depuis que l'épicière est morte d'une cirrhose, la boutique a fermé ses portes. Nous n'avons plus qu'un comptoir ambulant, sur la voie, deux fois par semaine.

J'attends que Bars ait fini de courser un de ses chiens et nous reprenons la voie, interminable succession de traverses. Nous longeons la rivière Vorkouta, et chaque jour le printemps se fait plus présent. C'est un papillon affairé, un bourgeon qui s'épanouit, le premier moustique sorti de sa torpeur, un ruisseau qui murmure dans le vallon... autant de manifestations qui m'émeuvent au-delà de toute mesure. Il faut avoir vécu huit mois entiers dans le gel pour comprendre la joie que procure la vision d'une petite fleur courageuse perçant la croûte neigeuse.

Les chiens, comme moi, sont sensibles au changement de saison. Nous avons + 5 °C, aujourd'hui ; une canicule que nous ne soupçonnions même plus. Pouchok, qui a voulu se rouler dans la neige pour se rafraîchir, reste prisonnier de la loi de la gravité. Son bât le retient sur le dos un peu comme le ferait la carapace d'une tortue. Les quatre pattes en l'air, il attend, confiant, l'aide du grand bipède qui a tout de même quelques avantages.

Je les aime, mes chiens. Et ils me le rendent bien. Toute la journée, il y a compétition pour obtenir la place au plus près du maître. À ce sport, c'est Sharik le plus tenace ; rien ne le distrait, pas même les crottes, papier hygiénique et autres savoureuses serviettes périodiques largués des toilettes d'un wagon. Sokol et Pouchok sont les éboueurs du rail. La Société des chemins de fer russes saura-t-elle qu'elle doit l'entretien de sa voie à mes deux chiens consciencieux ?

J'aborde toujours les ponts avec une certaine appréhension. Il y a bien parfois, aménagée sur le rebord, une coursive piétonnière constituée de planches instables ou de grilles rouillées, mais comment lui faire confiance ? Ce corridor suspendu au-dessus du vide est-il prévu pour supporter le poids d'un individu de plus de cent kilos – sac inclus ?

Pour notre première traversée, je choisis le couloir. Bars et Sharik optent pour le passage central. Nous enjambons, une à une, les traverses dont les espaces laissent entrevoir la rage du torrent, vingt mètres en contrebas. J'en ai le vertige. Concentré sur mes pas, je parviens de l'autre côté. Bars et Sharik arrivent eux aussi à bon port. Quant à Sokol et Pouchok, ils n'ont pas osé tenter l'aventure. Pouchok s'énerve. Il cherche un autre passage, sur un ancien pont parallèle à celui-ci. J'appelle Sokol. Il hésite puis se lance à petits pas rapides en dodelinant de l'arrière-train. Sa langue pendante trahit son angoisse – qu'il surmonte avec dignité pour l'amour de son maître. Pouchok, qui se croyait plus malin que les autres, n'a rien trouvé du côté de la ruine. Il s'engage à son tour. Je les encourage tous deux de la voix, puis félicite le premier concurrent. Sokol, heureux et fier d'avoir surmonté sa peur, fête sa victoire avec qui veut bien la partager. Pouchok, mauvais perdant, est affreusement vexé. Aussitôt arrivé, il se rue sur son adversaire. Malgré tous les efforts que déploie Sokol pour se faire aimer de ses compagnons, Pouchok ne peut le supporter. Depuis les premiers jours de Varandeï, il y a de cela trois mois, il n'a qu'un ennemi en tête, et qu'une seule distraction : dominer le pauvre Sokol.

Dans la soirée, se profilent dans le ciel les crêtes de l'Oural polaire. Sous leur manteau neigeux et dans le flou du voile crépusculaire, on croirait une aquarelle. Au fur et à mesure que l'on s'en rapproche, les montagnes paraissent moins imposantes. D'ailleurs la plupart des sommets ne dépassent pas les deux mille mètres.

Aujourd'hui, nous relions les stations Tchoum et Polarny Oural. La voie sert d'égout à ciel ouvert aux toilettes pour dames. À croire que toutes les passagères ont leurs règles entre les deux gares. Pouchok et Sokol ne voient là que motif à se réjouir – ils ne laissent rien traîner derrière eux.

Un train s'annonce au loin d'un long sifflement. Pas si loin que cela... Une longue courbe nous le dissimulait. Comme d'habitude je descends le ballast caillouteux en appelant les chiens mais, une fois en bas, je constate que seul Sharik m'a suivi. Les trois autres énergumènes me regardent depuis le rail, l'air imbécile. À quoi bon ? semblent-ils me demander. Le train se rapproche, très vite. Cette fois, je hurle.

— Ici, les chiens !

Aucun n'obéit. Ils s'assoient même tranquillement sur la voie. Je suis médusé. Le chauffeur du train nous a vus. Il fait retentir quelques coups de sirène stridente. Bars, d'ordinaire si froussard, ne bronche pas. Pouchok est comme hypnotisé par cette débauche spectaculaire de violence.

Le bruit de la locomotive couvre à présent mes appels. La catastrophe semble inéluctable. Je crois vivre un cauchemar. Le train freine. Ses roues crissent sur les rails. Il va broyer mes trois compagnons. Enfin, à l'ultime instant, Bars fait un bond de côté, imité par Pouchok, qui approuve toujours le grand frère. Seul Sokol a le mauvais réflexe : il détale sur la voie, le train à ses trousses. Il va être déchiqueté, c'est certain. Je ferme les yeux pour ne pas être témoin de l'horrible drame. Lorsque je les rouvre, je vois Sokol en plein vol : il réalise un record de plongeon dans la neige catégorie « chien bâté ». Il est sauf ! Le conducteur du train penche la tête par la fenêtre pour se rendre compte des dégâts – il est manifestement persuadé d'avoir pulvérisé la petite bête. Je lui fais signe de repartir et m'assois sur le talus, les jambes coupées par l'émotion.

Je suis soulagé mais aussi furieux, excepté envers Sharik qui n'en revient pas de tant d'égards. Que s'est-il donc passé ? Ces trois benêts auraient-ils confondu les ordres « Assis ! » et « Ici ! » ? Je me demande, un moment, s'il est raisonnable de poursuivre sur la voie. Cette randonnée risque de s'achever tragiquement. Le jeu en vaut-il la chandelle ? En attendant une meilleure idée, je décide d'utiliser dorénavant le commandement russe « *Sâdiit !* » pour les faire asseoir. Sait-on jamais...

Mes épaules sont sciées. Je n'en peux plus de la caillasse. Au cours d'une pause, je m'endors sur le lichen, dans le vent et sous la pluie. Cette petite sieste me remet d'aplomb et nous poursuivons jusque tard dans la soirée. De chaque côté de la voie, ce ne sont que mares et étangs. Une perdrix est posée sur le rail. En un instant, je l'ai dans ma visée. Le coup est parti. Les plumes ont volé. Hourrah ! Sharik me rapporte le petit volatile blanc. Les chiens s'en lèchent déjà les babines. Sokol dérobe au passage quelques plumes. Une perdrix pour quatre chiens, c'est bien peu de chose. J'en ferai donc mon dîner.

Quatre paires d'yeux me dévisagent pendant que le ragoût mijote sur un feu de bois. Ingrat ! Avare ! Explorateur égoïste ! Exploiteur capitaliste ! Je ne lis qu'amertume dans leurs regards. Plaider coupable ne suffit pas ; le remords, finalement, m'empêche de bien digérer mon souper.

Un troupeau de rennes déambule en faisant tinter ses clochettes sur fond de montagnes poudrées de neige. Quel panorama ! Et quel contraste avec l'histoire tragique de cette ligne de chemin de fer. Elle a été construite dans les années 1940 par les détenus du goulag dont nous traversons les ruines en ce moment. Le froid, les privations, les moustiques, en d'autres termes le viol physique et mental, provoquaient une hécatombe parmi les prisonniers – dont les ossements, dit la rumeur, étaient utilisés comme remblai. Ceux qui ne mouraient pas, les bagnards de l'enfer, pleuraient jusqu'à ce que leurs larmes se tarissent, jusqu'à oublier leur propre identité. Ils devenaient alors *zek*, des mutants, citoyens de l'archipel de la mort. Des dizaines de millions d'individus ont ainsi été déportés sous Staline pour exploiter les énormes ressources du Grand Nord. C'est grâce à cette main-d'œuvre gratuite que l'Union soviétique s'est alors hissée au premier rang économique mondial. La rançon de cette réussite a été l'une des plus meurtrières dictatures de l'Histoire.

Il pleut des cordes lorsque je retrouve enfin l'Asie, que j'avais quittée pour contourner la baie Baïdaratskaïa. Une borne indique la frontière entre les deux continents. Nous sommes à Polarny Oural. Le col, qui marque la ligne de partage des eaux, débouche sur le bassin de l'Ob. Nous entrons en Sibérie pour près de huit mille kilomètres.

— Combien coûte ton chien ?
— Sharik ?
— Non, non. Celui-là ne vaut rien. Je veux parler du loup.
— Pouchok ? Combien m'en proposez-vous ?
— Mille.
— Mille dollars ? Jamais !
— Je te parle en roubles. *Khouyo !...*
— Espèce de roublard !

Mes chiens font la vedette, à « Kilomètre 110 », bourgade ainsi nommée puisqu'elle n'existe plus administrativement. La cote de Sharik reste injustement très basse. Quand parviendra-t-il à se défaire de son allure de clochard ? En revanche, Pouchok récolte tous les suffrages. Cet honneur lui vaut le premier brossage de sa carrière de star, long toilettage dont il ressort méconnaissable.

Nous sommes à notre douzième jour de marche sur la voie et il n'y a plus que des éclopés à bord. Sokol a l'épaule à vif suite au frottement de son bât. Bars s'est mis à boiter. Sharik a une coupure à un coussinet plantaire. Pour ma part, mes articulations sont celles d'un vieillard. Il n'y a guère que Pouchok qui semble encore gaillard.

Les taillis deviennent plus denses au fur et à mesure que nous nous approchons du grand fleuve. Pour notre dernier bivouac avant la ville de Labitnangy, j'aimerais nous offrir un joli décor. Nous trouvons, en soirée, un petit lac encerclé de pins. Au centre du plan d'eau, émerge un îlot de végétation dominé par un grand mélèze. Pour les chiens, c'est une découverte : le lac, le bois, les oiseaux... Se doutent-ils de ce qui nous attend demain ? Je les observe, plein de tristesse. Arriverai-je à m'en séparer ne serait-ce qu'un été ?

Nous partageons quelques savoureux morceaux de viande de renne fumée, puis nous nous accordons une sieste réparatrice. La brise est fraîche, mais le matelas de mousse confortable. Pouchok paraît observer le paysage mais ses yeux sont en fait perdus dans le vague. À quoi pense-t-il ? Comme moi, il doit s'imprégner de cette force invisible émanant de la nature. Ses camarades dorment déjà, allongés de tout leur long sur le tapis végétal. Le bruit d'un plongeon dans les eaux brunâtres nous fait tressaillir. Sans doute une loutre. Un jeune harfang curieux vient raser la cime des sapins. La soirée est si paisible que je tarde à me coucher.

Ma deuxième étape s'est achevée à Labitnangy. Je voyage depuis un an. Un an déjà. Je suis au bord de l'Ob, ému par sa puissance. Je viens de boucler la traversée de l'Arctique européen après avoir parcouru quatre mille kilomètres depuis le cap Nord. Le tiers de mon parcours total est donc accompli.

L'hiver a été long. Ces douze premiers mois, servis en hors-d'œuvre, ont été extrêmement riches en événements. Il y a eu le kayak, les skis, les rennes, les chiens ; des expériences très différentes qui m'ont permis d'acquérir une compétence polyvalente, bien qu'encore imparfaite. Ce préambule que je pourrais qualifier d'apprentissage a été un succès. Les difficultés rencontrées n'ont entamé ni mon moral ni ma détermination – celle de poursuivre ma route jusqu'au détroit de Béring. En raison du long détour occasionné par la débâcle de la mer de Kara, je n'ai pu rejoindre le fleuve Ienisseï, comme je l'avais prévu initialement, mais je suis désormais persuadé que j'atteindrai mon but. Il me faudra encore des années avant de pouvoir humer le parfum iodé des glaces mouvantes de la mer de Béring, mais je suis confiant en mes capacités. Rien ne pourra plus m'arrêter.

Je dois cependant rester vigilant dans mon organisation. Anticiper, mesurer, interpréter les risques au préalable, c'est souvent les éviter. Le facteur chance ne doit pas être pris en compte sous peine de commettre des négligences qui peuvent se révéler irréparables. L'Arctique se charge, tôt ou tard, de vous faire savoir ce que vous valez réellement.

DEUXIÈME ANNÉE
PLUS DUR QUE L'AVENTURE

De Labitnangy à Oust-Olienok, 3 323 km

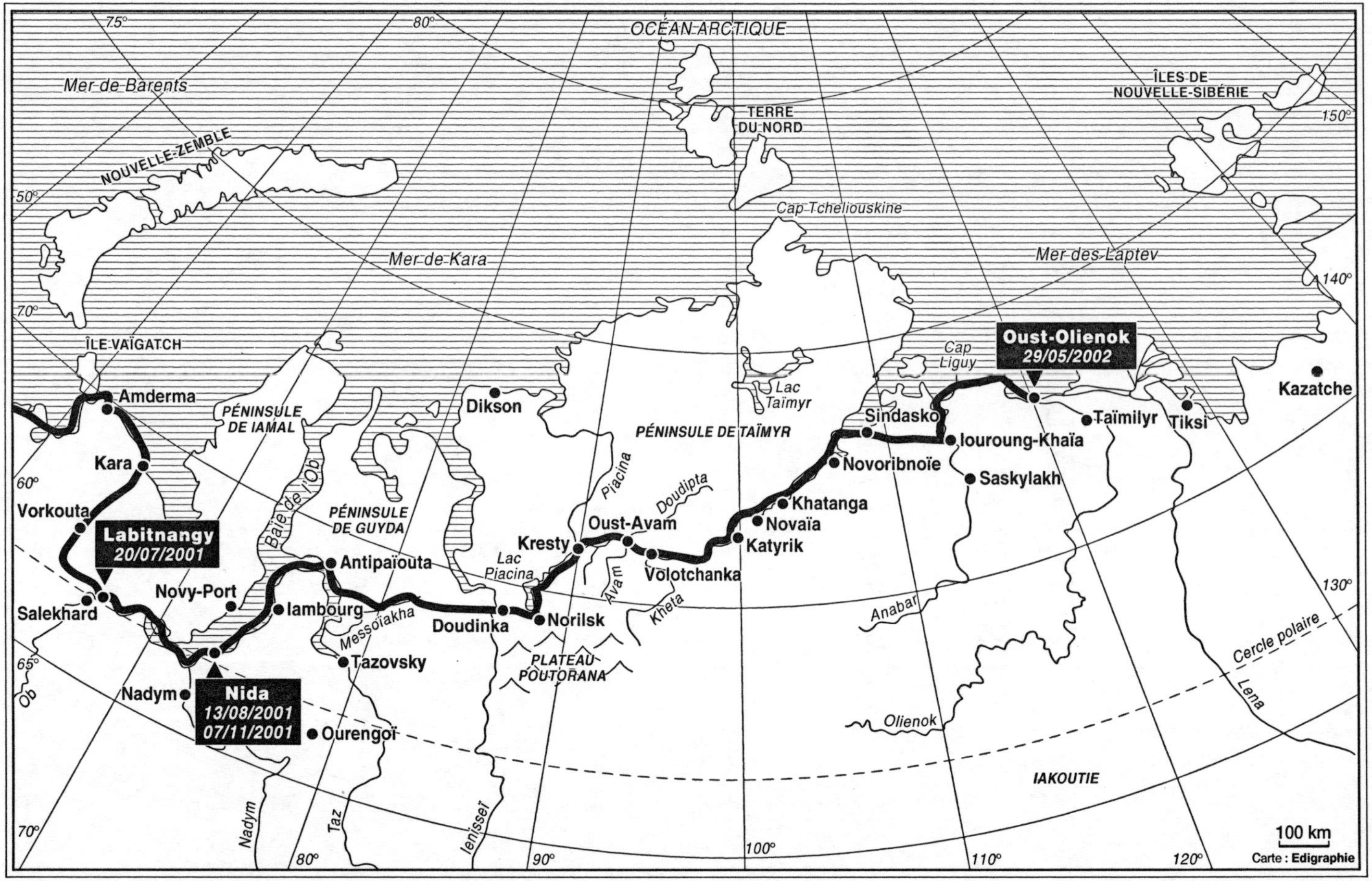

SIBÉRIE OCCIDENTALE-TAÏMYR-IAKOUKIE - Itinéraire de Labitnangy à Oust-Olienok (Étapes 3 et 4) - 3 323 km

ÉTAPE 3

Labitnangy - Nida, 421 km
20 juillet au 13 août 2001, 24 jours

1

À la pagaie dans la baie de l'Ob

Jour 295 : 20 juillet 2001.
Labitnangy ; km 4 079.
Position : 66° 39′ N 66° 23′ E

Natacha retient ses larmes en se mordant les lèvres. Ses yeux sont encore plus jolis lorsqu'ils sont humides. Le lui révéler a pour effet immédiat de la faire sangloter davantage. Le compliment était sans doute mal choisi... Enfin, à quoi bon les mots lorsque les regards suffisent ? Seul je suis, et seul je resterai. Et même de plus en plus seul, sans mes fidèles compagnons.

Les chiens, en effet, sont déjà loin, à l'heure présente. Je les ai fait partir pour Antipaïouta, un village que j'atteindrai dans deux mois, au terme de ma troisième étape, si tout va bien. Toute la compagnie a embarqué à Salekhard, sur la rive opposée de l'Ob, face à Labitnangy – une ville en plein essor, située précisément sur le cercle polaire. Salekhard tire sa richesse du gaz naturel extrait du sous-sol de la péninsule de Iamal.

Nous étions à la mi-juillet. C'était la première navette du *Kalachnikov* de la saison, car les glaces encombrant la baie de l'Ob avaient retardé le départ du navire. Les autorités du port comme l'équipage du bateau avaient fait preuve d'une grande compréhension à l'égard de ma meute, installée pour deux jours de croisière sur le pont tribord. Une connaissance moscovite, Sacha, que j'avais chargée de veiller sur mes chiens le temps que je rejoigne Antipaïouta, l'accompagnait. La *Sonate pathétique* a grésillé dans le haut-parleur et a accentué mon sentiment d'abandon – l'heure du départ arrivait. Je suis resté un long moment sur le quai à regarder le traversier s'éloigner... Il emportait la petite famille grâce à laquelle j'avais surmonté les affres de mon premier hiver.

Felix est arrivé pile à l'heure pour embarquer mes bagages dans sa toute nouvelle Volga. Il confesse avec un clin d'œil complice qu'il se l'est payée sur le budget de la mairie. La poignée lui reste dans la main lorsqu'il m'ouvre la portière.

— *Made in Russia !* commente-t-il.

J'emboîte le pas à mon véhicule d'escorte en tractant jusqu'à l'eau le kayak sur son chariot, comme au bon vieux temps de la péninsule de Kola. Les sacs s'amoncellent sur la berge et bientôt, je reste seul à organiser mon chargement.

Pour rejoindre la baie de l'Ob, plutôt que d'emprunter le bras principal du fleuve, je préfère suivre un dédale de chenaux qui m'offre, dans le delta, une voie plus directe vers l'est et un courant plus favorable. Du coup, je dois longer des rives marécageuses peuplées de milliards d'insectes reconnaissants de se voir offrir une proie si facile. La lenteur de mon kayak va me permettre de faire une étude entomologique approfondie sur la gent diptère de l'endroit.

La pêche bat son plein en cette période de l'année. Le poisson de l'Ob le plus prisé est le mouksoun[1]. Je n'aurai pas la chance d'en ferrer avec ma ligne car le spécimen est herbivore. Sa chair, extrêmement grasse, fait le délice des gens du Nord. Je regrette de ne pas m'être procuré de filet ; heureusement les pêcheurs du coin remédient à mon oubli en concluant nos rencontres par le déversement de fretin argenté dans la soute du kayak.

Rives boueuses riment avec journées ennuyeuses. L'espace qui m'entoure n'est qu'un immense cloaque. Pas question de mettre pied à terre sous peine de s'enliser irrémédiablement. Il fait horriblement chaud, mais malgré la température, je dois garder ma combinaison étanche bien fermée pour me prémunir des petites unités dévoreuses.

En prévision des tourments de l'été arctique, j'ai mis au point avec le concours de la société Francital un vêtement spécial *pik-free*. Une capuche en voile de moustiquaire s'ajuste parfaitement

1. *Coregonus muksun*.

au col de la chemise par une fermeture à glissière ne laissant s'infiltrer aucun assaillant. Des manchons, amovibles aux poignets, complètent astucieusement la panoplie. Malgré cela, il s'en trouve toujours quelques dizaines pour se faufiler dans le heaume le temps que je l'enfile. Ils ne peuvent en ressortir puisque le vêtement est parfaitement étanche aux insectes. La nature ne m'ayant doté que de deux mains accrochées à l'extrémité de bras déjà occupés à propulser un kayak, ma vie devient alors un enfer. Il faut choisir entre avancer tout en laissant les vampires ailés me sucer le sang, et repousser les attaques à coups de bombe ou de lotion tout en laissant le kayak reculer dans le vent. À vingt contre un, le combat est évidemment inégal. Je dois admettre, en outre, la supériorité de mes adversaires sur le plan tactique. Face au déchaînement de leurs forces, je me résous, le plus souvent, à leur abandonner mes paupières, lobes d'oreille, muqueuses nasales – morceaux qu'ils préfèrent... Mais la manœuvre se révèle fatale pour les bestioles et peu judicieuse pour moi. En effet, lorsque les diables volants sont repus, ils partent en vrille, leurs ailes n'étant pas conçues pour supporter un fuselage aussi pesant. Malgré leurs efforts désespérés pour reprendre le contrôle de ce qui n'est qu'un appareil digestif, le crash est inévitable. Je vous rassure tout de suite, ils ne se font pas trop mal car le filet de la moustiquaire amortit leur chute. Rares sont ceux toutefois qui survivent à l'overdose d'hémoglobine. Triste fin pour ces minuscules prédateurs. Le trépas d'innocentes petites bêtes m'a toujours rendu malade ; l'effet est désastreux sur mon organisme pourtant aguerri par un été carélien. J'en ressors avec d'évidentes pustules sur le visage – déjà tuméfié par d'âpres luttes anciennes.

Le paysage s'efface derrière moi en un mirage nébuleux. Seules apparaissent encore au lointain les cimes de l'Oural, qui plombent le ciel en capturant les nuages. J'aurais juré voir des morceaux de glace flotter dans les airs. Ce n'était qu'un mirage dû à la réfraction de rayons lumineux sur les couches d'air de températures différentes.

Mon postérieur bouillonne d'impatience. Depuis dix heures, je vogue sur les eaux calmes sans pouvoir accoster la grève marécageuse. Une violente bourrasque vient soudain me sortir de ma torpeur en m'ôtant presque la pagaie des mains. Face aux rafales, je ne peux plus progresser et suis contraint de traverser le large chenal en fuyant sous le vent. Les ridins déferlent et ballottent le kayak en tous sens. Que vais-je trouver, sur la rive opposée ? Je vise une île d'herbes flottantes, la franchis et pose le pied sur un sol spongieux. Une courte excursion me fait découvrir un endroit idyllique à l'herbe grasse et fleurie. Il y a même du bois pour cuire mon dîner. Ce n'est pas souvent que j'ai la chance de profiter d'un jardin de verdure bien au sec. D'ordinaire, je dois me contenter d'un marigot, où seules les hautes herbes couchées m'isolent de la vase, impuissantes à empêcher la tente d'y sombrer lentement, ce qui fait qu'au matin, le tapis de sol n'est plus qu'une mare nauséabonde.

L'étrave d'une barque noire pointe droit devant. Elle bat pavillon noir. Le pêcheur apparaît, vêtu de noir. Tout ça ne m'inspire pas. L'homme est ivre et m'interpelle dans une langue qui m'est étrangère. Lorsqu'il coupe son moteur pour se mettre à couple, je force sur la pagaie et le laisse sur place, occupé à redémarrer son vieux clou qui n'est pas un modèle à repartir au quart de tour.

Rencontrer les populations du littoral eurasien est l'une des missions de l'expédition. Pourtant, mon pressentiment me dicte parfois de ne pas m'attarder. Au fil de mes pérégrinations de par le monde, j'ai développé un sixième sens non pas infaillible mais suffisamment aiguisé pour me permettre de deviner les intentions de ces êtres éminemment imprévisibles que sont les humains. J'ai pu constater que, lorsque mon intuition envoie un signal d'alerte – parfois en dépit de bonnes apparences –, ma méfiance se révèle souvent justifiée. Il est intéressant de noter que j'ai remarqué une prédisposition tout à fait analogue dans ma meute. Serait-ce dû au simple flair – par là j'entends la perception d'odeurs caractéristiques (phéromones[1]) émises dans des situations particulières telles que stress, peur, agressivité –, ou à une ésotérique transmission télépathique propre à certains êtres ?

À l'inverse, quand, un peu plus tard, j'avise de hautes silhouettes au-dessus de l'horizon, une confiance instinctive me pousse à les rejoindre. Il s'agit de deux grandes chaloupes du type *boudarka*, que l'on croise fréquemment dans la région de l'Ob.

1. En physiologie : sécrétion chimique émise par un animal (fourmi par exemple) pour communiquer.

Leur étrave relevée et leur franc-bord important attestent bien leurs qualités marines. Un petit homme affublé de sa pipe – la réplique de Popeye – circule avec vivacité sur le ponton formé par les deux barques. Il est vêtu d'une pelisse de peau de renne tellement usée qu'elle n'a plus un seul poil. Il me salue le premier et enjoint un jeune garçon de saisir le bout avant de mon kayak afin de m'amarrer à couple.

— Pourquoi rames-tu ?

J'explique simplement que l'essence est chère et cela leur suffit.

— Tu as vu notre moteur ? 5 CV, ce n'est pas suffisant ! C'est le kolkhoze qui nous le fournit.

Justement, arrive une troisième embarcation avec à son bord le brigadier. Les hommes font les comptes. Le fonctionnaire inscrit sur son carnet quelques chiffres puis s'en va trouver d'autres pêcheurs.

L'ambiance est bon enfant. Une femme, coquette dans sa robe à fleurs et son châle assorti, assouplit une peau de renard tout en discutant. Son visage souriant se détache sur le ciel de Iamal. Le contre-jour fait un admirable cliché. Imaginez la pipe de Popeye, les couleurs chatoyantes de la robe, le joli sourire et le bleu ardent de l'azur... Que restera-t-il de tout cela, dans quelques mois ? La froidure viendra engoncer les visages de fourrures et la nuit polaire dépouiller les regards de leurs joies éphémères. Mais aujourd'hui, c'est la canicule et l'on se réjouit de ce bonheur comme d'un pécule.

Hum ! Le temps n'est pas au farniente ni au lyrisme approximatif... Il faut reprendre la pagaie pour se diriger vers le campement que m'a indiqué Popeye. Deux mouksouns visqueux tombent subitement entre mes jambes et glissent jusqu'au fond du kayak.

Le camp est constitué de huit tchoum tout à fait analogues à celles des Nenets. Les peaux du toit ont été remplacées pour l'été par de simples bâches. Les traîneaux sont garés dans les baliveaux, chargés de tout le matériel d'hiver. Force est de constater que le kayak surprend plus que son rameur, le Voyageur français. Une tête apparaît dans l'entrebâillement de la toile.

— Entre ! Viens te mettre à l'abri ! s'exclame une femme en agitant les mains pour chasser les bestioles de son visage.

Le foyer, intentionnellement étouffé, fume de façon à refouler les moustiques hors de la demeure. Seules les femmes, les enfants et les vieillards restent. Tous les hommes valides sont à la pêche. Les faciès sont européens. Certains yeux sont bleus. Des chevelures sont blondes. Ce sont des Khanti. Ils appartiennent au groupe (linguistique) finno-ougrien, qui comprend le hongrois, l'estonien, le finlandais, le lapon, le nenets, le komi et le mansi. Environ vingt-deux mille au dernier recensement, les Khanti, autrefois nommés Ostyaks par les colons russes, peuplent le versant oriental de l'Oural, dans le bassin des fleuves Ob et Irtych. Persécutés à l'époque soviétique, ils luttent à présent pour préserver leur territoire ancestral de l'exploitation inconsidérée des gisements de gaz et de pétrole.

— Pourquoi voyages-tu ?

C'est bien la quatrième fois que ce vieillard me pose la même question sans se satisfaire de mes réponses. Il ne comprend pas pourquoi je m'inflige de telles souffrances. Tirer son bateau à la rame... Cet étranger doit être bien misérable pour ne point pouvoir se payer de moteur. Et puis, il y a un an. Un an de voyage. Cela suffit à les interloquer, tous. Les remarques des femmes sont moins philosophiques.

— Où est ta famille ? As-tu un fusil ? Veux-tu des allumettes ?

Le thé est servi avec une exquise collation de filets de mouksoun crus. Même les bébés y ont droit. Une dame, plus loquace que les autres, me précise que leur troupeau de trois cents rennes transhume sur la péninsule de Iamal. Accompagné de quelques bergers, il s'en retournera par ici pour passer l'hiver. Les rennes au nord, le mouksoun au sud. Voilà le miracle de l'autosuffisance. Moi, pauvre apprenti nomade, je m'émerveille de les voir vivre de la sorte.

C'est un déluge. J'ai trouvé refuge au sein d'une île d'herbes flottantes et me recroqueville dans le cockpit du kayak le temps de laisser passer l'averse. Entre l'eau de la terre, l'eau du ciel et l'eau du fleuve, mes fantasmes se résument à poser le pied sur du sec et du dur. Je commence à ressentir les effets dévastateurs de la fange qui m'entoure ; je ne suis plus loin d'être dégoûté de cette navigation. Le grain tirant à sa fin, j'avale quelques morceaux de mouksoun pour remonter un moral à demi submergé. Seul point positif, l'inondation ambiante attire une multitude d'oiseaux. Huarts, grèbes, bernaches, canards, sarcelles, sternes, labbes, pygargues, pour ne citer qu'eux, batifolent avec insouciance dans cette immense baignoire riche en éléments nutritifs.

Je traverserai le grand fleuve aujourd'hui. Le passage par le nord-est de l'île Iam-Poukhor semble fermé par la végétation aquatique. Je pense un instant la contourner par le nord, mais je n'arrive pas à bien cerner son étendue. Le détour pourrait bien me faire perdre toute une journée. Il me faut forcer l'île flottante. Les herbes inclinées sous la surface de l'eau prouvent l'existence d'un courant favorable à ma route. Il y a donc une issue. Louvoyant dans la verdure, je tombe sur un chenal plus profond qui me permet de déboucher sur le bras principal de l'Ob. Une brise se lève. Je n'ai pas de temps à perdre car le fleuve peut se révéler redoutable lorsque les conditions se détériorent.

Au terme de neuf kilomètres de traversée et neuf jours de marécages, me voici enfin sur la terre ferme. Quel réconfort de ne plus sentir le mou sous ses pieds ! Sable et galets m'incitent à partir explorer la côte, mais mon excursion est bientôt changée en supplice par les nuées de mouches noires qui ont succédé aux moustiques des zones plus humides. Vous qui vous plaignez du climat dans votre pays, sachez qu'il existe des terres où le simple fait de respirer sans filet présente un danger. Il arrive même que des rennes périssent étouffés des suites d'une multitude de piqûres dans les naseaux, ou épuisés par une folle lutte contre leurs agresseurs. À peine ai-je refermé la moustiquaire de la tente que la bataille s'engage. Un combat qui s'apparente à l'extermination d'une fourmilière individu par individu, du bout du doigt. Cuisiner, manger, se laver ou simplement se reposer confine à l'exploit. Saura-t-on jamais décrire les tortures que nous font subir ces insectes ?

Les maringouins[1] se régalent particulièrement, ce matin. Pour moi, c'est la diète forcée ; la chaleur dans la tente et les attaques rangées au-dehors ont abrégé le petit déjeuner. Je m'en vais donc l'estomac vide... Mais à peine suis-je parti qu'on me fait signe depuis la côte. Ce n'est jamais sans un brin d'émotion que j'aborde une tchoum.

Lev et Macha sont nenets. Je suis frappé par la beauté de la

1. Nom donné au Canada aux moustiques.

femme, brune aux yeux bleus, pleine de charme dans son costume coloré. Elle est occupée à alimenter en lichen un modeste foyer disposé à l'entrée de l'habitation. Ces fumigations antimoustiques étant efficaces, je peux enfin me défaire de ma combinaison. Les Nenets s'interrogent sur leur devenir.

— Des limitations nous sont imposées sur la taille des mailles des filets, mais quand il s'agit d'exploiter le pétrole ou le gaz, tout est permis...

Le couple est surtout inquiet du projet de construction d'un gazoduc franchissant la baie de Tazovsky. Le moindre accident provoquerait une catastrophe écologique dans toute la baie de l'Ob, tant celle-ci est resserrée entre les péninsules de Iamal, de Guyda et de Tazovsky. Pour les Khanti et les Nenets, qui vivent de la pêche été comme hiver, ce serait un désastre. Ils n'ont pas besoin de cela ; leur existence est déjà une tragédie quotidienne.

— La mort guette notre peuple, conclut tristement Macha.

Le baromètre n'a cessé de chuter, pourtant le vent reste modéré. À quatre heures du matin, il dépasse les 120 hm/h. La baie est blanche d'écume. Pluie et sable criblent ma petite tente. Par la lucarne, je vois soudain le kayak se coucher puis s'envoler dans une bourrasque rageuse. Les eaux montent sous l'effet de l'ouragan ; mon bateau va être submergé par les vagues en furie. Je m'équipe et me précipite au-dehors pour hisser le kayak en haut de la berge, hors de portée de cette soudaine marée. Pas de dégâts. Seul le safran est tordu. Soulagé, je rejoins quelques moustiques qui se sont abrités sous l'auvent de la tente. Les jours suivants, j'apercevrai plusieurs navires échoués sur les hauts-fonds, leurs capitaines n'ayant pas eu ma chance.

Khê, « le tourbillon » en langue nenets, est une ancienne colonie fermée en 1961 pour cause de non-rentabilité pour l'Union soviétique. De l'établissement, il ne reste rien si ce n'est le cimetière, auprès duquel a été récemment construite une petite église orthodoxe. Elle commémore l'arrivée des premiers colons russes, en 1512, précédant d'un demi-siècle la conquête de la Sibérie par les cosaques d'Ermak.

Roman, de père nenets et de mère komi, en est aujourd'hui l'unique habitant. Après avoir travaillé comme contrôleur de vol à l'aéroport de Nadym, il a racheté un bout de terrain dans son village natal et y a bâti sa maison. Il vit là toute l'année, de pêche, de chasse, de trappe, et de cette liberté si chère aux pionniers. Je repars, comme à l'habitude, avec du mouksoun salé et fumé ainsi que quelques concombres poussés sous serre – et sur le cercle polaire ! « Reviens quand tu veux et installe-toi ici... » sont les dernières paroles qu'il m'adresse. En y repensant, tandis que je m'éloigne, je ne peux m'empêcher de me demander ce qui me pousse à toujours vouloir découvrir ce qui se cache au-delà de mon horizon.

Qu'y a-t-il de plus pénible ? Les moustiques harcelants ou les blizzards effrayants ? Un été grouillant ou un hiver figeant ? Les canicules accablantes ou les frimas paralysants ? Si j'en crois la nature autour de moi, la réponse ne souffre aucun doute. La mise bas, l'éclosion, la floraison, toutes ces naissances sont programmées pour avoir lieu durant la courte période estivale. Mon avis personnel sur la question est plus nuancé. En effet, en été, je ne rêve que de grands froids alors qu'en hiver, je n'aspire qu'à la chaleur retrouvée. Cette insatisfaction perpétuelle caractérise les grands voyageurs à la recherche d'idéaux, les rêveurs, les utopistes, toutes ces espèces en voie de disparition, aujourd'hui.

Sept heures du matin. 29 °C. Les mouches noires sont un enfer. Il me semble qu'il pleut. Ce sont les essaims sanguinaires qui déchaînent leur violence sur la tente en attendant de pouvoir s'attaquer au pauvre hère qui s'y terre.

Je double le cap Sandibe en serrant la côte afin de m'épargner un surf sur la barre qui se trouve plus au large puis m'engage dans les brisants du cap Toïa et pénètre enfin dans la grande mer, la baie de l'Ob. Je viens de traverser à nouveau le cercle polaire, du sud au nord. Je ne le retrouverai que trente mois plus tard, à l'extrémité orientale du continent, dans une autre vie.

Depuis cinq jours, le vent se maintient à force 5, sans accalmie ni rafale. Il ressemble un peu au mistral. Il expulse mouches et moustiques mais porte sur les nerfs du kayakiste. Si par une telle météo la navigation dans le delta était difficile, elle devient dangereuse dans la baie, tant la côte est à présent exposée – je me souviens qu'à la pension de Labitnangy, on regardait ma navigation en kayak dans les eaux imprévisibles de la baie de l'Ob comme un suicide. La forte brise s'oppose à ma route, faisant déferler la mer sur les bancs de sable. Ma seule alternative pour progresser encore est de haler le kayak sur son chariot le long de plages immenses.

Une Nenets aux cheveux nattés se détache au loin sur une éminence où est plantée sa tchoum. La main en visière sur le front, elle scrute l'étrange individu qui tracte derrière lui une embarcation. Comme souvent, face à l'harmonie des choses ou à la simplicité des gens, je sens le ridicule posé sur ma personne. Que doit-elle penser de cet aliéné qui se débat pour extraire sa barque à deux roues des sables mouvants ? Cette agitation doit froisser sa placidité. La presse insensée s'oppose à la paresse bien pesée. Turbulence contre indolence. Trouble contre quiétude. Vivacité contre sérénité. Que d'oppositions entre elle et moi, entre sa routine et mon quotidien. De quoi se poser bien des questions sur la raison même d'une telle expédition.

Que cherches-tu, toi, pauvre voyageur dans ton errance ? Quelle est donc la quête qui motive chacun de tes pas ? Quelles sont les valeurs qui te poussent à toujours vouloir briser les maillons de tes chaînes ? La seule vision de cette jeune femme perchée sur sa colline m'a plongé dans la confusion. Je me suis arrêté. Nous nous sommes regardés un long moment. Nous nous sommes questionnés mutuellement. Nous nous sommes sûrement souri, bien que la distance qui nous séparait ne me permette pas de l'affirmer. Puis d'un bond agile, sans crier gare, elle a disparu. Comme un renard, elle a déguerpi.

Moi, je suis resté dans ma solitude sur la grande plage. Les lourds nuages se sont amassés en volutes colossales dans le ciel d'orage. Ce gigantisme céleste a écrasé de sa masse le vide de la plage, rendant ma fonction d'homme sur cette terre et ma progression insignifiantes. Je n'ai pas voulu poursuivre mon absurde halage. Je m'en suis allé reconnaître un endroit pour camper. J'ai déroulé la carte de la grande Sibérie pour évaluer mon avancée, pour anticiper ou mûrir ma destinée. Tout cela m'a donné le vertige.

ÉTAPE 4

Nida - Oust-Olienok, 2 902 km
7 novembre 2001 au 29 mai 2002, 204 jours

2

La liberté sur des skis

Jour 319 : 7 novembre 2001.
Nida ; km 4 500.
Position : 66° 39′ N 72° 56′ E

La fête soviétique de la révolution d'Octobre, adaptée en fête de la Constitution aux premiers jours de la perestroïka, puis rebaptisée aujourd'hui fête de la Réconciliation, sera pour moi la « fête de la Reconstitution ». Ce n'est donc pas un hasard si j'ai choisi le 7 novembre pour date de départ de ma quatrième étape (de toute façon, l'abus de fête nationale dans un village sibérien est dangereux pour la santé).

Reconstitution suppose destruction. En effet, alors que je pagayais dans la baie de l'Ob, en ce mois d'août 2001, des événements majeurs se déroulaient en France. Il s'agissait ni plus ni moins de l'effondrement des fondations de l'association Arktika. Plus de base arrière, plus de bureau, plus de relais... plus d'argent. Cette fameuse base arrière qui n'avait cessé de me donner du souci depuis la naissance du projet était de nouveau remise en cause. Une année dans la toundra, face à face avec la nature hostile du Grand Nord, m'avait assez peu conditionné à cet autre genre de situation extrême. Je me suis efforcé, toutefois, de n'y voir rien de plus qu'un obstacle à surmonter sur la longue route qui mène au détroit de Béring. Mais j'étais touché en plein cœur.

L'aéroport de Roissy-Charles de Gaulle accueillait, en ce 15 août, un flot de touristes issus des quatre coins du monde. Passager débarqué, dégurgité, devrais-je dire, parmi tant d'autres, je n'étais qu'un étranger. Tout autour de moi me paraissait effrayant, irréel. Je croyais vivre un cauchemar. Soixante-douze heures auparavant, j'étais encore sous ma tente, coincé par le mauvais temps sur le haut d'une falaise. C'est là, perché au-dessus de la baie de l'Ob, que j'avais appris, au cours d'une conversation par téléphone-satellite, que le bureau d'Arktika était à l'abandon.

La fonction de la base arrière était d'assurer la diffusion de mes textes, de mes photos, de mes films, de gérer le site Internet de l'expédition (www.arktika.org), de suivre le projet pédagogique que nous menions avec de nombreux établissements scolaires, de maintenir le contact avec les partenaires, de rechercher de nouveaux commanditaires, de veiller à la sécurité – bien que souvent illusoire – et, plus important que tout, dans l'immédiat, de mener à bien la logistique. Il devenait, en effet, urgent d'acheminer à Antipaïouta un traîneau digne de ce nom. Or sa construction, en France, n'était pas encore engagée. Dans moins d'un mois, le passeur *Kalachnikov* aurait effectué sa dernière navette. Coincé sur mon promontoire, je voyais mon étape hivernale fortement compromise – sans parler de l'effet de ces nouvelles sur mon moral. Rien n'est pire que de se sentir privé d'action par l'éloignement. À force de tourner en rond sur ma falaise, la décision que je redoutais le plus m'est soudain apparue comme une évidence : il fallait effectuer un retour éclair en France.

Je me revois arpenter en aveugle les rayons bondés d'un supermarché, prendre soudain conscience de l'endroit où j'étais – non, ce ne pouvait pas être moi. J'ai alors failli perdre l'équilibre, au sens propre. Je sentais toutes mes forces aspirées hors de moi, un peu comme le génie grassouillet d'Aladin qui rentre malgré lui dans l'orifice minuscule de la lampe magique.

Mais grâce aux paroles apaisantes de Thérèse, à la péniche de Christophe, aux bons conseils de Sylviane, j'ai vite refait surface. Relancer le projet, renflouer les finances, restructurer la base arrière (déménagée quatre fois !), planifier la logistique, résoudre les problèmes personnels... le tout m'a demandé deux mois. Deux mois pendant lesquels j'ai vécu les pires moments de l'expédition. Et toujours cette course contre le temps. Il fallait être prêt avant l'hiver.

Sans regret, je quittais ce qui était devenu pour moi un milieu hostile. Et cette fois, je ne partais pas tout à fait seul. De l'exploration terrestre à l'exploration spatiale, il n'y a qu'un pas. Même s'il est de géant, l'Agence spatiale européenne n'a pas hésité à le franchir au travers de son programme de transfert de technologies. Cette collaboration, grand honneur pour Arktika, sera décisive et indéfectible. Enfin, je m'envolais vers le village de Nida, terme de ma navigation estivale en kayak. Destination : la liberté. Je l'avais bien gagnée.

Une fille au visage rond me regarde. Je m'endors. Ma voisine nenets fait gigoter son rejeton engoncé dans une malitsa de poupée, comme si les soubresauts de l'hélicoptère ne suffisaient pas. D'un coup de coude, elle me tire de mes songes. La fille au visage rond ne me quitte pas des yeux. Son regard semble m'implorer de ne pas la laisser. Je lui réponds tout aussi silencieusement qu'il le faut, que j'ai encore quelques milliers de kilomètres à parcourir, qu'une tâche plus forte que tout m'appelle, que c'est bien malgré moi, que je n'y peux rien... Il est trop tard, à présent. Je dois débarquer, m'engager dans mon deuxième hiver ; seul, sur une paire de skis et heureux.

Ma stratégie est la suivante. Ayant dû interrompre ma troisième étape à mi-parcours, au village de Nida, je n'ai pu rejoindre ma meute déjà expédiée plus au nord, à Antipaïouta. Je vais donc devoir skier les quatre cents kilomètres qui m'en séparent en tractant ma pulka comme je l'avais fait l'hiver précédent. Ensuite, j'attellerai mes chiens à un nouveau traîneau construit tout spécialement pour les besoins de la cause.

Le vent s'acharne sur les glaces de la baie de l'Ob. Le vacarme est assourdissant. Les rafales sifflent dans les haubans tandis que la neige joue de la batterie sur la toile. Quel magnifique abri ! Je peux écrire mon journal à la lueur vacillante d'une bougie, protégé par quelques millimètres de tissu de l'enfer du dehors et des eaux brunâtres s'agitant sous la glace. Bien emmitouflé dans mon sac de couchage à manches, j'écris pour ne laisser échapper aucun de ces instants d'un pur bonheur que je savoure dorénavant à sa juste valeur. Il ne manque plus à cet extraordinaire sac de couchage qu'une paire de jambes pour pouvoir le garder sur moi jour et nuit... J'y réfléchirai, pour ma prochaine expédition...

La péninsule de Tazovsky se révèle fréquentée par des pêcheurs, dont la plupart sont d'ethnie nenets. Certains vivent sous leur tchoum, alors que d'autres, comme cet homme venu hier à ma rencontre, déplacent un balok tiré par une motoneige. Ce dernier m'avoue que de nombreux natifs se plaignent de perdre leurs dents.

— Tu n'as pas de compteur Geiger ? me demande-t-il, précisant ainsi sa pensée.

La question me fait froid dans le dos. À vrai dire, je préfère ne pas en avoir...

Éric me faisait penser à un chien. Quoi qu'il arrive, égal à lui-même, ne se plaignant jamais et détaché des affaires de notre bas monde matérialiste. Du haut de sa stature de Tarzan, le garçon cachait une âme sensible et timide. Passionné de chiens de traîneau, excellent professionnel en ce domaine, il m'arrivait tout droit du Jura où il vivait en pleine forêt dans une maison isolée, sans eau ni électricité. Éric est parti relever Sacha auprès des chiens en attendant mon arrivée à Antipaïouta. C'était pour lui une bonne occasion de découvrir la Sibérie et le peuple nenets de l'intérieur.

Nous avions convenu d'une vacation téléphonique chaque mercredi – il me tardait de recevoir des nouvelles des chiens. Mais hier, le silence a ponctué mon attente. J'avais pourtant pris soin d'être à l'heure au rendez-vous en installant ma maison de toile assez tôt. Sans y croire vraiment, je laisse mon combiné en veille ce soir. Et alors que je suis plongé dans le brossage de mes vêtements, une sonnerie grésille dans le récepteur. Le son en est tellement surréaliste, dans le silence glacial de la tente, que je n'en comprends pas immédiatement l'origine. Réalisant enfin ce qui arrive, je renverse la bougie en me ruant sur le combiné.

— Salut ! C'est Éric. Tu m'entends ?

Que oui j'entends ! La voix calme ne dénote d'ailleurs aucune surprise face à ce miracle de la technique. Quatre cents kilomètres seulement nous séparent, mais le signal électromagnétique a effectué un voyage bien plus important dans l'espace. En effet, Éric m'appelle depuis un téléphone Inmarsat, alors que je réceptionne sur Globalstar. Au cas où ces deux systèmes satellitaires ne vous diraient rien, voici en quoi consiste la prouesse.

Le signal, envoyé à la vitesse de la lumière, atteint son premier objectif : un des quatre satellites Inmarsat placés en orbite géostationnaire à 35 600 km au-dessus de l'équateur. Puis il est renvoyé vers une station au sol qui le diffuse sur le réseau téléphonique terrestre. Mon numéro, composé par Éric sur son combiné, correspond à une connexion Globalstar. L'appel est donc transmis à une deuxième station au sol, qui l'expédie à son tour vers sa propre constellation de quarante-huit satellites placés en orbite basse à 1 414 km au-dessus de la Terre. Les faisceaux de trois de ces satellites se recouvrent dans la zone où est plantée ma petite tente rouge. Ils renvoient le signal sur la zone de couverture jusqu'au combiné qui le transmet sous forme de vibrations d'air glacial ; enfin, celles-ci doivent se frayer un passage entre les poils de ma chapka pour atteindre la membrane qui constitue mon tympan. Je vous laisse imaginer les invraisemblables allers et retours qu'a occasionnés notre simple conversation.

Je me couche, rasséréné par les bonnes nouvelles. Mon compagnon découvre la conduite d'attelage de rennes et mes toutous font du gras. Dernier coup d'œil côté plafond de la tente avant de m'endormir : 23 heures, – 30 °C. Montre et thermomètre sont suspendus au filet qui me permet de sécher mes affaires.

Ces deux magnifiques inventions gèrent toute ma vie de voyageur polaire. La première est ma compagne de chaque instant. C'est elle qui définit mon emploi du temps en indiquant l'heure du réveil, de la pause de midi et celle de la fin de l'étape. Elle est aussi mon compteur de vitesse et de distance. C'est elle qui me félicite de mes bonnes moyennes journalières ou s'offusque d'affligeants résultats. Elle fonctionne en toute situation puisque c'est la montre officielle des cosmonautes russes. Testée dans le vide de l'espace par des températures extrêmes de – 170 °C à – 130 °C et par des accélérations de l'ordre de douze fois celle de l'apesanteur, elle se joue des conditions polaires.

Le second gadget, bien que moins sophistiqué, est tout aussi utile. Grâce à la seule lecture des quelques chiffres qu'il affiche, je sais quels vêtements choisir dans ma garde-robe. Avant même de poser le pied au-dehors, je suis renseigné sur la qualité de la neige. Et je peux spéculer sur ma moyenne du jour. En résumé, ces deux instruments mesurent de manière infaillible la hauteur de mon moral.

Un autre appareil indispensable est mon réveil mécanique russe. Lorsqu'il sonne, ce matin, j'ouvre un œil et le jette vers le toit de la tente : 5 heures, 0 °C. Je fais un bond.

Le matelas, qui me semblait pourtant confortable, n'est qu'une mare d'eau glaciale. Ma peau de renne est une éponge, comme le sac de couchage, d'ailleurs. Je parviens à reprendre pied sur un îlot, dans un coin de la tente, et écope, tant bien que mal, avec ma casserole. Catastrophe ! Le vent est encore violent, mais il n'est plus question d'attendre l'accalmie. La tempête a fait remonter l'eau par les fissures de la glace, détrempant la neige aux alentours de la tente – plantée sur la banquise, à environ six kilomètres de la rive. La température devrait chuter sous peu et lorsque cette eau gèlera sur mon équipement, la situation deviendra alors critique. Je peste en repensant aux redoux successifs de l'hiver précédent. Mais enfin, ne suis-je pas en Sibérie ? La progression le long des côtes de la mer circumpolaire ne vous laisse qu'une certitude : celle qu'il ne faut pas en avoir.

J'essore, de mon mieux, mes vêtements de route, et me voilà au-dehors, dans la tourmente. Le spectacle est alarmant. Je suis encerclé par la bête immonde, l'ennemi n° 1 de l'explorateur polaire, j'ai nommé la slush. Extirper une tente de cette boue de neige, habillé de vêtements trempés, dans la nuit et dans le vent, n'est pas mon sport préféré. Enfin, ce sont là les petits soucis de tout nomade des glaces ; à quoi bon en vouloir au monde entier puisque je suis la route que j'ai moi-même tracée lorsque j'étais encore sain de corps et d'esprit... J'arrose tente et peau de renne de neige – celle-ci ayant la faculté d'absorber l'humidité puis, sans hésiter, fixe un cap sur la côte et fonce, tête baissée entre les bâtons de ski pour me réchauffer.

Je crois avoir aperçu hier un balok. Ma paire de jumelles me le confirme, à deux petites heures de marche. Je m'imagine déjà devant un bon feu, séchant tout mon équipement en dégustant une soupe fumante de poissons servie par le propriétaire. Malheureusement mes espoirs vont être déçus. Non seulement l'endroit est inhabité, mais la porte du balok est fermée par un gros boulon que je tente vainement de desserrer avec mon couteau suisse... Il y a toutefois du bois à profusion au-dehors. Se rôtir les orteils auprès d'un feu de joie serait si réconfortant... mais ma conscience me dicte d'oublier ces délices, et rappelle à l'ordre la poule mouillée qui est en moi. Après quelques ronds hésitants autour du balok – au cas où je tomberais par hasard sur une clé de 24 –, je reprends ma route, me promettant de camper au sec le soir, c'est-à-dire dans deux heures. J'aime les gens braves et, poussant un ski devant l'autre, je me félicite de ce sursaut de courage. Je serai bientôt dans le bain de mon deuxième hiver...

Le balok aura été la dernière trace d'êtres humains jusqu'à

Iambourg, base gazière importante de la région de Tioumen. Sur le trajet de cent cinquante kilomètres, je ne croiserai aucune piste si ce n'est celles de renards, de lièvres et de perdrix des neiges. Je longe la côte de Tazovsky à raison d'une quinzaine de kilomètres par jour, soit quatre heures de marche. La faible luminosité n'autorise pas à s'attarder plus longtemps sur la piste. Je passe le reste du temps à brosser et encore brosser. C'était déjà mon obsession, l'hiver dernier, et cela tourne maintenant à la manie. « Être sec et le rester » : telle est ma devise. Il fait chaque jour – 30 °C, avec un air humide et un vent permanent. Malgré ces conditions rigoureuses, je redoute la chaleur encore plus que le froid. S'échauffer signifie condenser. L'humidité dégagée par le corps crée un pont thermique que le froid emprunte jusqu'à la peau. Par conséquent, transpirer signifie se geler. Par mesure de prévention, je ne porte que deux fins sous-vêtements recouverts d'un coupe-vent. Autant dire que mes arrêts ne s'éternisent pas. C'est un bon moyen pour ne pas céder à la tentation de la pause réparatrice. Moins de vêtements on a sur le corps, moins il y aura de brossage et de séchage au bivouac. Quitte à avoir froid, autant s'éviter du travail inutile.

Chaque soir, dès que le réchaud est allumé, j'observe mes pieds avec une satisfaction mêlée de fascination. C'est à cette paire de stakhanovistes que je dois d'être là aujourd'hui, au tiers de mon parcours. Je peux me vanter de ne pas avoir souffert d'une seule ampoule depuis mon départ. Cette maladie faussement bénigne est au marcheur ce que le mal de mer est au navigateur. Quoi qu'on fasse, quels que soient les remèdes employés et les sacrifices consentis, elle frappe insidieusement, anéantit peu à peu toute volonté jusqu'à ne vous faire rêver que d'une seule chose : vos charentaises.

J'aime mes pieds, malgré leurs ongles noircis et tordus par le gel. Je les aime et je les choie : chaque fois qu'ils ont fini leur labeur quotidien, je leur offre les meilleures chaussettes en laine de renard polaire. Je tiens ainsi à les récompenser de leur bravoure, qui est extrême, surtout le matin et le soir, quand, pendant les deux ou trois heures que durent les travaux du campement, ils sont si froids que je ne les sens plus. Une fois la chaleur retrouvée, sous l'effet de la marche ou des chaussons portés dans la tente, ils se manifestent à nouveau : ils picotent – agréablement d'abord, douloureusement ensuite – puis ils bouillonnent, et alors je me moque des plus grands froids.

Il est d'autres extrémités moins hardies. Je ne parlerai pas des mains, logées à la même enseigne que les pieds, si ce n'est que leur fonction, plus vitale encore, empêche qu'on puisse les oublier à aucun moment. Le nez est l'appendice sournois par excellence. Comme il n'a aucun mouvement particulier à accomplir, il est le premier à filer en douce. Sans avertissement, sans même que vous vous en rendiez compte, voilà cette excroissance cartilagineuse qui blanchit. Un phénomène de mimétisme qui n'a rien à voir avec la faculté bien connue des caméléons. Le nez, si vous le laissez prendre trop longtemps la couleur de l'environnement, vous risquez d'y laisser sa peau. Il est donc conseillé de le masser aussi souvent que possible ou, à défaut, de grimacer. Cela ne pose pas de problème, en solitaire, et n'a aucun effet sur une meute, mais d'autres coéquipiers pourraient en prendre ombrage – encore une bonne raison de préférer les chiens aux hommes, pour la conduite d'une mission d'exploration. Trêve de plaisanterie, l'affaire est sérieuse. J'ai rencontré, au cours de mon voyage, des chasseurs au faciès de lépreux ; pour s'être assoupis à l'extérieur d'un lieu où ils avaient proprement commémoré un événement national, ils avaient dû subir une amputation de leur appendice nasal.

Enfin les fesses... Les miennes, évidemment ! Croyez-vous qu'on puisse disserter sur le cul des filles dans le Grand Nord ? De toute façon, je ne suis pas là pour ça et ce n'est pas du tout le sujet du présent ouvrage. En dépit de ce que va en souffrir ma pudeur, je dois ici donner quelques indications sur une activité hygiénique qui nous préoccupe tous à un moment ou à un autre de la journée.

Baisser culotte par – 40 °C n'est pas une procédure aussi banale qu'elle peut l'être dans des zones plus tempérées. Nos extrémités les plus charnues sont, comme les autres, sensibles au froid, même si leur fonction est d'assurer un certain confort en position assise, ce qui est très utile dans une tente. J'ai déjà dit, et je ne vous permets plus d'insister, qu'elles n'ont dans ces régions aucune connotation sexuelle ! Donc pour satisfaire votre besoin, il vaut mieux parier sur la rapidité que sur l'endurance, préférer le sprint au marathon. L'alimentation est à choisir en conséquence. Pour ma part, j'ai constaté que le pemmican a une fonction laxative fort utile. Puisque nous abordons les sujets les plus délicats, je dois avouer qu'après deux ans de gelures au postérieur, j'ai opté pour la technique hautement développée du sachet plastique. Cette cuvette improvisée permet de déféquer confortablement installé dans la tente. En outre, l'examen attentif de vos selles, juste avant qu'elles ne gèlent, vous permet de contrôler votre régime. Le seul danger vient du réchaud, qui risque de vous les griller. Le faux pas n'est donc plus autorisé. Voilà, vous savez tout, ou presque. J'oubliais, pour corriger le tableau : faire pipi, même par – 60 °C, ne pose, pour nous les hommes, aucun problème.

Le renard m'observe de ses yeux rusés. Sans prendre peur, il se déplace parallèlement à moi, cherchant je ne sais quelle pitance sur ces plages désolées. Pendant plusieurs heures, nous faisons route ensemble, puis son odorat le guide vers un ancien campement d'été alors que je pique droit vers la banquise. J'aime la compagnie des renards, moitié peureux, moitié curieux. Salut, petit compagnon blanc ! Comme je te comprends d'avoir choisi d'habiter ce désert.

Les falaises succèdent à d'immenses plages. La lumière est irréelle. La boule jaune, basse et diffuse du soleil automnal se nimbe de deux arcs-en-ciel résultant de la réfraction des rayons lumineux sur les cristaux de glace de la haute atmosphère. Sous ce fantasmagorique halo, je me sens communiquer avec les forces célestes, vivre à mon propre rythme intérieur, celui de mes pensées, celui de ma route calquée sur celui de notre planète orbitant autour d'une étoile qui elle-même se déplace dans le cosmos. J'aime le temps, cette notion impalpable que l'homme, avec toute sa technologie, n'a pu encore manipuler, mais seulement mesurer. Certains pensent que le temps a peu de prise sur le voyageur. Rien n'est plus faux. Si le vagabond – ce n'est pas péjoratif – n'en a pas une réelle utilité, l'explorateur a toujours eu besoin de la précision d'une horloge pour se positionner dans l'espace. Quel privilège, tout de même, que de jouir d'une vie réglée uniquement par des repères d'espace et de temps. Cela a pour effet bénéfique d'avoir le sentiment de contrôler les événements, de se sentir maître de sa vie. Arktika est devenu le moteur de mon existence.

Pourtant, autour de moi, il y a le froid haineux, le vent fielleux, les glaces trompeuses, les falaises hideuses. En clair, un décor supposé hostile dans lequel je me sens de plus en plus à l'aise. La solitude est devenue indispensable à mon équilibre, la toundra est devenue mon chez-moi. Je ne ressens plus mon environnement ni les difficultés de ma progression aussi âprement que l'an passé. M'y suis-je habitué ou les conditions sont-elles plus clémentes ? Il y a tout simplement un an et cinq mille kilomètres derrière moi qui font la différence.

Les feux de Iambourg, que j'apercevais hier soir sous une aurore boréale, ont disparu ce matin. Le brouillard est dense et le vent forcit. J'avance donc les yeux rivés sur mon compas. Ma route doit impérativement être précise si je ne veux pas manquer mon but. La visibilité est réduite à moins de cinquante mètres. La tempête s'installe, mais heureusement, elle me pousse vers ma destination. J'atteins la côte dans des volutes de neige qui tourbillonnent autour de moi. Les hautes falaises rendent la navigation plus aisée en fixant des repères. Une heure interminable s'écoule avant que j'aperçoive des bâtiments. J'imagine une arrivée triomphale. Quelques flatteries ne seraient pas pour déplaire à mon amour-propre, trop rarement caressé en ces périodes de galères. Mais voilà que les constructions se révèlent n'être qu'un oléoduc. J'emprunte la route goudronnée qui le longe, en espérant apercevoir la ville au détour de chaque virage. Après trois kilomètres, toujours rien ! Mais où est donc cette base gazière qui compte près de quinze mille employés ? La tempête atteint à présent son paroxysme. À peine puis-je encore avancer contre le vent. Dans moins d'une heure, il fera nuit et je me vois mal dresser un misérable bivouac si près du but. Il y a de la lumière, à la station de pompage. Je m'y rends et frappe à la cloison métallique d'un hangar.

Une lourde porte s'entrouvre ; un homme au visage rougeaud me demande d'un ton belliqueux ce que je désire. Je balbutie quelques mots sans cohérence : « Tempête... Nida... Français... » J'aimerais être plus communicatif, mais je doute que l'énergumène que j'ai en face de moi soit prêt à m'écouter. Son haleine exhale des vapeurs de vodka qui agressent mes narines, peu stimulées ces derniers temps. L'individu profère quelques insultes, et me pousse au-dehors pour bien me faire comprendre que nous ne sommes pas du même monde. Et au cas où je n'aurais pas bien saisi ses intentions, il me présente un chien de l'espèce « méchant » qu'il menace de lâcher si je ne disparais pas au plus vite. La porte se referme sur le nez du voyageur. Comme arrivée triomphale, on pouvait rêver mieux...

Mes vociférations et coups de pied sur la porte de fer ont attiré un autre type, qui se révèle un peu plus compréhensif que le précédent. On me fait pénétrer dans l'antre interdit, sous la bonne garde du pitbull, et on s'en va avertir la milice. C'est tout ce que je désirais, après tout. Une troisième créature se trouve là, vautrée sur une table, le visage collé à son téléviseur. Télécommande en main, elle zappe sans se soucier du reste. De cette dernière, je ne tirerai aucune parole.

Les employés de la sécurité civile accompagnés de deux hommes de la police criminelle se présentent courtoisement et me souhaitent la bienvenue. Enfin des humains abordables ! Un des miliciens, Denis, me cite un poème de Pouchkine et s'intéresse, avec un humour grinçant, à mon statut de capitaliste. L'autre, Nikita, s'émerveille de mon superbe fusil mixte plus que de mes autorisations. L'atmosphère est donc bon enfant et je raconte ma petite histoire avec force détails. Mon matériel n'en est pas moins mis en prison... mais pour être séché. Vient enfin le moment attendu – surtout par mes hôtes. On va fêter l'événement. Discrètement mais dignement. Denis sort d'un placard la panoplie de survie dans l'Arctique : une bouteille de vodka et quelques chips destinées à calmer le feu ardent des gorges trop sensibles.

Durant les trois jours de mon séjour, Denis et Nikita seront mes aides de camp. L'administration m'installe gratuitement dans la plus belle suite de l'hôtel, où le lit occupe à lui seul une superficie supérieure à celle de ma tente. Je ne parviendrai pas non plus à payer quoi que ce soit dans les magasins. Comble du luxe, une jolie vendeuse aux yeux langoureux m'offre deux rouleaux, soient cent huit mètres, de papier-toilette pour capitaliste !

— *Cherchez la femme !* me susurre Denis à l'oreille, en français dans le texte.

Iambourg est le fief de la compagnie Gazprom. Une partie du gaz que nous utilisons en France nous vient tout droit de cette région. La prochaine fois que vous réchaufferez votre café sur votre gazinière, ayez une pensée émue pour les travailleurs de l'Arctique et rêvez aux jolis visages des femmes de Iambourg !

Le vent, qui souffle de l'ouest, apporte la grisaille. L'atmosphère est lugubre. La visibilité nulle. Une fois ancré dans mes skis, je laisse vagabonder mon esprit. Lorsque quelque souvenir déplaisant m'irrite, j'arrache le traîneau rageusement. Si mon cerveau prélève une pensée plus agréable dans sa mémoire, j'en oublie toute fatigue et m'installe dans mon rythme. Le vent glacé me fouette les pommettes. Je déploie l'extension en forme de tunnel de mon capuchon. Mon champ de vision se rétrécit aussitôt et le souffle du vent s'assourdit. Après quelques instants, je me sens bercé par les éléments. Ce n'est plus moi qui avance mais seulement mes jambes, mes bras, mon corps tout entier qui travaillent au halage du traîneau. Mon esprit se libère de son fardeau.

Je crois bien que je me suis assoupi. Dix secondes ? Dix minutes ? Impossible de le dire. Avais-je les yeux fermés ? Mais au fait, pourquoi donc les garder ouverts puisque je n'y vois rien ? Le traîneau se rappelle à moi par un violent coup dans les reins. Mais non, je ne dormais pas, je rêvais...

Je me vois dans un petit restaurant auvergnat. Une jolie femme en robe légère en face de moi... Je commande un steak tartare en entrée, suivi d'une côte de bœuf bien saignante avec un os à moelle, le tout accompagné d'un château-la-tronche, cuvée 96. Mes papilles gustatives sont déjà proches de l'orgasme... Le film se déroule en boucle, enrichi à chaque passage de nouveaux détails : une odeur de pipe à la table voisine, le crépitement du feu dans la cheminée, l'œil complice de ma charmante compagne... Nous passons cinq heures d'un merveilleux déjeuner avant qu'elle ne demande l'addition et que je règle le pourboire.

Tiens, déjà la nuit ! Il est quinze heures, l'heure de camper. La côte basse n'offre aucun abri. Une tache noire sur ma droite attire mon regard : simple rondin de bois échoué. Ce sera là mon bivouac. J'attache les deux haubans arrière de la tente au traîneau et déploie les arceaux. La toile claque au vent. Les gestes sont précis et rapides. Nul besoin de lampe frontale. Dresser la tente dans l'obscurité est devenu un automatisme. Après une heure de terrassement, mon abri est solidement arrimé et je ris à gorge déployée face aux bourrasques de neige en fredonnant : « Avec ma maison sur le dos, comme un escargot... » Vient ensuite une bonne heure de brossage et je suis chez moi. J'allume la bougie. Quel réconfort ! Encore un peu de rangement et l'instant solennel arrive. Celui qui décide de ce que sera la soirée – misérable joute ou luxueuse détente : le feu. Dans la toundra, celui-ci se résume à quelques flammes sorties d'un excentrique tas de ferraille, un réchaud. Entre Nida et Iambourg, mon essence était mêlée d'huile et du coup, je devais me débattre chaque soir pour assurer ma survie. À Iambourg, mes amis miliciens m'ont offert dix litres d'un excellent combustible et depuis, je vis heureux, sec et repu.

Le mauvais temps continue de sévir encore les jours suivants. Ma rêverie gastronomique ne suffit plus à effacer les intempéries. L'inspiration se tarit. Je dois me forcer pour imaginer de nouvelles séquences. J'ai beau commander deux steaks tartares en entrée, ajouter à ma côte de bœuf quelques os à moelle de plus, traîner entre salade, fromage et dessert, le repas, trop souvent resservi, n'a plus la même saveur. Je n'arrive même pas à trouver un prénom à cette jeune femme qui s'impatiente. Le déjeuner est ennuyeux et c'est moi qui règle l'addition. Il va falloir trouver autre chose...

Que la nature paraît docile, après la tempête ! Je n'en crois pas mes yeux et mes moustaches libres de glace. Le ciel a pris une teinte inhabituelle que je ne lui connaissais pas. Il est bleu ! Je double le cap Parousny, serrant les falaises au plus près pour éviter les amoncellements de glace. La vie est belle et, ce soir, la lune est ronde – sa manière à elle de me féliciter, je suppose, de mes bonnes dispositions. Se faire l'ami des esprits de la nature me paraît bien utile, en ce pays où naissent tous les vents. Vous avez le choix entre *paziomok*, *viouga*, *metel*... À moins que vous ne préfériez *pourga*, *bouran*, *ouragane*[1] ? Tout cela pour traduire : la « tempête », avec ses nuances et ses nuisances. La météo du lieu est donc stable : blizzard. C'est mon lot quotidien. Lorsque le vent souffle à 70 km/h et que le thermomètre affiche – 35 °C, gare aux gelures ! Compte tenu du facteur de refroidissement imputé au vent, cela donne – 75 °C. Mais le plus difficile à supporter restent ces variations de température, fonction de la direction des vents.

Vent d'ouest : – 7 °C, grisaille, visibilité nulle. J'évolue dans le néant.

Vent du sud : – 30 °C, humidité. Je suis couvert de givre.

Vent du nord-est : – 40 °C, temps dégagé. Je suis pétrifié par la congélation.

Dur pour le matériel, impitoyable pour l'homme, le climat de la toundra sibérienne ne fait pas de compromis. Ajoutez à cela la nuit permanente et vous comprendrez les difficultés d'une telle progression. N'invoquez pas la beauté des aurores boréales

1. Dans l'ordre cité : bonne brise, grand frais, coup de vent, tempête, violente tempête, ouragan.

enflammant la voûte céleste au-dessus de forêts d'épinettes. Ici, le seul bois que l'on puisse découvrir se trouve charrié par le fleuve Ob et échoué sur les berges. Il y a bien quelques saules rabougris le long des rivières, dont on se sert pour chauffer les tchoum, mais ils semblent plutôt conçus pour entraver la marche des traîneaux.

Depuis Iambourg, la côte est moins déserte. Le poisson est plus abondant et donc les pêcheurs plus nombreux. Il m'arrive de partager une nuit avec quelques braconniers – puisqu'ils se désignent ainsi. Ils vivent dans des balok, wagons ou citernes aménagés, souvent enfouis sous la neige au point qu'il est difficile de les découvrir. J'en ai même vu habiter une épave échouée sur le rivage. Ils posent leurs filets sous la glace et troquent leurs prises auprès de commerçants qui se déplacent en véhicules chenillés. Ravitaillement en vodka assuré.

La pêche à l'esturgeon est interdite. C'est pourtant le poisson le plus recherché. On pêche au printemps des spécimens de cent kilos, caviar en sus. Les inspecteurs sont nombreux, surtout en période de nouvel an (il faut bien agrémenter sa table). Mais les braconniers, malins, parviennent le plus souvent à déjouer leurs pièges. Il faut dire que le malheureux surpris en flagrant délit risque gros : confiscation de son matériel, de sa motoneige et amende équivalant à plusieurs centaines d'euros. S'il y a récidive, chaque esturgeon coûtera une année de prison ! Enfin... selon les textes de loi car, dans les faits, on préfère régler l'affaire à l'amiable, c'est-à-dire en esturgeons. Si les pêcheurs se plaignent, c'est d'un mal plus sournois. L'exploitation gazière et pétrolière, pratiquée sans souci d'écologie, vient polluer les rivières où fraye le poisson. Les alevins meurent par manque d'oxygène. Lorsqu'on connaît la croissance extrêmement lente d'un poisson comme l'esturgeon, on est en droit de se poser quelques questions sur l'avenir de l'espèce.

La silhouette d'un homme se détache sur l'horizon rougeoyant. Son traîneau attelé de quatre rennes est stationné sur la plage enneigée. Il glane, çà et là, quelques bûches de bois flotté. Il est splendide, dans sa *gouze*[1] blanche. Il vient vers moi, hache

1. Longue pelisse avec capuche intégrée, en fourrure de renne (parfois de faon), portée par les Nenets, poils tournés à l'extérieur, au-dessus d'une malitsa, tunique qui, elle, se porte poils à l'intérieur.

à la main, et nous échangeons des politesses. L'homme garde un troupeau de rennes qui paît non loin de là. Les traces de loup que j'ai croisées à deux reprises sur la banquise le contraignent à passer la nuit auprès de ses bêtes. Il me conseille de rejoindre un campement installé à cinq kilomètres à l'intérieur des terres. J'hésite. Il est déjà tard et, avec mon chargement, cette distance représente plus d'une heure de route. Tout en discutant, j'observe l'horizon en feu derrière lui.

— Avez-vous vu le ciel ? Il fera mauvais demain...

— Sûrement beaucoup de vent, acquiesce-t-il.

Nous nous serrons la main. Je règle mes fixations et m'en vais à la recherche du camp nenets.

Après une heure de route, la nuit est sur moi et le vent s'en mêle. Trouver la tchoum devient problématique. J'écarquille les yeux, mais ne distingue rien d'autre que le gris et le noir. N'ayant rien reçu depuis le matin, mon estomac crie famine. Je le calme d'un bout de poisson gelé et reprends la marche. Une heure s'écoule encore. Je désespère quand soudain un foyer attire mon attention. Je braque droit vers le fanal, allumé sans doute pour guider les bergers. En moins d'un quart d'heure, j'arrive à bon port au campement.

Deux tentes coniques s'élancent vers les cieux. Une ombre auprès de l'une d'elles m'invite à entrer boire le thé. Je traîne un peu pour ranger mon matériel afin de mieux jouir du saut dans le temps qui m'attend derrière la porte de peau. Ayant pénétré sous le porche, je laisse mes yeux s'accoutumer à la pénombre. Deux femmes aux cheveux longs nattés s'agitent autour d'un poêle en fer. La faible lueur d'une veille lampe à pétrole anime les ombres indiennes. Nous partageons un copieux repas d'esturgeon *stroganina*[1] avant d'engager la conversation. Le jeune maître de maison a le regard fier et hautain du Nenets. Mon expédition ne l'impressionne pas. Elle n'est rien, en regard de la nomadisation. Voilà une bonne thérapie pour mon orgueil.

Il me raconte sa pêche. C'est en traîneau à rennes qu'ils vont installer leurs filets, à une quinzaine de kilomètres de la côte, sur la banquise. Les rennes, qui d'habitude répugnent à s'engager sur la glace, sont dressés dans ce but. Aujourd'hui, comme la tempête

1. Poisson gelé coupé en fines lamelles et mangé cru.

a recouvert leurs traces, ils n'ont pu retrouver l'emplacement de leurs filets – ils évitent de les signaler pour ne pas y attirer les inspecteurs. Conscient de l'intérêt que portent les Occidentaux au mammouth, il mentionne qu'il connaît l'emplacement d'un squelette complet avec ses défenses. Et en rajoute ; il aurait même découvert une carcasse fossile de lamantin... Devant mon scepticisme, il se fait acerbe. Enfin nous sombrons sous les peaux de renne dans un profond sommeil. Le feu s'éteint, mais la température ne chute que lentement du fait de la double épaisseur de peau du tipi.

Vers minuit, le bruit d'une chenillette nous réveille brusquement. La femme saute de son lit. En un tournemain, elle ranime le feu et prépare une collation. Selon l'usage, les marchands posent deux bouteilles de vodka sur la table. Je crains le pire – qui ne tarde pas à arriver. Aussitôt la chenillette repartie, les bouteilles sont vidées. Triste spectacle, que je fuis aux premières lueurs du jour.

La baie de Tazovsky me sépare encore d'Antipaïouta. Je m'engage dans sa traversée en traçant une route directe de trente-cinq kilomètres. La côte s'efface derrière moi. Je ne suis plus qu'un point minuscule perdu sur la banquise. La température est de – 37 °C et le vent de face me gèle le nez. Le sprint terminal s'engage. Au terme d'une course de neuf heures, j'atteins la côte de Guyda. À l'approche des terres, le souffle glacial du vent s'apaise. Quelques tchoum, encerclées par des traîneaux, sont plantées à la périphérie du village. À deux reprises, je demande à des enfants le chemin de la station météo où est censé résider Éric, mais, effrayés, ils s'enfuient. Ai-je donc une allure si repoussante ?

Les chiens ne se doutent pas que l'homme qui s'avance dans la nuit est leur maître. Sharik, le premier, me reconnaît. Puis c'est le tour de Pouchok, qui se met à faire des pirouettes. Sokol, lui, sautille sur place, frétillant comme à son habitude, quant à Bars, il est méconnaissable. La queue entre les jambes, les flancs creux, le poil terne, il s'approche timidement. Je lui connaissais une âme sensible, mais je ne l'imaginais pas à ce point vulnérable. L'absence de son maître l'a véritablement traumatisé. Le choc psychologique a été d'autant plus rude qu'un vagabond canin du village lui a administré une sévère correction. Bars a perdu son statut de chef de meute. Il lui faudra progressivement retrouver son équilibre mental, à mes côtés. Je retiens mes larmes, envahi par l'émotion. J'ai retrouvé ma petite famille. Enfin !

Si vous désirez expérimenter le climat sibérien, venez donc à Antipaïouta. Le lendemain de mon arrivée, le blizzard se déchaîne ; et il va durer dix jours. À cause d'une panne d'électricité, je ne pourrai rien voir du village durant toute cette période. Si seulement Païouta existait... peut-être y aurait-il là-bas un « anticlimat » plus favorable...

À l'approche du nouvel an, les nomades de la péninsule de Guyda qui n'ont pas migré plus au sud rejoignent la périphérie d'Antipaïouta. La vodka fait des ravages chez ces autochtones. Leur métabolisme ne résiste pas à l'alcool. Certains ont heureusement choisi l'abstinence. C'est le cas de Boris. Dès notre première rencontre, j'ai lu dans ses yeux la droiture et l'honnêteté. Boris est un Nenets qui ne craint pas la solitude. Il part régulièrement chasser le loup ou le renne sauvage durant des semaines, bivouaquant à la belle étoile. Connaissant parfaitement la région, il pointe sur mes cartes un cimetière de mammouths qu'il aurait découvert. La famille de cinq individus serait parfaitement conservée dans le pergélisol ou permagel[1]. Fourrure, chair, défenses, le tout intact, prétend-il. Il m'offre un bout de défense et formule quelques plans d'expédition à mes côtés.

Lors de mon séjour au village, Éric et moi entraînons les chiens et en recrutons de nouveaux :

— Voltchok : recueilli auprès de la décharge. C'est une bonne référence.

— Longgy : acheté et volé trois fois. Fera-t-il partie du voyage ?

— Bim : une vieille épave toujours couverte de glaçons.

— Artchoum : fort et typé comme un chien eskimo.

— Kiss-Kiss : un petit râblé plein d'enthousiasme.

— Ermak : un pur husky moscovite aussi nerveux qu'énervant.

Ma meute compte dorénavant dix individus.

1. Pergélisol ou permagel, en anglais *permafrost*, en russe *merzlota* : sous-sol perpétuellement gelé. Seule la couche supérieure peut dégeler en été : c'est le mollisol.

Rappelez-vous l'ambiance de Karataïka du mois d'avril dernier et transposez-la un millier de kilomètres plus loin. La mafia nenets semble avoir élu son quartier général ici. On nous vend des chiens qui nous sont volés le soir même. C'est ainsi qu'une nuit des enfants viennent nous présenter un cabot dont l'allure me paraît bien familière. Nous nous esclaffons. C'est Sharik qui, laissé en liberté autour de la station, vient de nous être proposé pour trois cents roubles seulement. Une affaire à ne pas manquer !

Auprès de Slava, venu me vendre une malitsa au double du tarif habituel, je m'enquiers des raisons de cette inimitié. Il répond tout de go : les Nenets n'aiment pas les Russes ; ils n'ont pas oublié la répression subie durant l'époque soviétique.

— Des amis étrangers, nous n'en avons pas besoin. Nous sommes riches grâce au poisson que nous vendons.

Éric, malgré cela, s'est parfaitement adapté à son environnement. S'il ne parlait pas un traître mot de russe à son arrivée, il maîtrise à présent très correctement l'« espéranto » de la toundra. Tel un chien, il comprend sans pouvoir parler...

Ce Jurassien s'est attaché à transformer mon attelage fait de bric et de broc en un véritable équipage de course. Les vieux harnais de cuir sont remplacés par de l'équipement de pointe bariolé. Finis, les coups de dents qui tranchent de vieux bouts de corde ramassés dans quelque poubelle. À la formation en éventail que j'avais adoptée selon la mode nenets, succède celle en tandem double.

La péninsule de Guyda est un désert minéral strié de rivières et de montagnes. Elle me sépare du bassin de l'Ienisseï. J'ai tracé une route qui pourrait surprendre les Nenets, habitués à voyager en ligne droite, assis sur leurs traîneaux à rennes. Avec un chargement de plus de quatre cents kilos, des chiens peu entraînés ou non initiés, j'ai dû choisir un itinéraire offrant le moins de dénivelé possible, même s'il est plus long. Cette traversée risque d'être l'une des plus difficiles de mon expédition.

3

La nuit infernale de Guyda

Jour 368 : 24 décembre 2001.
Antipaïouta ; km 4 900.
Position : 69° 06′ N 76° 52′ E

Quelques mètres après avoir donné l'ordre de départ, voilà le traîneau qui cale face à une congère. Les chiens s'assoient sur leur derrière, comme s'ils n'étaient pas concernés par cette affaire. Habitués à de petites promenades autour d'Antipaïouta, ils sont loin d'être encore rodés. Je suis perplexe. Ma prochaine véritable escale est la ville de Doudinka, distante de sept cents kilomètres. J'espère dénicher une exploitation gazière supposée être à environ quatre cents kilomètres d'ici, mais je n'ai même pas sa position exacte. La péninsule de Guyda est une des régions les plus sauvages de Sibérie occidentale. Je ne trouverai sur mon chemin ni piste, ni isba, ni même de campement nomade. Nous sommes le 24 décembre, au lendemain du jour le plus court de l'année, autrement dit au cœur de la nuit polaire.

Boris vient m'aider à dégager le traîneau et nous traversons le village dignement. Éric est là, lui aussi, pour m'accompagner jusqu'à la banquise. L'hélicoptère qui devait le ramener vers la civilisation vient de nous survoler. Éric n'a pas bronché, se sentant sans doute responsable de cet attelage qu'il a entraîné pendant deux mois.

Traversant les faubourgs du village, nous croisons un attelage de rennes. Boris s'arrête pour un brin de conversation. Je comprends qu'il négocie une de leurs bêtes que je pourrais remorquer vivante en guise de pique-nique. L'idée n'est pas dénuée de sens.

Elle présente l'indéniable avantage d'avoir un garde-manger ambulant et non pesant. Cependant, après avoir considéré la question sous tous ses angles, j'estime que les six débutants vont me donner suffisamment de fil à retordre sans ajouter un septième luron au régiment. Mes souvenirs de marche avec les rennes restent en outre cruellement imprimés dans ma mémoire. L'innocent cervidé est donc épargné et nous nous éclipsons.

Le temps est complètement bouché. Je ne distingue rien à part les chiens, et perds vite la piste de Boris. Je suppute que mon ami chasseur, en bon Nenets qu'il est, a volontairement mis les gaz, histoire de me semer. Une occasion de ridiculiser le Voyageur français, ça ne se loupe pas. J'arrête mon traîneau, fais un tour d'horizon et donne le cap au jugé à Pouchok, attelé en tête. Bientôt, j'aperçois trois taches noires. L'une est la motoneige, l'autre Éric frigorifié et la troisième mon Nenets couché sur la neige comme un phoque.

— Comment nous as-tu retrouvés ? bredouille Boris innocemment.

— Tu vois là, dis-je en pointant l'index sur mon front et en imitant l'accent nenets, j'ai une boussole dans la tête...

Boris, beau joueur, comprend que je lui ai servi un chien de sa chienne, et nous éclatons de rire tous les deux. Nous couvrons encore une vingtaine de kilomètres puis j'installe le bivouac tandis qu'Éric s'occupe une dernière fois de la meute. Je devine qu'il ressent un pincement au cœur. Sans doute aurait-il aimé faire partie de cette équipe qui s'en va vers l'inconnu. Peut-être, aussi, aurais-je aimé partager avec lui ma passion, mais je suis déjà trop loin, trop solitaire, trop individualiste. Après une bonne collation, mes deux compères me quittent et je reste enfin seul. Le blizzard se lève bientôt. Les petits nouveaux se plaignent déjà, au-dehors. Ils apprendront bien vite qu'aucune habitation ne les protégera plus. La neige sera désormais leur seule couverture dans la spacieuse chambre à coucher de la toundra.

Le lendemain, alors que je m'apprête à quitter l'endroit, un attelage de rennes arrive à ma hauteur. Un Nenets aux jambes arquées descend de son traîneau et m'interroge :

— D'où viens-tu ?

— De loin...

— Où vas-tu ?

— Par là...

— Où par là ?

— De ce côté...

— ?...

Mes réponses, volontairement évasives, paraissent l'embarrasser. Il doit me prendre pour un fou, mais qu'importe. Je suis fatigué des conversations. J'ai grand besoin de solitude et d'action.

— Allez les chiens ! Allez hop !

Nous marchons sur une plaine verglacée convenablement nivelée. Le terrain est idéal ; pourtant, la moindre ondulation fait caler le traîneau. Pauvres chiens. Comprennent-ils seulement ce qui leur arrive ? Tout allait si bien, à Antipaïouta. Le traîneau était léger, la couche douillette, les repas copieux... Je ne parierais pas un kopek sur notre réussite. Guyda aura sûrement notre peau.

Pousser le traîneau, le débloquer par de violents coups de reins m'a mis en nage dans ma gouze. La fin d'étape venue, il me faut rapidement me changer. Mais aussitôt ma fourrure retirée, je me transforme en bloc de glace. Il fait – 45 °C et je ne porte qu'un sous-vêtement léger. Avant de mieux me vêtir, je dois impérativement ôter le givre qui me recouvre. Le temps de chercher la brosse dans le sac de traîneau, mes mains ont gelé. Que faire ? Enfiler les gants de rechange ou remettre d'autres vêtements ? Vite ! Hésiter, c'est se condamner. J'opte pour les gants puis, abrité du vent derrière le traîneau, me brosse énergiquement. Je suis à deux doigts de la congélation. J'enfile ensuite deux vestes polaires parfaitement sèches et de nouveau ma gouze avant de reprendre activement les tâches du campement. Une fois la tente montée, je suis sauvé, pour ainsi dire, même si je dois m'agiter comme un malade pour rendre un semblant de vie à ce qui n'est plus qu'une paire de moignons sans utilité. Lorsque je commence à souffrir de l'onglée, je sais que ma circulation sanguine se réactive. C'est bon signe, mais cet épisode horriblement douloureux me fait prendre conscience de mon extrême vulnérabilité. Perdre l'usage de ses mains conduit à une mort certaine.

L'incident prouve également que mon habillement n'est pas encore au point. Mon nouvel équipement de fourrure nécessite des tests, des réglages, des modes opérationnels qui respectent le cahier des charges : objectif numéro un : « Être sec et le rester » ; objectif numéro deux : « Ne pas perdre ses mains » ; objectif numéro trois : « S'activer pour ne pas geler ». Trois règles d'or de survie dans l'Arctique qu'il faut se répéter mentalement à longueur de journée.

Cette étape révèle de nombreuses incertitudes : sur les chiens, les fourrures, le terrain, l'essence du village, la localisation de la base gazière et même le froid, plus rigoureux, par ici. Trop de paramètres et d'inconnues à définir par l'improvisation pour ne pas subir, tôt ou tard, un malheureux contretemps. Dans le Nord, ne pas prévoir l'imprévisible c'est entrer d'un pas assuré dans une zone à haut risque. Si je n'y suis pas encore, cela ne saurait tarder...

La lune est pleine. Nous traversons la baie sous une luminosité opaline en direction de murailles zébrées. Pouchok et Sokol, en tête, semblent assimiler peu à peu les ordres de direction. Le traîneau avance, somme toute, à bonne allure, malgré le vent du sud qui nous frigorifie. Après une semaine de marche, la routine commence à s'installer. Dix chiens, cela demande du travail, au bivouac. Il faut installer la ligne d'attache, l'extirper des congères au matin, nourrir et soigner ses bêtes, assouplir les harnais gelés, etc. Bien que je prenne sur mes heures de sommeil, ces tâches réduisent notablement le temps passé sur la piste.

Les renseignements fournis par Boris ne correspondent pas à ce qui s'étale sous mes yeux. Je suis à la recherche de l'embouchure de la rivière Saliapaïoutaïakha, que nous devons remonter jusqu'à sa source, mais sur ces terres basses, je ne discerne pas grand-chose. Une lagune peut très bien cacher l'embouchure. Je décide donc une reconnaissance à pied pour le lendemain.

Nous sommes le 1er janvier 2002. Le temps est beau et calme. Pour la première fois, je libère tous les chiens, non sans garder un œil attentif sur les nouveaux. Une énorme lune orangée plonge dans la banquise immaculée avant de reprendre de l'altitude au-dessus de l'horizon nord. Si le soleil ne se lève plus, elle, par contre, ne se couche plus.

Deux heures de marche ne m'ont pas permis de trouver la rivière. Je m'apprête à faire demi-tour quand une querelle éclate soudain dans la troupe. Et en un instant, le combat dégénère. Sept chiens enragés s'en prennent à Sokol, qui se débat courageusement. J'interviens au plus vite dans la mêlée, mais ni mes coups de pied ni mes ordres n'ont d'effet sur la horde déchaînée. N'ayant qu'une laisse sur moi, je ne peux écarter qu'Artchoum et Longgy, les plus agressifs. Face aux autres, je reste impuissant. Le pauvre Sokol est mordu férocement de toutes parts. Rendus fous furieux, les deux molosses que je retiens se débattent au point que le mousqueton de la laisse finit par casser ; aussitôt ils se ruent à nouveau sur leur proie. Ce ne sont plus que des loups assoiffés de sang. Artchoum a saisi Sokol à la gorge. Il comprime la carotide avec la froide détermination d'un tueur appliqué. Les autres mordent où ils peuvent. Je hurle. Je frappe. Je suis désespéré... C'est un carnage.

Sokol gît à présent inanimé. J'ai pu faire lâcher prise à Artchoum en l'empoignant par les testicules. J'écarte Longgy en le tirant par la queue. Les autres abandonnent leur proie, l'un après l'autre, quand je m'éloigne en les appelant par leurs noms. Nous rentrons au campement. La dépouille de Sokol est abandonnée à Bars, qui achève lâchement sa victime.

Voilà la meute attachée. La nuit est glaciale. Ou peut-être mes frissons ne sont-ils dus qu'à l'émotion ? Non. Le thermomètre flirte avec les – 50 °C. J'ai extirpé le fusil de son fourreau et m'en retourne mettre fin aux souffrances de mon plus cher compagnon. Peut-être est-il déjà mort ? Je redoute l'issue fatale, me refuse à imaginer le pire. J'avance fébrilement vers le lieu du crime. La mer de glace est silencieuse. Pas un souffle. Comme si les éléments retenaient leur respiration face à la tragédie. À mon approche, une silhouette se lève, titubante, fait quelques pas vers moi, puis s'effondre dans la neige.

— Sokol, ne t'inquiète pas, mon chien. Tout ira bien tu vas voir...

Tout en le caressant de mes grosses moufles, j'inspecte son pelage fauve déjà recouvert de glace. Il n'y a aucune trace de sang, mais ses extrémités sont gelées. Il fait tellement froid. Après l'avoir réconforté quelques instants, je le charge sur mes épaules et repars en priant pour qu'il survive. Notre marche macabre dans la phosphorescence nocturne paraît durer une heure. J'essaie de ne pas penser, seulement de mettre un pas devant l'autre. La masse inerte de mon chien me brise les épaules. Pourquoi tant de beauté dans le firmament constellé alors que se joue un drame sur la banquise ? Le Grand Nord se moque bien de mon chagrin.

Enfin la tente. Sokol y pénètre de lui-même, sachant que là est sa seule chance de salut. Je l'installe confortablement sur ma malitsa et le cajole tendrement.

— Tout doux, Sokol. C'est bien. Sage, mon chien.

Avec le réchaud allumé, la température est montée rapidement. Sokol paraît reprendre vie bien que son souffle soit saccadé. Ses yeux doux me dévisagent. Ils m'avouent ne pas comprendre.

— Pourquoi une telle haine ? Pourquoi m'ont-ils tué ?

Puis il s'allonge de tout son long. Sa respiration n'est plus qu'un râle.

— Ne meurs pas, Sokol. Je t'en supplie !

Mais Sokol est déjà mort et je pleure en lui massant le cœur. Je pleure sur l'innocence et mon enfant perdu. Je pleure la mort et ce qui ne sera plus. Sokol, magnifique laïka, se voulait l'ami de tous. Son caractère enjoué mettait de la gaieté au voyage. Sokol, mon petit, avait toutes mes faveurs. Sans doute est-ce pour cette raison qu'il ne parvenait pas à être aimé des autres.

L'idée d'abandon m'a effleuré l'esprit. Trop de souffrance. Trop de peine. Trop de déchéance. Mais où aller et que faire ? Ma place est ici, malgré tout, auprès des chiens.

Étourdi, je suis sorti, portant dans mes bras le cadavre encore tiède de mon doux compagnon. La chaleur d'un corps, n'est-ce pas encore un tout petit peu de vie ? Les larmes ont gelé sur mon visage. J'ai poussé un cri affreux pour épancher mon désespoir. Les chiens, confondus, se sont tus. Neuf statues de marbre ont contemplé la lune insolente. L'esprit confus, j'ai pelleté. Sokol s'est installé délicatement dans son linceul. Quelques gestes ont suffi à le faire disparaître à jamais. Un monticule de neige s'est ajouté à tant d'autres sur la terre de la désolation. Son jeune corps gît désormais dans les glaces de Tazovsky. Viendra le printemps et le gouffre des eaux noires s'ouvrira pour éroder, nettoyer et anéantir les œuvres de l'hiver passé. Le funeste tombeau n'existera plus qu'en mon cœur. Sokol, pourquoi m'avoir quitté sous la pleine lune ? Va au paradis, mon ami.

Cet endroit est maudit. Il me faut partir au plus vite. La survie dans l'Arctique laisse peu de place à l'épanchement des sentiments. Cependant, mon moral en a pris un coup et ma relation avec les chiens s'est détériorée. Même si je sais que le Nord favorise les plus forts, comment ne pas leur en vouloir ? Les chiens ont compris que je les mènerai désormais d'une main de fer. Aucun ne conteste mes ordres. Nous avançons dorénavant plein sud, en direction de la rivière Balchaïa-Kharboutaïakha et je ne stoppe l'attelage qu'à la nuit tombante. Une forme conique blanche, sur la côte, ne peut être qu'une tchoum, sans doute inhabitée. J'établis donc mon campement sur la banquise et fuis au plus vite le vent glacial en me calfeutrant dans mon abri.

Je suis réveillé au matin par les aboiements des chiens. Un renard, peut-être. Mais quelques instants plus tard, des bruits de pas me font sursauter. La tchoum était habitée ! Heureux de la découverte, je vais y passer deux jours pour sécher mes peaux et profiter des dernières bouffées de chaleur avant la grande traversée. Valentin prépare mes *kisy*[1] en y ajoutant une semelle de paille. Interrompant son travail, il me fixe longuement comme pour sonder ma détermination ou s'imprégner de l'image de cet homme qu'il ne reverra sans doute jamais.

— Ton voyage sera dur. Tu risques fort de geler en chemin. Nous attendrons de tes nouvelles sur Radio Doudinka.

Ces paroles peu encourageantes résonnent en moi comme une sentence, mais je me sens prêt à l'assumer.

— *Lokamboï !* Adieu les hommes ! comme disent les Nenets avant un long voyage.

Adieu la baie de l'Ob ! J'entre dans les terres. Je deviens animal dans un univers minéral où seul le mental m'aidera à survivre. Plus j'avance dans le cœur de la péninsule de Guyda, plus le thermomètre descend et plus j'ai l'impression de consommer mes cartouches, d'entrer dans un tunnel qui ne mènera nulle part. Mes notes laconiques griffonnées à la hâte sur mon journal de bord en témoignent.

5 janvier, – 52 °C. C'est dur, inhumain

Douleurs abdominales. Sans doute les têtes de poisson rances que j'avais récupérées dans la tchoum... Nous avons trouvé la rivière. Pouchok fait du bon boulot. Il choisit bien ses ponts de neige entre les zones de glace vive et coupe adroitement au plus court, plutôt que de suivre les courbes du cours d'eau. Personne ne lui a jamais enseigné un tel procédé. Pouchok est un excellent autodidacte qui débute une belle carrière de chien de tête.

Le vent me recouvre d'une carapace de glace. Je transpire malgré le froid, ce qui annonce une soirée difficile. Que faire ? Il

1. Terme utilisé en Sibérie pour désigner les cuissardes (ou *toboggi*) des Nenets.

faut bien tirer et pousser ce traîneau ! Je tâtonne toujours pour trouver le meilleur compromis vestimentaire. Je porte ma gouze sur la piste et revêts ma malitsa au bivouac, mais suis très engoncé dans le vêtement, sous la tente. La malitsa est devenue ma tenue de survie. J'en prends un soin extrême en évitant de condenser à l'intérieur.

Je passe un temps fou sur mes vêtements. Couché à une heure du matin, épuisé.

C'est dur et ça risque de le devenir encore plus...

7 janvier, – 42 °C. Un peu de répit

Sensation de chaleur au réveil. Il ne fait que – 30 °C sous la tente. La vie redevient facile, avec dix degrés supplémentaires. Hier soir, je me sentais tellement frigorifié que j'ai placé la tête carrément au-dessus du réchaud. J'ai grillé quelques poils de barbe et de malitsa, mais c'était tellement bon...

Si le temps se maintient aux grands froids, je vais manquer d'essence et serai très juste en vivres. À Antipaïuta, mes prévisions s'étaient basées sur mes consommations du mois de décembre, mais par – 50 °C, il faut presque doubler la mise. Encore une erreur. La bêtise de l'hiver passé ne m'a pas servi de leçon ! Rationner sera difficile par ces températures.

Plus on grimpe, plus le ciel rougit. Bientôt le soleil !

Mon petit Sokol me manque...

8 janvier, – 52 °C. Froid !

Pouchok a déconné toute la journée. Il nous emmène n'importe où et n'en fait qu'à sa tête. Dès demain, je règle mes comptes avec lui. Kiss-Kiss donne du punch à toute l'équipe.

Le paysage est superbe, avec ses falaises de rocs dénudés et ses gorges vitrifiées. Il faut être fou pour s'émerveiller encore dans ces conditions !

J'oubliais. Le téléphone-satellite ne fonctionne plus depuis Antipaïouta. Donc si je voulais l'aventure, la voilà !

Tout lien avec le monde extérieur est rompu. Peut-être ma petite balise Argos, censée renseigner ma base arrière sur ma position, émet-elle encore. Mais au fait, quelle base arrière ? Depuis le 24 décembre dernier, je n'ai plus personne derrière moi. À moi de jouer, seul. Intérieurement, ce défi me plaît et ne me fait pas peur. Il va falloir être fort et adroit car la moindre erreur tactique sera fatale. Je suis dans cet univers de glace comme un équilibriste sur sa corde tendue au-dessus du vide. Et sans filet, désormais.

Les chiens, comme moi, subissent ces températures avec quelques misères. Le courageux Kiss-Kiss saigne de la bouche tant il met de cœur à l'ouvrage. Savoir doser ses efforts est primordial, lorsqu'on fait du sport par – 50 °C. Mais ce n'est pas toujours possible sur ce terrain accidenté. Le soir, mes peaux sont humides de transpiration. Et le matin, elles sont si gelées que je dois les mettre en forme avant de pouvoir y pénétrer. Si seulement j'avais de l'essence en quantité suffisante... mais tous mes calculs conduisent vers une échéance que j'appréhende terriblement : une semaine sans réchaud en fin de parcours – à savoir l'hypothétique base gazière. Pourrai-je passer au travers ? Il me faut tout rationner, n'allumer le réchaud que le soir et, le matin, me contenter de thé tiède et de pemmican gelé. Le thermos trouve donc sa place dans le sac de couchage et au réveil, je ne réchauffe la tente qu'à la lueur de la bougie : – 45 °C.

12 janvier, – 55 °C. Vent d'est. Vais-je tenir ?

Ces derniers jours ont été durs. Même pas pu écrire mon journal...

J'ai l'impression d'être un cosmonaute en sortie extra-véhiculaire. Le parallèle est d'autant plus justifié que ma gouze est raide comme un scaphandre. Le réchaud fonctionne mal et en plus je dois me rationner. Je vis comme une larve au fond de son trou.

Une fausse manœuvre m'a coûté une gelure au doigt. Quelques minutes en sous-gants pour ajuster un arceau ont suffi. La sanction a été immédiate. Température + effet conjugué de la bise = – 90 °C.

Comme un malheur ne vient jamais seul, je me suis claqué un muscle du dos en brossant l'intérieur de la tente. Je souffre à la fois de l'un et de l'autre. Je me sens misérable, mais je m'efforce de ne pas trop m'apitoyer sur mon sort. Heureusement que je n'ai plus de téléphone. Peut-être aurais-je appelé au secours. De l'essence ! Des vivres ! À l'aide ! J'ai faim ! J'ai froid !

C'est dur aussi pour les chiens. Bim n'en a plus pour très longtemps. Il reste prostré sans rien vouloir avaler. Quelle folie que tout cela !

Couché dans ma malitsa, mort de fatigue.

Le voilà, l'hiver sibérien. Ce froid qui vous étreint et ne vous lâche plus. Si j'analyse ma situation présente, la difficulté n'est pas tant la progression. C'est au contraire le moment de plus grand confort. Le véritable souci est le temps nécessaire pour effectuer les mille et une tâches du bivouac qui, compte tenu de la température, est doublé. Chaque geste est d'une lenteur extrême. L'esprit, même, fonctionne au ralenti. La moindre manipulation doit être répétée mentalement avant d'être effectuée maladroitement avec des mains engourdies. Le temps file à une allure vertigineuse. Résultat : trois heures sur la piste, quatre heures de sommeil et pour le reste, une pitoyable vie de taupe...

Près de sa source, la rivière n'est plus qu'un canyon. J'observe la brume de condensation marquant notre sillage. Quel froid et quelle beauté glaciale ! Je n'ai malheureusement pas assez d'énergie à perdre pour filmer la scène. De toute façon, caméra et appareil photo sont hors d'usage. Le gel est tel qu'il me brûle la langue, et colle mes paupières instantanément lorsque je les ferme. Nous sommes dans un véritable désert. Où sont donc ces troupeaux de rennes sauvages que l'on me promettait avant mon départ ? J'ai bien espéré découvrir un campement de nomades, le seul encore dans cette région à cette époque de l'année, mais leur piste, suivie pendant quelques jours, s'est écartée de ma route. Sans doute est-ce mieux ainsi pour moi qui ne suis plus qu'un bloc de glace mouvant...

17 janvier, – 52 °C. Retour du soleil. Enfin !

Nous avons atteint la rivière Messoïakha. Elle est large et bien roulante. Nous avons parcouru quarante kilomètres aujourd'hui. Le moral remonte. Il y a quelques buissons çà et là. C'est déjà beaucoup comparé à la nudité de la toundra.

J'étais en train de collecter du petit bois lorsque j'ai vu apparaître le haut du disque solaire rouge sang. J'ai pensé qu'il allait bientôt replonger, mais il a pris de l'altitude et c'est une énorme boule jaune qui a embelli le paysage.

Voltchok et Bars se sont enfuis aussitôt la ligne de traîne déroulée. Pouchok et Longgy prennent, au contraire, leur boulot très au sérieux. Ça compense...

Avec ce froid, les fermetures et les clips cassent comme du verre. Il me faut même prendre garde à ne pas fendre mes fourrures en les dépliant le matin. La tente tient bien le coup. Que ferais-je sans elle ?

Tout mon corps est meurtri, mais aussitôt le réchaud allumé, c'est la vie retrouvée. Qu'en sera-t-il lorsque je n'aurai plus d'essence ?

18 janvier, – 30 °C. Tempête. Repos

Je reste au campement et en profite pour récupérer. Par – 30 °C, j'étouffe et suis pieds nus dans la tente. Je n'allume pas le réchaud de la journée, économie oblige.

Perce la cloque de ma gelure et me masse avec une crème antibiotique. Ce n'est pas beau à voir, mais la nécrose n'est pas trop importante.

Nous sommes sortis de la nuit, mais pas de l'hiver.

Le traîneau est arrêté sur une lagune de sable. Je prépare un foyer censé me permettre de sécher mes vêtements. C'est de nouveau la pleine lune. Presque un mois s'est écoulé depuis mon départ d'Antipaïouta. Une aurore boréale éclaire le ciel au nord tandis qu'un étrange halo blanc ressemble, au sud, à la lueur d'une ville lointaine. Après quelque temps, il se transforme en un faisceau convergeant vers la lune. Étrange phénomène ! J'observe mon campement derrière le feu de bois. Les chiens sont couchés, sauf Pouchok qui me regarde de ses yeux étranges. Sur quelle planète suis-je donc ? Le décor n'a plus rien de terrestre. Je suspends quelques vêtements autour du feu, mais ils sont bientôt recouverts du givre dû à la condensation. Première déception : je ne pourrai rien sécher. Passons à la cuisine... aussitôt la casserole écartée du feu, voilà mon bouillon qui gèle ! – 62 °C. Est-ce possible ? Je finis par engloutir mon souper au-dessus du foyer en brûlant un gant, avant de fuir les flammèches emportées par le vent naissant. À peine suis-je à l'abri dans la tente que le blizzard se lève. Voltchok, dont le poil est ras, se plaint ; quant à moi, je maudis cette flambée de racines en brossant ma malitsa.

24 janvier, – 55 °C. Mort de Bim

Bim ne bouge plus. Il n'est pas mort, mais seulement à bout, au bout de sa vie. Je ne peux pas le laisser derrière moi, ni le transporter sur le traîneau. Il devait déjà être malade, à Antipaïouta. Valentin, de la tchoum, l'avait remarqué. En lui logeant une balle dans la tête, je repense à mes rennes, un an plus tôt. En le dépeçant, j'ai la nausée, je vois apparaître le corps de Sokol. Il faut pourtant écarter toute sensiblerie. Survivre et coûte que coûte avancer !

Les huit paires d'yeux qui me regardent ranger le fusil sur le traîneau me mettent mal à l'aise. Que pensent donc les chiens, avec leur drôle d'air ? Les seuls cannibales de la bande sont Bars, Voltchok et Sharik. Ce dernier retourne son morceau de Bim dans tous les sens en le pinçant du bout des dents. Voltchok, après avoir fini une bonne pièce d'échine, en redemande. Bars a dévoré toute la tête. Il n'en reste plus qu'un bout de maxillaire inférieur orné de quelques molaires usées. Après cet excellent dîner, le gros roux me fait les yeux doux. Veut-il par là me remercier ou craint-il de se faire flinguer, lui aussi ? Considérant qu'il use de tous les stratagèmes possibles pour tirer au flanc sur la piste, il pourrait bien être le prochain sur la liste, à égalité avec Voltchok. Cela nous donnerait de sacrés bons quartiers de viande ! Bien que je sois trop attaché à Bars pour envisager la solution finale, je suis décidé à lui laisser entendre le contraire. Cela aura peut-être quelques effets bénéfiques... Tous les autres font la fine bouche et enfouissent leur part sous la neige. Pouchok se couche, déçu de tant de cruauté et d'ingratitude humaine. J'en ai honte.

27 janvier, – 45 °C. Affamé

S'habiller par très grand froid requiert de la méthode et du temps. Il faut bien réfléchir à l'ordre des vêtements à enfiler pour éviter la déperdition de chaleur.

J'avais tellement faim, ce soir, qu'aussitôt la tente montée, et avant même d'y déposer mes sacs, je me suis jeté sur une ration de pemmican gelé pour la dévorer entièrement. En brossant le tapis de sol, je repère toujours quelques miettes des repas de la veille et les recueille sans distinction. Manque de chance, pensant repêcher une pièce de choix, j'ai avalé un morceau de cire de bougie.

Première trace de vie humaine depuis un mois : trois balok dans lesquels je déniche un peu de sel, un fond d'huile et de la farine. Ces deux dernières trouvailles sont bien utiles pour se caler l'estomac. Je me concocte une mixture Grand Nord que j'ai nommée « cocktail Messo », préparée à base de cacao, de farine, d'huile, de sucre et d'eau bouillante. De quoi enrayer les faims les plus tenaces.

Pendant quelques jours, nous passons les vestiges de pêcheurs de l'automne dernier. Mais où se trouve donc cette base gazière ? Les chiens, excités, vont la découvrir le jour même. Pouchok mène sa bande comme un bolide avec sa queue en trompette. S'il en est un qui est à la fête, c'est bien lui, qui se passionne pour ses études de chien de tête. Dans son épaisse fourrure, il ne craint nullement le froid. Nous passons plusieurs tours de forage puis une ruine de gazoduc et soudain, au détour d'une courbe de la rivière, voilà un point mouvant. La chenillette, nous ayant aperçus, se dirige droit sur nous.

Je ne peux m'empêcher de sourire malgré mes lèvres gercées et mes pommettes gelées lorsque je vois les deux hommes détailler mon accoutrement et mon équipage.

— D'où arrives-tu et qui es-tu ?

— D'Antipaïouta. Je suis le Voyageur français.

— ?...

— De la baie de l'Ob, précisé-je.

Les deux types se regardent.

— Désolé, on n'est pas très calés en géographie, répond le chauffeur.

Je suis, pour ma part, encore plus curieux de savoir d'où ils viennent. De Solienoïe, prétend le passager, situé à seulement cinq kilomètres de là. Je n'y comprends rien. Boris aurait donc commis une erreur de plus de cent kilomètres sur la position de la base ! Merci Boris pour tes précieuses informations...

Que dire de Solienoïe, Messoïakha, ou Fakel, trois exploitations que je vais, tour à tour, rencontrer avant d'atteindre l'Ienisseï ? Ce ne sont que d'immenses baraquements de tôle, mais l'accueil que me réservent ces hommes de terrain confrontés à des conditions de travail extrêmes est des plus chaleureux. Tout est mis spontanément à ma disposition.

Le voilà enfin le fleuve tant convoité ! L'Ienisseï s'étale dans toute sa splendeur. Malgré les *sastruggis*[1] qui ralentissent notre progression, le vent qui souffle en plein dans le nez et la température de – 45 °C, l'Ienisseï m'apparaît moins austère que l'Ob.

1. Vagues de neige sculptée et compactée par les vents dominants.

Avec une longueur égale à cinq mille cinq cent cinquante kilomètres, il occupe la troisième place après l'Ob et le Yang-tseu au rang des plus longs fleuves d'Asie. De tous les fleuves arctiques, l'Ienisseï est celui qui apporte le plus grand volume d'eau douce à l'océan Glacial. Un brise-glace se fraie un passage le long du rivage nord. Ces navires de commerce font la liaison entre Mourmansk et Doudinka.

Le mauvais temps m'oblige à faire étape dans le balok de Guénadi et Pitia. C'est ma première rencontre avec le peuple dolgane. À Fakel, j'ai quitté le pays nenets, que je traversais depuis un an. Guénadi fait divers commentaires sur la malitsa que je porte, vantant les mérites de l'accoutrement traditionnel dolgane. Lorsque je demande à voir, il me répond :

— Nous avons tout cela au musée de Doudinka...

Je comprends qu'autour de la ville les traditions se sont perdues depuis un certain temps.

Au terme d'une épuisante course de cinquante kilomètres contre le vent, nous arrivons à Doudinka. J'ai eu, pendant des heures, beaucoup de soucis avec Pouchok qui s'obstinait à prendre un cap direct vers la ville. Si je l'avais laissé faire, nous aurions été sous peu engloutis dans les eaux profondes du grand fleuve pour avoir coupé le sillage des brise-glace.

L'aéroport est notre point de chute et notre base durant tout notre séjour. Presse, radio et télévision viennent distraire les chiens de temps en temps. Les touristes venus faire une paisible croisière sur l'Ienisseï sont fréquents par ici, en été. Cependant, ma présence attire l'attention. Voyager seul étonne, et force le respect de ceux qui connaissent la toundra. Suis-je bien conscient des risques encourus dans une telle entreprise ? Telle est la question que l'on me pose souvent. Mon parcours hivernal à travers la péninsule de Guyda en est la réponse la plus éloquente. On ne survit pas à l'inconscience. Seules la concentration et la force mentale comptent lorsque l'on pousse ses limites à l'extrême. Les mots pourtant ne suffiront jamais à traduire ce que j'ai pu endurer dans la nuit glaciale de Guyda. J'en suis le seul témoin et c'est ce qui fait ma richesse. Ce fut une épuisante, mais magnifique exploration.

4

Les beaux jours de Taïmyr

Jour 435 : 1er mars 2002.
Doudinka ; km 5 590.
Position : 69° 23′ N 86° 11′ E

Solovki, Vorkouta, Doudinka et bientôt Kolyma, mon tour de l'Arctique est aussi celui des plus célèbres goulags soviétiques. Que l'on se rassure, le temps du bagne est révolu. En témoigne le personnel de l'aéroport réuni autour de mon traîneau. Chacun y va de son mot d'encouragement ou de ses petits présents.

L'ordre de départ est donné à Pouchok, et nous entamons un sprint qui ravit mes spectateurs. L'inquiétude succède cependant à la gloriole. Comment allons-nous donc sortir de cette ville ? C'est sous-estimer l'aptitude de mon jeune chien de tête, qui s'en tire à merveille. Nous respectons même les feux rouges. Comme tout véhicule, je marque l'arrêt au poste de police situé à la limite des faubourgs. Plutôt que d'inspecter mes papiers, on court chercher du poisson pour mes chiens et je dois distribuer quelques autographes avant de poursuivre mon chemin.

Cent kilomètres d'asphalte sont régulièrement nettoyés par les chasse-neige ; une route, une vraie, rejoint la ville de Norilsk. Je me demande ce que nous faisons là, à user nos patins entre gravier et goudron. De la neige ? Il y en a une bonne couche sur le bas-côté, et molle à souhait après les douces températures de ces derniers jours. Nous quittons donc le macadam pour nous engluer le long d'une chaussée sur laquelle défilent des véhicules lancés à plus de 100 km/h ! Faire la trace dans ces conditions a quelque chose de surréaliste. Absurde pour absurde, je préfère encore rejoindre la voie ferrée, où la neige est mieux damée.

Le traîneau s'est engagé entre les rails. J'ai entendu dire à Doudinka que les trains étaient particulièrement nombreux sur cette voie. Bah ! Après l'enfer de Guyda, ce n'est pas une ligne de chemin de fer qui va m'impressionner. Mais bientôt un sifflement retentit.

J'ai beau user de toute ma force conjuguée à celle des chiens, le traîneau ne parvient pas à mordre sur le rail.

— Les chiens ! *Yap ! Yap !*

Pouchok et Bars, se souvenant sans doute de leur mésaventure passée, donnent un bon coup de collier. Le traîneau bascule, hésite à franchir le contrefort d'acier et... se renverse ! Nous venons de dérailler !

— Nom d'un chien !

J'ai moins de deux minutes pour improviser le sauvetage de mon expédition qui, une fois le compte à rebours terminé, risque fort de s'achever aussi tristement que l'attaque d'un moustique isolé dans la baie de l'Ob. Mon premier réflexe est évidemment de libérer la ligne de traîne pour mettre les chiens hors de danger, mais aurai-je assez de temps pour décharger le traîneau et le dégager de la voie ?

Tûûût ! Tûûût ! La dose d'adrénaline injectée d'un coup par la sirène me jette sur le mousqueton de la ligne centrale. Je vais tenter une procédure inédite. La ligne de traîne est fixée au piton situé à mi-longueur du patin. L'attelage exerce désormais une force perpendiculaire au traîneau.

— Pouchok ! *Jî !*

Pouchok a compris l'urgence de la situation et suit mes ordres à la lettre. Notre traîneau va-t-il retrouver son aplomb ? La meute s'élance, s'arc-boute...

— *Hop ! Hop !*

Le traîneau se retourne ! Mieux, il prend assise sur le rail. Il me suffit de filer la traîne centrale à son point d'origine et nous nous dégageons enfin du rail en dévalant le ballast. Le convoi ferroviaire nous frôle dans un terrible grincement métallique, comme s'il exprimait sa déception d'avoir manqué une si belle proie. Bars se fait tout petit dans son harnais, craignant sans doute la malédiction du vieux Bim dévoré durant la disette de Guyda. Et moi, je jure que c'est bien la dernière voie de chemin de fer sur laquelle je pose les pieds et les patins ! Quant à traverser les ponts, il n'en est pas question. Nous descendons chaque fois jusqu'au fond du ravin avant de remonter l'autre versant, que les chiens avalent sans rechigner, trop heureux de se retrouver en terrain sûr.

La neige tombe à gros flocons et le vent se lève. J'entre à la nuit tombante dans une petite gare nommée Toundra. Une femme est là, qui voit avec ébahissement surgir devant elle un « train à chiens » mené par un conducteur vêtu de peaux de bêtes... Une fois remise de ses émotions, elle me conduit dans une pièce confortable dans laquelle je vais passer deux jours en attendant l'accalmie qui ne viendra pas. C'est le printemps qui s'annonce...

Le lendemain, nous atteignons la ville abandonnée d'Alikiel. Comment allons-nous rejoindre le lac Piacina ? J'en suis à me le demander lorsqu'un coup de klaxon retentit dans mon dos. Le chauffeur d'un camion m'interpelle et me fait signe de le rejoindre.

— D'où viens-tu ?

— Je suis le Voyageur...

— Ah, c'est toi qui...

— Et vous, où allez-vous donc ?

Une piste traverse la voie, plein nord, m'assure l'homme, justement en direction du lac. Il va livrer du gazole à une série d'exploitations de nickel, mais le chemin pénètre dans une zone militaire. Qu'importe. Je tente ma chance.

Le portail est gardé par un troufion qui me fait signe de patienter. Mon passage dans cette zone réglementée pourrait bien alerter l'état-major tout entier. Mais voilà que le bidasse en faction s'excuse du retard et ouvre la barrière sans même me demander mon passeport. On a reconnu le Voyageur français... il a droit à certains égards.

Le nickel, c'est l'or de la région. C'est aussi ce qui fait notre argent, nos pièces de monnaie sonnantes et trébuchantes. La ville de Norilsk en est le premier producteur mondial. Dans l'une des exploitations, on me prépare un banya dans un conteneur maritime américain aménagé à cet effet. Les ouvriers n'ont aucune notion de la géographie des lieux. Ils sont là pour le travail et les renseignements que je glane sont souvent contradictoires. La piste va-t-elle se poursuivre ? Quels sont les autres puits de forage installés sur ma route ? Chacun y va de son interprétation.

Nous traversons une forêt éparse de conifères puis, après avoir escaladé un massif, le lac, long d'une centaine de kilomètres, apparaît. Il est voilé par les fumées nauséabondes du complexe minier de Norilsk. La beauté du plan d'eau contraste avec le caractère industriel de Talnakh, la seule localité située sur ses rives. À l'extrémité nord du lac, juste à la source de la rivière Piacina, est nichée l'isba Istok[1]. Celle-ci est en fait une station d'étude de la magnétosphère, du moins lorsque les chercheurs de l'Institut d'Irkoutsk lui rendent visite. C'est-à-dire rarement, de nos jours, faute de moyens.

Timofeï et Valentina gardent le lieu. En tant que fille et petite-fille de chamanes nganassanes, Valentina a rencontré de nombreux ethnologues. Le peuple nganassane est aujourd'hui en voie de disparition. Il ne reste que mille trois cents individus répartis sur quelques villages, leur fief principal étant Oust-Avam. Les conflits interethniques sont de plus en plus fréquents, entre Nganassanes et Dolganes. Chaque nation revendique la propriété ancestrale de la péninsule de Taïmyr. Le peuple de Taïmyr est chasseur. Seuls quelques nomades de la région de Khatanga sont encore pasteurs.

C'est par dizaines de milliers que les rennes sauvages migrent à travers la presqu'île. Lorsqu'ils montent vers le nord, au printemps, ils sont chassés pour leurs bois de velours. Quand ils retournent vers le sud à l'automne, on les abat pour leur viande, alors bien grasse. Tout le long de la rivière Piacina, je vais passer des postes d'observation répartis tous les cinq kilomètres. Chaque brigade de chasse possède son territoire. Lorsque les rennes franchissent les rivières à la nage, ils forment de véritables ponts vivants. C'est le moment que choisissent les hommes de traque pour faire feu depuis leur embarcation. Les pattes des animaux tués sont alors ligotées entre elles et les corps dérivent ainsi dans le courant jusqu'au camp de chasse où ils sont dépecés et conservés dans un congélateur naturel creusé dans le permafrost.

Ces hommes mènent une vie monastique durant la morte saison hivernale, de janvier à mars. La trappe est alors leur seule activité. Ne possédant pas de motoneige, pour la plupart, ils se déplacent à skis ; le plus souvent, ils ne connaissent de leur environnement immédiat que l'isba voisine et la ville de Norilsk, qu'ils

1. *Istok* signifie « source » en russe.

rejoignent parfois à l'occasion du passage d'une chenillette venue les ravitailler.

Mon arrivée sur la rivière Piacina est un moment mémorable. Le cours d'eau est la porte d'entrée de la péninsule de Taïmyr. Cette entrave montagneuse, deux fois plus vaste que la France, était autrefois réputée infranchissable par les premiers explorateurs de la Sibérie. Je me revois pointer du doigt ce fin liseré bleuté sur la carte, trois ans auparavant, alors que j'en étais encore à étudier l'itinéraire de mon expédition. Et voilà qu'après cinq mille six cents kilomètres, nous foulons sa glace. Pouchok, lui aussi, manifeste sa joie de se retrouver sur une rivière en piquant des sprints vers d'hypothétiques perdrix.

Les températures sont remontées à – 10 °C. La neige humide gèle entre les coussinets des chiens, ce qui les blesse rapidement. Certains, comme Kiss-Kiss, ont leur chair à vif et doivent être chaussés de bottines. Sacré Kiss-Kiss. Un vrai bâton de dynamite ! Son petit gabarit de berger nenets ne l'empêche pas de se démener avec hargne tout au long de la journée, engageant les autres chiens à accélérer par ses aboiements incessants. Comme la plupart des chiens de berger, Kiss-Kiss est fougueux. Avec ses yeux malicieux et son long poil lustré, il ressemble à un petit diable.

L'autre noiraud est du genre aguicheur. Voltchok ressemble à une femelle ; ce qui lui vaut la faveur des autres chiens, qui recherchent sa compagnie pour quelques galipettes ! Voltchok a l'air d'apprécier. Pauvre cabot. Pas vraiment taillé pour l'aventure. Il est toujours le premier à uriner, une fois le traîneau parti. Cependant, sa bonne humeur en fait un élément indispensable au moral des troupes.

Son voisin d'attelage est Ermak, mon unique husky. Recueilli à Moscou, je craignais qu'il supporte mal le climat sibérien. Pourtant il a survécu à l'épuisante traversée de la péninsule de Guyda, dormant à la belle étoile par des températures de – 50 °C et sous de furieux blizzards. Ermak aime tirer. C'est là son grand atout. Il pourrait presque enfiler son harnais tout seul. Il sait très bien aussi mordiller les traînes, juste pour le plaisir et toujours très discrètement. Je ne l'ai pris en flagrant délit qu'une seule fois ; je me contente donc de le maudire quand je dois réparer le matériel endommagé. Au bivouac, dès qu'il est attaché, Ermak est pris d'une obsession : se libérer, sans comprendre qu'un câble de cinq millimètres de diamètre le retient à une ligne ancrée par deux broches à glace. Il est impatient, geint pour un rien, et gêne tous les autres par sa nervosité. Aucun chien ne le fréquente sauf Voltchok, peu regardant sur la question intellectuelle. Ermak, comme la plupart des huskies, n'aime que lui-même. Rien d'étonnant si un jour un de mes loubards lui règle son compte.

Est-il encore besoin de présenter Bars, le balaise au cœur tendre ? L'hiver dernier, ce prototype de bulldozer faisait office de chien de tête et de chef de meute. Rien que ça ! Mais Bars a pris un coup de vieux, il aspire à une retraite paisible. Seulement, cette espèce de mastiff a un appétit d'ogre et a très bien compris que la récompense vient du travail. Alors, Bars tire en attendant le moment suprême, celui du dîner.

L'autre rouquin est Longgy, également un Nenets d'Antipaïouta. Parce qu'il montrait une évidente envie de diriger l'attelage, je l'ai placé aux côtés de Pouchok. Après avoir fait le fier un moment, il s'est rendu compte qu'être chien de tête est un job d'intello. Entre les *Jî !*, les *Yap !*, les *Brr !* et les *Yourî !*, il y a de quoi s'emmêler les pinceaux. Longgy n'a pas supporté le stress de la responsabilité ; je l'ai surpris plusieurs fois à vomir toute sa bile. Il n'a plus grand moral en ce moment, bien que son appétit n'ait pas été altéré par l'épreuve. Je l'attelle à présent immédiatement derrière Pouchok afin qu'il ne nous gêne pas dans nos slaloms, tout en suivant, de près, les leçons du maestro.

En fin d'attelage, juste en avant du traîneau, viennent mes deux blancs : Sharik et Artchoum. Sharik est le squelette recueilli l'année passée à Karataïka, devenu aujourd'hui ours blanc, voire grosse vache, selon les avis. Il tire sans broncher d'une démarche qui, à défaut d'être élégante, est efficace. Sharik est un bon élève. Rien à lui reprocher. On l'oublie souvent tant il est studieux.

Artchoum est l'assassin de mon cher Sokol. À quoi bon revenir sur le passé... Sa gueule de bandit est un aveu : il aime la castagne. Mais il a remarqué que je ne tolère pas ce genre de divertissement dans mon attelage. Il s'est donc fait une raison. Je peux à présent le libérer au terme de la journée sans qu'il provoque ses congénères. Son meilleur ami est Kiss-Kiss – son amant devrais-je dire, car ces deux-là poussent loin l'affection. Il faut les voir s'ébattre tendrement dans la neige, se lécher ou se courser l'un l'autre. Kiss-Kiss joue volontiers les hargneux, histoire de se faire désirer, mais Artchoum lui pardonne tout. Un grand amour vaut bien quelques coups de crocs tant il est vrai que les coups de cœur sont rares entre cerbères du même sexe... Artchoum est typé groenlandais, par son caractère et par son physique. Il est donc parfaitement apte au travail.

Que serions-nous sans Pouchok, le virtuose ? Pouchok est ma direction assistée. Des chasseurs qui avaient suivi ma trace louvoyant entre les sastruggis se sont demandé comment je parvenais à effectuer des esses aussi parfaits. Pouchok a cependant quelques petits défauts : il est capricieux, têtu et prend trop d'initiatives sur la piste. Il sait parfaitement choisir les meilleurs passages lors de notre progression, les endroits où la neige et la glace offrent la meilleure glisse au traîneau, le problème est que ceux-ci ne correspondent pas toujours à notre route. Dans ces cas-là, je lâche un *Fucking dog !*, seule commande qui ait raison de son obstination. Pouchok est devenu un excellent chien de tête. Il comprend mes ordres de direction, effectue correctement les manœuvres de demi-tour. Surtout, il excelle à résoudre les difficultés et c'est là sa grande qualité. Mais lorsque ses sens ne sont plus en alerte, il a tendance à mollir, voire tout bonnement à s'endormir. Pouchok est un philosophe, un rêveur, souvent distrait, comme tous les grands savants. Son intelligence supérieure, sa finesse d'esprit, sa rapidité de jugement en font un chien d'exception. Cependant, du fait de son jeune âge et de son caractère placide, il ne s'est pas imposé en tant que chef de meute. Pouchok est mon plus beau chien, celui qui a tous mes égards, même s'il n'a pas encore remplacé Sokol dans mon cœur.

La canicule qui sévit à notre entrée du Taïmyr nous met mal à l'aise. Comment s'habiller ? Les chiens transpirent. Nous avons – 20 °C sans vent. Je range ma malitsa et installe la caméra sur son support, aux montants du traîneau. Le reportage en vaut la peine. Il s'agit de filmer mon passage de la borne – fictive – de mi-parcours, le point de non-retour, comme on dit. Comme s'il était envisageable de faire demi-tour après vingt et un mois de voyage et un quart du tour de la planète... Nous sommes à Kouria, à exactement cinq mille sept cents kilomètres de Lakselv, mon point de départ en Norvège. Double ration pour tout le monde, ce soir.

Deux chiens aboient timidement, mais personne ne se montre. L'habitation principale est vide. Il n'y a ni bois ni charbon pour le chauffage, aussi m'apprêté-je à monter la tente lorsqu'un type assez louche s'approche. Je le prie de prendre garde aux chiens, mais il ricane en enjambant mon attelage sans aucune crainte. De ses yeux vitreux, il me dévisage puis se rapproche encore pour mieux me faire jouir de son haleine fétide. Je voudrais m'éclipser, mais il est trop tard. Porté par des effluves intolérables, je pénètre dans la seconde habitation que je pensais en ruine. Mes yeux, une fois habitués à la pénombre, décèlent un autre personnage qui cuve sur son lit. Jénia a une tête sympathique et plutôt rassurante, malgré son état d'ébriété. Je crois qu'il tente de se faire pardonner car il s'active tout à coup pour ranger sommairement le peu d'espace mis à ma disposition. Il lui faut un certain temps pour trouver les allumettes, ranimer le feu et faire chauffer la bouilloire. Après quelque temps, c'est mon tour d'être ivre ; saoulé des paroles de mon hôte qui m'a interminablement vanté les mérites de sa chatte, avant de se lancer dans l'inévitable rengaine du bon vieux temps soviétique. Entre deux moques de thé brûlant, je tente de répondre du mieux possible à mon interlocuteur passionné mais, bientôt, c'est moi qui m'écroule sur son lit – au moment même où un dénommé Micha arrive en motoneige avec du ravitaillement pour les gorges assoiffées.

Les trois larrons ont bu jusque très tard, mais ne m'ont pas dérangé. Ils sont, ce matin, très aimables, et désolés pour la beuverie de la veille ; ce qui ne les empêche pas de se resservir quelques verres. Il n'y a plus d'eau pour le thé mais ça leur est égal. Pendant que je charge le traîneau, Micha cuisine une tête de nelma[1]. Ce n'est vraiment pas un poisson pour invité, s'excuse-t-il. Et il se rattrape en m'offrant quatre brochets de bonne taille, imité aussitôt par Jénia qui déniche dans la remise une chaude paire de chaussons cousus main. Grigori, malgré son regard de glace, ne manque pas non plus de générosité puisqu'il rajoute pas moins de cinq perdrix au stock de friandises que je destine aux chiens. Tout cela me met d'une excellente humeur, que je communique à ma meute... Elle s'envole sur la rivière devant mes trois hôtes impressionnés. Je ne doute pas qu'une petite fête soit organisée le soir même pour célébrer l'événement historique qu'a été le passage du Voyageur français au camp de chasse Kourïa.

Pouchok m'énerve. À peine ressent-il sur sa traîne le moindre à-coup, signal qu'un de ses coéquipiers souhaite satisfaire un

1. *Stenodus Leucichthys nelma.*

besoin pressant, qu'il s'arrête aussitôt, plein de bienveillance. Toute la journée, ce ne sont que pipis par-ci, cacas par-là. Mais qui dirige donc cet attelage ? Pouchok, je suppose, ne se pose plus la question.

— Non mais, où vous vous croyez ? Nous sommes en expédition, pas en promenade. Je vous assure qu'à partir de maintenant, le premier qui s'arrête pour pisser aura affaire à moi. Bande de vauriens ! Vous allez voir qui est le chef. T'as compris, Pouchok ?

Pouchok esquisse un sourire niais. Les autres acquiescent du regard pour me prouver qu'ils ne sont pas en cause.

— C'est vu, Voltchok ?

Voltchok remue la queue et prend son air de chien battu, comme pour expliquer que non, il ne peut pas se retenir, le pauvre.

La tinette. En voilà un tracas, dans un attelage de chiens. Ce qui passait pour raisonnable lorsqu'il n'y avait que quatre individus au traîneau ne l'est plus du tout lorsque le nombre passe à dix, compte tenu d'une arithmétique infaillible que je me permets de vous exposer. À raison de deux cacas et trois pipis au minimum par jour et par chien, nous obtenons pas moins de cinquante arrêts. Auxquels il faut rajouter les inévitables envies subjectives. Généralement, elles suivent les pauses car ces messieurs refusent de salir leur canapé neigeux. De surcroît, certains menus, à base de phoque par exemple, nous valent le privilège de selles collantes et puantes et donc encore une dizaine de courtes défécations destinées à parfaire la purge intestinale. Au total, c'est environ une soixantaine de pisses et de fèces qui sont faites en une journée. Il est certain que suivre la piste d'un traîneau à chiens n'est pas bien difficile... Les renards et gloutons[1] ne s'en plaignent pas. Ils trouvent dans ces excréments de nantis une source non négligeable de protéines.

Poursuivons le décompte... Un seul traîneau de dix chiens laissera derrière lui pas loin de dix mille crottes en une saison hivernale. En trois années de voyage, ma famille canine et moi-même aurons confié au manteau nival près de trente mille dépôts de matière fécale et sans doute cent mille empreintes sanitaires,

1. Le glouton (*Gulo gulo*) ou carcajou (terme canadien) est un carnassier de la famille des mustélidés vivant dans la toundra ou la taïga. Il ressemble à un gros blaireau ou à un petit ours brun. Prédateur extrêmement puissant et charognard rusé, il dérobe souvent les proies prises aux pièges des trappeurs.

tous besoins hygiéniques confondus ! Ces verrues, pour la plupart de couleur sombre, emmagasinent la chaleur et accélèrent la fonte. Notre trace de dix mille kilomètres se résume donc à la création d'une fosse d'aisances délimitée par deux traits plus ou moins sinusoïdaux entre lesquels se forme une espèce de gruyère noirâtre. Jamais je n'aurais pensé, en m'engageant dans cette expédition, que mon traîneau serait cause d'un désastre esthétique à l'échelle d'un continent !

Ces conclusions me conduisent à décréter, dès le lendemain, un enseignement obligatoire pour chaque chien. Il s'agira d'assimiler la difficile technique d'uriner et de déféquer en courant. Pouchok et moi-même, en vertu de nos statuts de chefs, serons exemptés.

Le panier à provisions offert à Kouria intéresse au plus haut point mes partenaires d'aventure, l'étape venue. En prévision du souper imminent, chacun s'empresse de rejoindre son poste à la ligne d'attache. En tant que commandant incontesté, c'est moi qui compose les menus individuels. À qui les brochets ? Pour qui les perdrix ? Pouchok n'est pas inquiet puisqu'il est le premier servi et hérite toujours des meilleurs morceaux – ce qui ne l'empêche pas de faire souvent la fine bouche. Pour les autres, la concurrence est âpre. Aussi adoptent-ils une pose faussement candide afin de se faire pardonner quelques méfaits passés. Entre la volaille et le poisson, leur choix est vite fait. Malheureusement, je n'ai que cinq perdrix... Ermak est d'emblée écarté de la sélection sans justification. Je n'y peux rien, mon cœur est souvent responsable d'injustices. Restent deux concurrents à éliminer. Je ne peux décemment pas faire cet affront à Bars, même s'il est devenu le plus paresseux de la bande. Finalement mon choix se porte, non sans quelque sentiment de culpabilité, sur Artchoum et Voltchok. Ces deux-là obtiennent en compensation une portion de croquettes énergétiques en plus de leur bécard. Les plumes s'envolent jusque sous le museau des perdants qui tentent de les happer au passage. Les poissons et les friandises déshydratées ne pèsent pas lourd, dans leurs gosiers de carnassiers. Je détourne le regard pour ne plus voir leur mine contrite d'amertume.

— Eh le Français, arrête-toi !

Au camp de chasse Tchiornaïa, on s'extasie devant ma meute.

Je n'en suis pas peu fier. Dans ces concours de beauté, c'est Ermak qui recueille en général le plus de suffrages, à mon grand étonnement et à sa plus grande satisfaction. Son orgueil n'a vraiment pas besoin de cela. J'ai beau insister sur les qualités de mon Pouchok, les trappeurs n'en démordent pas. C'est forcément le husky le chien de tête et le meilleur chasseur. S'ils savaient... Sans préjugés, je peux affirmer que le caractère du husky n'est rien de moins qu'agaçant. Quel contraste avec les chiens polaires sibériens, dont la douceur, l'affection, la tendresse n'a d'égal que leur dévouement, leur fidélité, leur résistance. Mais la race d'Ermak n'est pas seule responsable de son irritabilité. Son précédent maître usait de moyens pour le moins musclés pour parfaire son dressage. Est-ce cela qui est la cause de son caractère ? J'avoue qu'il m'arrive souvent de le trouver tellement insupportable que je me demande pourquoi c'est le sadique moscovite qui a survécu à Ermak et non l'inverse.

L'exposition canine achevée, j'ai droit à la visite du *letnik*[1] où l'on entrepose les carcasses de rennes. C'est une véritable mine, dont la galerie principale, creusée à l'horizontale dans la falaise, dépasse les cent mètres de long. La température de – 20 °C y est constante, été comme hiver.

— Veux-tu de la viande ?

Je ne me fais pas prier. Aussitôt, un renne entier congelé est ficelé sur le traîneau. Ces soixante kilos d'excédent de bagages ne rebutent pas les chiens. Au contraire, ils approuvent du regard. C'est toujours ça de pris, semblent-ils dire. L'ambiance est à la joie. Longgy la manifeste sans honte par ses aboiements. Sharik, le plus proche du traîneau, a, pense-t-il, la meilleure place puisque la plus proche de l'appétissant cadavre. Ses œillades en disent long sur ses rêves de festin.

Toute la journée, nous louvoyons entre les sastruggis ; le pauvre Pouchok n'est pas à la fête.

— *Djî !* Le traîneau oblique légèrement vers la droite.

— OK ! Nous gardons le cap.

– *Yap !* Le traîneau vire à gauche.

— Pouchok ! *Djî ! Djî !* Virage accentué sur la droite.

— Allez ! Hop ! Hop ! Simple encouragement.

— *Yap ! Yap ! Yap ! Yap ! Yap !...* Demi-tour à gauche.

1. Congélateur naturel creusé dans le permagel.

— *Yourî !* Nous accélérons brusquement.

Yourî ! est le cri de chasse que j'ai pris l'habitude de lancer lorsque j'aperçois du gibier. Le réflexe a vite été pris dans la meute. Le trot se fait aussitôt course fulgurante tandis que chacun des tireurs, devenus chasseurs, jette des regards en tous sens à la recherche de l'animal responsable de mon excitation. Grâce à la sagesse de notre Pouchok, nous ne quittons pas le cap et nous nous amusons tous de la blague.

La fin d'étape est difficile, pour mon chien de tête. Aussi accueille-t-il avec soulagement la vision d'une isba au détour d'une courbe de la rivière. Sous une majestueuse aurore boréale, je scie la carcasse du renne en morceaux, aidé par Ifim, le gardien de l'isba. Il gèlera dur, ce soir. Le firmament étoilé me le prédit. Mes bêtes se roulent en boule jusqu'à ne plus laisser dépasser aucune extrémité. Repues, elles feront de beaux rêves cette nuit. Rien qu'à cette idée, je me sens en paix, comme si je venais de participer moi-même au festin.

L'isba est très vaste. Il y a suffisamment de place pour mettre tous mes vêtements à sécher et j'aurais tort de me gêner. Dans la longue pièce centrale pourraient dormir une vingtaine de chasseurs, à l'aise sur une grande plate-forme. Durant la saison de chasse automnale, le camp ne désemplit pas. Les employés du kolkhoze prennent leur poste aux différents affûts disposés le long du fleuve et rejoignent chaque soir la cabane, prise pour base.

La cuisine attenante est de dimensions plus modestes. Là, Ifim s'affaire au fourneau. Un civet de lièvre qui mijote sur la cuisinière à bois répand un alléchant fumet dans toute l'habitation. Les tasses de thé se succèdent pendant que le plat mitonne doucement, très doucement, trop doucement. De temps en temps, Ifim se lève pour touiller un peu le bouillon dans la grande poêle, ponctuant chacune de ses interventions de détails alléchants sur la préparation du lièvre, dont il s'est fait une spécialité. Puis, une fois le déroulement des opérations dûment contrôlé, Ifim se rassoit. Par politesse, je m'abstiens de lui confier qu'à mon avis le repas est prêt depuis longtemps déjà. Cet excès de tact me vaut de patienter indéfiniment devant ma chope de thé, la dixième sûrement depuis que je me suis assis à cette table vide. Ce lièvre arctique qui ne veut pas cuire commence à m'agacer. J'ai beau faire preuve de patience, mon estomac crie famine. Je n'irais pas jusqu'à dire que la bave me dégouline de la gueule, à l'image de Bars, mais je ne dois plus en être très loin. Aussi, avant d'en arriver à montrer une si piètre image de moi-même à mon hôte, je lance une timide offensive.

— Vous savez, en France, nous cuisons le lièvre modérément, de façon à ne pas lui ôter son goût de gibier.

Ifim ne l'entend pas de cette oreille.

— *Niiieeet !* Le lièvre d'Ifim, tu vas voir, c'est quelque chose. Il faut au contraire tout bien cuire. Tu vois, les champignons ne sont pas encore assez tendres. T'inquiète pas, et reprends un peu de thé.

Ma vessie, gonflée à bloc, n'en peut plus de ce thé infâme. D'autant que je viens d'achever le stock de sucre. Sans laisser paraître ma déception, je sors sous les draperies verdâtres de l'aurore boréale pour me soulager avant d'aller me coucher, dépité.

Lorsque j'ouvre un œil, au petit matin, Ifim est de nouveau affairé à ce civet qui semble n'avoir d'autre fonction que celle de vérifier l'existence, chez moi, du réflexe de Pavlov. Avec tout autant de minutie, Ifim lance la cuisson des macaronis. Sans doute est-ce le signal d'un repas imminent ? Effectivement, les pâtes sont bientôt servies dans les assiettes, en attendant leur garniture, en l'occurrence le lièvre qui est presque cuit, à présent. Finalement, lorsque je peux enfin expertiser le plat et vérifier le talent d'Ifim, les macaronis sont déjà froids. Mais je l'avoue, son civet a de la classe, surtout lorsqu'il est en phase de digestion.

Pouchok fait son capricieux toute la journée. Il faut croire que la viande de renne incite à la paresse. Il fait mine de ne pas comprendre mes ordres, allant même jusqu'à effectuer un demi-tour au seul commandement *Djî !* La confusion n'est pas innocente de sa part car il m'arrive souvent d'effectuer une telle manœuvre en fin d'étape afin de placer le traîneau perpendiculairement au vent. Sacré Pouchok, qui me croit dupe à ce point. Pas question de céder, il n'est pas encore l'heure de camper.

— Pouchok ! *F... dog !*

Pouchok, qui imaginait déjà la fin de ses tourments, fait la tête. Qu'à cela ne tienne. Je le remplace par Longgy qui, en pur Nenets, a sa fierté. Malheureusement, il ne comprend rien de rien à mes ordres de direction. Pouchok paraît soulagé. Peut-être suis-je trop exigeant envers lui. Il n'est encore qu'un jeune chien. J'ai tendance à l'oublier, compte tenu de la maturité dont il a toujours fait preuve. Après avoir avancé cahin-caha dans toutes les directions, sauf la bonne, je remets mon pilote à poste et tout va pour le mieux. J'ai compris la leçon et évalué à sa juste valeur le talent de mon chien de tête. Je tâcherai d'agir dorénavant avec plus de discernement.

Kresty est situé à la confluence des rivières Piacina et Doudipta. Cet ancien comptoir d'éleveurs de rennes, premier établissement nganassane sur ma route, ne compte pas plus de dix familles. Le hameau est endeuillé par le décès récent de l'épouse du brigadier, qui s'est perdue dans le *tchiornaïa pourga*, à quelques pas de son habitation. Le « blizzard noir » ne pardonne pas.

Nous quittons bientôt le cours d'eau sinueux pour tracer notre propre route à travers les montagnes. Depuis la ligne de crête, la vue s'étend à plus de cinquante kilomètres à la ronde. Sous le soleil printanier, la péninsule de Taïmyr m'apparaît bien telle que mon imaginaire de voyageur me l'avait peinte : sauvage et belle, mystérieuse sans être austère. Le soleil est haut sur l'horizon, les chiens joyeux. Qu'ai-je donc à attendre de plus de ma vie de nomade ? La couleur du jour, comme l'incertitude du lendemain, est un cadeau permanent. Ma petite famille se construit, s'instruit, s'enrichit. Comme je me sens loin de toutes les contingences matérielles qui, paraît-il, forgent notre bien-être. Qu'ai-je donc à envier à l'homme civilisé et à ses sociétés ? J'ai pour moi la liberté de penser, de décider et d'exécuter, sans parler de la beauté à trois cent soixante degrés et de l'amour indéfectible de mes chiens.

Dans ce décor montagneux, nous sommes distraits par de multiples traces de gibier : lièvres et surtout lagopèdes. Je charge mon fusil, mais les aboiements des chiens nous font repérer de loin. Ce n'est pas une mince affaire de réduire au silence huit fauves, moitié loups, moitié ours, tirant désespérément sur leurs traînes dans l'espoir de tester leurs crocs sur un pauvre volatile ébloui par la luminosité printanière. Il me faut envisager une séance de dressage à chaque perdrix croisée. À l'exception d'Artchoum et de Voltchok, tous ont vite compris le sérieux de l'entreprise et attendent la récompense du coup de fusil, mais plusieurs tentatives échouent au dernier instant par la faute des deux cancres carnassiers.

Bars tire bien. Dommage que ce soit au flanc... Est-ce notre allure qui est trop rapide pour le gros pataud ? Pour le vérifier, je l'ai placé en duo avec Kiss-Kiss juste devant moi. Ermak se félicite au passage de ne plus avoir ce dernier à ses trousses. La traîne hypertendue de la bombe nenets contraste avec celle du velléitaire – et presque grabataire – molosse qui reste lamentablement flasque. Bars jette des coups d'œil horrifiés dans ma direction, comme s'il se sentait pris en flagrant délit. Quelques coups de pied au derrière semblent lui faire un peu de bien, mais il est visible que le vieux dogue ne tire plus de gaieté de cœur.

En dépit de ce malheureux détail, nous marchons bon train. L'étrave du traîneau fend la brume enveloppant la rivière Avam, que nous venons d'atteindre. Le halètement des chiens et le crissement des patins s'accordent parfaitement au silence ouaté. Bien planté à mon poste de conduite, j'observe la neige défiler sous le traîneau. Tant de neige, tant de pureté virginale ! Mon nomadisme en solitaire est un privilège. Il m'inculque le véritable sens du mot liberté. Ma maison, ma famille se déplacent sur des milliers de kilomètres, lentement et sûrement. Rien ne presse. Rien ne stresse. Le froid, le vent, la glace, les tempêtes ne sont plus des obstacles, mais un enrichissement perpétuel. J'y puise mon énergie et comprends mieux les croyances animistes des peuples qui cherchent dans la nature la source de leur substance vitale. J'ai un but, non plus celui de l'homme qui s'acharnait à trouver sa place dans la société, mais celui d'un être humblement soumis aux règles élémentaires de la survie, simple entité en lutte âpre et éternelle pour trouver son rang dans le cosmos.

Être un cosmonaute polaire exige cependant de faire appel à une haute technologie, qu'elle soit issue des traditions ancestrales ou des inventions les plus modernes. Vivre à l'aise dans le Grand Nord est possible, mais jamais simple. Je commence à trouver mon environnement moins hostile, parfois même amical, mais je n'en reste pas moins néophyte. N'est-ce pas là toute la richesse de ce voyage, de cette vie ? Celle que procure le sentiment d'apprendre chaque jour, chaque heure, chaque minute à faire communion avec les éléments.

La toundra a laissé place au bois quelques kilomètres avant Oust-Avam. Le village est coquet, avec ses maisons colorées perchées sur un haut promontoire dominant la rivière. L'escarpement gravi, nous sommes arrêtés par une bande de clochards hirsutes. Les morphologies diffèrent profondément les unes des autres. Que de mélanges ont dû intervenir parmi la population des sans-logis du hameau ! Ils sont sales et n'ont vraiment pas l'air commode, avec leurs gueules balafrées et leurs rictus qui en disent long sur leurs intentions. Nous sommes des étrangers et ils nous le font savoir. La tolérance n'est pas leur plus grande qualité, semble-t-il. Mes pauvres chiens, rompus de fatigue, les laissent nous harceler, ne s'intéressant qu'à leurs coussinets endoloris qu'ils lèchent en reprenant haleine. Seuls Kiss-Kiss et Artchoum, qui ne supportent pas ce genre d'humiliation, tiennent à bonne distance ce ramassis de chiens galeux, dont certains spécimens défient toutes les lois de l'évolution.

Une autre clique vient nous barrer le passage. Et je les crains plus encore que les chiens errants. Ce sont les gamins du village. Ce qu'on m'en a dit m'incite à la plus grande prudence. Le taux de délinquance juvénile est ici le plus élevé de la région. Ils paraissent approuver et même encourager les mauvaises intentions de leurs concitoyens canins. Avant que la confrontation ne tourne à l'hostilité déclarée, j'exprime le souhait de parlementer avec leur chef de guerre. Le maire tarde à se montrer, peut-être par crainte de se voir pris entre deux feux. Le voilà qui arrive enfin, encadré de deux gardes du corps bien bâtis. Après avoir tenu un rapide conseil, le trio se montre unanime pour m'expédier à la périphérie du village. Compte tenu de l'accueil qui m'a été fait jusqu'à présent, je prends cette ordonnance comme une sage décision. Nous redescendons la falaise et trouvons le ranch en question, idéal pour la nuitée.

Une véritable piste relie Oust-Avam à Volotchanka. Elle est tracée le long de l'ancien chemin de portage[1] qui joint la rivière Avam au fleuve Kheta. Les ornières laissées par les camions Oural à six roues motrices m'obligent à modifier la configuration de l'attelage. Le sillon creusé sur plus d'un mètre de profondeur par les roues de ces monstrueux véhicules n'autorise le passage que d'un seul chien de front. Pouchok commande désormais une longue traîne en file indienne ; l'inertie du traîneau est augmentée d'autant. Il faut toute la présence d'esprit de mon chien de tête pour maintenir notre véhicule dans l'alignement. De mon côté,

1. *Volok* signifie « portage » en russe.

pendu à l'arrière, je joue les trapézistes pour compenser la gîte. À la moindre erreur tactique, nous verserions dans le fossé neigeux.

Volotchanka est le centre géographique de la péninsule de Taïmyr. Stanislav, le chef de l'aéroport qui m'a accueilli, s'étonne de l'attitude amicale de la population envers moi. Est-ce parce que je suis seul, que j'arrive en traîneau à chiens ou, plus prosaïquement, parce que la pension de fin de mois n'a pas été encore versée – ce qui expliquerait la sobriété relative des habitants ?

Les enseignantes du collège sont ukrainiennes. Pauvres femmes venues se perdre ici loin de leur famille pour une raison : les salaires, pourtant si bas que même les Russes n'en veulent pas. En donnant une conférence dans l'établissement scolaire, j'apprends que beaucoup d'enfants de parents alcooliques vivent en internat. Je m'aperçois aussi que les traditions ont disparu depuis longtemps. Plus de vêtements en peau, plus de nomadisme. Je fais donc figure de musée ambulant. On s'intéresse à mon accoutrement, aux chiens, à ma façon de vivre dans la toundra, je deviens sujet d'étude ethnographique ; voilà les rôles inversés !

Au village, j'ai sympathisé avec Boria, un jeune Dolgane boiteux. Malgré son handicap, le garçon est un passionné de chasse. Puisqu'il a tenu à me faire don de son vieux chien racé, je n'ai pas hésité, de mon côté, à me séparer de ma paire de jumelles. Le voir arborer fièrement sa sacoche à la ceinture, les yeux écarquillés de bonheur, a été une véritable récompense. Plusieurs milliers de roubles ne lui auraient pas fait plus plaisir.

Son chien à poils longs, nommé Voltchok, sera rebaptisé Volk, « le loup ». Et lorsque, le lendemain, le fils du nouveau nommé Volk rejoint ma troupe à son tour, je suis à peine étonné d'apprendre qu'il s'appelle Pouchok... Je dois encore modifier la fiche d'état civil de ce grand chien blanc. Koula, nom d'origine nganassane, me paraît bien convenir. Malheureusement, j'apprendrai, trop tard, qu'il signifie « noir » !

Ma meute compte de nouveau dix membres. Ce ne sera pas de trop pour effectuer la descente du long fleuve Kheta, qui va nous mener, sur près de mille kilomètres, jusqu'à la mer des Laptev. La Sibérie, c'est la démesure, surtout lorsqu'on progresse à l'allure d'un piéton.

Les sacs s'entassent au pied du traîneau. Outre l'équipement habituel, je vais charger plus de deux cent cinquante kilos de nourriture pour chiens, nécessaires à une autonomie d'un mois. Une vieille dame fait le détour pour inspecter ma tunique en peau de renne. Quelques Dolganes curieux s'aventurent à déplacer l'avant du traîneau pour évaluer son poids. L'un d'eux est sceptique.

— Tes chiens ne pourront pas tirer une telle charge !

Je n'ai, pour ma part, aucune inquiétude à ce sujet. Il suffit de voir comment ils sont excités. Même Bars ne tient pas en place. J'enfile ma paire de moufles. C'est le signe d'un départ imminent. Pouchok, tous sens en éveil, est prêt à capter mes ordres.

— Allez les chiens ! *Yourî !*

Le traîneau décolle littéralement, comme je le prévoyais. Nous ne sommes plus au temps d'Antipaïouta. J'ai à présent face à moi de jeunes athlètes fortifiés par cinq mois d'hiver.

— *Na vostok !* lancé-je au passage à Stanislav, venu m'escorter.

Volotchanka est à présent à l'ouest et je dirige mes pas, comme toujours depuis deux ans, plein est.

Volk et Koula se débrouillent très bien, pour des novices. Le premier est cependant vite en surchauffe sous son épaisse fourrure et sa couche de graisse. Koula est un grand et très beau chien dont le pelage, terni et sali par la vie villageoise, reprendra sa belle couleur d'origine dans la toundra. Le pauvre n'y voit pas très clair en raison d'un entropion[1]. Ce handicap, qui l'a doté d'un caractère doux et affectueux, le fera bientôt entrer dans le cercle très convoité de mes favoris. Deux costauds de plus dans l'attelage, cela fait une sacrée différence, surtout dans la neige fraîche.

L'isba Borodina est la seule habitée, sur ma route. Les traces autour de la demeure indiquent qu'un homme y vit seul et qu'il se déplace à skis. Un lièvre et quelques perdrix sont suspendus dans le corridor de la vieille cabane au bois patiné. Quelques bûches finissent de se consumer dans le poêle. Je sirote un thé en attendant sa venue, qui ne tarde pas.

Le vieil homme clopine de la jambe droite. Ce qui ne l'empêche pas de sillonner la forêt en quête de gibier. J'aime son regard, celui des hommes de la nature. Quel âge peut donc avoir ce vieux Dolgane ? Soixante-dix ans ? Peut-être plus. Du haut de mes quarante-deux ans, j'envisage sereinement les beaux jours qui me restent à vivre. J'aurais aimé passer la nuit en sa compagnie,

1. Maladie génétique provoquant un renversement des paupières vers l'intérieur et une irritation de la cornée.

mais le beau temps et la bonne forme des chiens m'incitent à poursuivre ma route. L'homme m'a conseillé de faire un détour par les terres pour trouver un accès à la rivière plus facile, mais je préfère dévaler directement la berge accore, pariant sur la finesse de Pouchok et le frein surdimensionné de mon traîneau. Tout se passe parfaitement, et je pense avoir épaté mon unique spectateur, qui me fait de grands signes de la main.

Sur une vingtaine de kilomètres, nous suivons les traces zigzagantes de chasseurs dont je peux deviner qu'ils ont abattu deux élans, puis la piste fait un long demi-tour et s'en retourne vers la civilisation. Mon chien de tête s'arrête et m'interroge du regard. Que fait-on ?

Pendant que je lace mes raquettes, Pouchok ne cesse de m'observer. Il plisse la truffe en signe d'interrogation, fait pivoter une oreille au fil de sa pensée, bâille lorsque sa réflexion devient plus poussée. Pouchok a deviné qu'il se trame quelque chose de nouveau. Dorénavant, je serai au-devant du traîneau, à tracer la piste pour les chiens. Si Pouchok comprend vite, il n'en est pas de même des Artchoum, Kiss-Kiss et Bars qui, inquiets de me voir m'éloigner, font démarrer toute la bande sans attendre mon signal. Faire obéir tout ce petit monde à distance nécessite quelques cours de perfectionnement.

Au fur et à mesure que nous descendons le fleuve, la forêt devient plus dense, les rives plus hautes et la neige plus épaisse. Le calvaire commence. Katyrik, le prochain village, se trouve à deux cent cinquante kilomètres et je ne peux compter sur aucune autre piste que celle tracée par mes raquettes américaines – dont je tairai la marque ; chaque jour qui passe me voit remplacer par de la cordelette les rivets défectueux. Comme je regrette de ne pas avoir choisi de bonnes « pattes d'ours[1] » en babiche[2]. Mais, dans la profonde de la rivière Kheta, il ne sert à rien de pleurnicher. Mon film se résume donc à trimer et damer pour dix chiens fourbus.

Notre progression est désormais lente, très lente, épuisante.

— Allez les chiens !

Les chiens courageux me rejoignent dans un profond sillon en halant un traîneau qui flotte au-dessus de leurs têtes grâce à son

1. Raquettes canadiennes de forme arrondie.
2. Lanière de cuir cru d'animal sauvage (élan le plus souvent).

toboggan[1]. Quand ferons-nous donc du traîneau à chiens comme dans les films ? C'est le cadeau que j'aimerais offrir à mes bêtes de somme.

Le gibier est abondant. Nous croisons de nombreuses traces de loups et d'élans. Hier c'est un glouton qui a fui à notre approche. La nuit, les hurlements des chiens refoulent les visiteurs, loups ou renards.

Le soleil me salue par le corridor de la tente et reflète ses rayons teintés de mauve sur le givre des haubans. Je reste en extase. Est-ce encore possible de s'émouvoir de la beauté de la nature après deux années de route dans l'Arctique ? Sans aucun doute, même si je commence à haïr la neige dans laquelle j'enfonce mes pas jusqu'aux genoux.

Un arrêt m'a permis de reprendre mon souffle. Je suis assis sur le traîneau, occupé à me casser les dents sur ma portion de lard gelée, lorsque le temps change brusquement. En moins d'un quart d'heure, le blizzard est sur nous. Nous prenons à droite, puis à gauche. Je sors carte et boussole, mais elles ne me sont plus d'aucune utilité. Sommes-nous perdus ? Pas du tout. Comment le nomade pourrait-il se considérer égaré alors qu'il transporte sa maison sur son dos ? Camper ici ou là, quelle différence cela fait-il puisqu'il est chez lui partout dans la toundra ?

— Pouchok, *Brr ! Sâdiit !*

Mon instinct me chuchote que le coup de vent ne durera pas. En lisière de forêt boréale, le vent n'a pas la même hargne que sur les rivages de la mer polaire. Je me calfeutre donc tranquillement dans ma pelisse de fourrure, à l'abri du traîneau, et attends l'accalmie qui me permettra de me réorienter. Koula s'est déjà offert un pyjama floconneux, quant à son compère Volk, on croirait une veille peau abandonnée dans la neige. Sharik, lui, reste assis contre le vent, à humer l'air comme un marin breton dans la tempête. Pouchok, bien que roulé en boule, suit le moindre de mes mouvements. Il aimerait bien que l'on campe et guette le moindre indice qui irait dans ce sens. Mais tant que l'on porte son harnais, la discipline est implacable. Au moindre écart, on risque d'écoper d'un fulgurant « *F... dog !* » Pis encore qu'un coup de botte dans l'arrière-train !

Le vent a faibli. C'est du moins toujours ce que l'on croit,

1. Plaque (écorce ou plastique) située entre les patins du traîneau.

lorsqu'on est assis sous le vent d'un traîneau. Nous reprenons notre route. Merveilleux Pouchok qui, en tête, se prend les bourrasques de neige en pleine face. Tous tirent, sans exception, contre cette poudrerie des grands jours. Je suis stupéfait. Les chiens savent, au poids du traîneau, que nous sommes loin de la civilisation et qu'il n'y a pas d'autre choix que d'avancer. Voltchok tire, lui aussi, tout ce qu'il peut, pour faire bonne figure. Koula et Longgy craignent le chasse-neige lancé à cent à l'heure. Je vais les rassurer chacun à leur tour et, en signe de remerciement, ils enfouissent leur museau à l'intérieur de ma gouze. Si je n'avais pas vécu une centaine de blizzards, je crois que je prendrais peur, moi aussi.

Le rituel immuable de fin de journée donne un peu d'humanité à un environnement qui en manque. Il démythifie le danger, exorcise la démence des éléments. Le dernier sac contenant ma cuisine est rentré sous la tente ; pour les chiens c'est le signe d'un repas imminent. Ils s'ébrouent de la neige recouvrant leur fourrure. La tempête n'existe plus. Le dîner est bientôt servi.

Bars souffre d'une patte présentant une ancienne cicatrice. Maudites trappes à renard ! Combien de chiens en sont victimes dans les villages ! La condamnation aux travaux forcés de mon vétéran est commuée en liberté surveillée. Bars n'est de toute façon plus tout à fait un chien de traîneau, mais un chien qui se traîne. Je le qualifierais même d'estomac ambulant. Le vieux routard de Varandeï ne pense qu'à manger. Ses ronflements rythment notre sommeil. Sans doute rêve-t-il de viande de renne, de poisson gelé et de... retraite anticipée.

Le vent a chassé la poudreuse sur certaines courbes de la rivière. Je peux reprendre mon poste à l'arrière du traîneau. Mais soudain Koula fait un écart. En une fraction de seconde, j'ai compris que nous sommes dans la slush. Je sollicite vivement les chiens de la voix et le traîneau sort facilement de sa mare. Cette petite poussée d'adrénaline nous a bien réveillés. Nous forçons le pas toute la journée jusqu'au moment où le *Brr !* retentit. C'est l'heure du bivouac. Mais ce soir il y a trois soleils dans mon horizon ouest ! Rien à voir avec mon taux d'alcoolémie. C'est ce que l'on appelle un parhélie, un phénomène fulgurant de réfraction sur les cristaux de glace de l'atmosphère, qui multiplie l'image de notre astre du jour. La beauté fait oublier la misère.

Je l'ai aperçue de très loin, et je crois que Pouchok aussi car il se dirige droit vers elle. Cette aire plane est faite d'eau de fonte regelée. L'extase. Nous filons à 10 km/h et le traîneau ne pèse plus rien. Après deux semaines de trace dans la profonde, c'est un vrai régal. Kiss-Kiss, le sprinter, s'en donne à cœur joie. Nous passons quelques isbas et trouvons une piste de motoneige qui nous mène à Katyrik. L'accueil est à la mesure des efforts fournis sur la piste. Les chiens sont gavés de viande de renne et le lit d'une babouchka préparé pour le Voyageur français.

L'administratrice du village n'est guère optimiste quant à l'avenir de la jeunesse dolgane. Il n'y a guère de perspectives d'emploi dans la région. Quant à l'importation de rennes de la péninsule de Iamal pour relancer l'élevage, la grand-mère est sceptique :

— À quoi bon ? Personne ne sait plus pratiquer l'élevage de rennes, ici !

Ces jeunes gens, je les rencontre le soir même au *kloub*. Ils m'écoutent raconter mon voyage, mais je perçois de la tristesse en eux. Moi qui n'étais hier qu'un vagabond des neiges, je deviens ce soir celui qui se paie le luxe de voyager. Je me sens tout d'un coup mal à l'aise. Nomade, certes, mais titulaire d'un compte en banque assez garni pour couvrir les frais de ma liberté...

La piste est bonne et très fréquentée jusqu'à Khatanga. La vie est belle, la neige légère, la glisse excellente. Le fusil nous offre des perdrix chaque après-midi et les villages des plumards chaque soir. Mais toujours pas de banya...

— Tu auras ton banya à Novaïa, me promet l'administratrice du hameau de Kheta. Tu en profiteras au passage pour transmettre cette lettre à ma consœur.

C'est donc avec grand espoir que nous escaladons la dernière pente avant la petite bourgade. La journée a été longue. Nous avons accompli deux étapes en une seule tout exprès pour ne pas manquer le jour du bain communal. Lorsque j'arrête le traîneau face à l'administration, les chiens sont éreintés. Quelques hommes légèrement éméchés et une bonne centaine de chiens forment le comité d'accueil. Mais aucune administratrice ne daigne se montrer. Un homme joue le rôle d'émissaire ; l'inconnue refuse de sortir de sa demeure. Que faire de cette lettre et où s'installer pour la nuit ? Enfin la voilà qui sort de sa tanière.

— Vous comptez poursuivre votre route ? interroge la dame d'un ton autoritaire.

— C'est-à-dire... Je pensais passer la nuit ici...

— Impossible ! Nous n'avons pas de place et vos chiens vont nous créer des problèmes. Il y a des enfants, au village...

Il ne me reste plus qu'à tourner les talons. Pouchok s'énerve de me voir enfiler mes grosses moufles. Lorsque je lui annonce que nous continuons notre chemin, sa truffe est agitée de spasmes. Persuadé que je me suis trompé de route, il effectue un demi-tour vers le bourg. Pauvre Pouchok, qui n'y comprend plus rien lorsque je lui confirme la direction. Face à nous, il n'y a pourtant que la rivière et la nuit tombante. C'est le moment que choisit Ermak pour s'effondrer. Son corps est secoué de tremblements. Ses yeux sont révulsés. Crise d'épilepsie ? Bizarre. Il avait pourtant fait une bonne journée. Je l'en avais même félicité, ce qui est suffisamment rare pour être noté. Le malheureux tente de se remettre sur ses pattes, en vain. Je crois bien qu'il va mourir... Ermak, mourir ? Allons donc ! Aussitôt après lui avoir avoir administré un comprimé de glucose, le voilà frais comme un gardon et gai comme un pinson. Détaché de sa traîne, il en profite pour lâcher une pissée sur le traîneau, mordiller un harnais au passage avant de reprendre sa place dans l'attelage, ni vu, ni connu. C'est à mon tour de me sentir mal...

À Khatanga, j'achève ma traversée de la presqu'île de Taïmyr. Le mois d'avril est la saison chaude, dans la petite localité. La course au pôle est ouverte. On vient du monde entier pour faire un petit tour sur le toit du globe. Sans grands efforts ni grands risques, moyennant un tarif rondelet, on se fait tailler le portrait avec le point mythique en toile de fond. Accompagnés d'un guide chevronné, les plus courageux skient le dernier degré de latitude – une centaine de kilomètres en tirant un petit traîneau chargé d'une trentaine de kilos de matériel. Pendant une semaine, on joue à l'explorateur polaire et on s'en retourne avec un diplôme comme trophée et une mémorable collection d'images. D'autres, à l'esprit moins aventureux, se font simplement déposer au point de rencontre de tous les méridiens par hélicoptère pour une partie de football ou une promenade de quelques heures autour de l'axe de rotation de la Terre. Le sympathique hôtel de Khatanga ne désemplit pas.

— *Are you going to the North Pole ?*

— *No !*

— *Are you coming from the North Pole ?*

— *Nooo !*

Je ne fais donc pas partie du club « pôle Nord ». Il faut dire que je suis le seul à ne pas vouloir y aller, à ce pôle Nord *surbooké*. Mon pôle à moi est un marathon de trois années à travers toundra, forêt, montagnes et banquise, une vie de nomade proche de la nature et des peuples de rencontre.

Mon petit pôle de cette fin de printemps est le port arctique de Tiksi, situé à mille kilomètres d'ici, au-delà de l'embouchure de la Lena. Y parviendrai-je avant la fonte ? Je l'ai demandé aux chiens. Pouchok m'a répondu qu'il était prêt. Kiss-Kiss estime que nous y serons dans une petite semaine. Ermak et Voltchok pensent que c'est une folie. Bars m'a dit qu'il fallait y mettre le prix en... viande de renne. Longgy n'y voit pas d'inconvénient, à condition de ne pas être en tête. Sharik et Artchoum iront là où le traîneau ira. Koula ne sait pas où est Tiksi et Volk s'en contrefout...

5

Aux confins de la Iakoutie sauvage

Jour 505 : 10 mai 2002.
Sindasko ; km 6 840.
Position : 73° 16′ N 108° 12′ E

La tempête a stoppé notre élan à Sindasko, dernier village de la région de Taïmyr et l'un des plus septentrionaux de l'Arctique russe. – 35 °C, vent de 100 km/h pendant sept jours. Heureusement qu'Antonina, ma voisine dolgane, est venue mettre un peu de bonne humeur dans la froidure et que l'unique boutique n'a pu, du fait du mauvais temps, être ravitaillée en vodka.

Simba a vécu un baptême musclé. Celui qui allait devenir ma onzième recrue s'ennuyait à mourir dans son village natal de Novoribnoïe. Je ne pouvais pas faire autrement que de remarquer ce chien qui désirait ardemment participer au souper de ma meute. J'achevais à peine la distribution de nourriture qu'il me dérobait, avec un culot incroyable, un poisson que je tenais à la main. Pour le poisson volé – et je veux croire aussi pour le reste –, Simba ne voulait plus me lâcher d'un coussinet. Doté d'un museau effilé et d'un long pelage blanc tirant sur le crème, il possède les caractéristiques exactes de la race samoyède aborigène. Celle-ci existait en Russie d'Europe avant d'être introduite en Angleterre, où ses standards ont été modifiés, ce qui a produit le samoyède moderne, plus petit et au pelage plus doux. Simba est possessif. Il n'aime que moi et ne s'intéresse absolument pas aux autres chiens, qui n'ont d'ailleurs pas essayé de voir ce qu'il avait dans le ventre. Sa maturité et son assurance en imposent aux petits jeunots.

Aussitôt que le temps s'améliore, mon paquetage est ficelé sur le traîneau et je me prépare à une étape de « nuit » dans le jour polaire. J'ai opté pour un itinéraire plein est à travers la toundra. Le village iakoute de Iouroung-Khaïa est à deux cents kilomètres d'ici. En cadeau d'adieu, Antonina m'apporte du pain maison et une paire de chaussettes qu'elle vient de finir de tricoter.

Le vent est encore frais et la température, en ce début mai, avoisine les – 25 °C la « nuit ». Nous partons sous le regard de quelques curieux. Il y a bien quelques attelages de chiens, au village, mais mal entraînés, mal nourris, mal attelés, ils ne permettent que de courtes excursions vers les trous de pêche. Ils ne sont, en fait, qu'une autre solution à la motoneige ou au traîneau à rennes. Bars est en préretraite. Le labeur du halage n'est plus pour lui qu'un mauvais souvenir. Le géronte roux nous suit, fait mine de prendre sa position dans l'attelage ou regarde passer sa troupe en bâillant.

Nous dépassons les premiers massifs qui séparent le Taïmyr de la république de Sakha-Iakoutie. Dans le vide de la toundra, moyennant un minimum d'intuition, on parvient toujours à retrouver la trace de l'homme. Comme on prendrait un repas sur le pouce dans un restaurant d'autoroute, je m'arrête pour un court dîner dans un campement de nomades situé juste sur la frontière. C'est mon premier contact avec une population dolgane encore traditionnelle. Les pasteurs résident dans des cabanes de toile et de bois montées sur des traîneaux et déplacées par des rennes, les balok à la dolgane. Leur troupeau ne compte que quelques centaines de bêtes. Pour subvenir à leurs besoins, ils doivent donc chasser le renne sauvage. Leur costume diffère beaucoup de celui des Nenets. Une parka de fourrure ouverte sur le devant, un pantalon de peau, de courtes bottes et une chapka forment un ensemble bien moins protecteur que celui des Nenets. Je n'assisterai pas au déplacement d'un balok – plusieurs tonnes tirées par un attelage de huit à douze bêtes. Dommage : au dire des bergers, ce n'est pas une mince affaire ; ce qui a été gagné en confort est perdu en mobilité. Les Dolganes ont choisi un compromis entre vie nomade et vie sédentaire.

Un fait marquant vient perturber ma navigation. La déclinaison de ma boussole, est depuis la Norvège, passe à l'ouest. Cela signifie que le pôle Nord magnétique (pointé au nord de l'archipel arctique canadien), vu depuis ma position, se situe dorénavant à l'ouest du pôle Nord géographique. Où il fallait retrancher les degrés de la déclinaison pour passer du cap vrai au cap compas, il faut à présent les ajouter. Gare aux erreurs !

À raison de quarante-cinq kilomètres quotidiens et malgré le terrain montagneux, nous sommes pour ainsi dire arrivés à bon port en quatre nuitées. Nous croisons un convoi de motoneiges dont l'une tire un petit balok en peau de renne abritant un nouveau-né. Pendant que nous échangeons quelques politesses, la maman, engoncée dans d'épaisses fourrures, prépare le biberon-thermos du bambin. La scène vaut bien de se geler les mains sur la caméra. Il est deux heures du matin et l'aurore est d'un mauve saisissant. Sans trop s'attarder, les motoneiges reprennent leur route, suivies à distance par leur chien. Nom de Dieu, c'est une chienne ! Trop tard. Mes garnements ont décidé de saisir l'aubaine à l'unanimité moins une voix, celle de Pouchok qui se fait toutefois entraîner en un fulgurant demi-tour à la poursuite de la donzelle.

— *Oush ! F... dogs !*

Je cours après mon traîneau et saute sur le frein pour stopper, in extremis, les libidos déchaînées de onze (moins un) maniaques sexuels.

Peu après, j'aperçois de très loin une motoneige immobile au sommet d'une colline. Sans pouvoir l'expliquer, je ressens un malaise qui me pousse à faire un détour. Cela ne suffit pas pour passer inaperçu. L'homme, apparemment ivre, me hèle. Je fais celui qui n'a rien entendu et accélère. Peine perdue. Le conducteur démarre son bouran, nous dépasse et nous barre le passage. Le Dolgane descend de son engin et s'avance vers moi, menaçant.

— Je peux te tuer ! fulmine-t-il en sortant un couteau de son étui.

Puis, tout en déballant des injures, il se tourne vers les chiens. Mon fusil, prêt à tirer la perdrix, est chargé au petit plomb. Je préfère cependant calmer la situation sans céder à la violence. Tout en gardant un œil sur l'espèce de détraqué, je fais glisser discrètement la fermeture du fourreau. Plus rien ne compte en cet instant que l'homme imprévisible et son couteau. Le danger est palpable.

Parti vers l'avant de la meute, le voilà qui tranche net les traînes de Voltchok et d'Ermak. Puis il s'approche de mon chien de tête, superbe d'intelligence quoique totalement inconscient du danger. Je saisis mon arme. Il brandit son couteau au-dessus de Pouchok lorsque je bondis et lui assène un violent coup de crosse qui le fait rouler dans la neige. Son couteau lui a échappé. Je le saisis et, sans même réfléchir, coupe la courroie de sa pétoire et divers autres câbles. Le cœur battant la chamade, j'improvise une réparation de fortune des traînes sectionnées et déguerpis sans même savoir si l'homme que je viens d'assommer est mort ou vivant. Tout ce que représente ce corps qui gît à terre me répugne. Je ne pense qu'à fuir le plus loin possible. Ma haine est sauvage et bouscule tous les principes que j'ai pu acquérir en toundra. Ma réaction, qui n'a rien d'un réflexe de survie conditionné par les périls naturels, me cause le plus grand trouble. Pour moi qui vivais dans la paix intérieure, je subis le choc comme un cataclysme indescriptible.

Les chiens de traîneau, s'ils peuvent se révéler chasseurs, ne sont pas de bons gardiens. Ils sont trop confiants envers l'homme. J'ai beau les conjurer d'accélérer, ils n'en font rien. Sont-ils fourbus ou bien alors ont-ils les jambes coupées par l'émotion ? Après tout, un homme – être supérieur par excellence dans le regard du chien – qui agresse un autre homme, ce n'est pas une scène banale. Comment ces créatures à quatre pattes perçoivent-elles cette situation pleine de contradictions survenue dans le monde des dieux ?

Au fil des minutes qui s'égrènent, je prends conscience de la gravité de mon acte. Ce psychopathe, s'il ne se relève pas bientôt, va geler. Je ne peux tout de même pas m'encombrer de sa grande carcasse jusqu'au prochain village ? S'il reprenait connaissance, tout serait à refaire. Nous sommes dans de beaux draps.

« Meurtre d'un chasseur dolgane par un explorateur français ». Les preuves sont accablantes. Je tombe sous le coup de la loi russe, accusé d'homicide volontaire. Je suis arrêté et transféré à la prison de Saskylakh. Triste tableau pour Arktika, la fin d'un rêve. Les chiens ! Qui va donc s'occuper des chiens ? L'idée de les voir abandonnés m'est intolérable... Il me faut raisonner plus posément. Tout d'abord avertir le consulat de France à Moscou. Il est six heures du matin, heure locale, soit minuit dans la capitale russe. Mieux vaut donc appeler mon coordonnateur moscovite. Aussitôt l'antenne déployée, le téléphone capte le signal satellitaire. C'est une chance. Mon associé me répond le plus calmement du monde :

— Le chasseur est-il mort ?

— Mort ?

D'entendre prononcer le mot me tétanise. Pourtant le ton de mon interlocuteur est des plus anodins. Peut-être n'est-ce pas si dramatique que cela, après tout ? Face aux attentats terroristes de la capitale, un Dolgane de plus ou de moins...

La conversation n'a pas duré. C'est la nuit, à Moscou, et les décisions ne seront pas prises avant le lendemain matin. En ce qui me concerne, dans moins d'une heure, j'aborde mon premier village de Iakoutie. Que dire ? Que faire ? Avouer ? Je n'hésite pas. De toute façon, tout se sait très vite, dans la toundra[1].

Les fumées du village se profilent dans le ciel. Sur une crête, je tombe sur une autre motoneige. Je ne peux pas l'éviter. Assis sur son siège, un type sirote une bière tranquillement. Comme je m'en doutais, il attend son compagnon, celui que je viens peut-être de liquider.

— Salut ! Tu veux une canette ?

— Euh... non, merci.

— Tu n'as pas aperçu une motoneige sur ta route ?

— Si... Justement la motoneige est par là-bas sur le versant de l'autre montagne. Ton ami ne va pas très bien, tu sais. Je viens de l'assommer. Tu devrais aller le chercher avant qu'il ne gèle...

Le gars est interloqué. Avant qu'il n'ait le temps d'armer son SKS[2], je lui précise que je viens d'avertir Moscou et que nous réglerons le différend devant le chef de l'administration, à Iouroung-Khaïa. Au seul mot de « Moscou », le pauvre garçon a frémi. Le centre, comme on disait autrefois, reste le symbole de la toute-puissance ; de savoir que les plus hautes autorités ont pris l'affaire en main l'a alarmé.

J'aurais aimé atteindre le village avant les deux hommes pour pouvoir donner, le premier, ma propre interprétation des faits, mais le bouran, plus rapide, me rejoint sous peu. Sur le traîneau gît la dépouille du Dolgane. Elle n'a pas l'air si mal en point que

1. Six mois plus tard, au passage dans un village, je serai étonné d'apprendre que j'ai abattu, non pas un, mais deux Dolganes ; ce qui me vaudra la plus grande estime de la population iakoute !

2. Fusil de l'armée soviétique.

cela. Elle a quelque peu retrouvé ses esprits, mais ne peut encore se lever. Sans doute plus à cause de la biture que du coup de crosse. Elle balbutie des menaces de mort, mais paraît malgré tout intéressée par un règlement à l'amiable. Moyennant quelques dollars, elle passerait son agression sous silence. Je lui avoue, faussement désolé, qu'il est malheureusement trop tard puisque la milice a déjà enregistré mes aveux. Quant à la couverture qu'elle a le culot de me demander, je la prie d'aller se faire voir...

Le traîneau est stationné au centre du village qui s'éveille doucement. Les questions habituelles me sont posées, mais je n'ai guère le cœur d'y répondre. J'ai pu vérifier de par le monde que le moindre conflit qui vous oppose à un seul membre d'une communauté autochtone met en général celle-ci tout entière contre vous. Vu l'amabilité des gens qui m'entourent, je devine que ma tentative de meurtre n'est pas encore connue.

Le chef de l'administration est sorti de son lit. Bien qu'il m'enjoigne de le suivre pour m'installer au foyer, je réclame un entretien privé préalable. Mieux vaut, selon moi, « déballer mon sac » plutôt que déballer mon bagage et « être cuisiné » avant de cuisiner, surtout si je dois m'installer à la prison sous peu... Mais il ne veut rien entendre, et ce n'est que deux heures plus tard que je lui expose les détails du croustillant événement.

— Scandale international ! Et dans ma commune en plus. Il fallait que ça m'arrive à moi...

Pauvre administrateur ! Lorsque je lui parle de Moscou, je le sens défaillir. Finis, ses espoirs d'avancement et de réélection. Iouroung-Khaïa, son village, va devenir la honte du pays tout entier. Je viens d'abattre professionnellement le pauvre homme. Déjà deux cadavres !

— Un scandale international !... ne cesse-t-il de répéter.

Enfin, je comprends... À ses yeux, je ne suis pas présumé coupable mais au contraire supposé victime. Ce qui l'atterre me rassure aussitôt : je n'entreprendrai pas l'exploration forcée des geôles sibériennes. Je console mon interlocuteur en lui rappelant que nous avons quelques heures devant nous avant que Moscou ne s'éveille au « scandale international ». Mes paroles le sortent du cauchemar dans lequel je l'ai plongé. Le voici songeur. Il va tenter la solution diplomatique. Rendez-vous à quinze heures, neuf heures à Moscou.

À l'heure dite, son visage rasséréné me laisse présager une issue favorable à sa médiation. Il s'excuse tout d'abord de l'attitude du Dolgane, l'expliquant par une question de gènes.

— Les Dolganes ont le sang chaud, vous savez. Nous-mêmes, Iakoutes, sommes plus pondérés. Le chasseur est à l'hôpital. Ses jours ne sont pas en danger. Il s'est malencontreusement blessé à la tête lors d'une chute de motoneige.

Il conclut que l'affaire est close puisqu'il en a décidé ainsi. La loi morale a plus de valeur, dans la toundra, que des actes de cour. Nous échangeons un sourire entendu. Affranchis, nous le sommes tous deux. Moi d'une peine de prison, lui d'un scandale international.

Le spectacle polychrome sur la rivière Anabar est admirable. Je regrette seulement de ne pas avoir installé ma caméra pour en témoigner par l'image. La lumière rasante du soleil de minuit est filtrée dans une poudrerie naissante créant des faisceaux de paillettes iridescentes sur fond de brume cousue d'or. Au travers de cette opalescence diffuse, je distingue soudain une isba et m'y dirige sans hésiter pour m'abriter.

Je réveille là deux pêcheurs qui s'empressent de me préparer une collation. Leur courtoisie me ferait presque oublier ma récente mésaventure... Mais, un peu plus tard, un camion en route vers la base météo voisine fait une halte ; soucieux des convenances, le chauffeur n'est pas arrivé les mains vides : trois litres de spirit sont posés sur la table... en guise d'apéritif. Pendant trois jours, je crois vivre un enfer. La tempête, qui ne veut pas mollir, m'interdit de quitter les lieux. Bouteille après bouteille, verre après verre, vingt-quatre heures sur vingt-quatre, les hommes ne vont pas dessaouler. Je les vois devenir de plus en plus agressifs. Décidément, mes premiers pas en Iakoutie n'auront pas été très heureux.

À la première accalmie, je quitte l'isba. Le camion, lui, ne repartira pas, désespérément enlisé dans les congères. Le blizzard a soufflé une énorme quantité de neige. La marche est devenue pénible. J'évite la station météo malgré les promesses d'une bonne douche et me dirige directement vers le dernier refuge installé le long de la rivière Anabar. Je perds un moment mon orientation du fait de rives basses et d'un massif éloigné que je prends pour la côte, mais la boussole me rappelle à l'ordre et je vire de quatre-vingts degrés, plein nord.

Un vieil homme, ébloui par la luminosité, est planté devant moi, le sourire aux lèvres. J'ai arrêté les chiens sur le pas de la porte d'une minuscule cahute. Sergueï vit là, seul et loin de tout. Un poêle rouillé, une vaste plate-forme de couchage, une table bancale, rien d'autre sur la terre battue de son isba nichée au pied d'un surplomb rocheux noir comme l'ébène. En dépit de ses soixante-sept ans, Sergueï a un visage de jeune garçon espiègle. Il n'a eu qu'un guide, dans sa vie : l'alcool, confesse-t-il en se versant un verre de bragga. Puis il ajoute, comme pour se moquer de lui-même :

— Je n'ai pas dessaoulé depuis trois jours. Je viens de finir ma réserve de spirit, mais pour ce qui est de la bragga, j'ai toujours de la levure et du sucre en réserve. Pour sûr, je n'en manquerai jamais !

Sa façon innocente de me présenter les choses me fait sourire. Sergueï me plaît. Il est gai, simple et ne m'importune pas de questions. Il vit misérablement de pêche et... de gnole. Nous partons ensemble sur la banquise récolter le poisson abandonné auprès des trous de pêche. Le vieil homme, habillé de guenilles, a grand besoin d'une bonne paire de gants et de lunettes de soleil. Je m'empresse de les lui offrir et reçois, en échange, une chaude chapka iakoute en fourrure de renard polaire noircie par la suie de sa vieille masure.

— À quelle heure allons-nous manger le bortsch[1], ce soir ?

— Sergueï, je dois m'en aller...

— Sûr qu'aujourd'hui tu ne partiras pas. Le temps est trop mauvais...

— Le vent s'est un peu calmé. Regardez donc. Le chasse-neige est moins haut. Je reprendrai ma route dans quelques heures.

— Ah, bien sûr ! Toi, tu as de l'expérience...

Le vieillard a baissé la tête, exprimant par un soupir sa déception. Quelle étrange existence vit Sergueï ! À la fois gaie dans l'ivresse et tragique dans l'abandon de soi. Et quel parcours pour cet homme arrivé en Iakoutie à la grande époque du développement industriel de la Sibérie. Il a connu d'abord les mines d'or, dans quelque goulag, puis le sovkhoze de chasse, à sa libération, et la pêche, en fin de course. Sergueï est au bout de son chemin.

1. Soupe au chou rouge parfois agrémentée de viande.

Il s'éteindra demain sur le soixante-treizième parallèle, dans le plus grand dénuement, dans la plus sordide des solitudes.

Avant de le quitter, je lui rentre un peu de bois et ravive le poêle avec une tasse de gazole. La première allumette n'a pas craqué. À la seconde, le gazole est si brûlant qu'une étincelle a provoqué un retour de flamme ; j'en ai tous les poils du visage grillés. Le souffle a même ouvert la porte de la vieille bicoque. Je dois avoir une drôle d'allure, mais n'ai ni miroir ni spectateur intéressé pour le vérifier.

Longtemps le vieux Sergueï restera sur le seuil de sa cabane délabrée. Longtemps je lui ferai de grands signes, m'éloignant à vive allure vers les glaces polaires de la mer des Laptev.

Aussitôt le cap Khorgo doublé, le temps se gâte et nous n'y voyons plus rien. Pendant cinq heures, nous marchons face à la tempête avant d'établir un bivouac dans un conglomérat de glace. La quatrième mer sur mon parcours ne vaut guère mieux que les autres, côté hospitalité... Je lutte dans les bourrasques pour installer mon petit abri. L'Arctique se gagne durement. Point de place, ici, pour les arrogants. Il faut se faire petit, discret et toujours disputer le passage à dame Nature.

Neige et brouillard ne vont pas cesser pendant une semaine. Là où nous aurions dû filer sur une neige durcie par les vents de l'océan Arctique, nous nous retrouvons à brasser, comme sur la rivière Kheta. Je trébuche sur les chaos, chancelle dans les crevasses, vacille dans la profonde. Pouchok s'en sort mieux car il distingue les contrastes malgré la lumière incertaine. Nous ne faisons qu'escalader les hummocks[1] les uns après les autres. Souvent, je grimpe sur l'un d'eux pour repérer une issue. C'est un paysage d'apocalypse qui se dévoile alors à mes yeux brûlés par le jour permanent. Les blocs évoquent des fantômes menaçants qui valsent dans les nuages. Certains dégagent leur voile et prennent forme humaine en se rapprochant du malheureux petit traîneau venu les déranger dans leur monde spectral. Mon benjamin, Kiss-Kiss, fixe les masses gelées de ses petits yeux noirs. Malgré son intrépidité, il est inquiet par ce tableau indescriptible.

Las de ce crapahut, j'ai préféré couper à travers les terres vers

1. Blocs de glace formés par le choc ou la pression de plusieurs plaques de banquise.

le cap Liguy qui sera, à 73° 41′ N, le point le plus septentrional de mon itinéraire à travers l'Arctique eurasien. La nuit s'annonce claire mais, bientôt, un brouillard givrant nous enveloppe. Je ne sais plus si nous montons ou descendons. Nous avançons rigoureusement selon l'azimut fixé par ma boussole. Le petit matin s'annonce en dissipant quelque peu la brume. Soudain, une tache noire point dans le ciel laiteux : sans doute la berge du lac que nous venons de traverser. Puis une vision incroyable s'étale devant mes yeux. J'ai peine à le croire. Deux isbas et deux balok, apparus comme par enchantement, sortent des vapeurs aurorales. Je m'en vais reconnaître les lieux. Un groupe de goélands prend son envol. Je trouve sur le toit d'une des masures plusieurs carcasses de rennes tués à l'automne dernier. La viande est un peu desséchée, mais elle suffira à gaver les chiens pendant plusieurs jours. Quelle chance ! Dois-je remercier la Providence d'avoir guidé mes pas vers le seul camp de chasse existant à des centaines de kilomètres à la ronde ? Je commence à me demander si un esprit bienveillant ne protège pas ma route.

Repos et repas gargantuesque pour les chiens. Mes champions de l'orgie gastronomique sont Bars, Koula et Longgy, ravis de céder au vice de l'intempérance. Ils ingurgitent tant de viande qu'ils ne peuvent plus se lever. Un insignifiant morceau de bidoche déshydratée a atterri entre Koula et Simba. Les deux candidats s'affrontent dans une joute irrésistible. Simba retrousse les babines en une grimace qu'il espère épouvantable tandis que Koula se gargarise des plus sinistres grognements qu'il connaît. L'un et l'autre sont tellement repus qu'ils sont incapables d'engager un combat plus animé. Les estomacs distendus ne favorisent pas l'agressivité. C'est finalement Koula le vainqueur ; il saisit la miette de steak pour la déposer sur son territoire. Cette vie de chien vous enseigne l'avarice, l'égoïsme et la prévoyance. Dans le Grand Nord, une disette est si vite arrivée...

Le départ est laborieux. Non seulement le traîneau est à nouveau lourdement chargé de barbaque, mais les onze morfales ont la digestion difficile. Leurs ennuis gastriques ne se dissiperont que le lendemain.

On m'avait assuré que la station météo Tiorplyaï-Toumous était habitée. Je distingue déjà le mât d'une grande éolienne et me prends à rêver d'un banya mais, au fur et à mesure que je m'en approche, je sens bien que je n'y trouverai personne. L'un des bâtiments est en équilibre précaire au bord d'une falaise crénelée, rongée par les flots pétrifiés. L'autre tient encore debout et va m'héberger pendant deux jours. Il y a là profusion de bois, un sac de vingt kilos de macaronis et des sachets d'assaisonnements déshydratés que je réserve pour le repas des chiens. Pas de rationnement, chacun jouira, une fois n'est pas coutume, d'une bonne soupe chaude.

Les clebs, en récréation autour de la station, en profitent pour régler leurs comptes. Longgy met la pâtée à Artchoum. Mon casseur est déprimé. Même son meilleur copain, Kiss-Kiss, commence à se désintéresser de lui. Artchoum n'a plus d'appétit et grogne tout seul dans son coin. Il est devenu, je crois, un peu caractériel.

Simba et Koula – encore eux – se disputent un bois de renne découvert sous la neige. Simba prend sa revanche en déchirant l'oreille du pauvre Koula qui s'enfuit en geignant. Malgré sa force, le grand fauve ne ferait pas de mal à un chiot.

Le lendemain, les intestins secoués par ce remarquable gueuleton réagissent. La meute laisse à travers la péninsule de Tiorplyaï-Toumous une souillure brunâtre presque continue. Serons-nous un jour pardonnés de la profanation scatologique que nous faisons subir quotidiennement à la fragile toundra ?

Dans la baie d'Olienok, le brouillard est si dense que Pouchok en perd son latin. Il est sept heures du matin et le thermomètre indique + 4 °C. Tout est trempé. Il est temps de camper.

Doux cocon que ma petite tente. Deux années de loyaux services dans les conditions les plus extrêmes l'ont, certes, quelque peu endommagée. Certains arceaux sont tordus et la toile montre des signes d'usure, mais plus que n'importe quelle isba de passage, elle est mon petit chez-moi. Sous cette luminosité, il fait + 10 °C à l'intérieur et je vis à moitié nu. Seuls quelques ongles noircis par le gel viennent rappeler les jours difficiles de la péninsule de Guyda. Un coup d'œil à l'extérieur me confirme que le brouillard ne s'est pas dissipé. Un cap paraît pourtant se dessiner au lointain... mais non, ce n'est que la crotte de Pouchok. Un groupe de motoneiges qui vient droit sur nous se métamorphose soudain en goélands posés sur la glace. Le jour blanc produit d'étranges hallucinations.

Du beau temps. Pas trop tôt ! Les chiens s'impatientent au-dehors. Quatre heures après mon réveil, nous partons pour une longue virée nocturne. Au cap Bouor-Sir, nous quittons la côte en ligne directe vers les montagnes bleutées d'Oust-Olienok. La surface, au centre de la baie, est exquise, la lumière de minuit douce et les chiens radieux. Les ritournelles que je fredonne excitent la meute au plus haut point. Quelle euphorie ! Lorsque j'arrête le traîneau pour un bref contrôle des coussinets, Simba piaffe d'impatience. Alors quoi ? La route nous attend !... Nous formons une sacrée équipe.

Inutile de fixer un cap à Pouchok. À vingt kilomètres de distance, il a déjà senti le village, et il n'est pas le seul. Je crois que tous ont compris l'imminence d'un retour auprès des hommes. Douze jours se sont écoulés depuis l'isba du vieux Sergueï.

Nous sommes accueillis à l'entrée de la localité par une flopée de sternes qui se délectent de lottes abandonnées sur la glace. Seul le foie est consommé par la population locale. Une fois ces cadavres recyclés en petits déjeuners pour chiens, nous pénétrons dans le hameau endormi. Il est neuf heures du matin. En cette période de jour polaire, on veille tard devant les programmes télévisés diffusés par les chaînes nationales moscovites avec six heures de décalage horaire.

Oust-Olienok ne compte que quatre-vingts âmes, toutes de l'ethnie evenke. Le iakoute reste toutefois la langue régionale. Est-il besoin de souligner qu'il n'y a ici ni école ni boutique ? La population vit exclusivement, et à longueur d'année, de sa pêche et de sa chasse. C'est tout juste si le rouble a cours. Les transactions avec le grand village voisin de Taïmilyr se font sous forme de troc. On est bien loin du capitalisme sauvage dont les images sont diffusées par petit écran interposé.

Oust signifie l'« embouchure », en russe. On aura donc compris la situation de ce village historiquement célèbre. Dès le XVIIe siècle, de grands voyageurs occidentaux se sont aventurés dans la région en longeant la côte de la mer des Laptev. L'explorateur russe Pronchichev et son épouse, qui l'avait accompagné, sont enterrés ici pour n'avoir pas survécu à leur hivernage. Un sceau récemment découvert lors de fouilles est venu prouver la présence en ces lieux du cosaque Semion Dejnev, premier découvreur, en 1648, du détroit qui sépare l'Asie de l'Amérique.

Les nouvelles reçues par radio à la base météo ne sont pas encourageantes pour le parcours à travers le delta de la Lena. La fonte est annoncée un peu partout. J'hésite à m'engager ; je me donne une seconde nuit de réflexion. Le lendemain, il fait + 11 °C et le village dégouline. Je sais, dès lors, que je n'irai pas plus loin. Mon étape hivernale prend fin ici, à trois mille kilomètres de mon point de départ du 7 novembre dernier, dans la baie de l'Ob. Sept mille quatre cents kilomètres me séparent du cap Nord, quitté précisément deux années auparavant. Je laisse sur ce fantastique itinéraire des souvenirs intenses qui ne s'effaceront pas de sitôt de ma mémoire. Certains heureux, d'autres terribles. Tout ce chemin parcouru m'a ancré dans mes convictions. J'ai acquis la certitude de ne plus désirer vivre autrement qu'en acteur du grand théâtre de la nature.

TROISIÈME ANNÉE
DE L'EXPLORATION À L'ADAPTATION

D'Oust-Olienok à Valkarkaï, 2 718 km

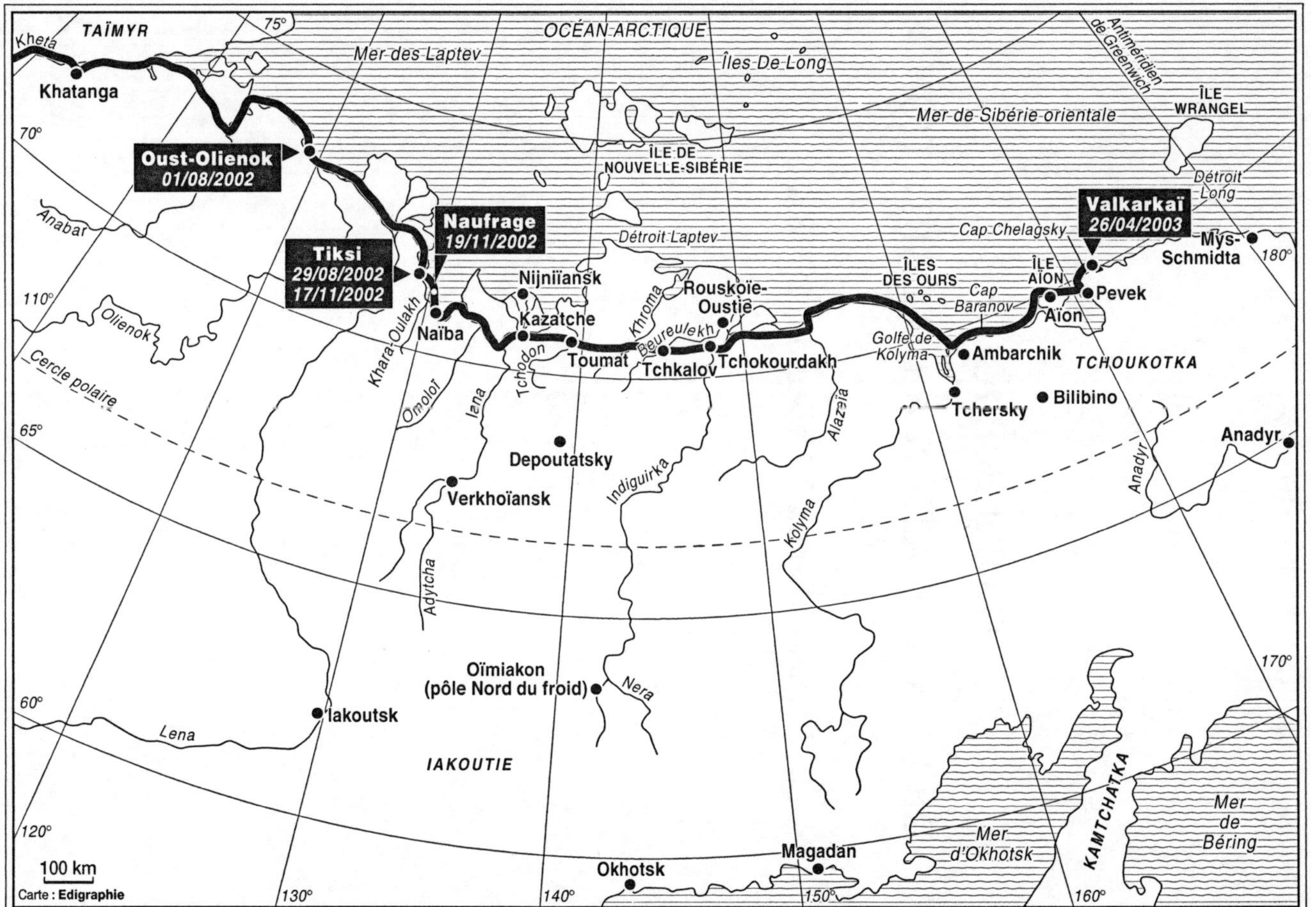

IAKOUTIE-TCHOUKOTKA - Itinéraire d'Oust-Olienok à Valkarkaï (Étapes 5 et 6) - 2 718 km

ÉTAPE 5

Oust-Olienok - Tiksi, 463 km
1er août au 29 août 2002, 29 jours

1

Dans les bras de la Lena

1er juin 2002.
Oust-Olienok.
Position : 72° 59′ N 119° 57′E

Anton coupe le moteur de sa motoneige et me tend une cigarette. Je décline, mais il insiste.

— Il faut nous attirer les bons esprits pour le voyage ! Tu n'as qu'à la briser et la jeter...

Comme je ne fume pas et que le garçon est superstitieux, son paquet de cigarettes va servir, au fil de notre route, d'offrandes aux puissances protectrices de la planète evenke. J'ai sympathisé avec Anton au village d'Oust-Olienok. Nous nous rendons à Taïmilyr. Je compte y faire le plein de vivres en prévision de ma navigation en kayak jusqu'à Tiksi. Mon ami vendra ou troquera, de son côté, la viande de renne, produit de nos chasses. Il y a déjà beaucoup d'eau sur la rivière, qui ne parvient plus à regeler la nuit. Lors des nombreux arrêts nécessaires au refroidissement du moteur surchauffé du bouran, nous avons le loisir de discuter.

— J'ai une tente et un petit réchaud. Je passerai tout l'été à chasser, clame fièrement le garçon.

Deux oies passent dans le ciel. Anton sort aussitôt un appeau artisanal confectionné dans une cartouche usagée. Le son qu'il produit imite à merveille l'appel des oiseaux mais, trop futés pour s'y laisser prendre, ils s'éloignent. La grande saison de chasse approche et chacun l'attend avec impatience car les vivres sont presque épuisés. La pêche reprendra dès la débâcle engagée. On tendra les filets pour capturer le nelma avant que la rivière ne devienne trop boueuse et ses eaux trop basses.

En cette période de dégel, Taïmilyr est bien aussi laid et sale que je l'avais prévu. J'aurais tort de me plaindre toutefois car nous sommes en quinzaine « sèche ». Je veux dire que la vente d'alcool est interdite pendant deux semaines. Cette heureuse initiative vient du jeune administrateur. Après quelques palabres, il évoque sa passion pour l'énergie éolienne. Son rêve serait d'offrir aux habitants du Grand Nord une énergie gratuite et disponible n'importe où, mais il se heurte au lobby pétrolier et gazier et se désole de n'obtenir aucune aide de l'État.

De retour à Oust-Olienok, je m'installe dans un banya ! Autant dire que je coule des jours heureux dans cette vieille isba iakoute construite en rondins et en terre à la périphérie du village. Les chiens sont attachés tout autour, dans la prairie fleurie. J'ai été tenté, je l'avoue, d'acquérir la cabane, mais l'appel du large a encore pris le dessus. Ma nationalité de nomade m'a fait choisir un mode de vie autrement plus précaire et solitaire, mais tellement enrichissant.

Avant mon départ en kayak à travers le delta de la Lena, je dois constituer une bonne réserve de viande pour les chiens. Anton et moi partons souvent ensemble, en canot à moteur, à l'affût de troupeaux sauvages.

La rivière Olienok traversée, mon acolyte pointe du doigt une centaine de bêtes déambulant sur la grève. Nous accostons à distance respectable tandis que les animaux s'éloignent rapidement. J'ai choisi de les rabattre à pied tandis qu'Anton coupera leur retraite, en restant posté près de son bateau.

Le temps est chaud et les moustiques agressifs. L'approche est lente et pénible, dans le marécage. Une fois la plage atteinte, je dois prendre mille précautions pour ne pas me faire repérer sur le terrain à découvert. Deux femelles, suivies de leurs faons, passent près de moi sans même me remarquer. Je pourrais facilement les abattre mais je m'abstiens. Seuls les mâles sont chassés, durant l'été.

Les animaux vont et viennent dans la rivière, harcelés par les insectes. Un grand mâle aux bois imposants guide le troupeau, un autre, à l'écart, fait le guet. C'est le vigile de la harde. Parfois le groupe s'enfuit vers le sud mais, ayant flairé mon compagnon, revient vers moi. Nous espérons tous deux qu'il se décidera à traverser la rivière. Anton n'aurait alors qu'à les tirer depuis son embarcation. Puisqu'il faut les pousser à réagir, je décide de me montrer. Aussitôt, les animaux prennent la fuite par les terres. J'épaule et touche un grand mâle. Ma balle lui a brisé la patte. Après avoir marqué un temps d'arrêt, l'animal blessé fait volte-face et s'en retourne se mettre à l'abri dans le cours d'eau. Il nage parallèlement à la rive, hésitant, semble-t-il, à s'engager en eaux profondes. Je remarque au loin Anton occupé à démarrer son moteur. Il rejoint rapidement la bête et l'achève d'une cartouche de 12.

L'animal doit bien peser cent vingt kilos. Avec beaucoup de difficulté, nous parvenons à le hisser sur la glace de la berge. Mais avant de le dépecer, nous devons respecter la coutume evenke selon laquelle le chasseur offre aux esprits de la nature le bout de la langue de la première bête abattue dans l'année. Nous faisons ensuite un feu et l'alimentons avec ce que nous avons dans notre sac : cigarette, thé, sucre, huile... Ainsi nous remercions « l'âme supérieure » de sa clémence et de sa générosité.

Jour 523 : 1er août 2002.
Oust-Olienok ; km 7 402.
Position : 72° 59′ N 119° 57′ E

Sur la plage de sable gris vont et viennent quelques amis qui me font de grands signes d'au revoir. Bars aboie pour me souhaiter bon voyage. Le vent du large m'apporte son parfum d'évasion, mais je ne peux empêcher mon cœur de se serrer. Mes chiens seront inquiets, ce soir. Ils passeront un mois au village sous la surveillance d'Anton avant que je ne puisse les rapatrier par hélicoptère jusqu'à Tiksi, destination de ma navigation en kayak.

Le village s'éclipse rapidement dans mon dos et la brise contraire forcit au fur et à mesure de ma sortie de la rivière Olienok. Le soleil ne s'est pas montré depuis une dizaine de jours. Le ciel persiste à coucher ses nuages bas sur les eaux noires. Je repense à ce conte de Pouchkine, *Le Poisson d'or*, dans lequel on voit la mer calme et bleue se métamorphoser avant chaque rencontre du pêcheur avec le poisson. Vers deux heures du matin, le vent m'interdit toute progression et la pluie me glace. J'ai la chance de pouvoir me réchauffer dans une petite cabane, auprès d'un vieux poêle confectionné dans un bidon. Étendu sur les peaux de renne de la demeure, je rêve de ma future isba. Peut-être sera-t-elle aussi de bois flotté, construite sur les rivages désolés de quelque mer oubliée...

J'aime le bois flotté. Comme moi, il a fait un long voyage. Chaque rondin a sa propre histoire, que l'on devine à sa forme, à des clous ou quelque échancrure. Tel madrier faisait partie de la structure d'une coque, tel autre soutenait la charpente d'une masure. Ce tronc, long de plus de vingt mètres, vient-il de la taïga sibérienne, charrié par le grand fleuve Lena ou d'encore plus loin, d'Alaska, du Canada ? Tant de bois sur une côte où ne pousse pas le moindre arbuste !

Passé le cap Kouroupa-Stan, la houle de la mer des Laptev me berce. L'eau devient salée et sa température diminue. Les côtes basses se font falaises de glace. Le paysage prend une teinte sinistre sous la lumière livide.

Mon bivouac de ce petit matin dérange une maman lemming qui déménage sa portée sous mon nez. J'ai beau m'excuser, elle s'en va trouver refuge sous un tronc sans un regard pour l'intrus que je suis. Un brouillard tombe et le disque d'un soleil rose pâle apparaît quelques minutes. Quel étrange pays !

Vent de secteur est. Celui qui s'oppose à ma marche depuis deux ans me permet, du fait de ma lenteur, d'examiner le détail des côtes de la grande Sibérie. Pour occuper les longues heures monotones, je m'amuse à chronométrer le nombre de mes coups de pagaie à la minute. Résultat : quarante-cinq. Rien de renversant, me direz-vous. Mais si j'extrapole, à raison de huit heures de navigation quotidienne, cela donne le résultat plus impressionnant de vingt mille. En cumulant mes trois croisières depuis mon départ de Norvège, nous arrivons à deux millions. Phénoménal ! Je ne résiste pas à l'envie de passer à l'estimation du nombre de pas dans la neige entre le cap Nord et le détroit de Béring : vingt millions ! avec une marge d'erreur, disons, de quelques millions. Pauvres articulations !

Un jeune renne farceur est venu me narguer à portée de fusil alors que j'avalais un insipide pâté en boîte, assis dans mon kayak échoué sur une plage de galets. Le renne ne devrait jamais se moquer ainsi du chasseur car il n'est pas un ours et manque de moyens de dissuasion. L'effronté ne se doute pas que ma meute et moi consommons en moyenne une dizaine de ses congénères par an... Après m'être promis d'agrémenter de viande fraîche mon prochain menu, je sors le fusil de la soute pour le placer entre mes jambes, dans le kayak. La nuit me trouve pagayant, perdu dans mes rêves de grillade. J'en suis encore à dîner de poisson salé auprès d'un feu de bivouac lorsqu'un renne arrive droit sur le campement. Je cours charger mon fusil. L'animal m'ayant éventé s'enfuit vers la plage. Je sais qu'il va choisir la retraite par la vallée. J'escalade rapidement la colline voisine pour lui barrer la route. Bien pensé. L'animal vient droit sur moi, me repère, s'arrête une seconde à soixante-dix mètres. Ma balle le touche à l'épaule. Il s'effondre. Je vais passer une journée entière à boucaner la viande.

J'ai atteint le delta de la Lena. Avec ses 300 000 km^2 de superficie, il est l'un des plus grands du monde. Je navigue dorénavant dans un dédale de canaux et d'îlots de sable, lieux de rendez-vous d'une multitude d'oiseaux migrateurs venus d'Europe et d'Afrique. Les hauts-fonds m'obligent souvent à tirer mon embarcation les pieds dans l'eau. Un loup solitaire traverse un chenal. Ce n'est qu'arrivé sur la berge opposée qu'il capte l'odeur de son ennemi ancestral ; aussitôt, il s'enfuit à toute allure vers les montagnes sans même prêter attention aux deux rennes qui broutent paisiblement non loin de là.

Le delta est un vrai labyrinthe. Un petit kayak tente de trouver son chemin sur l'un des centaines de bras de l'immense pieuvre. Une houle se forme, si serrée que deux crêtes passent en même temps sous mon bateau. Qu'importe, je cours sous le vent. Courir ? Le terme n'est pas approprié car, même si l'eau défile rapidement, le paysage, lui, reste pratiquement statique. Au fur et à mesure que j'approche du grand fleuve, le courant gagne en puissance. Il me faut rechercher les contre-courants le long du rivage, qui me font passer de l'immobilité quasi totale à l'allure d'une tortue. Un lièvre goguenard observe de la berge cet objet flottant non identifié sur lequel se débat une créature qui s'obstine, en dépit de toute raison, à progresser à contresens.

Ce que je prends pour un renard trotte sur une île de sable. Je saisis ma paire de jumelles pour m'apercevoir que c'est en fait un renne solitaire qui, fougueux, se jette à l'eau. Il va traverser le chenal dans sa plus grande largeur – un kilomètre. Il nage à une vitesse surprenante. Je force sur la pagaie. Atteindra-t-il la berge avant moi ? Je le crains, mais peu à peu je gagne sur lui et m'en approche jusqu'à le toucher de la pointe avant du kayak. Je vais pour sortir mon fusil, mais il reprend aussitôt de la distance vers le centre du cours d'eau. Je le rattrape à nouveau et, cette fois, cherche ma caméra, mais il vire brusquement au vent et me distance. Bon réflexe. Face à la forte brise, je ne peux plus rien. Même pas prendre une photo !

Les falaises de sable de la grève laissent apparaître les strates du permafrost mis à nu. La coupe géologique est parfaite. D'énormes fragments de terre noire sont en équilibre instable, scellés par la glace. Certains s'écroulent sous mes yeux. Cette glace a des dizaines, voire des centaines de milliers d'années d'âge. C'est là le terrain idéal pour trouver des ossements de mammouths, bisons, rhinocéros laineux, aurochs... Les découvertes ne sont pas rares. Chaque pêcheur du coin vous présentera son trophée. Ici une défense, là un fémur, un tibia ou une omoplate, tout cela de taille impressionnante. Je me contente, pour l'instant, d'une molaire de bébé mammouth dénichée dans les gravats.

Les hautes berges du fleuve Lena apparaissent enfin dans le lointain, ainsi que l'île Stolb. Ce pain de sucre d'une hauteur de cent treize mètres paraît avoir été posé là par quelque dieu comme une borne marquant la fin du fleuve et l'entrée du delta. Rien d'étonnant à ce que ce rocher caractéristique soit considéré comme sacré dans la mythologie evenke et iakoute. La montagne America est, elle aussi, visible. Elle fut nommée en souvenir de l'explorateur américain De Long.

En 1879, George De Long tenta d'atteindre le pôle Nord à bord de son navire *La Jeannette*. Empruntant la grande polynie au large des îles de Nouvelle-Sibérie, il atteignit une latitude record pour l'époque, avant que son navire ne soit broyé par les glaces. L'expédition se scinda alors en trois groupes. Le premier se perdit à jamais en mer des Laptev. Le deuxième, conduit par De Long, toucha terre dans le delta de la Lena après une exténuante marche sur la banquise. L'infortuné capitaine trouva la mort au pied de la montagne qui porte désormais le nom de son pays d'origine. Le troisième – le seul qui put être sauvé – rencontra un campement toungouze (ou evenke) non loin du chenal Olienskaïa, où je me tiens aujourd'hui. Des débris de *La Jeannette* furent identifiés, quelques années plus tard, au sud du Groenland, ce qui tendait à prouver l'existence d'un courant transpolaire. L'explorateur norvégien Nansen s'inspira de cette découverte pour projeter sa célèbre dérive à bord du *Fram*.

La Lena est impressionnante de majesté et de puissance. Le courant traversier est de plus de sept kilomètres à l'heure et le trafic incessant. La saison de navigation est courte et les localités situées sur la côte nord de la Iakoutie doivent être ravitaillées avant le long hiver. Les navires partis d'Oust-Kout, dans la région d'Irkoutsk, rejoignent la mer des Laptev après trois mille kilomètres de navigation sur le fleuve.

Parvenu sur la rive orientale du delta, je suis maintenant porté par le courant, et atteins, sans grand effort, la base météo Sokol. Cela fait plus de vingt jours que je n'ai pas adressé la parole à un être humain. Vadim, employé à la station, est d'origine evenke. Il satisfait pleinement mon besoin de communiquer. Tout au long de mon séjour, il me décrit par la voix et même par le dessin sa vie d'antan, lorsque, tout jeune garçon, il nomadisait avec ses grands-parents éleveurs de rennes. Leur clan, constitué de quelques familles, quittait la rivière Olienok au printemps pour rejoindre le delta de la Lena à travers les montagnes. L'été passait à pêcher et sécher le poisson (mouksoun, cisco, taïmen[1]) ou, à l'issue de chasses occasionnelles, à fumer la viande de renne.

L'enfant était alors maladif et boiteux. Un jour, sa grand-mère chamane fit un grand feu et lança des incantations dans une langue étrangère à Vadim.

— Cours et va chercher un renne tout blanc ! cria-t-elle à son vieillard de mari.

L'animal, capturé au lasso, renifla la jambe de Vadim assis à l'entrée de la tente de peau.

— Dès le lendemain, je pouvais courir après le troupeau ! conclut-il. Malheureusement, ce temps-là est révolu. Aujourd'hui, nous avons oublié jusqu'à notre langue natale.

— Prends donc un morceau de viande fumée ! dis-je en lui tendant le morceau de bidoche noirci par le feu.

Ses yeux brillent.

— Ta viande a le même goût que celle que nous faisions

---

1. *Hucho taimen.*

alors, commente l'Evenke nostalgique, qui a trouvé en moi le moyen de replonger dans son passé.

J'ai voulu lui montrer mes photographies prises, il y a deux hivers, en pays nenets, mais mon ordinateur l'a intimidé et a rompu l'intimité qui nous liait jusqu'alors.

Que de patrimoines culturels oubliés parmi toutes les ethnies qui font la richesse de l'humanité ! Qui tenir pour responsable ? Ce qu'on appelle la « civilisation » ? Mais qu'est-ce que la civilisation sinon une évolution décidée par la majorité des hommes ? Il est vrai que les « minorités » n'ont pas toujours eu la liberté de gérer leur progrès.

La lune est de retour. Cela faisait longtemps que je ne l'avais pas vue, celle-là. Oui, la nuit est revenue. Le soleil s'est couché pour la première fois depuis deux mois et demi, le 7 août – il lui fallait bien un peu de repos après toutes ces nuits blanches. L'été a passé terriblement vite. À peine ai-je eu le temps de me délecter du parfum des fleurs. Difficile d'imaginer que ces parterres de corolles minuscules et multicolores ne seront plus, pendant près de dix mois, qu'une croûte neigeuse dans laquelle j'enfoncerai mes pas sans même savoir si elle recouvre la mer ou la terre. Comme les oiseaux migrateurs qui préparent leur long voyage vers le sud, je pressens l'hiver. Le mois d'août ne s'est pas encore achevé que j'enfile déjà les manchons sur la pagaie. Avec la fraîcheur des températures, j'ai retrouvé un appétit d'ogre. Prétextant un mal de fesses chronique dû à ma station assise dans le kayak, je m'offre de nombreuses pauses gastronomiques : caviar, viande de renne fumée, mouksoun salé. Ce soir, je ferai rôtir sur un feu de bois la perdrix abattue ce matin. Qui dira, après cela, que la vie d'aventurier n'a pas quelques petits avantages ?

J'observe, je sens, j'écoute, je lis la beauté. Chaque manifestation de la nature me paraît harmonieuse. Je m'y sens terriblement détendu. Lorsque cette sérénité vient à être troublée par quelque bruit de moteur lointain ou par le passage d'un navire, tel un animal sauvage, j'ai le réflexe de me cacher, comme apeuré par ce qui me paraît trop étranger au paysage. Comment décrire cette sensation de plénitude que j'éprouve dans les espaces déserts ? Je me sens tout simplement bien à ma place.

Allez tire, tire !

Le vent furibond me jette ses lames de travers. Descendant des hauts massifs dans un grondement de tonnerre, il balaie les eaux avant de les soulever en ridins agressifs. Inutile de ralentir mon retour à la civilisation, le vent s'en charge.

Tiksi est en vue à dix kilomètres. Je m'apprête à traverser la baie, excité à l'idée de rejoindre l'équipage du voilier français *Vagabond*, dont je sais qu'il fait escale là-bas avant de poursuivre sa route le long du passage du Nord-Est. Dans trois heures, tout au plus, je parlerai ma langue et nous nous raconterons nos aventures, un verre de bordeaux à la main.

Les rafales se font plus fortes. Éole assène ses coups pour me faire regretter mes trop nombreux pique-niques. Les bourrasques me fouettent le visage, les embruns balaient le pont du kayak. Je mets le cap sur la côte, mais face au vent, le kayak est cloué sur place. Le vent de travers est la seule allure qui me permette d'envisager de toucher terre loin, trop loin devant.

La navigation devient dangereuse. Il est temps de puiser dans la réserve d'énergie que je garde en cas de coup dur. Alors je tire et tire sur la pagaie. Mon porte-carte s'envole. Retenu par son mousqueton, il s'agite en tous sens au-dessus de l'eau, mais je ne peux rien pour lui. Si je cessais de pagayer, ne serait-ce qu'un instant, je serais emporté vers le large.

Ah, il m'a bien eu, le dieu du Vent ! Quel cynisme de frapper ainsi au moment où j'entrevois le port ! Je redouble d'efforts. La valse des coups de pagaie s'accentue. Muscles bandés, j'y mets toute ma puissance, mais la rive ne semble guère se rapprocher. Elle ne fait que défiler rapidement devant l'étrave du kayak ballotté dans les vagues qui, sans être bien hautes, sont pourtant blanches d'écume. Je ne vais tout de même pas me perdre si près du but ! Alors je tire et tire encore, en insultant ce zef insolent.

— Pour qui te prends-tu donc, pour me défier ainsi !

La rive est proche et pourtant inaccessible. Qui va gagner la partie de bras de fer ? Ni l'un ni l'autre. Projeté par une vague, j'accoste enfin sans aucun heurt et hisse le kayak en sécurité sur le gravier noir du rivage. La dérive aura duré deux heures. Mais je n'ai pu atteindre mon but. Je suis encore à cinq kilomètres de Tiksi.

C'est à pied que je termine l'étape. Le kayak et son équipement attendront le lendemain pour rejoindre le port. Je ramasse quelques champignons au passage et bientôt, j'aperçois mon ami colonel de la base militaire venu à ma rencontre.

— Bienvenue à Tiksi ! Sacré coup de vent, hein ? Sais-tu que les Français ont quitté la rade hier ?

Je ressens une profonde déception. Je me faisais une telle joie de ces retrouvailles. La vie du solitaire se construit ainsi, sur des détails qui peuvent prendre une importance considérable, souvent disproportionnée. L'anachorète se nourrit de ses pensées. Elles sont nécessaires pour combler son isolement, focaliser son énergie sur la mission qu'il s'est donnée. L'explorateur, lui, en a besoin pour alimenter ses rêves, car, bien qu'ayant les pieds sur terre, il reste un doux rêveur. Pour le coup de rouge, je devrai donc patienter encore quelques années...

Tiksi est divisée en deux agglomérations distantes de huit kilomètres l'une de l'autre. Tiksi-I est la cité civile, un bourg sans beaucoup d'âme, avec ses immeubles en béton et ses ruelles parallèles toutes orientées vers un port à l'activité déclinante. D'immenses grues rouillées aux bras ballants veillent sur ce qui paraît à première vue des épaves et se révèle, après un examen plus approfondi, des barges encore en service, du moins durant la courte saison de navigation, de fin juillet à fin septembre.

Cette activité estivale est aujourd'hui la seule raison d'être de la localité arctique car Tiksi-III, la ville militaire, a, elle, perdu l'importance stratégique qu'elle avait durant la guerre froide. Planté au cœur de la bourgade fantôme, le quartier général de l'armée, encore vaillant, est entouré de quelques bâtiments qui, contre toute attente, sont habités. Cette base aérienne s'enorgueillit de posséder une des plus longues pistes d'atterrissage de l'Arctique sibérien. Des Boeing pourraient y faire escale sans problème. Mais les touristes se font rares, et l'effectif de la garnison est de plus en plus réduit. De moins en moins satisfait également. Bien sûr, il y a encore quelques avantages comme les produits détaxés, la pêche, l'aventure *romantika* ou *exotika* et la joyeuse ambiance communautaire, mais ces militaires ne parlent plus que de retraites, de salaires et de leur retour prochain sur le continent, comme on dit ici.

Et Tiksi-II, alors, qu'est-ce ? Un cimetière en plein essor, aiment à plaisanter les habitants du coin. En réalité, Tiksi-II n'est

SOKOL
BARS
SHARIK
POUCHOK
KISS-KISS
LONGGY
ARTCHOUM
VOLTCHOK
VOLK
KOULA
ERMAK
SIMBA
© Alexander Yanjura
INTCHA
TOURGEN

Chaudement habillés de fourrures, des Nenets de la péninsule de Tazovsky se rendent au village d'Antipaïouta à l'approche des fêtes de fin d'année.

Dans la nuit glaciale de Guyda, par -60 °C. Quand le froid sibérien vous étreint pour ne plus vous lâcher.

Onze chiens attelés au traîneau pour la traversée de la mer des Laptev, en Iakoutie.

Après une chasse fructueuse
dans le delta de la Lena,
la viande de renne est boucanée
afin de la conserver.

Certains chenaux du delta
de la Lena sont si peu profonds
que je suis contraint de tirer
le kayak en marchant dans l'eau.

À la latitude
70° N, en été,
le soleil ne se
couche plus
pendant deux
mois et demi.
À minuit,
il brille dans
l'horizon nord.

Le 19 novembre 2002, un ouragan brise la banquise de la mer des Laptev. Pendant trois jours, nous dérivons sur un glaçon. L'eau vient lécher les abords du bivouac. Nous tentons, en vain, de rejoindre la terre.

Un traîneau, une tente, treize chiens. Dans le vide glacé de la toundra ma solitude est immense, mais je l'aime.

Démarrer une motoneige par -45 °C nécessite de chauffer son carter au chalumeau. À 25 km/h, le refroidissement dû au vent atteint -71 °C. Même les visages burinés des chasseurs iakoutes laissent voir des gelures.

Traîneau à voile le long des côtes de Tchoukotka pour une étape de 1 000 km sans escale.

Le cap Chelagsky, pointe nord de la région de Tchoukotka, sera mon lieu de résidence pendant neuf mois.

Heureux !...
dans ma cabane de Valkarkaï.

© Alexander Yanjura

Pouchok, chien de tête d'exception.

Un phoque a payé de sa vie sa sieste sur la banquise. La peau, soigneusement grattée, sera mise à sécher pour la confection de vêtements. Viande et graisse sont une source précieuse de protéines.

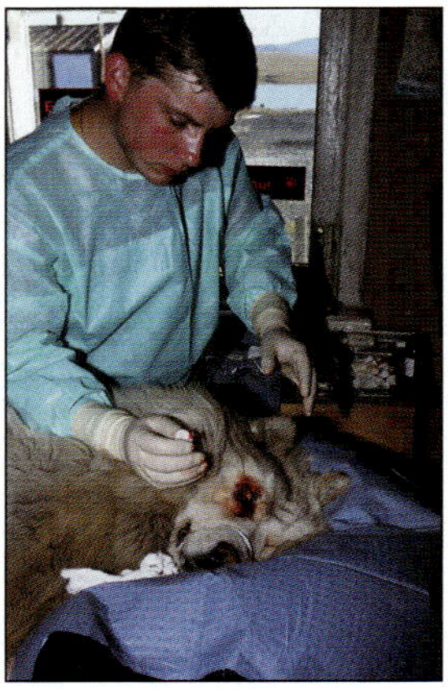

L'opération de Koula, atteint d'entropion.

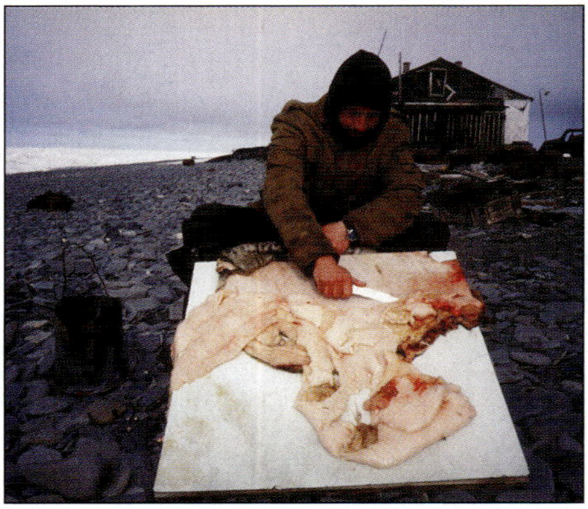

Dans les plus violents blizzards, il faut accomplir les tâches de routine et soigner les chiens.

7 février 2004. Antiméridien international (longitude 180°). Nous venons sensiblement de boucler un demi-tour du monde sur le cercle polaire.

Pouchok est un excellent oreiller, confortable et docile.

À court de vivres, nous avons la chance de découvrir une carcasse de morse. La viande putride sauvera l'équipe de la famine.

Le col séparant les villages d'Intchoun et d'Ouelen est franchi. Vingt-huit kilomètres nous séparent du détroit de Béring.

L'odyssée polaire Arktika s'achève le 9 avril 2004, sur les rivages de la mer de Béring, point de mire de quatre années de voyage et 11 400 km d'une difficile randonnée à travers un continent. Que suis-je donc venu chercher dans les immensités glaciales du Grand Nord ? Le bonheur, tout simplement.

autre que le site choisi par Papanine, scientifique russe et spécialiste des milieux polaires dans les années 1940, pour y installer le grand port destiné à servir d'escale sur la route maritime du Nord-Est. L'abaissement du niveau des eaux a aujourd'hui rendu inutile ce havre qui n'accueille plus aucun navire. Seule structure encore en service, la station météo Polarka, installée au fond de la baie, qui sera mon lieu de résidence jusqu'à l'embâcle.

L'espace, ici, ne manque pas et les chiens reprennent de l'exercice avec une énergie incontrôlée voire incontrôlable. Simba s'ouvre l'épaule et doit être recousu de quatre points de suture. Puis c'est au tour de Koula, le gros bébé, qui, en jouant avec son grand ami Pouchok, s'érafle le dos sur un des nombreux cadavres métalliques dont la toundra environnante est jonchée.

Comme ma meute, je suis impatient de poursuivre le voyage en traîneau. L'intermède estival est une rupture gênante dans notre mode de vie. Et puis cet artifice logistique qui consiste à déplacer les chiens avec une aide extérieure mécanisée ne convient ni à l'éthique d'Arktika, ni à sa bourse. L'équilibre de chaque membre dépend de la cohésion de l'équipe. La perturber conduit à réduire la force mentale qui nous est nécessaire pour vivre un hiver en enfer. Les chiens, encore plus que moi-même, sont soumis au stress de la séparation car ils sont inconscients des projets nés dans le cerveau de leur maître farfelu. Cette traversée du delta de la Lena sera donc la dernière escapade en solitaire de l'expédition.

ÉTAPE 6

Tiksi - Valkarkaï, 2 255 km
17 novembre 2002 au 26 avril 2003, 132 jours

2

Naufrage en mer des Laptev

Jour 552 : 17 novembre 2002.
Tiksi ; km 7 865.
Position : 71° 40′ N 128° 45′ E

Le Nord a revêtu sa livrée hivernale. La neige a gommé les couleurs riantes de la toundra automnale. La mer s'est alourdie du poids de la banquise. Le vent s'est assis sur le trône boréal, reléguant le roi soleil dans un exil léthargique de plus de deux mois. L'encre de la nuit barbouille le brouillon de notre effervescence.

Que nous ménagent ces sept mois d'hiver ? Dans quel piège allons-nous encore tomber ? La nature nous aimera-t-elle suffisamment pour nous laisser passer ? Je sais que nous aurons à gagner chaque mètre sur la neige et nous en avons encore quatre millions à parcourir jusqu'au détroit tant convoité.

Le regard amoureux de mes dix chiens a tôt fait d'effacer mes incertitudes. Mes Sibériens exhibent leurs plus soyeuses fourrures de mammifères polaires. Pouchok, à l'aube de sa troisième saison au traîneau, s'est assagi. Ces cinq mois d'interruption n'ont en rien altéré ses capacités, et me voilà à épater la galerie par des demi-tours à droite et des demi-tours à gauche – la galerie n'est autre que le personnel de la station météo Polarka. Bars ne fera pas partie du voyage. Il n'aurait pas survécu à une troisième hivernale. Il coule dorénavant des jours heureux à Oust-Olienok.

Pour affronter mon troisième hiver d'expédition, j'ai repensé une partie de mon équipement. Les nuits glaciales de la péninsule de Guyda m'ont fait imaginer un nouveau sac de couchage, mis au point par la société Lestra. Le traîneau ayant parfaitement rempli son contrat, l'an dernier, cède place à un prototype de conception similaire, mais surdimensionné : un vrai bateau de cinq mètres de long gréé d'une voile de type spinnaker.

— Dites à Gilles qu'il est fou, mais j'aime travailler pour les fous, s'était, paraît-il, exclamé Vivien, son constructeur, en consultant les cotes de l'engin que je lui avais soumises à titre de projet.

Évidemment, à l'échelle du Jura, ce traîneau paraissait un peu grand. Mais pour nous qui traversons l'équivalent de la France chaque mois, les repères changent.

Premier jour

17 novembre 2002. Nous quittons Polarka pour nous engager dans la baie de Bouor-Khaïa. Le temps est maussade. Neige et brouillard ne donnent aucune gaieté à ce départ. J'ai devant les yeux les visages rayonnants de mes amis de la base météo : Olga avec sa bonne bouille ronde, Gricha, toujours quelques poissons à la main pour mon dîner ou celui des chiens, et Ania, qui voulait que je l'emmène avec moi... Leur amitié m'a beaucoup ému et a rendu difficiles nos adieux.

Le traîneau est lourd. Sa charge dépasse les cinq cents kilos. Trois personnes combinant leurs efforts ne parvenaient même pas à le placer dans l'axe du départ. Pouchok et Kiss-Kiss sont en tête. Le voisinage n'enchante guère mon leader, qui est d'un caractère fortement indépendant et ne supporte pas l'impulsivité ni même l'odeur du Nenets. Voltchok, lui, n'a pas bonne mine. Son oreille saigne abondamment, ce qui lui donne un air encore plus pitoyable que de coutume. C'est encore Kiss-Kiss, le petit teigneux, qui a fait le coup. Celui-là est dans une forme éblouissante !

Je marche d'un pas rapide aux côtés des chiens. Il fait – 17 °C. Le paysage est terne, mais je me sens rassuré, auprès de mes compagnons de voyage. Ce départ est pour eux une joyeuse kermesse. Depuis des mois, ils attendent impatiemment ce moment... Imaginez-vous emmener votre teckel ou votre pitbull pour une promenade de quelques milliers de kilomètres en pleine nature sauvage ? Je suis certain qu'il serait pareillement à la fête.

Deuxième jour

Il nous faut franchir de nombreux chenaux d'eau libre sur des plaques vacillant sous le poids du traîneau. La banquise est encore jeune et fragile par endroits. Le campement est installé en vue de la côte, sur une glace qui paraît solide. Le temps est singulièrement calme pour la région. Une pleine lune se lève. Elle est de forme cubique ! Ce phénomène de réfraction pour le moins insolite pourrait être un signe, mais je n'y prête que peu d'attention.

À minuit, je somnole déjà quand la tempête se lève. Le vent souffle d'ouest. Cela signifie qu'elle va durer. Trois jours ? Quatre jours ? Que faire d'autre sinon se pelotonner dans le sac de couchage pour tenter d'étouffer le vacarme ? À deux heures du matin, l'ouragan se déchaîne. La neige est propulsée à l'horizontale comme par un puissant réacteur. Le sifflement dans les haubans est cauchemardesque. La toile claque de tous côtés, indiquant que la neige qui stabilisait la tente a été emportée par les rafales dantesques. Certaines doivent atteindre les 150 km/h. Les arceaux au vent risquent à tout moment de se rompre. Quelle faute, de ne pas avoir poussé jusqu'à la côte, hier soir, pour atteindre cette isba aperçue dans le lointain. Comment ai-je pu commettre une telle négligence ? Mon imprudence risque de me coûter très cher. L'Arctique ne pardonne pas aux aventuriers insouciants.

Troisième jour

Je me prépare à une évacuation d'urgence au cas où la banquise viendrait à se briser. Puis, arc-bouté contre la toile, je soutiens ce qui est ma maison depuis deux ans. Chaque bourrasque encaissée dans mon dos est comme une gifle que je reçois en pleine face ; je ressens la morsure du vent dans chaque fibre de mon corps tendu comme jamais auparavant. J'en ai connu des blizzards, le long du chemin, mais jamais encore d'aussi féroce. Pendant plus de dix heures, je reste figé contre la paroi, implorant le ciel de m'envoyer ne serait-ce qu'une courte accalmie, le temps de reposer mon dos endolori ou de me réconforter d'une tasse de thé. Mais mes prières ne reçoivent pour réponse qu'une brutale claque dans les reins, comme si un esprit diabolique s'acharnait sur mon expédition. J'ai froid et pourtant je transpire. La tension est extrême.

J'ai pu confectionner un pilier de soutènement avec le fusil. Une fois ce support improvisé bien arrimé, je peux enfin détendre mes cervicales douloureuses et sortir dans la tourmente. Quelle furie ! Je peux à peine tenir debout. Je libère les chiens qui risquent de geler, sur cette banquise complètement déneigée

– Voltchok est déjà raidi par le froid. Aussitôt, ils vont s'abriter sous le vent de la tente. J'utilise des sacs de nourriture pour mieux stabiliser la toile et plante des broches à glace supplémentaires. Le traîneau allégé de sa charge dérive sous la poussée du monstre qui ricane abominablement dans mon dos. Il me faut encore l'assurer de quelques ancrages. Une fois le travail accompli, je regagne mon abri à quatre pattes et reprends ma station de piquet. La tente ne doit pas s'écrouler.

Vingt-quatre heures se sont déjà écoulées depuis le début des hostilités. La situation, côté météo, reste inchangée. Le stress des premières heures s'est pourtant atténué. La tente résiste aux effroyables contraintes. Il me faut à présent trouver une solution avant que la banquise ne cède. Dans une situation de survie, le pire est l'inaction. La peur n'est rien face à l'adversité lorsque la lutte est encore possible.

Bien que le vent reste violent, la visibilité est bonne, au-dehors, car la lune est pleine. Je décide une reconnaissance à pied, aidé de mon pic à glace. Ma petite excursion est extrêmement risquée car je peux, d'un instant à l'autre, me trouver dans l'impossibilité de regagner le camp si la glace s'ouvre autour de moi. Mais, malgré la furie des éléments, je suis heureux de m'extirper de mon corbillard et de marcher sous la voûte étoilée.

Impossible de retrouver l'isba que j'avais cru apercevoir dans le lointain, avant la tempête. Était-ce hier ou avant-hier ? Je ne sais plus. J'ai perdu toute notion du temps. Au sud, une grande cassure me sépare déjà de la terre, que je ne distingue pas compte tenu de la lueur nocturne. Nous rentrons, les chiens et moi, au campement.

Quatrième jour

Une relative accalmie me permet de plier le camp, ce matin. Le GPS m'indique que la banquise n'a pas bougé. C'est toujours ça. Les marées sont fortes, en cette période de pleine lune et l'eau a débordé sur la glace, stoppée au pied de la tente par le peu de neige entourant encore l'abri. La ligne d'attache des chiens est prise dans dix centimètres de glace qu'il me faut attaquer à la hache. Le travail prend plus d'une heure. À peine les chiens sont-ils attelés que le vent regagne en force. Mes ordres s'envolent sans atteindre leur cible. C'est par gestes que je guide Pouchok, devenu réceptif à l'extrême. Nous sommes deux pour sauver une équipe.

Que serais-je, sans Pouchok ? Un simple mannequin n'ayant plus aucune prise sur le réel.

Les rafales déportent le traîneau, font perdre l'équilibre aux chiens dont les griffes ont peu d'accroche, sur la glace vive. L'horizon est assombri par l'ouragan. J'ai la vive impression que nous n'allons nulle part. Sans doute est-ce la première fois de tout le voyage que j'éprouve un tel sentiment de vulnérabilité. Je crains que les chiens ne la perçoivent. Nous partons au sud, puis virons à l'est, obliquons au nord, retournons à l'ouest. Nous tentons vainement de trouver un passage vers la côte. La banquise est fissurée de toutes parts. Partout où nous dirigeons nos pas, nous sommes arrêtés par l'eau libre ou par la glace pourrie. Nous voilà sur un radeau de glace. Pour combien de temps encore ? Après maints détours, nous regagnons le lieu de notre campement initial, où il reste encore un peu de neige pour nous désaltérer. Il faut se préparer à une troisième nuit dans la tourmente.

Je m'abstiens de monter la tente car je dois me tenir prêt à quitter les lieux à la moindre alerte. Vêtu de ma malitsa, je me couche à même la glace, protégé par le traîneau. Les chiens se nichent contre moi. Toute la nuit, c'est une lutte pour conquérir la meilleure place auprès du maître. Malgré les humeurs des uns et des autres, nous pouvons prendre un peu de repos après quarante-huit heures de veille.

Cinquième jour

Au réveil, je bois mes deux dernières gorgées de thé froid. La soif me tenaille, or je la crains plus que le froid. La température est de – 20 °C. Le vent a molli à 70 km/h. Je distingue à présent les montagnes côtières, mais si loin ! Un point me confirme que nous avons dérivé de dix-sept kilomètres. Incroyable ! La banquise s'est détachée du rivage.

Je pars de nouveau explorer mon glaçon, accompagné des chiens qui, réjouis, jouent entre les plaques, inconscients du danger. Seul mon leader a compris que la situation est anormale. Peut-être a-t-il perçu l'inquiétude, disons-le, la peur (bien que je ne sache trop la définir) qui s'est immiscée en moi. Pauvre Pouchok qui, réfléchissant sans cesse à son devoir, doit se sentir responsable, coupable comme moi, de ne pas trouver de solution immédiate au problème.

Un seul coup de pic a suffi à transpercer la glace spongieuse.

La banquise se désagrège. Nous sommes prisonniers sur un esquif en dérive de la taille d'un terrain de football.

La situation est alarmante. Je parviens à joindre mon équipe moscovite par téléphone-satellite pour l'informer de l'état des lieux. La mise en place de secours, dans cette région du Grand Nord sibérien, en pleine nuit polaire, n'est pas une manœuvre de routine. Je suis inquiet pour les chiens. Je précise à mon coordonnateur que je ne partirai pas sans eux. J'hésite pourtant encore à déclencher ma balise de détresse. Nous ne sommes ni blessés ni affamés. La glace tient encore sous notre poids. Nous pourrions survivre plus d'un mois avec les vivres dont nous disposons. Il se peut que la tempête se calme bientôt, que le gel vienne cimenter un pont vers la terre. Tout ce débat intérieur m'use. Sans vouloir être trop confiant, il me semble encore prématuré de solliciter du secours. Je suis réticent à mobiliser d'autres forces que les nôtres pour nous tirer de ce mauvais pas. N'avons-nous pas, depuis deux ans, surmonté sans aide extérieure toutes les épreuves, et non des moindres ? Enfin, je déteste céder à la facilité.

Les chiens ont cessé de s'amuser. Ils attendent une décision. Ils me regardent de leurs yeux doux. Pouchok, très préoccupé, m'interroge. Je prends la balise dans les mains, la repose, cherche des signes d'amélioration dans le ciel plombé. À ce moment, une fissure se forme à moins de dix mètres du campement. Elle s'élargit rapidement. L'eau apparaît. La cassure se propage en direction de la meute. Il n'y a plus d'hésitation possible. Je saisis le petit boîtier orange, le cœur battant, respire un grand coup et tire sur la goupille. Les flashs sont émis. Le signal SOS est lancé. Il est onze heures trente du matin.

La décision prise, je me sens plus serein. Il n'y a plus de choix à faire, ni de probabilités à analyser, seulement à s'activer pour que l'évacuation s'accomplisse le plus sûrement et le plus rapidement possible. Tout l'équipement est transporté au-delà de la cassure et les chiens attachés. Lorsque j'achève le travail de rangement et de mise en place, il est quinze heures. La nuit tombe. Voilà trois heures que le signal de détresse vogue de satellites en stations, à travers le monde. Je commence à envisager un quatrième bivouac et me demande ce qui restera de notre glaçon au matin quand il me semble percevoir le ronflement d'un moteur, à moins que ce ne soit encore ce satané vent... Non, c'est bien un hélicoptère qui approche. Je ne le vois pas encore, mais je l'entends, à présent très distinctement. Les chiens aboient. J'ai préparé une fusée, tente de la déclencher, mais elle avorte. Le feu à main, lui, se consume tout en grillant mon gant de laine. Je jette le cylindre sur la glace. Le foyer illumine subitement de rouge notre radeau. Quelle ambiance ! En dépit du contexte, je ne peux m'empêcher de trouver ça beau et terrifiant à la fois. Les chiens, surpris par cette féerie, cessent leurs jappements pour mieux jouir du merveilleux spectacle qui leur est offert. Certains doivent penser qu'on ne s'ennuie pas, avec un tel musher[1]. Je fais partir un second feu et guide l'hélicoptère de l'armée russe vers une aire plane. L'appareil frôle la surface gelée sans se poser. La difficile manœuvre est exécutée parfaitement. Ces pilotes militaires sont vraiment de grands virtuoses.

Trois hommes descendent de la carlingue, un quatrième filme la scène. Je leur explique par gestes la meilleure technique pour embarquer les chiens qui, malgré la tornade provoquée par les pales en mouvement et le bruit infernal du rotor, se montrent très dociles. La peau de renne s'envole. Impossible de la rattraper. Je pensais devoir abandonner traîneau et équipement, mais le commando se fait une autre idée de ce qu'est un sauvetage. La porte arrière du MI8 est ouverte et, sans plus de palabres, le traîneau est hissé à bord. Même les trois cents kilos d'aliments pour chiens sont embarqués. En dépit des violentes rafales, le pilote conserve l'assiette de l'appareil durant toute la manœuvre. On croirait qu'il s'est tout bonnement posé sur la glace. Et moi qui redoutais un hélitreuillage... Je suis stupéfait par un tel professionnalisme.

Une fois tout le monde en sécurité dans l'hélicoptère, mes sauveteurs me proposent un petit coup de remontant. J'ai si soif que je suis prêt à boire n'importe quoi, y compris ce fond de bouteille de vodka.

— Vas-tu abandonner ton voyage ? me demande l'un d'eux.

La question me prend de cours, mais je réponds sans hésitation :

— *Dalche ! Na vostok !* (En route vers l'est !)

---

1. Terme d'origine scandinave qui désigne un conducteur de traîneau à chiens.

3

Les chiens se font la belle !

Tiksi, 29 novembre 2002.
Position : 71° 40′ N 128° 45′ E

Retour à Polarka. Olga, Gricha et Ania se réjouissent de me revoir.

Durant trois jours encore, le blizzard ne consent pas à mollir. Par curiosité, je me suis rendu au centre hydrographique de Tiksi pour y examiner les cartes satellitaires. Les dernières images montrent la baie de Bouor-Khaïa parfaitement libre de glaces. Une nuit encore et nous aurions été engloutis sans rémission dans les eaux noires. Ma décision de déclencher les secours était donc justifiée.

Retenu à la station météo en attendant l'englacement de la baie, j'en profite pour dresser un nouveau chien de tête. Vous aurez deviné lequel...

Kiss-Kiss est un caractère ! Âgé d'à peine deux ans, le petit râblé est un infatigable sprinter. Il adore le traîneau et aime la vitesse ; il se défonce dans son harnais comme aucun autre chien dans l'attelage. Kiss-Kiss est le plus petit de la bande, mais il n'hésite pas à chercher des noises aux deux fois plus grands que lui, tel Koula. Artchoum, le caractériel, le suit comme son ombre. Il faut dire que Kiss-Kiss ne se fatigue jamais de jouer quelles que soient les conditions atmosphériques. Le petit Nenets serait devenu berger si la Providence ne l'avait mis sur ma route, un beau jour de décembre, à Antipaïouta. Kiss-Kiss avait déboulé du village comme un enragé pour se mêler à notre entraînement sur la rivière. Dans l'impossibilité de m'en débarrasser, j'avais fini par lui passer un harnais. Deux jours plus tard, nous partions pour l'enfer de Guyda.

L'impétueux roquet déploie ses efforts sans faiblesse et sans retenue. Son allure est si rapide qu'il gêne ses compagnons de peloton. C'est pourquoi j'ai décidé de le mettre à la place très convoitée de chien de tête. Deux jours de stage de perfectionnement auront suffi à lui faire assimiler les ordres de direction. Il faut dire que Pouchok, à ses côtés, est un bon moniteur, sérieux et patient.

L'entraînement a été excellent, hier. Nous avons suivi les cassures de marée, le long du littoral, pour habituer les chiens à franchir les fissures de la banquise. Pouchok a scrupuleusement serré la rive. Kiss-Kiss était à bonne école. Le petit a peur des crevasses, mais a courageusement suivi son maître. Puis nous sommes allés en toundra pour de jolis slaloms, avons escaladé les montagnes et visité quelques lacs d'altitude. La température était de – 35 °C, idéale pour le travail des chiens. Après quatre heures de route, nous sommes rentrés de nuit à la base météo. Le traîneau s'est parfaitement arrêté devant l'atelier. Tout le monde était satisfait, les chiens et leur musher.

C'est donc avec un enthousiasme tranquille que je décide, aujourd'hui, une virée en direction des trous de pêche, pour y récupérer ces espèces de rascasses que les pêcheurs abandonnent volontiers sur la glace. J'ai à peine déployé la ligne de traîne que Kiss-Kiss est à son poste. L'apprenti prend son nouveau rôle très au sérieux, pas question de se faire doubler par un autre candidat au poste. Je crois même lire dans ses petits yeux malins de l'étonnement quand il constate que Pouchok est encore attelé à ses côtés. Chaque chien est sagement assis en position de départ. Kiss-Kiss, impatient, ne cesse de me lancer des œillades.

— Allez, les chiens !

Nous dévalons la pente à vitesse folle. Frôlant l'abrupt de la berge, voilà que le traîneau fait un violent crochet, puis voltige au-dessus d'un amas de blocs de glace. À mon tour de m'envoler... La poignée arrière m'échappe. Je glisse et tombe rudement.

— *Brr ! Brr !*

Les chiens se moquent bien de mon ordre d'arrêt. Le traîneau s'éloigne à une allure vertigineuse, propulsé par le réacteur Kiss-Kiss.

— Les chiens ! Les chiens !

Tout le monde doit bien rigoler, dans l'attelage. Cause toujours. T'es pas près de nous rattraper !

— Pouchok ! Pouchok !

Pouchok ne répond plus. Ou peut-être ne parvient-il pas à imposer sa direction au détraqué qu'il a à ses côtés.

Lors d'un précédent entraînement, l'anneau de l'amortisseur s'était rompu au départ et la meute avait décampé sans le traîneau. Pouchok, attelé seul en tête, avait immédiatement obéi à mon rappel, effectuant un parfait demi-tour pour revenir à mes pieds. Heureusement car Koula, un peu gauche et toujours très lent pour faire ses besoins, s'était empêtré dans sa traîne et avait été tracté sur plus de trois cents mètres, arrivant à moitie étranglé !

Le traîneau n'est déjà plus qu'un point noir à peine perceptible au lointain.

— *F... dogs !*

Après six kilomètres de marche sur la banquise, je suis en nage dans ma peau de renne. Les chiens ont suivi la piste de la ville. Je les imagine déjà dans la rue principale, cherchant des noises aux vagabonds canins. Ou pis encore, torturés par le barbelé entourant l'agglomération, et le traîneau brisé sur le béton.

Deux pêcheurs viennent à ma rencontre pour me rassurer. Les fugitifs ont été repérés près d'un garage. La jeep de la milice me rejoint et me conduit auprès de ma meute, gentiment assise le long du barbelé. Kiss-Kiss a l'air content de sa virée, même s'il n'a pas réussi à atteindre le centre-ville... Les autres ne sont pas concernés. Pouchok garde profil bas, comme moi, d'ailleurs, devant les sourires narquois des miliciens. On ne s'ennuie pas, à Tiksi, avec le *Frantsouz.* Repêché hier par hélicoptère, abandonné aujourd'hui par ses chiens. Je dois passer pour un rigolo... Je remets de l'ordre dans l'attelage et quitte la place le plus discrètement possible.

— Vous ne perdez rien pour attendre, mes gaillards ! Vous voulez de l'exercice ? Je vais vous en donner ! Allez, les chiens ! Hop ! Hop ! Et plus vite que ça, bande de fainéants !

Après avoir repris mes esprits, je fais asseoir tout le monde pour une courte inspection. Je garde évidemment un œil attentif sur l'instigateur de la fugue. On n'est jamais trop prudent... Je n'ai pas fait trois pas que le traîneau démarre à nouveau sans mon ordre. Dire que j'ai eu la naïveté de considérer l'énergumène comme futur chien de tête... Au passage du traîneau, j'ai pu agripper un des montants, mais je trébuche et suis entraîné sans avoir pu prendre pied sur les patins.

— *Brr ! Brr ! Brr !*

Toujours à plat ventre, je parviens à agripper le frein de ma main libre. La neige voltige en tous sens, mais le traîneau, lancé dans la pente, ne ralentit pas. Je vois déjà la photo ainsi légendée : « Gilles Elkaim à l'entraînement avec ses chiens. Après huit mille kilomètres de désert polaire, l'aventurier s'est parfaitement adapté aux conditions extrêmes de la toundra sibérienne, entretenant une relation privilégiée avec une meute de chiens-loups totalement dévoués à leur maître. »

Ayant suffisamment avalé de neige et testé le coefficient de viscosité de ma malitsa, je lâche mon guidon, effaré de constater que mon traîneau s'éloigne encore une fois sans moi. Au fait, est-ce bien mon traîneau ou celui de la terreur polaire Kiss-Kiss ?

Voilà l'attelage qui dévale la colline. Il va droit à la falaise. Par quel miracle ou par quel éclair de bon sens les chiens évitent-ils l'à-pic et se retrouvent-ils sur la banquise ? Je ne sais. Quoi qu'il en soit, je les aperçois filant vers le large en direction d'une île servant de cimetière à la flotte militaire. Dans peu de temps, la nuit va tomber. Ont-ils perdu la tête ?

J'entreprends une marche folle sur la glace, sans quitter mon navire des yeux. Il oblique vers le nord, se rapprochant de la mer libre. Les deux pêcheurs, rencontrés quelques heures auparavant, ne prêtent plus attention à moi. Je dois passer pour un malheureux aliéné, à courir ainsi après mes chiens.

Les feux de la ville ont attiré la troupe car la voilà qui effectue un virage serré. J'aime mieux ça. Elle se rapproche.

— *Brr ! Brr !*

Les chiens m'entendent, mais préfèrent aller voir ailleurs. Les voilà de nouveau engagés sur la piste principale. Au dernier moment, Pouchok vire pour longer une grille qui conduit à une rustique station d'essence. Je les retrouve, un quart d'heure plus tard, parfaitement garés devant la pompe, comme pour faire le plein. Kiss-Kiss est aux anges ; certains autres aussi, car l'esprit de rébellion s'est répandu. Pouchok n'ose même plus croiser mon regard ; il se doute bien qu'après une telle mutinerie, l'avenir ne va pas être rose. Si je m'étais fait discret après la première escapade, cette fois je rase les murs de glace. Le gardien de la station m'a aperçu.

— Eh *Frantsouz* ! Tes chiens carburent à l'essence ou au gazole ?

Quelle honte ! Heureusement qu'il n'a pas eu le temps de prévenir la milice !

Nous rentrons. J'agrippe ma poignée comme jamais auparavant. Nous atteignons Polarka en un sprint qui laisserait les concurrents de l'Iditarod[1] sur le carreau. Gricha et Olga viennent aux nouvelles. Nous rions ensemble mais, intérieurement, je me pose quelques questions. Même si je ne suis pas superstitieux, je dois admettre que tout ce que j'entreprends depuis un certain temps tourne à la catastrophe.

1. La plus célèbre des courses de chiens de traîneau au monde, en Alaska.

4

Au nord du « pôle Nord du froid »

Jour 557 : 21 décembre 2002.
Tiksi ; km 7 928.
Position : 71° 40′ N 128° 45′ E

Demain sera le solstice d'hiver, le jour le plus court de l'année. La mi-nuit polaire est pourtant motif à se réjouir car nous allons de nouveau vers la lumière. Dans un mois, l'astre du jour diffusera ses rayons bienfaiteurs, et ma vie d'explorateur hagard en sera transformée. Il faut avoir vécu la sombre dégénérescence de la flamme céleste pour comprendre pleinement le culte universel qu'on voue au dieu Soleil, au moins depuis Neandertal[1].

Les ténèbres associées au froid réduisent l'espace, dilatent le temps. L'autre dimension, celle de notre esprit, s'entrouvre et l'on s'y réfugie naturellement comme on recherche la chaleur auprès d'un foyer. Loin d'être un corridor de plénitude, la pensée s'en trouve harcelée, parfois torturée. Les humeurs s'émoussent, les volontés se tarissent, les enthousiasmes s'amoindrissent. Le psychique se resserre jusqu'à l'âme et l'homme retrouve son libre arbitre, se cherchant avec rigueur et se découvrant fatalement dans son introspection. C'est au centre de la nuit que l'homme, flétri, puise au cœur de ses ressources mentales la force intérieure qu'il porte en son être. Cette « transe » noctambule va le faire entrer en résonance avec son moi véritable.

Au travers de cet aveuglement factice, les sens deviennent

1. *Homo sapiens neandertalensis* est vieux de deux cent mille ans.

plus incisifs, et le jugement moral inflexible. L'homme se défait de son enveloppe matérielle. Sa face cachée se dévoile. Cette photographie en négatif, cette mise à nu de son for intérieur est impitoyable. Il y va parfois d'une mise à mal, de la découverte de ses démons. La caresse erratique du fond de l'âme n'est jamais sans danger. Elle révèle inexorablement les moindres faiblesses, provoque une dépression lente, insidieuse. Le *blues* de la nuit polaire est imprévisible. Il peut dégénérer en folie et quelquefois conduire au suicide (dont le taux augmente de façon notable chez les peuples du Grand Nord durant cette période précise). Selon que le corps devient ou non l'esclave du mental, l'homme sortira de la nuit polaire grandi ou détruit.

Mais la nuit peut aussi être beauté pour qui sait l'aimer. Cela peut être la nitescence théâtrale d'une aurore boréale, le croissant ambré du lumignon sélène, la chaste ponction d'une étoile glacée, le nimbe flamboyant d'une aube avortée. À la seule lueur d'un crépuscule de quelques heures, immergé dans le clair-obscur d'une sphère cosmogonique en demi-ton, l'homme devient acteur symbiotique dans le creuset de l'univers. Mais n'est-ce pas là une évidence de la nature puisque l'homme, bien que doté de conscience, est un fatras complexe d'atomes issu de la combinaison de poussières d'étoile ?

La nuit est le catalyseur de l'âme. La nuit est une poésie. On n'en saisit toute l'essence qu'en y pénétrant avec patience et sagesse, en insistant un peu pour en relever les nuances et les saveurs. Communion et communication avec soi. Ce pourrait être le seul commandement de la longue nuit polaire.

Les eaux de la baie de Bouor-Khaïa ne sont pas encore parfaitement gelées lorsque je quitte Tiksi. Je suis donc contraint de passer par les montagnes pour atteindre le village de Naïba. Le premier col franchi, je jette un dernier regard vers Polarka. Le projecteur de la station météo est encore visible. Il me tarde de mettre de la distance entre mon navire des glaces et ce qui a été notre résidence depuis le 30 août dernier.

Nous dévalons les pentes les unes après les autres, nous frayant un passage dans le dédale montagneux. La pleine lune offre son lampion argenté. Elle nous permet de prolonger notre étape. La beauté est froide comme l'ébène du roc, qui contraste admirablement avec le nacre de la neige. Deux mots me viennent à l'esprit : stérilité et austérité.

Au détour d'un vallon, la neige a disparu, chassée par les vents catabatiques canalisés par l'entonnoir naturel du cirque montagneux. Nous halons le traîneau sur un pierrier érodé par des siècles de tempêtes. Le bivouac est installé sur la côte, face à ce qui fut notre campement désastreux du 19 novembre dernier, lorsque l'ouragan nous emportait au large. J'exorcise la catastrophe d'alors par une célébration solitaire. Après tout, nous sommes le 24 décembre et je crois me souvenir que c'est le jour où une bonne partie la population mondiale tient absolument à se goinfrer. Au menu du réveillon, rien que du sec : poudre d'œufs, champignons séchés, oignons séchés et viande séchée. Le déshydraté est une injure faite aux papilles gustatives, la rançon à payer par les randonneurs pour mener leur quête de l'art pur : la beauté de la nature. Le réchaud ronronne et le vent joue sa mièvre mélodie dans les haubans, m'annonçant que j'aurai bien tout le temps de digérer convenablement ce minable dîner durant la tempête qui s'annonce.

Lorsque je m'extirpe de mon congélateur deux jours plus tard, la nuit est d'encre. Je me demande si je ne me suis pas trompé d'heure. Il est pourtant neuf heures du matin. Par – 40 °C, le réveil en fraîcheur est garanti. Faut-il quand même être cinglé pour faire du tourisme au mois de décembre sur les côtes de l'océan Glacial ! On a beau aimer le camping et trouver des vertus à la vie en plein air, on se demande parfois si on n'aurait pas commis une erreur dans le choix de la destination... Les chiens batifolant dans la neige ont tôt fait de me rappeler que les îles de la Société ne sont pas inscrites au programme, et je me mets au travail pour réanimer mains et pieds, qui ne supportent pas les états d'âme.

La baie de Bouor-Khaïa jouit d'une mauvaise réputation depuis des siècles. L'explorateur suédois Pierre Lassinious, envoyé en mission secrète par Pierre Ier, en 1733, pour reconnaître les côtes de l'Amérique et cartographier le littoral nord de la Sibérie, fut contraint d'hiverner à l'embouchure de la rivière Khara-Oulakh, où je m'arrête pour un court déjeuner. À l'examen du site, je comprends mieux pourquoi sa cabane d'hivernage, construite à la hâte sur les terres basses, fut détruite par les glaces lors d'un ouragan. Lassinious ne revit jamais le printemps, s'éteignant à quelques encablures du lieu même où la tempête du 19 novembre m'emportait sur un glaçon.

Le GPS indique que nous sommes à trente-deux kilomètres du village. Le cerveau électronique de Pouchok a également enregistré l'information car, la queue en trompette, il nous dirige droit sur le hameau. Qu'a-t-il donc perçu ? Des sons, des odeurs, des lumières ? Je fais celui qui n'a pas compris et lui impose une route transversale, vers la côte. Rien à faire. Pouchok, comme aimanté, reprend son cap. C'est là toute la science d'un bon chien de tête : ne pas se laisser influencer par les ordres supposés erronés de son maître.

Matriona Gavrilovna sort de sa petite mairie habillée d'un chemisier rose peu assorti à sa chapka de renard polaire. Je la vois soulagée. On s'inquiétait déjà. J'installe dignement l'administratrice sur mon traîneau puis nous cassons quelques barrières au passage pour rejoindre le logis qui m'est assigné.

Kingitchour, mon hôtesse, est une immigrée de Kirghizie, petite république d'Asie centrale située au nord de l'Afghanistan. En tant que médecin, elle dépense toute l'énergie de sa frêle constitution pour combattre l'alcoolisme, principal fléau de la bourgade. Une Kirghize en pays iakoute, cela pourrait paraître étonnant, pourtant l'Histoire nous apprend que jusqu'au VIIe siècle de notre ère, les Kirghizes vivaient aux confins du monde habité dans les forêts boréales de l'Ienisseï supérieur, en Sibérie centrale.

Nous quittons la mer pour la toundra, jusqu'au fleuve Indiguirka. Les tempêtes incessantes des rivages de la côte arctique sont désormais derrière nous. Je ne foulerai de nouveau la banquise qu'au printemps, en mer de Sibérie orientale, à près de mille cinq cents kilomètres d'ici.

Ma navigation est facilitée par une chaîne montagneuse que je dois contourner par le nord. La végétation réapparaît comme par enchantement. Le miracle, c'est d'abord des saules rachitiques, puis de vraies épinettes, le long de la rivière Omoloï. Quel changement pour nous qui, depuis près d'un an, posons nos pas sur une plaine glacée aussi nue qu'un crâne chauve. Les chiens, pourtant, ne s'en émeuvent pas outre mesure. Mes *Yourî !* ont peu d'effet sur la meute, que je trouve vraiment indolente. La viande a disparu des menus depuis trop longtemps et leur humeur s'en ressent, à moins que ce ne soit à cause du retour des basses températures.

S'activer dix heures durant au-dehors par – 50 °C nécessite un équipement bien adapté et une bonne dose d'expérience. Mes fourrures me protègent, mais encore faut-il savoir s'occuper de ses mains, de ses pieds, de son corps pour ne pas geler. Chaque geste est pensé avec précision puis effectué avec un souci d'économie. Harnacher les chiens, monter la tente, démarrer le réchaud, allumer la lampe à pétrole sont des tâches douloureuses car elles ne peuvent s'effectuer qu'à mains nues ou mal protégées d'une fine paire de gants. Vous qui avez un toit, de l'eau courante, de l'électricité et de la chaleur, il vous est difficile d'imaginer la somme d'efforts nécessaires pour accomplir ces actes de routine.

Depuis Naïba, mon ordinateur portable a abandonné la partie. Cela m'ennuie car le partage de mon aventure avec des internautes devenus fidèles et des écoliers suivant le projet pédagogique s'interrompt. Le lien parviendra-t-il à se renouer, une fois le problème technique résolu ? Toutefois, sans oser me l'avouer, je me sens libéré d'un poids. Cette passerelle avec le monde civilisé, cette référence à mon ancienne identité est désormais brisée. La contraignante mise en œuvre des articulations d'une expédition est repoussée à de futures échéances. Je n'ai plus qu'à vivre pleinement mon voyage, sans me soucier du reste. Le reste, ce sont toutes ces démarches extérieures au voyage proprement dit, qui se traitent en coulisse et font souvent pâlir le rayonnement de l'aventure, bien qu'elles soient indispensables.

La rivière que nous remontons a pris la forme d'une gorge aux murailles sombres et verglacées. Lorsque les chiens fatiguent, je marche seul en avant pendant qu'ils se reposent. Ils attendent avec anxiété mon appel qui, lorsqu'il est lancé, leur permet de me rejoindre. Entre mes cils fardés de givre, je les vois promener derrière eux un nuage vaporeux bleu acier qui flotte dans l'ombre de la lune. Le spectacle est fantasmagorique. Le traîneau épouse le froid comme un bateau fend la vague. Les regards de mes compagnons sont dirigés vers moi. Ils mettent de l'ardeur pour me rattraper au plus vite. Un geste et ils comprennent qu'ils doivent passer près de moi sans s'arrêter. On m'interpelle furtivement au passage.

— Regarde, comme je m'applique bien au travail ! Tu as vu comme je tire fort et mieux que les autres ?

Leur fourrure est blanche de la froidure hivernale. J'agrippe la poignée arrière du traîneau.

— OK, les chiens. Allez !

Rassurés de me voir reprendre mon poste, ils ralentissent pour retrouver leur allure de croisière.

Le large serpent neigeux de la rivière Iana nous offre une si bonne piste que je ne consulte même pas ma carte. Du coup, sans y prendre garde, nous bifurquons dans l'un de ses affluents et dépassons le grand village de Kazatche. Je fulmine en installant ce bivouac inutile par – 52 °C, qui, en plus du reste, me fait manquer le jour du banya et ses 110 °C de jouissance suprême.

Kazatche est l'un des plus anciens établissements de Iakoutie, antérieur même à la fondation de la capitale, Iakoutsk. Un moderne gymnase occupe les jeunes pour des entraînements nocturnes de football en salle, basket, tennis de table, volley-ball. Deux garçons ont même le projet d'ouvrir un cyber-café. Cette évolution rapide a détruit la plupart des traditions. L'élevage du chien de traîneau, mode de transport ancestral des habitants de la toundra, depuis la rivière Iana au fleuve Indiguirka, est abandonné depuis dix ans déjà.

— Tu viens de loin ?

— De deux chansons...

Telle était jadis l'unité de mesure de distance des conducteurs de traîneau locaux qui, tout en voyageant, composaient de longues sérénades dépeignant le paysage et les aventures vécues le long de la piste.

Le « pôle Nord du froid » est la zone la plus froide de l'hémisphère nord. Le village d'Oïmiakon, situé dans une cuvette ou s'accumule l'air froid, a ainsi enregistré une température record (à l'abri du vent) de – 71 °C. En passant au nord de cette région, je profite d'une canicule de – 55 °C dont il serait malvenu de me plaindre.

Le réveil sous la tente est toutefois difficile. Vite, du feu pour dissiper cette atmosphère lugubre et briser l'étau impitoyable du froid. Tout d'abord celui d'une allumette, qui illumine la lampe à pétrole suspendue au faîte de la tente. La faible lueur de la lanterne suffit à donner un semblant de vie à l'habitacle. Elle efface l'image persistante du misérable tombeau de la nuit. D'un coup d'œil, j'avise la hauteur du givre sur les parois de la tente. Elle confirme la température ambiante indiquée par le thermomètre et me renseigne sur la température extérieure, d'environ dix degrés inférieure. Au-dehors, les congères résonnent de coups de revolver, sous l'effet incroyable du gel.

Saisir à ma gauche le sac de vêtements et en sortir des gants plus épais pour retrouver l'usage de mes doigts déjà gourds. Et ce bras lourd qui ne veut pas répondre aux sollicitations de mon cerveau. Je souffre depuis un certain temps d'une sciatique cervicale. Le travail au traîneau me fait transpirer et le vent glacial qui s'infiltre sous la capuche de ma pelisse vient brutalement refroidir mes muscles échauffés ; l'amplitude thermique est de près de cent degrés. Sans être en soi très douloureuse, cette névralgie altère la circulation sanguine dans mon bras droit. Le premier souci, au réveil, est donc de réanimer le membre ankylosé. Au fur et à mesure que je retrouve l'usage de ma main, la souffrance devient telle que j'en viens à maudire cette folle expédition.

— J'en ai marre des aurores boréales, du vent, des montagnes et de la neige. Je veux de la pollution !

S'extirper du sac de couchage est déplaisant mais il faut bien, tôt ou tard, se jeter dans la bataille. Enfiler salopette, chaussons et veste en duvet d'oie. Ce n'est pas encore le confort, mais un rempart douillet me protège de l'étreinte malfaisante.

Brosser avec application le givre du sac. S'attarder dans les replis de la fermeture à glissière pour n'offrir aucune faille à l'humidité, qui viendrait nuire au repos de la prochaine nuit. Même lorsque la tête refuse ce labeur insensé, le froid m'y contraint. « S'activer pour ne pas geler. » C'est le seul moyen pour résister à la chape glaciale qui, quoi qu'on fasse, se love autour du corps pour le neutraliser à la moindre faiblesse.

Ultime étape du retour à la vie : le réchaud. Je dois déjà quitter les gros gants dont la protection salutaire commençait seulement à se faire sentir. La veille au soir, le réservoir a été rempli d'essence soigneusement filtrée car si les particules de givre, dues à la condensation dans le jerrycan, viennent obstruer le bec, on peut dire adieu à la flamme bleue tant espérée. Il faut malgré tout nettoyer le minuscule orifice avec une aiguille. Dernière vérification avant la plus délicate manipulation : le démarrage.

Un, deux, trois... quinze, parfois vingt, selon que j'utilise le réchaud « Djî » ou « Yap » (mes réchauds ont chacun leur nom), une essence de bonne ou de médiocre qualité. La température ambiante est aussi à prendre en considération. Tout se joue dans le nombre de coups de pompe. Trop de pression : l'essence gicle avec un tel débit que le réchaud n'est plus qu'un chalumeau prêt à enflammer la tente. Pas assez de pression : la flamme jaunâtre et inefficace répand monoxyde et dioxyde de carbone dans l'habitacle au risque de m'asphyxier.

Le réchaud avorte. Surtout ne pas céder au découragement. Je n'ai pas le choix. Cette fois, il faut pomper jusqu'à cent pour purger le conduit, et recommencer méthodiquement toute l'opération. Les mains, arrosées d'essence, n'apprécient pas toujours ces petites misères, mais elles font partie de l'expédition. On se dit qu'on est venu dans l'Arctique pour respirer l'air pur et ce sont de pures vapeurs d'essence qu'on respire !

Après quelques soubresauts, la machine à tuer le froid donne enfin. Je m'octroie une minute de béatitude en penchant la tête au-dessus des flammes jusqu'à ce qu'une odeur de poils grillés me rappelle à l'ordre. Il est temps d'étendre son linge pour parfaire le séchage de la veille au soir et remplir la popote de neige pour la préparation du thermos de la journée. Un copieux petit déjeuner me laisse le temps de dégeler. Le litre de thé fort que j'ingurgite me fait transpirer. Les unes après les autres, j'ôte mes couches. D'abord la doudoune, puis la polaire extérieure, la polaire intérieure, le sous-vêtement, jusqu'à me retrouver parfois torse nu. Il doit bien faire – 10 °C au niveau du sol et jusqu'à + 30 °C au niveau du toit. À l'inverse des sprints vers les pôles, pour lesquels chaque gramme compte, le poids n'est pas le souci majeur dans mon expédition. Je ne suis donc pas obnubilé par l'économie de fioul et c'est presque un litre d'essence que je consomme par jour, par de telles températures.

Ablutions sommaires, rangement de tout l'équipement et habillage méthodique prennent encore une bonne heure avant que je puisse quitter pour de bon la tiédeur ambiante. Pelle en main, il me faut ensuite dégager le campement de son carcan neigeux. Démonter la tente, arrimer tout le matériel sur le traîneau, harnacher les chiens et ranger la ligne d'attache vont clore cette phase qui est la plus pénible de la journée : la mise en condition.

Toutes ces procédures devront être opérées à rebours le soir, lors de l'installation du bivouac. Vient enfin le plaisir de la découverte, l'éblouissement de l'univers sauvage, la joie du partage de ce bonheur immense avec les chiens.

Le 22 janvier, le soleil réapparaît. Il joue d'or et de rubis entre les pins chétifs d'une forêt clairsemée. Pendu à l'arrière de mon vaisseau des glaces, je fais en sorte d'emmagasiner dans mon corps ses rayons bienfaiteurs sans pouvoir détacher mon regard de son ovale flamboyant. Chaque jour, je le vois grossir et s'élever un peu plus haut au-dessus de l'horizon avec un mélange de réconfort et de fascination.

Au village de Toumat, sont élevés en étable vaches et cochons, les plus nordiques qu'il m'ait été donné de rencontrer. Le dernier avion date du mois de décembre. Son huile ayant gelé lors de sa courte escale, le vieux zinc n'a pu reprendre les airs depuis. Il hiverne piteusement en bout de piste. Quant aux passagers, faute de moyens, la plupart ont dû s'installer au hameau, sauf les plus fortunés, qui ont trouvé place dans quelques camions de passage.

Deux castrats viennent compléter ma meute, au nombre de douze. Pourga, la réplique de Kiss-Kiss en deux fois plus gros, et Tobby, une espèce de grand clown noir que mes dix lascars adoptent immédiatement compte tenu de son anaphrodisie. On n'est pas très regardant dans la bande, faute de femelle...

Beureulekh porte aussi le nom de Tchkalov. La bourgade est ainsi nommée en l'honneur de l'aviateur soviétique ayant, le premier, survolé l'océan Arctique en 1937. Sur les deux cents kilomètres qui m'en séparent, la toundra est si accidentée, le chemin barré par de tels canyons qu'il est très rare qu'un habitant de Toumat se rende au village voisin. La plupart n'y ont jamais mis les pieds et me déconseillent fortement de m'aventurer sur ce parcours.

— Tes chiens ne passeront pas. Nos motoneiges, même en caravane, ne se hasardent pas dans cette région sans guide.

Je vais rencontrer l'unique vieillard ayant effectué le trajet. Bien qu'il trace sur mes cartes un itinéraire que je ne suivrai pas, j'écoute ses conseils avec attention, inscrivant dans ma mémoire chacun des passages difficiles.

— Ton traîneau est lourd. Ton voyage sera long. Dix jours au moins...

J'ai compté pour ma part quatorze jours.

Le bulletin météo annonce des températures de – 60 °C. Les dangers de cette étape, plutôt que de me décourager, ont tendance au contraire à me stimuler. Il me faut toutefois être parfaitement paré avant de m'engager sur la piste. Les couturières s'affairent à rapiécer malitsa et gouze, mes deux indispensables robes de fourrure. Chacune donne son avis sur le meilleur point de couture ou la plus judicieuse façon d'ajuster une pièce. Les grands-mères insistent pour me confectionner une paire de *galosha*[1]. Je ne le regretterai pas, n'ayant plus qu'à ôter cette paire de chausses avant d'entrer dans la tente pour me trouver à l'abri avec des bottes parfaitement sèches aux pieds. Kim m'offre un tour de cou en laine de renard polaire, idéal pour soulager ma sciatique cervicale. Chacun fait son possible pour aider le voyageur du froid.

Gueorguy était brigadier sous l'époque soviétique. Dans le cadre de ses fonctions, il a participé au convoyage de deux mille rennes depuis Tchersky, sur le fleuve Kolyma. Le voyage pour se rendre au lieu de rendez-vous avait pris une petite semaine en motoneige ; le retour, avec le grand troupeau, pas moins d'un an et demi. Il comprend donc bien la lenteur du nomade, conditionnée par la nécessité d'emballer chaque matin son chez-soi pour le déballer quelques heures plus tard au coucher.

Grande agitation au village : un camion vient d'arriver de Iakoutsk. Chacun s'empresse d'effectuer commerce. Les transactions se font par troc : sacs de poissons contre denrées de la ville (bonbons, biscuits, lard de porc, saucisson...). Les chasseurs regrettent évidemment qu'il n'y ait ni essence, ni cartouches, ni même de cordages, choses qui font toujours défaut dans le Nord, mais se consolent en rapportant quelques bouteilles de vodka.

— *Kharoche bizness ?*

— Pas mauvais, me répond le chauffeur, en sautant de sa remorque qui tient lieu d'étal.

Une rangée de dents en or m'invite à lui serrer la main.

— Je m'appelle Elia et je suis originaire du Kazakhstan. J'arrive de Iakoutsk par les monts de Verkhoïansk. Un sacré voyage ! Beaucoup de véhicules y sont restés, trahis par la glace

1. Chaussons de toile et de feutre à enfiler au-dessus des bottes de peau.

des rivières et engloutis pour toujours. Moi, je suis arrivé dans le Nord, il y a vingt ans, attiré par le romantisme de la région. J'y resterai jusqu'à ce que quelques planches de sapin constituent ma dernière paillasse. *Paka !*

À l'heure du départ, de nombreux curieux s'agglutinent autour du traîneau et, bien que compréhensifs, gênent mes préparatifs. Une classe de la petite école a rédigé, avec l'aide de son professeur, un texte d'adieu en français que je lis à haute voix devant l'assistance médusée. Déjà les chiens s'impatientent. Hélas, Pouchok nous fait une piètre démonstration, encastrant sa troupe entre un bidon et des toilettes alors que la piste était large et évidente. Un peu embarrassé, je remets de l'ordre dans mon attelage et quitte la place.

Pavel m'a accompagné jusqu'à la nuit. Il fait déjà très froid lorsque nous nous donnons l'accolade.

— Garde toujours ton couteau à la ceinture et ton fusil à portée de main. La neige est mauvaise. Ce sera dur pour toi et tes chiens, dit-il en enfourchant sa motoneige.

Il jette sa cigarette, démarre sa pétrolette et disparaît dans la nuit. Longtemps j'observerai son phare sous les fantasques banderoles phosphorescentes d'une aurore boréale. Oui, cette étape sera difficile, mais je me sens prêt à l'affronter, excité même, à l'idée de relever le défi, et soulagé de laisser pour un temps le monde civilisé derrière moi.

Trois jours de route nous mènent à une cahute occupée par des chasseurs originaires de Kazatche. Ils se plaignent du manque de gibier : ils n'ont tué que neuf rennes. Il leur faudrait ramener au moins cent bêtes pour amortir les mille litres d'essence qu'ils se sont procurés pour leur voyage. Nous mangeons les abats préparés dans une grande poêle dans laquelle chacun puise à sa guise. Cœur, rate, foie, langue, poumons et intestins se mêlent dans un bouillon enrichi du sang de l'animal. Délicieux ! Evgueni, le chef du groupe, me tend l'aorte au bout de sa fourchette, un morceau de choix, particulièrement gras.

Nous sommes huit à l'intérieur de cette cabane. Malgré son exiguïté, chacun a trouvé sa place et s'affaire dans son coin. Certains écorchent des jarrets de renne pour en retirer les *kamous*, qui serviront à la confection de bottes ou de gants. Ceux-là en profitent pour grignoter de temps en temps un tendon ou la moelle. D'autres réparent les skis de leur motoneige à grands coups de marteau. Evgueni, allongé au fond de la plate-forme de couchage, tente d'obtenir une liaison radio avec le village de Toumat en gueulant dans le micro « *Wanekkee ! Wanekee ! Da ! Da ! Da !...* »

On me pose peu de questions. J'installe mes peaux de renne sur une banquette, suspends mes moufles et ma chapka à une poutre, confectionne un oreiller avec une bûche et m'étend sur ma couche, le regard fixé sur les ombres qui s'agitent dans la lueur vacillante de la lampe à pétrole. Je surprends quelques regards approbateurs posés sur mon équipement. Finalement, nous nous ressemblons beaucoup.

Repos, le lendemain. Je désire que mon équipe fasse le plein d'énergie en prévision des épreuves à venir. Une bagarre éclate entre Longgy et Pouchok qui s'est estimé en droit de lui piquer quelques côtes de renne. Longgy a saisi Pouchok à la gorge et j'ai du mal à lui faire lâcher prise. C'est alors que je me rends compte que mon rouquin a les testicules gelés et infectés. Ses yeux sont vitreux. Evgueni me suggère de lui administrer une balle dans la tête. Je préfère tenter des soins moins expéditifs. Antibiotiques et graisse d'oie le tireront d'affaire en un mois, mais que de souffrances il devra endurer.

Les chasseurs quittent la place pour aller camper en forêt. Par ce froid, il leur faut un bon moment pour chauffer au chalumeau le carter de leurs machines. L'une après l'autre, les motoneiges s'éclipsent, un homme aux commandes de l'engin, un autre assis à califourchon sur le traîneau lourdement chargé de carcasses gelées. La caravane met le cap sur une bande noire à l'horizon, la lisière du bois. Les véhicules ondulent vers le couchant comme des voiliers sur les vagues d'une mer formée. Ils atteindront le port avant la nuit. Je referme la porte de la cabane. Je navigue à présent seul sur mon bateau dans un océan gelé. Je suis heureux de retrouver ma solitude, compagne de mes plus belles aventures.

Par – 47 °C et un vent d'est pinçant, il est difficile de quitter l'isba. Un bain de pieds retarde un peu mon départ. Je profite des derniers instants de paradis avant l'enfer. Une piste ancienne de motoneige nous mène jusqu'au lac Belekh, puis elle disparaît, son conducteur n'ayant pas osé s'aventurer au-delà.

J'enfile mes raquettes et passe devant les chiens. Sur le point de franchir le premier bras de la rivière Sialakh, je reprends place à l'arrière du traîneau. La pente est raide. Nous prenons de la vitesse. La descente est si acrobatique qu'un réflexe stupide me pousse à sauter en vol. Je roule dans la neige alors que le traîneau poursuit sa course jusqu'au lit de la rivière. Pas de casse. En attendant de trouver une issue, nous suivons le cours d'eau gelé mais bientôt, une congère trop haute nous barre définitivement le passage. Elle forme en travers de la rivière un pont providentiel qui va nous permettre de nous extraire de ce piège. Le lendemain, en me servant du sommet de la congère comme d'une passerelle, je porte les quatre cents kilos de matériel jusqu'au plateau. En dépit du froid, je transpire comme un bagnard, ou comme un aventurier polaire, ce qui revient au même. Le traîneau est hissé hors de la gorge en attelant les chiens à une corde longue de trente mètres. Nous reprenons le cap plein est à travers la toundra.

Vivre un blizzard est toujours une aventure dans l'aventure. Aujourd'hui le vent forcit sans que la température absolue remonte d'un seul degré. Il fait – 40 °C. Trop légèrement vêtu, je dois impérativement me changer. Le temps de sortir ma malitsa du traîneau, je suis congelé. Avec le refroidissement dû au vent, nous sommes à – 83 °C. Abrité derrière mon paquetage, je regagne un peu de chaleur et l'usage de mes mains en me recouvrant complètement de ma fourrure. Ce quart d'heure passé sous ma pelisse dans les bourrasques d'un hiver sans merci me permet de réfléchir encore une fois à ma condition d'explorateur. J'ai la conviction qu'un si long et difficile voyage fait plus appel aux ressources mentales qu'aux capacités physiques. Sans doute n'est-il possible qu'en solitaire, à condition d'avoir de bons chiens.

Avant Arktika, deux expéditions seulement s'étaient engagées dans la traversée de l'Arctique eurasien. La première, russe, n'est arrivée au but qu'avec une aide logistique mécanisée importante et quelques sauts de puce peu scrupuleux en hélicoptère. L'autre, norvégienne, utilisant elle aussi des chiens de traîneau, a dû abandonner après deux années de parcours en raison d'une mésentente survenue entre ses membres. Je suis donc le premier à tenter l'aventure en solitaire de ce côté de l'Arctique. De l'autre côté, le Japonais Naomi Uemura avait, quant à lui, traversé l'Arctique américain du Groenland à l'Alaska, entre 1974 et 1976, cet exploit n'ayant jamais encore été réitéré en solitaire et sans moyens motorisés.

Nous sommes stationnés au sommet d'une colline. Je scrute l'horizon aux jumelles. Lors de ces séances d'observation, Pouchok tente toujours de déceler des indices sur la route à prendre. Il paraît intrigué par le curieux instrument qu'il me voit braquer sur le monde. Pouchok est un intellectuel, avide de comprendre.

Je détaille le canyon de la Khroma. C'est le Colorado du Grand Nord sibérien. Mes cartes topographiques ne m'ont pas trompé ; l'entaille atteint quatre-vingt-dix mètres de profondeur. De loin, elle paraît infranchissable. Comment allons-nous donc la traverser ? L'aventure est pour le lendemain.

Après avoir reconnu le parcours en raquettes, je lance les chiens dans la pente vertigineuse. Cette fois, je n'ai pas le mauvais réflexe de m'éjecter de mon véhicule. Je me contente de fermer les yeux une demi-seconde et nous voilà happés par le vide. La culbute ne m'a pas laissé le temps de réagir. Nous sommes précipités par notre élan et atteignons la glace de la rivière dans un fracas épouvantable. Le traîneau s'est bien réceptionné, mais sous le choc, un des patins s'est fendu. Enfin, nous y sommes, sur la Khroma ! Dans mon euphorie, je lâche quelques cris d'allégresse. Les chiens opinent par des aboiements de satisfaction. Quelle joyeuse équipe nous formons !

Il s'agit à présent de nous extraire de ce couloir encaissé. Un étroit cours d'eau verglacé nous offre bientôt la délivrance. Le traîneau se renverse à deux reprises sur la glace vive mais, malgré tout, nous nous hissons peu à peu sur les hauteurs. Quelle impressionnante vue sur cette fêlure de la croûte terrestre qu'est la Khroma ! À son embouchure, elle forme une immense baie aux eaux peu profondes. Les habitants de Tchokourdakh l'explorent chaque été à la recherche de défenses de mammouths.

Ce soir, j'étudie mes cartes avec minutie. Il ne me reste plus que quatre-vingts kilomètres à couvrir, mais quelques rivières me barrent encore la route. Comment savoir si ce trait finement tracé sur le papier correspond à un précipice ou à un vulgaire ruisseau ? Dans tous les cas, je jouerai la carte de la prudence en suivant une navigation infiniment précise.

C'est ainsi que, le lendemain, je me félicite d'avoir effectué une halte car aucun indice visuel ne révélait sa présence et nous aurions piqué droit dans le vide. Elle a moins de dix mètres de large et ses rives sont des murs verticaux d'une quinzaine de mètres d'aplomb. La rivière Ikiekh ressemble à une crevasse de glacier ; on la croirait conçue pour piéger les voyageurs. Les jumelles semblent indiquer un passage à l'est. Je lance les chiens le long du vallonnement jusqu'à ce que mon chien de tête marque brusquement l'arrêt.

— Pouchok ! Allez !

Sans hésitation, Pouchok obéit et subitement quatre individus disparaissent de ma vue. Je freine aussitôt le traîneau et m'avance prudemment. Pouchok et Kiss-Kiss sont en équilibre sur une vire de glace, à mi-hauteur d'un ravin impressionnant. Voltchok et Ermak n'ont pas eu la même chance. Les deux innocents se balancent dans le vide, suspendus par leurs harnais et retenus au-dessus d'eux par Longgy et Simba qui, à moitié étranglés, luttent contre le poids qui les entraîne en avant.

Mon premier réflexe est de sectionner la traîne centrale d'un coup de poignard, mais j'ai oublié un détail : l'âme de la corde est câblée. Je décide donc de dételer un à un les chiens du haut. Aussitôt libéré, Artchoum n'hésite pas une seule seconde : il plonge, à son tour, dans le précipice pour rejoindre son ami Kiss-Kiss. Pouchok, nullement inquiet, attend sagement les ordres. Je sens déjà les chiens faiblir sur le rebord, tant ils sont tétanisés ; le traîneau est sur le point d'aller se briser au fond du gouffre. Il me faut retenir la traîne à bout de bras tout en libérant les derniers chiens qui résistent à la glissade en enfonçant leurs griffes dans la neige durcie. Je fais ensuite descendre la corde doucement pour que mes alpinistes puissent remettre pattes dans le lit de la rivière. Pouchok parvient alors à trouver un passage pour nous rejoindre en guidant ses trois compères d'infortune, plus le naufragé suicidaire. Les rescapés sont satisfaits du sauvetage, les autres sont heureux des retrouvailles, quant à moi, je suis soulagé de m'en être tiré à si bon compte.

Nous retrouvons la sécurité sur un petit lac où nous campons sous la plus magique aurore boréale qu'il m'ait été donné d'observer. Des filaments irisés de rouge et de vert emplissent le firmament en traversant la voûte céleste. Lorsqu'une draperie diaphane s'évanouit, elle est relayée par un autre voile luminescent de plus forte intensité qui reprend le cours de la valse. Malgré le froid qui m'engourdit, je reste longtemps au-dehors pour admirer cet éblouissant feu d'artifice de l'espace. Comment ne pas méditer sur la chance d'être en vie, dans ce dédale empli de pièges ? J'écris dans mon journal de bord avant de m'endormir :

Nous ne pouvons compter que sur nos propres capacités. Le calme, cette solitude, ces dangers qui nous rapprochent moi et les chiens rendent cette aventure palpitante.

Les hommes ont arrêté leur marche pour mieux nous observer. Sans doute sont-ils surpris de voir un traîneau arriver de nulle part. Ils m'accueillent avec simplicité dans la rue principale de leur village. Le centre-ville de Beureulekh, ouvert sur la grande toundra, convient parfaitement à notre convoi.

— Mais d'où viens-tu et qui es-tu ?

— De Toumat. Je suis le Voyageur français.

— En traîneau ! Et où sont donc tes compagnons ?

— Je suis seul...

— *Frantsouz ! Odyn !*

Seul... Mes clés pour pénétrer dans l'intimité des populations sont ma solitude, mon traîneau, ma connaissance de la langue russe. Sans guide, sans engin motorisé, sans traducteur, les barrières culturelles s'effacent d'elles-mêmes et l'amitié prend le pas sur la crainte, la timidité, la suspicion ou la convoitise, parfois. Les chasseurs observent mon équipement vestimentaire, mon attelage et savent qu'ils ont affaire à un *tundrevik*, c'est-à-dire un homme de la toundra ; voilà ce que je suis réellement devenu.

Les physionomies diffèrent de la région de la Iana, aujourd'hui purement iakoute. De nombreux métissages sont intervenus par ici avec les ethnies evenke et ioukhaguire.

Les « Hommes du froid », selon l'étymologie toungouze, désignent les Ioukhaguirs, considérés comme les premiers indigènes de Sibérie orientale. Nomades, pêcheurs et chasseurs de rennes, ils utilisaient, jusqu'au début du XXe siècle, des armes rudimentaires en os et en pierre dont l'archaïsme était compensé par des techniques hautement développées de traque du gibier.

Les premiers colons russes arrivèrent dans la région en 1635. Des villes fortifiées furent érigées le long du fleuve Indiguirka afin de collecter la manne sylvestre : la toison de zibeline, qui faisait la fortune des marchands osant tenter l'aventure du « Far-East ».

Épidémies et alcoolisme ne furent pas les seuls fléaux qui frappèrent les Ioukhaguirs. La prise d'otages à grande échelle fut instituée pour contraindre les familles à payer le tribut en fourrure (le *iasak*). Jusqu'à 6 % de la population autochtone demeurait ainsi en captivité dans les fortins. La mort frappait en masse les fiers chasseurs de la toundra victimes des mauvaises conditions de détention. Et, pour augmenter encore leur dépendance au pouvoir du tsar, les envoyés de la cour de Russie firent en sorte de monter les Ioukhaguirs contre leurs voisins tchouktches et koriaks. Pendant des millénaires, ces chasseurs avaient appris à vivre en harmonie avec leur environnement. L'intrusion brutale d'une population étrangère sur leur territoire brisait cet équilibre. Les rennes sauvages furent décimés. Les Ioukhaguirs, incapables de s'adapter aux rapides bouleversements, connurent la famine, qui acheva de les anéantir. Il ne reste aujourd'hui qu'un peu plus d'un millier d'individus de cette ethnie répartis à l'embouchure de l'Indiguirka et dans la région de Kolyma. Peu d'entre eux pratiquent encore leur langue, d'origine paléo-asiatique.

Tchokourdakh est perché au sommet d'un mamelon dominant le fleuve Indiguirka. Pénétrer cet enchevêtrement d'isbas pour trouver le bâtiment administratif me paraît plus ardu que de franchir un canyon. Soudain un homme jaillit d'une maison et dévale une pente dans ma direction en faisant de grands gestes. J'hésite à marquer l'arrêt me demandant s'il ne s'agit pas d'un ivrogne mais son regard clair me détrompe aussitôt.

Ivan est un personnage attachant. Ukrainien d'origine, il est arrivé au village il y a trente ans pour se faire chasseur professionnel et épouser Doumia, une jolie Iakoute. Ayant acquis une solide expérience de coureur des bois, il est aussi devenu un conducteur de traîneau de grande réputation. Tchokourdakh et Roukoïe-Oustie étaient autrefois des établissements renommés dans tout l'Arctique russe pour leurs élevages de chiens d'attelage. Ce n'est donc pas seulement le Voyageur français qui intéresse, mais aussi son équipement. On mesure, on dessine, on photographie son traîneau, ses harnais. On s'émerveille de sa ligne d'attache des chiens et de ses mousquetons. Que de nostalgie je perçois dans les regards de mes visiteurs ! De la noble race canine de l'Indiguirka, il ne reste plus aujourd'hui que quelques spécimens faméliques errant dans les ruelles enneigées du grand village. Tourgen est issu de cette souche. Adopté à Beureulekh, le jeune chien reste de marbre face à ma meute, sans doute tétanisé par la peur. L'avenir nous dira si treize au traîneau porte chance ou malchance.

En guise d'adieu, un comité s'est rassemblé sur le fleuve. Nous chantons et nous dansons dans nos fourrures sur des rythmes evenkes et ioukhaguirs ; le dieu Soleil est gavé d'offrandes destinées à attirer sa bienveillance sur ma caravane. Puis, hommes et femmes me serrent dans leurs bras, la larme à l'œil. Je suis si ému que la voix qui lance l'ordre de départ est à peine audible. Mais les chiens n'ont nul besoin d'encouragement. Nous filons en laissant tous mes amis me faire de grands signes. En menant mon attelage sur l'Indiguirka, je songe à ces rencontres si brèves et pourtant si intenses. Ce séjour à Tchokourdakh restera à jamais gravé dans ma mémoire. Ce fut, sans conteste, la plus belle escale de tout le voyage.

5

Tchoukotka dans un mirage

Jour 634 : 7 mars 2003.
Tchokourdakh ; km 8 960.
Position : 70° 37′ N 147° 54′ E

– 45 °C. Vive le printemps et volent les hirondelles ! Le traîneau est énorme : six cents kilos de charge pour une autonomie de mille kilomètres, qui doit me permettre de tenir jusqu'à Pevek. La base météo d'Ambarchik, à mi-chemin, ne sera qu'un relais banya à l'embouchure du fleuve Kolyma. Aucune autre habitation ne jalonnera notre route jusque-là.

Les chiens sont dans leur meilleure forme. La plupart ont à présent trois ans et une solide expérience derrière eux. Trois hivers dans les conditions les plus extrêmes les ont aguerris comme peu d'autres chiens d'attelage le sont dans le monde. Je suis fier de cette équipe que mène mon leader Pouchok, attelé au-devant d'un traîneau d'une demi-tonne.

Relier le fleuve Indiguirka à la rivière Alazeïa me met dans les traces des premiers colons russes partis au XVIIe siècle en quête des richesses de la Kolyma. Quelques vestiges rappellent la présence des cosaques, telle la vieille église de bois de Stantchik ou cet itinéraire parfaitement balisé de cairns[1] érigés tous les cent mètres. Une petite croix isolée dans le paysage dénudé émerge à peine du manteau neigeux. Le soleil couche ses pâles rayons sur la platitude mordorée de la toundra. Ce discret mémorial dressé

1. Tumulus de pierre ou de bois marquant un lieu ou un passage particuliers.

dans l'immensité glaciale m'interpelle plus que toute autre ruine. Je m'y recueille quelques instants, imaginant la vie du défunt en ces lieux de désolation. Maladie ? Blizzard ? Cet homme a-t-il trouvé ici un terme à une vie d'aventures ? Les chiens participent à leur manière à mes réflexions en arrosant de quelques gouttes jaunes le petit édifice solitaire.

La neige est si mauvaise, à l'embouchure de l'Alazeïa, que je dois transporter ma cargaison en deux voyages pour atteindre l'océan. J'établis mon campement pendant deux jours sur le site d'une ancienne station météo – ayant brûlé quelques années plus tôt. Des rennes, nullement inquiétés par notre présence, déambulent à portée de fusil, inconscients du danger qui les guette. À quoi bon tirer ? J'ai bien assez de trois cents kilos d'aliments pour chiens à convoyer dans une neige horriblement croûtée.

Le temps est idéal. Le froid et le soleil brûlent les pommettes. La luminosité est telle que je ne quitte plus mes lunettes ou mon masque. Nous slalomons entre les bancs de sable de la rivière jusqu'à atteindre une vaste aire plane. Voici la mer de Sibérie orientale ! Un bloc de glace assez remarquable par sa hauteur sera le dépôt. J'y laisse douze sacs de croquettes ainsi que deux jerrycans d'essence, et plante, à sa cime, le mât lové de sa voile rouge encadré par mes raquettes. Je reviendrai demain avec mon second chargement. Il ne me reste plus qu'à prier pour qu'aucun ours, renard ou glouton de passage n'ait l'envie de festoyer de victuailles déshydratées, cette nuit.

J'ai caressé le scalp de loup suspendu au basket[1] du traîneau avant de donner l'ordre de départ aux chiens. Ce talisman est censé veiller sur nous. Il y a bien longtemps, un chasseur de la baie de l'Ob me l'avait assuré. Je veux y croire car notre sort est désormais confié aux esprits de la nature. Je hisse la voile en forme de spinnaker et, vogue la galère, nous décollons. Les sastruggis indiquent la direction des vents dominants. La bise glaciale souffle du pôle sans rencontrer aucun obstacle. Elle compacte la neige en sculptant des vagues plus ou moins régulières que nous coupons perpendiculairement. La sensation de puissance développée par l'attelage dans l'ascension de chaque ondulation est phénoménale. Le traîneau, surchargé, craque au passage des monticules neigeux.

1. Littéralement le « panier » du traîneau, c'est-à-dire la structure latérale et verticale destinée à retenir les bagages et la poignée arrière.

Chaque lame de frêne, surdimensionnée, travaille comme un ressort. La structure du traîneau, qui pèse près de cent kilos à vide, est parfaitement conçue. Ses pièces de bois sont agencées pour amortir en souplesse la houle de l'océan pétrifié. Les traînes de chaque molosse sont bandées à leur maximum, comme si elles pouvaient soudain céder. La fougue animale qui se déchaîne dans l'infinie solitude est exaltante. Elle me rend vigoureux, indestructible, fanatique. Je suis moi-même comme attelé à mon bateau et je marche d'un pas rapide pour participer fiévreusement au labeur démentiel. Mon corps qui transpire m'oblige à réduire mes efforts. Je pose le pied sur un patin en « pédalant » de l'autre dans la neige, un peu comme sur une trottinette. J'évite ainsi de porter de tout mon poids sur le traîneau. Quel pays ! Toujours trop chaud ou trop froid...

Certains amoncellements de glace, le long de la rive, forment un talus vertigineux. Ces formidables névés m'empêchent même de distinguer le relief de la côte. Les forces herculéennes issues de la pression des glaces parviennent à hisser des masses de plusieurs tonnes à une vingtaine de mètres de hauteur. C'est au sommet de tels éboulis que je reconnais ma route et fixe mes repères. L'unique trace de vie à des centaines de kilomètres à la ronde est mon traîneau, seul sur la mer gelée. Cette expédition est vraiment dantesque !

À chaque arrêt, les chiens en profitent pour ôter les billes de glace qui s'incrustent entre leurs coussinets. Ils les arrachent du bout des dents et les recrachent comme des noyaux de cerise. La scène est à la fois comique et rassurante. Les chiens sont bien à leur place et je suis à leurs côtés, calme et confiant.

J'ai découvert, cachées au fond de mon sac de vivres, quelques gâteries préparées par Doumia : de la confiture d'airelles, du corégone[1] frit, des boulettes de viande de renne, du *ioukala*[2] et bien d'autres choses encore. Quelle bonne surprise et quel régal ! C'est un peu comme si mes amis veillaient sur moi. Leur amitié m'accompagne et je me sens un peu moins seul sur l'océan des glaces. Je suis tellement loin du monde ! Je m'en rends compte

1. Corégone ou poisson blanc (*Coregonus nasus*).
2. Poisson séché au soleil (souvent de l'espèce des salmonidés), utilisé comme nourriture pour les hommes et jadis pour les chiens.

lorsqu'il m'arrive d'allumer mon petit poste de radio à ondes courtes. J'ai parfois la surprise de capter parfaitement Radio Australia ou Radio New Zealand puisque nous sommes sensiblement sur le même méridien et avons donc les mêmes horaires. Le plus souvent, je dois me contenter de deux voix tenant des discours propagandistes opposés : *Voice of America* et *Goloss Rossy*. Leurs puissants émetteurs diffusent à la planète entière une vision en noir et blanc de la guerre en Irak. Sur la une, le peuple irakien manifeste sa joie devant les troupes américaines venues les secourir. Sur la deux, les témoignages fusent pour dénoncer l'envahisseur. L'auditeur polaire détaché de nos sociétés que je suis n'y vois qu'aberration et folie des hommes.

Comment les chiens devinent-ils l'instant exact de ma sortie de la tente, le matin ? Pourtant, le moment diffère d'un jour sur l'autre et j'actionne la fermeture à glissière un nombre incalculable de fois, soit pour aérer l'habitacle, soit pour évacuer des déchets. Or, un instant avant que je m'extirpe pour de bon hors de l'abri, un concert d'aboiements se déchaîne. À ce jeu de hasard, Tobby ne se trompe jamais. Il pressent à je ne sais quel signe le coup de tirette qui fera apparaître son maître – et l'autorisera à envisager la récréation dont il est le principal acteur.

Avec les grands écarts de température entre la nuit (– 40 °C) et le jour (– 10 °C), la neige offre une glisse très médiocre. Il fait tellement chaud à midi que je m'offre parfois une courte sieste sur le traîneau. Depuis plus de trois semaines, le temps est calme. J'en oublierais presque les vicissitudes des blizzards. Seule la consistance de la neige me donne du souci. Aussi ai-je décidé de rechercher une meilleure surface au large. La zone de hauts-fonds passée, nous trouvons enfin la neige compactée qui va nous faciliter la vie. Je m'habille aussitôt plus chaudement et manifeste ma joie par une danse improvisée devant les chiens qui, impassibles, se demandent ce qui m'arrive.

— Allez, les clébards !

Posté à quelques mètres en arrière de mon équipage, je filme l'énorme traîneau qui s'éloigne en escaladant la houle de la mer de glace. L'effet est garanti et la séquence est dans la boîte.

— Les chiens ! *Brr !*

Mon escouade continue sur sa lancée. Pouchok ne répond pas à mon ordre d'arrêt. À moins que ce ne soit Kiss-Kiss qui, trop heureux de mon absence au traîneau, ait encore voulu me jouer un mauvais tour. Quoi qu'il en soit, le traîneau poursuit sa course. Je perçois même un regain d'enthousiasme dans mes troupes.

— *F... dogs !* Vont-ils s'arrêter ?

L'épisode de Tiksi me revient en mémoire, sauf qu'ici il n'y a pas de pompe à essence pour les intercepter...

Ça sent l'écurie. Pouchok a décidé qu'il était l'heure de camper. Il vire au sud en direction de la côte. On sera bien mieux sous le vent des falaises, doit-il se dire, avec quelques traces de lièvres pour se réjouir la truffe, plutôt que dans le désert stérile que nous impose ce tyran. Koula, occupé aux toilettes tous les quarts d'heure, entrave bientôt la mise en œuvre de ce plan audacieux. Privé de la force du géant de Taïmyr, le traîneau a tôt fait de caler sur une congère. Je rejoins enfin mon véhicule, fou de rage. Cet épisode m'aura au moins permis de mesurer l'échelle de l'espace dans lequel évolue notre caravane, laquelle, vu de loin, paraît si petite en regard de l'immensité.

Sous le radieux soleil printanier, mes poilus ont la langue pendante. Ils étouffent, sous leur fourrure hivernale. En fin d'étape, Koula titube. J'arrête aussitôt le traîneau. Le superbe animal à la crinière de lion chancelle et s'écroule, victime de surchauffe. Je cours le rassurer de quelques câlins, puis le libère de sa traîne, mais Koula n'est pas de cet avis. Se sentant coupable de l'incident, il se remet aussitôt sur ses pattes et me présente son arrière-train en aboyant pour m'inciter à le réatteler. Koula est un peu frimeur, mais c'est vraiment le plus brave d'entre tous.

La boule rouge qui décline sur l'horizon plonge dans la banquise en se déformant. Tout en effectuant les tâches du bivouac, je garde un œil sur cette divine étoile qui assure la vie sur notre planète. Je surprends souvent Sharik ou Longgy, assis à l'écart, pareillement fascinés par la féerie crépusculaire. Ce dernier est complètement tiré d'affaire. Il se paie une jolie paire de couilles toutes neuves à la peau rose bonbon.

Pelleter. Encore pelleter. Dès l'expédition achevée, je reconvertis Arktika en entreprise de terrassement. Pelleter pour ancrer dans la banquise la ligne d'attache des chiens. Pelleter la neige sur les rebords de la tente pour la stabiliser. Pelleter pour amarrer les haubans de la tente à l'aide des broches à glace. Pelleter pour obtenir un stock d'eau congelée. Pelleter pour dégager la tente, le traîneau *et* cette même ligne d'attache, le matin. Pelleter.

Pelleter... Je commence à comprendre pourquoi Jack London tenait tant à sa pelle, celle « de la forêt », bien sûr.

Une jolie couche de givre recouvre la banquise. Elle va nous permettre de bien rouler aujourd'hui. Cette fine poussière est un excellent fart pour les semelles du traîneau. Pouchok traînasse au lit alors que tous les autres s'échauffent depuis longtemps dans des poursuites enragées. Lorsqu'il consent enfin à se lever, tout l'équipement est déjà arrimé et il a tout juste le temps d'aller s'offrir une petite séance de domination lamentable auprès du pauvre Voltchok, un peu blasé lui aussi. Pouchok souffre d'un problème existentiel ou alors il se décourage de ne jamais atteindre la destination finale promise, celle qui mettra un terme à ce bagne. Chaque village que nous traversons depuis trois ans est pour lui une bonne raison d'espérer et... de se désespérer un peu plus.

Tous en forme, nous filons à 10 km/h sur une bonne surface, laissant la zone de hummocks dans notre sud. Un groupe d'isbas se détache sur la côte. Je ne parviens pas à détourner mon regard. Il me semble déceler une colonne de fumée. Ma paire de jumelles me le confirme. J'étais loin d'imaginer pouvoir rencontrer des gens par ici !

Le camp de chasse est remarquablement entretenu par un homme et ses deux fils, originaires de Tchersky. Ils braconnent l'ours blanc sur les îles Krestovsky – du moins est-ce ce que je suppute car ils restent très vagues sur la raison de leur récente excursion sur l'archipel. S'excusant de n'avoir rien à offrir à mes chiens, ils envisagent d'aller poursuivre quelques rennes la nuit prochaine en motoneige et me promettent un banya pour le lendemain. Au fil de notre conversation, je prends conscience de la fin prochaine de mon expédition. Il y a peu de temps encore, lorsque j'évoquais la Tchoukotka – la dernière région inscrite à mon itinéraire –, cela paraissait ahurissant, inaccessible. Depuis mon arrivée en Kolyma, c'est un peu comme si j'avais effectué un grand saut. Ma destination ne surprend plus car elle est dorénavant toute proche et les toponymes que je mentionne ne sont plus inconnus. J'en suis ravi. Il est bien sûr trop tôt pour crier victoire, mais mon rêve prend forme. Il devient réalisable.

Îles des Ours. Joli nom qui présage d'inquiétantes rencontres. Las du difficile terrain le long des côtes, j'ai décidé de traverser le golfe de Kolyma en ligne directe, droit sur Ambarchik, à cent soixante-dix kilomètres. Nous quittons donc la terre, suivant un cap au 145. Si je n'avais pas les yeux rivés sur le compas marin fixé sur mon bagage, je ne le croirais pas. Pouchok est réglé comme une boussole. Nous devons pourtant effectuer mille virages dans cette zone accidentée de la banquise, mais, après chaque détour, mon merveilleux chien de tête reprend scrupuleusement l'azimut fixé. Le point du soir me confirme la précision de notre navigation. Nous ne dérivons jamais plus de quelques degrés.

Nous heurtons aujourd'hui de nombreux amas de glace et cassures ayant regelé en boursouflures excentriques. Le traîneau prend des chocs violents, mais le patin fendu tient le coup. Je dois insister pour modérer la fougue de Kiss-Kiss qui, fou de joie à la vue de ces tremplins verglacés, embarque toute la bande dans de dangereux sprints incontrôlables.

C'est un mirage qui se déploie à l'horizon, mais les montagnes qui sont à l'origine de ce phénomène de réfraction sont, elles, bel et bien réelles. Je distingue la Tchoukotka à plus de quatre-vingts kilomètres d'ici. La Tchoukotka, qui se dévoile après neuf mille kilomètres et trois années d'une difficile randonnée à travers l'Arctique ! J'ai du mal à contenir mon émotion.

Mais je suis encore loin du cap Dejnev. Je sais qu'il me faudra une rallonge d'un hiver pour l'atteindre, compte tenu de l'accident survenu sur la glace de Tiksi, qui m'a fait perdre un temps précieux. Une année de plus dans le froid et la solitude. Un autre hiver sous la tente. Ce pourrait être ressenti comme une catastrophe, pour un homme qui a déjà vécu trente-six mois à l'état sauvage. Pourtant, une fois l'évidence admise, je m'y suis fait tout naturellement, sans états d'âme ni regret. La nature a guidé mes pas depuis si longtemps que je suis résolu à me plier, quoi qu'il arrive, à la loi du Nord. Je me sens même soulagé de ne pas devoir envisager un retour à la civilisation aussi rapide. Poursuivre ma route vers l'Alaska, le Canada, le Groenland me paraît être la suite logique et incontournable au grand pas sibérien. J'ai du mal à concevoir une autre vie, celle où il me faudra courir après l'argent, dépenser mon temps et mon énergie à des tâches qui me paraissent, vu d'ici, futiles : asseoir une notoriété, inscrire son identité en société. N'ai-je pas trouvé ma véritable place, mon équilibre, au sein de l'univers polaire ? Tous ces questionnements ne sont heureusement pas d'actualité. Préoccupé par le présent, je manque de courage pour envisager l'avenir. Je vis, sans doute, perpétuellement dans la fuite du réel...

Le mât central de la station météo d'Ambarchik apparaît tel un fil évanescent dans l'optique de mes jumelles. Notre rigoureuse navigation à travers le golfe de Kolyma nous a conduits précisément face à notre but. Plusieurs champs de glace chaotique nous séparent cependant de la côte. Le bulldozer aérodynamique du vent d'hiver a charrié d'énormes masses de neige au-dessus des blocs, formant de très hauts sastruggis. Nous venons buter contre des murs quasi verticaux de deux mètres de haut. Lorsque Pouchok s'apprête à franchir l'obstacle, j'en suis encore à vingt mètres. Lorsque le traîneau l'escalade, Pouchok a déjà atteint la crête suivante et choisit son chemin dans le dédale alors que le peloton est encore dans le creux. Des chiens passent sous la traîne centrale, d'autres ont leur ligne de cou coincée dans les chaos. C'est infernal. Je cours en avant pour reconnaître la route, retourne en arrière pour guider la spatule du traîneau[1], bondis pour libérer un chien, joue les acrobates sur les patins pour équilibrer le monstre qui se fraie un passage dans un bruit de verre brisé. Certains amas en équilibre instable basculent sous l'énorme charge. Il serait si facile, dans un tel champ de bataille, de se casser une jambe. Pourtant, de tout le voyage, je n'aurai pas à souffrir d'une seule entorse. Tout simplement, je n'en ai pas le droit. Ma constitution n'est pas celle d'un athlète, mais mon corps est parfaitement rodé au terrain.

Mon chien de tête est au summum de ses capacités, sur ce genre de terrain, sans doute parce que je dois alors lui laisser beaucoup d'initiatives et c'est ce qu'il désire. La traîne en tandem double, en revanche, n'est pas parfaitement adaptée pour progresser dans un tel chantier. Les Inuit des côtes lui préfèrent l'attelage en éventail où chaque chien est attaché au traîneau par une traîne de longueur égale. Chaque obstacle est ainsi négocié l'un après l'autre par la meute entière et les chiens choisissent plus facilement leur passage, libres de sauter un chenal ou de gravir un bloc. Ce type d'attelage, plus court, offre aussi moins d'inertie, donc plus de puissance, du moins en théorie.

---

1. Les longes latérales que j'ai eu l'idée d'installer à l'avant du traîneau me sont d'un grand secours.

Nous arrivons à bon port dans une atmosphère suffocante. Il fait + 5 °C sur la glace !

Ambarchik, souvent inscrit en gras sur les atlas, n'est en fait qu'une base météo. Situé à l'embouchure du fleuve Kolyma, son goulag, fermé en 1954, réceptionnait la cargaison humaine arrivée par navires entiers de Mourmansk, Arkhangelsk ou Doudinka, hauts lieux de la répression pénitentiaire soviétique. Cela explique peut-être l'attention touchante des cartographes accordée à ce lieu de misère. Les prisonniers attendaient dans les baraquements aujourd'hui en ruine leur affectation dans les camps de travail distribués le long du fleuve. On y exploitait l'or dans des conditions effroyables. Ceux qui parvenaient à survivre à l'enfer de l'hiver tombaient, en été, sous les assauts des moustiques infestant les marécages. De toutes les zones carcérales du système autoritariste stalinien, la Kolyma était la plus disciplinaire et la plus meurtrière. Une grande croix érigée sur une éminence rappelle le sort de ces centaines de milliers de zek qui, comme moi, avaient fait une escale d'un jour dans la petite baie. La comparaison s'arrête là car le destin de ces hommes et de ces femmes, déportés en masse, était scellé longtemps avant leur arrivée. Inscrits contre leur gré pour une destination inconnue, la plupart ne sont jamais revenus de leur funeste voyage.

À l'approche du cap Baranov, l'enchevêtrement de glace devient inextricable. J'escalade une arête de pression dont la hauteur doit bien dépasser les vingt mètres. Vient le choix de route : ou bien serrer la côte au risque de se faire bloquer ou prendre un peu plus au large pour laisser du champ à sa progression. J'avise un chenal gelé qui court vers l'est. C'est inespéré. Nous empruntons la confortable chaussée verglacée jusqu'à un amas incroyable de fragments superposés. C'est l'impasse, mais le plus dur est fait. Nous avons évité les chaos les plus redoutables et le cap est derrière nous.

L'endroit semble être le lieu de rendez-vous de toute la faune polaire de Tchoukotka. Outre les innombrables traces de renards, nous croisons les pistes de gloutons, et, enfin, celles du roi de l'Arctique : l'ours polaire. Leur nombre est tel que je charge mon fusil ; j'ai la sensation inquiétante d'être épié... J'imagine des plantigrades dissimulés derrière chaque bloc de glace. Le cap est une maternité pour les ours : les femelles y mettent bas de décembre à janvier dans des tanières creusées sur les versants enneigés du littoral.

Au passage d'une grande cassure, le traîneau s'est encastré dans une anfractuosité de la banquise. Je vais passer une bonne heure à le dégager à la hache. Lorsque nous atteignons enfin une aire plane, je pose mon fusil pour une pause bien méritée et décrète un tour d'horizon. À peine ai-je posé le pied sur un empilement de glace que trois formes blanches déboulent sous mon nez. La mère est ralentie dans sa fuite par deux oursons de la taille de gros chats. Les chiens affalés n'ont rien vu, rien senti. C'est une chance. Éventant soudain le traîneau, l'ourse s'arrête dans sa course, puis se dresse sur ses pattes antérieures pour renifler et analyser la multitude d'odeurs qui parviennent à ses narines. Il y a sur le traîneau une cargaison de viande de renne, de poissons, de croquettes et je la sens hésiter devant ce concert d'effluves appétissants. La sagesse l'emporte finalement sur la gourmandise et la petite famille s'éloigne lentement, jetant de furtifs regards en arrière.

Un peu plus loin, j'avise deux points noirs sur la glace. Des phoques ? Les chiens sont dans tous leurs états ; ils ont reconnu leur ennemi juré : le glouton.

— *Yourî !*

Nous chargeons ! Le traîneau ne pèse plus rien. Les chiens surexcités sont en chasse. Les deux carcajous[1] hésitent à s'enfuir, occupés chacun à engloutir un quartier de viande sanguinolente auprès d'une caverne sommaire creusée dans la glace. Lorsque nous n'en sommes plus qu'à une centaine de mètres, ils n'ont plus le choix. Ils déguerpissent vers la terre, l'un après l'autre, abandonnant leur collation volée sans doute sur la dépouille de quelque phoque laissée par un ours rassasié de graisse. On comprend pourquoi les gloutons suivent comme leur ombre les plantigrades polaires.

Un dense brouillard a conclu notre étape en un lieu où convergent plusieurs traces d'ours, fraîches du jour. J'ai ancré la ligne d'attache des chiens au plus près de la tente en doublant les broches à glace. À l'une de ses extrémités, sous le vent du traîneau, j'ai attaché Ermak en guise de hors-d'œuvre. Le temps

1. Terme canadien qui désigne le glouton.

que l'ours en finisse avec le petit husky, je devrais pouvoir réagir. C'est le pauvre Voltchok qui est désigné pour tenir l'autre extrémité. Au pire, ce ne sera pas une grande perte et, au mieux, son flair – excellent – m'aura averti. Kiss-Kiss, dont la vue est perçante, même de nuit, a le privilège d'être à ses côtés. Koula, qui n'y voit pas grand-chose, et Pouchok, dont le sommeil est lourd, seront face à l'entrée de la tente. S'ils sont dévorés, autant que je le sois aussi... Pour le reste, à savoir ma cargaison de friandises, je n'y peux rien. Sauf caresser ma peau de loup et cuisiner un bon dîner en espérant que ce ne sera pas le dernier. Mon passage du cap est l'occasion d'une petite fête que je n'ai pas l'intention d'annuler sous prétexte que quelques plantigrades impolis pourraient avoir l'idée de jouer les pique-assiettes. Je fais frire un épais steak de renne à la graisse de phoque, termine par un double cacao et m'écroule, ivre de fatigue, en serrant mon fusil chargé dans mes bras. Le matin nous trouve tous bien vivants, moi et ma barrière anti-ours. Nous poursuivons notre interminable marche, clopin-clopant, en direction de l'île Aïon.

Notre deuxième entrevue avec le roi de l'Arctique sera plus animée. J'ai arrêté mon convoi près d'une tanière creusée dans une congère formée sur la banquise. Sans doute l'ourse a-t-elle façonné cet antre provisoire pour protéger son rejeton du blizzard. J'inspecte avec circonspection le trou béant tandis que les chiens reniflent avec un vif intérêt les énormes empreintes. Soudain, Tourgen part comme une flèche vers le nord – ma dernière recrue de Toumat est ce jour-là exemptée de traîneau en raison d'une blessure au dos. L'arrogance de sa jeunesse le pousse à rejoindre un ourson en fuite derrière sa mère et son inconscience l'autorise même à tester ses canines sur le bébé affolé. La réponse est immédiate. Tourgen est chargé par trois cents kilos de muscles et de graisse bien décidés à défendre le vulnérable nounours. L'imprudent Tourgen ne se le fait pas dire deux fois ; il rejoint le traîneau comme un boomerang.

Dans la meute, on n'a rien perdu du spectacle. Mes baroudeurs semblent bien disposés à venger l'affront. En démordre avec cet étrange animal dont l'odeur excite leurs narines depuis quelque temps ne serait pas pour leur déplaire. J'ai grand-peine à retenir le traîneau emballé par ce diablotin de Kiss-Kiss. Pesant de tout mon poids sur le frein, je m'époumone de *Brr !* et de *Djî !* Sans la clairvoyance (ou la couardise) de Pouchok, je ne serais pas là à vous conter mes mésaventures. Grâce à sa finesse d'esprit, mon chien de tête a deviné lequel d'entre nous, ours ou explorateur, était intrus sur ce glaçon. Je lui en sais gré. Le traîneau vire de bord et s'éloigne... Enfin je peux observer la famille en peluche plus sereinement. La femelle, à ma grande surprise, ne s'est pas enfuie. Dressée au sommet d'un bloc, elle se montre à ses agresseurs, histoire de bien leur signaler qu'elle n'est prête à aucun compromis.

Longgy peine à suivre notre caravane. Il boite. Je le laisse avancer à son rythme et nous l'attendons tous les cinq kilomètres. Pauvre Nenets, qui donnait tant de la voix pour motiver ses collègues. Il a vraiment petite mine. À peine nous a-t-il rejoints que nous repartons. C'est à bout de forces qu'il parvient à Pevek, une heure après notre arrivée. Je sais déjà que la ville la plus septentrionale de Russie sera son terminus. Un problème articulaire, sans doute de l'arthrose, ne lui permet pas de poursuivre l'expédition. Je l'apercevrai une dernière fois se promenant tristement dans une cour d'immeuble aux façades grisâtres, visiblement peu à sa place dans sa nouvelle famille d'accueil. Longgy a parcouru à mes côtés cinq mille kilomètres.

En cette fin avril, j'ai un choix décisif à prendre. Le budget étriqué d'Arktika ne m'autorise pas à assumer la dépense d'un transfert de ma meute par hélicoptère. Je ne peux donc pas envisager une navigation en kayak. Il m'appartient de trouver un site où installer mes quartiers d'été. À cent kilomètres de Pevek, le cap Chelagsky, pointe nord de la région de Tchoukotka, oppose ses falaises déchiquetées aux glaces dérivantes de l'océan Arctique. C'est en ce lieu symbolique que je désire vivre une demi-année.

Nous avons effectué les cent kilomètres qui séparent Pevek de la station météo de Valkarkaï en une randonnée éclair de neuf heures. Les traces d'ours ont excité les chiens tout au long du chemin et m'ont dissuadé d'établir un bivouac. Il est des endroits au monde où l'on se sent arrivé au bout de la terre. Le site de Valkarkaï en est un. Non loin de là, trône le cap Chelagsky, forteresse indestructible résistant aux assauts séculaires des tempêtes polaires. Nous sommes le 26 avril.

Le lendemain de mon arrivée, je repère les lieux. Près de la station météo se trouve une base militaire désaffectée. Les bâtiments sont en ruine, à l'exception d'une maisonnette dont le toit et les murs tiennent encore. Il y a là des tonnes de charbon – legs des militaires – et du bois flotté en abondance sur la grève. Dans les vestiges de la base, je trouverai de quoi remettre en état la vieille bicoque. Toutes les conditions semblent réunies pour passer l'été ici. La cabane est située à moins de cinquante mètres de l'océan Arctique. Puis-je rêver un site plus sublime pour cette expérience de Robinson des neiges à laquelle je songe depuis si longtemps ?

Pendant trois années, j'ai vécu en nomade, évoluant à travers l'espace, regardant le paysage défiler au rythme de mes pas. J'aspire à une autre dimension. Percevoir le temps qui passe, son impact en un lieu déterminé. Analyser ses transformations en fonction des saisons. Je veux voir la toundra se défaire progressivement de son manteau neigeux, la banquise briser sa camisole de glace. Je veux regarder éclore les saxifrages et pointer le museau des phoques. Je veux vivre l'arrivée des goélands, puis celle des oies et des canards, la ponte, et leur départ en migration. Je veux observer le souffle des baleines grises le long du rivage et la marche des ours polaires à l'automne. Je veux guetter les infimes détails de la renaissance de la vie lors du dégel printanier, puis son déclin sous la froidure automnale. J'ai besoin d'entrer encore plus intimement dans le cycle éternel de la nature.

QUATRIÈME ANNÉE
LA RÉALISATION DE SOI

De Valkarkaï à Lavrentia, 1 252 km

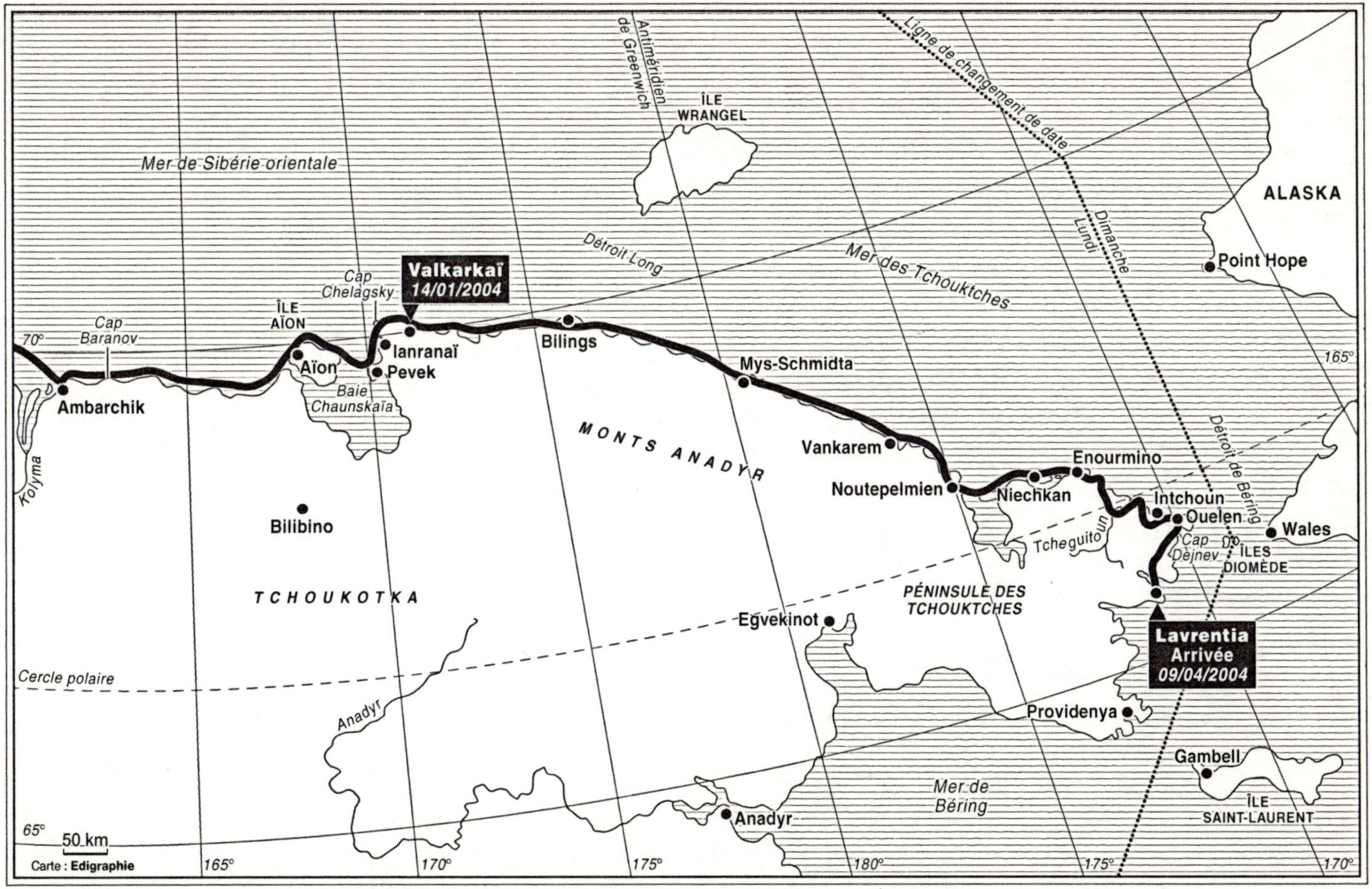

TCHOUKOTKA - Itinéraire de Valkarkaï à Lavrentia (Étape 7) - 1 252 km

LA CABANE

26 avril 2003 au 13 janvier 2004, 263 jours

1
Robinson des neiges

26 avril 2003.
Valkarkaï ; km 10 120.
Position : 70° 05′ N 170° 56′ E

La vie sédentaire ne manque finalement pas de charme. Je m'éveille le matin dans une pièce qu'il n'est pas nécessaire de dégeler à l'explosif. J'ai libéré mon corps engoncé de ses vêtements puants de froid. Sans aucun regret, j'ai abandonné à d'autres aventuriers intégristes les plaisirs du terrassement de neiges insuffisantes et du déblaiement d'autres neiges trop abondantes. Enfin, luxe suprême, je peux rentrer chez moi au terme d'une longue randonnée, retirer mes vêtements détrempés pour enfiler douillettement mes chaussons et siroter paresseusement un thé brûlant auprès du poêle, en admirant le cinéma polaire par la fenêtre d'un abri qui se moque de tous les vents. Mes chiens, dévoués, ont approuvé la chose. Surtout Pouchok, qui a été le premier à s'adapter au nouveau rythme de cette vie indolente. Sans aucune réticence, nous avons donc répudié le nomadisme.

Je me suis élu monarque de Valkarkaï-est. Mon territoire est sans limites, mais je n'ai pu revendiquer que peu de terres en raison d'une géographie côtière typique de la Tchoukotka. Mon domaine est situé à l'extrémité ouest de la base militaire en ruine. Celle-ci est établie sur une lagune qui s'étend sur six kilomètres vers l'est, mais n'a que quelques centaines de mètres de largeur, coincée entre un lac, au sud, et l'océan, au nord. L'endroit le plus étroit de cette bande de galets prise en étau par les eaux ne fait guère plus de cinquante mètres. Elle est encombrée de milliers de fûts rouillés parfaitement agencés. Par-delà le lac, veillent les montagnes aux pics érodés et aux vallées secrètes.

À l'entrée de la base, chacune des trois bâtisses de plain-pied est divisée en quatre appartements. Ces douze résidences hébergeaient jadis les officiers et leur famille. Un peu plus loin, deux plus grands édifices constituaient les dortoirs, la cuisine, le foyer et les salles de cours des soldats. Un magasin d'électronique encore approvisionné, un garage graisseux, un atelier, quelques hangars et un dépôt sous-terrain de munitions complètent l'ensemble. Enfin, cœur névralgique de ce corps de défense aérien stratégique, les deux grandes antennes radar – autrefois destinées à fouiller le ciel boréal, cuirasse impénétrable opposée à d'éventuels capitalistes trop curieux. L'une d'elles, ayant perdu quelques haubans, oscille comme une girouette, tandis que l'autre a définitivement tourné ses grandes oreilles vers le centre de la terre, comme si l'ennemi avait pris position aux antipodes.

J'oubliais un détail, indissociable de tout paysage militaire : le mirador. J'escalade souvent cette tourelle d'observation un peu bancale et un peu chagrine depuis qu'elle a perdu sa fonction vitale. C'est ma promenade favorite. Étant tous deux des solitaires, je crois que nous nous sommes attachés l'un à l'autre. Je passe quotidiennement une bonne heure en sa compagnie pour lui rappeler la belle époque soviétique, les jumelles vissées sur les yeux. L'est, surtout, attise ma curiosité puisque c'est la direction que je prendrai l'hiver prochain. Mon regard parcourt aussi la banquise, vers le nord, en quête de « points noirs » (des phoques couchés sur la glace) et de « points crème » (des ours chassant les « points noirs »).

Voici donc le site de la seule ambassade de France en Arctique.

Valkarkaï-ouest est une cité plus populeuse. La station météo est en effet occupée par une poignée d'irréductibles : Irina, la météorologue ingénue, Lioudmila, la cuisinière, un peu grosse, parfois grossière mais artiste peintre à ses heures, Valéria, le mécano toujours couvert de cambouis, et Volodia, le jeune géophysicien heureux de vivre l'aventure du Grand Nord. Volodia est le chef de la station.

L'établissement, à l'instar de celui de Tiksi, fait partie d'un réseau de relais de mesures géophysiques établi autour du globe pour le calcul du champ magnétique terrestre. Selon une convention internationale, aucun maillon de cette chaîne ne peut être supprimé, même si, en Russie, les crédits affectés à la mission sont dérisoires. Le magnétomètre ultrasensible détecte le flot de particules cosmiques – des protons – qui arrivent à Valkarkaï. Un ordinateur, couplé au système de mesure, enregistre les données, qui sont envoyées automatiquement par voie satellitaire (quand cela fonctionne) à un centre de recherche situé au Japon. Le moniteur affiche des courbes en dents de scie dont les pics correspondent à des flux importants, c'est-à-dire à des orages magnétiques provoqués par des éruptions solaires.

Les locaux de la base sont spacieux, mais n'allez surtout pas croire qu'ils sont aussi modernes que l'instrumentation de mesure géophysique, du reste dissimulée dans un vulgaire réduit de planches (en l'occurrence parfaitement approprié par la qualité amagnétique du bois). La gigantesque chaudière à charbon est le premier poumon névralgique de l'établissement. Le second est l'atelier de mécanique où deux vieux moteurs Diesel produisent l'électricité en tombant en panne à tour de rôle.

Non loin du lac se trouve le *letnik*, congélateur naturel creusé sur six mètres de profondeur dans le permagel, et, tout près, le banya, merveilleux endroit qui accueille ses hôtes chaque samedi soir. J'y suis évidemment convié avec l'obligation morale de prolonger la soirée en compagnie des météorologues.

Valkarkaï-ouest est situé à trois cent cinquante-cinq mètres de Valkarkaï-est. Par accord tacite passé entre les habitants des secteurs respectifs, il n'y a pas de poste-frontière.

J'ai commencé par déblayer l'entrée de la cabane. Le remblai neigeux emplissait l'habitation jusqu'à la cuisine depuis que la porte avait été distraitement poussée par un ours de passage. Cela n'a pas pris longtemps car je brûlais d'impatience de découvrir la seconde pièce. Chaque pelletée, évacuée frénétiquement, m'acheminait vers le statut de résident sibérien, certainement plus digne que celui de sans-logis polaire. Chez les « météos », on était plutôt sceptique quant à ma faculté de rendre ce « trou à neige » habitable. Volodia ne cessait de me railler. Je crois que l'idée de m'héberger pour quelques mois ne lui aurait pas déplu car il s'ennuie un peu en dépit des quelques galipettes qu'Irina et lui s'offrent de temps à autre. Un Français à la station de Valkarkaï, l'événement aurait été à inscrire sur les annales du département de météorologie et d'hydrologie de Tchoukotka. Mais j'avais choisi l'isolement, et même quatre jours de nettoyage intensif n'ont pas réussi à me faire changer d'avis. Le vestibule a été reconstruit, le toit réparé, la porte remise dans ses gonds. Il ne me restait plus qu'à clouer au-dessus du seuil l'écriteau trouvé dans les débris de la base militaire dont l'inscription me ravit : « *Zdies, Rabota !* » (Ici, on travaille !) Je ne sais pas pourquoi, mes voisins n'ont pas pleinement apprécié le trait d'ironie...

Une semaine après mon installation, le paysage conservait son manteau hivernal. La neige fondait le jour et regelait durant la nuit (blanche) formant une couche de verglas sur laquelle il était difficile de garder l'équilibre. Puis, le mercure des thermomètres de la base – et ils sont nombreux – a fait un bond vers le haut, franchissant la barre des + 10, tandis que l'anémomètre se calait sur le 20[1]. Le *youjak*, ou coup de vent du sud, me caressait pour la première fois. Ce fœhn est la terreur des habitants de la Tchoukotka occidentale. Sa puissance est telle, surtout en hiver, qu'il balaie tout sur son passage, y compris les morceaux de glace sur lesquels les explorateurs polaires ont eu la malchance de poser les pieds. Pour ne pas l'oublier, j'ai noté dans mon journal : « youjak = danger ! », puis je suis allé réajuster la position de quelques seaux placés aux points les plus arrosés de ma chambre à coucher. La fonte était bel et bien amorcée.

Chaque congère disparue a laissé apparaître d'innommables détritus : pièces de moteur, fûts désespérément vides, douilles de balles de mitrailleuse antiaérienne, bottes dépareillées et autres horreurs... Dans cette décharge presque naturelle au Grand Nord russe, je découvre ce dont j'ai besoin. Faire les poubelles des militaires est devenu ma plus grande distraction. Chaque jour, mon vaisselier s'enrichit de pièces rares et ma remise de trésors indescriptibles. Vous ne pouvez vous imaginer la joie que procure la mise au jour d'une petite cuiller jaillie de la boue de neige fondue. Ou bien encore la découverte d'une magnifique bouilloire militaire en alliage inconnu : un objet unique, introuvable chez les quincailliers comme chez les antiquaires. Je ne détaillerai pas les différentes pièces de mon mobilier empruntées à des voisins partis en congés depuis 1995. J'avoue ne plus manquer de rien, côté

1. En mètres par seconde. 20 m/s = 72 km/h.

commodités. Le bonheur est fait de bien peu de chose. Mais ne suis-je pas en train de devenir conformiste ? Tant pis. Je m'offre sans complexe ce luxe, d'ailleurs peu onéreux, avant l'ascétisme du prochain hiver...

Et les chiens dans tout ça ? Force est de constater que le foyer-logement de Valkarkaï leur convient tout à fait. Qu'on en juge. Pouchok n'est plus dérangé lors de ses longues siestes. Tobby a pris place sur le sommier d'un des nombreux lits à ressorts que j'ai évacués de la place. Koula me suit comme mon ombre en attendant le dîner. Sharik a squatté un appartement vacant. Sa tête apparaît de temps à autre dans l'encadrement d'une fenêtre manquante. Si elle n'y est pas, c'est qu'il est parti conter fleurette à Kouzia, la chienne hirsute de la station. Kiss-Kiss et Artchoum ne se quittent pas d'un coussinet. Volk se repose paisiblement au soleil permanent de son dixième printemps, tandis qu'Ermak, fidèle à lui-même, s'évertue à tenter d'abattre le mur sur lequel est fixée sa chaîne. Simba, autrefois blanc, se vautre dans le charbon qui lui rappelle son corridor de Novoribnoïe. Tourgen et Pourga, trop heureux de ne plus bivouaquer dans la toundra sauvage, sont sages comme des images. Voltchok reste obnubilé par les poubelles. Il lui arrive souvent de faire un petit tour par les égouts à ciel ouvert de la station météo où, à l'instar des drapeaux à prières tibétains religieusement estampés de mantras, volent au gré des vents polaires des lambeaux de papier hygiénique impudiquement maculés de déjections intestinales laides et malodorantes.

Les premières grues ont survolé ma cabane pour se poser sur la rive opposée du lac. Quelques jours plus tard, ce sont des oies blanches qui s'annoncent dans le ciel. Leur nombre s'accroît de jour en jour tandis que mes vivres s'épuisent. Elles se rassemblent dans la plaine abritée par un piton rocheux en direction du cap Chelagsky où elles forment une colonie d'une centaine d'individus. Je saisis ma paire de jumelles, mon fusil, quelques cartouches et m'en vais les rejoindre accompagné de Pouchok, qui n'a plus grand moral depuis que Tourgen lui a flanqué une raclée. Un vent glacial souffle de l'est et le brouillard est dense. Il fait – 3 °C. Le temps est donc idéal pour la chasse. Le froid incite les oiseaux à se regrouper et la brume dissimule l'affût. En chemin, je repère un cygne siffleur[1] nichant dans la toundra. Serait-ce un bon présage ? La marche est rendue difficile par les molles congères et d'innombrables mares de fonte. Le concert des oies au lointain guide mes pas. J'avance à pas feutrés, et commande à Pouchok de m'attendre. Dans un rayon d'au moins trois cents mètres autour des volatiles, il faut faire preuve de la plus grande discrétion. Commence alors une longue et silencieuse approche.

La sentinelle du groupe est aux aguets. Surtout, ne pas attirer son attention sinon c'est toute la bande qui s'envole. Je progresse en rampant dans la boue gelée sans ressentir la moindre gêne tant la chasse m'absorbe. À cent mètres, la vigie m'a découvert. Elle s'interroge, ne parvenant pas à analyser la forme confuse qui se meut au travers des vapeurs. Je reste immobile une dizaine de minutes. La voilà rassurée. Je poursuis mon avancée, endossant la peau du loup – ou plutôt celle du serpent, eu égard à ma reptation. J'ai, dans ma mire, un groupe d'une dizaine d'oiseaux qui caquettent à cinquante mètres de moi. Dans une seconde, j'aurai pressé la détente et répandu la mort dans la toundra. Tout doucement, je me redresse. Quelques têtes surprises me fixent. Le coup fulgurant résonne dans les replis de l'escarpement. Les esprits se réveillent. Je me sens tout à coup confronté à mes juges. Cela ne m'empêche pas de courir vers les oies qui sont tombées. Une seule cartouche en a touché trois. L'une d'elles n'est que blessée. Elle ne tente même pas de s'échapper. Elle me regarde de ses yeux tristes pour implorer du secours. Moi, son tortionnaire, je la caresse en lui parlant doucement. Achever une oie est la pire des choses qui soient. Je ne conseille à personne d'en faire l'expérience.

Pouchok m'a rejoint. Ses bonds joyeux dans le jour glauque ont dissipé mon affliction. Retourner tranquillement chez soi avec le produit de sa chasse et un chien confiant à ses pas a calmé ma conscience. Je fais une pause, caresse mon compagnon en silence. L'atmosphère humide et ouatée nous enveloppe de sa fadeur. Nous percevons la même chose : un mélange de satisfaction, de paix et de bonheur simple. Dix mille kilomètres nous ont conduits jusqu'ici, comme si la toundra du cap Chelagsky était le but de notre voyage. Je me sens en symbiose avec la nature qui m'entoure, et les trois cadavres sanguinolents que je porte à l'épaule sont plus

1. *Cygnus columbianus*.

que des êtres inertes. Ils vont assurer notre subsistance. Nous sommes le 30 mai 2003. Je fêterai ce soir ma troisième année de voyage. À défaut d'avoir atteint le détroit de Béring cette année, je suis parvenu à révéler la pulsation vitale qui vibrait au fond de moi. Sous l'emprise de l'ivresse du voyage, j'ai parcouru durant des mois et des années des milliers de kilomètres. Depuis mon arrivée à Valkarkaï, il me semble avoir atteint l'objectif intérieur que je visais, pour lequel j'avais tout abandonné derrière moi. Il se nomme vérité de l'existence ou réalisation de soi.

Tourgen et Kiss-Kiss ont passé une journée en prison, accusés et jugés coupables d'avoir enfreint la loi du rappel. Leur peine a consisté à rester attachés au loin, à l'un des piquets ayant autrefois retenu une antenne de télécommunications. C'est de circonstance, et ça leur a fait un bien énorme. À sa libération, Kiss-Kiss s'est mis à couiner pour me promettre d'être sage. Je n'ai pas cru une seule seconde à son cinéma.

Après avoir abattu encore quelques canards, j'ai tourné le dos à la toundra. Mon stock de nourriture est assuré pour un temps, mais celui des chiens est en passe de s'épuiser. Il me faut concentrer mon attention sur les « points noirs ». Du haut de mon poste d'observation, j'admire la sauvagerie de la banquise. Rien de comparable à ce que j'ai pu expérimenter jusque-là, à travers les mers polaires du globe. Ici, la glace vit, se meut, modifie chaque jour son relief, révise son état en fonction de l'heure du jour, corrige sa teinte en des nuances indéfinissables selon l'inclinaison des rayons solaires. Posté au faîte de ma tour de Pise, je ne me lasse pas de goûter à la magie de l'océan – non sans observer soigneusement la configuration des lieux où évoluent les « points noirs ».

Il faut considérer d'abord la direction du vent, qui fixera le sens de l'approche. Le « point noir » ne doit pas m'éventer. Affiner l'azimut selon la position du soleil de manière à l'aveugler. Sans vêtement de camouflage, on doit redoubler de vigilance pour ne pas se faire repérer. Marcher vent de face et soleil dans le dos est par conséquent idéal pour ne pas éveiller les soupçons, mais ces conditions ne sont pas toujours réunies et on est amené, le plus souvent, à choisir un compromis. On doit enfin déterminer et mémoriser le parcours qui permet de se soustraire au mieux à la vue du « point noir ». Chaque sculpture de glace doit être identifiée pour ne pas s'égarer dans le dédale qui ne ressemble en rien à ce qu'on a pu visualiser à quinze mètres d'altitude et deux kilomètres de distance.

Il fait chaud : + 11 °C. Le ciel est complètement dégagé et la luminosité inouïe. C'est un temps à « points noirs ». Ils aiment se dorer au soleil en somnolant, comme les filles sur la plage. Et comme ces demoiselles qui ne cessent de jeter des coups d'œil en tous sens pour se persuader que les garçons, béats d'admiration, n'ont d'yeux que pour elles, les « points noirs » effectuent de brefs tours d'horizon destinés à guetter l'approche éventuelle du « point crème », leur premier ennemi : l'ours polaire.

Vêtu de l'uniforme de trappeur sibérien, je suis, moi-même, un « point beige » qui ressemble étonnamment à un « point crème ». La banquise est inondée d'eau de fonte. Ce n'est pas très confortable, pour ramper, mais cela vaut mieux qu'une couche de glace fragile formée au-dessus du pack[1], qui se brise comme du verre sous le pas et attise la méfiance du « point noir » dont l'ouïe est extrêmement fine.

J'hésite. Ce bloc est-il à contourner par la droite ou par la gauche – il ressemble à s'y méprendre à cet autre ? J'escalade prudemment une arête de pression, juste pour le coup d'œil qui rassure. Le « point noir » est assoupi, en contrebas, à cent mètres. Il arrive ainsi qu'une longue et laborieuse approche fasse chou blanc. On passe une heure à ramper dans l'eau froide avant de se trouver devant un trou béant. Dès le premier pas sur la glace, le « point noir » avait quitté son estrade pour s'immerger dans les eaux noires.

À présent le terrain est à découvert. Je ne dois plus seulement ramper, mais entrer dans la peau du « point noir ». Il faut faire en sorte qu'il me prenne pour un de ses congénères se contorsionnant avec délices dans l'eau qui stagne sur la glace. C'est très amusant... surtout pour l'authentique « point noir ».

Lente reptation. Le « point noir » se demande ce qu'on lui veut. Il s'inquiète et se redresse.

Dix minutes d'immobilité, sans respirer ni ciller. Le « point noir » est rassuré et se recouche.

1. Glace de mer permanente en dérive.

Très lente reptation. Le « point noir » est irrité. Il est prêt à plonger. Dans ce cas, il faut remuer la queue de désir. Le pied joue ce rôle à merveille – lorsqu'il n'est pas encore pris par le gel. On fera le mâle ou la femelle selon le sexe de l'animal visé. C'est moins facile qu'on le pense. Cependant, on garde toutes ses chances en jouant de son pouvoir de séduction.

Ultime reptation. Je pourrais presque lui lisser les moustaches en tendant le bras. Là, j'exagère, mais ce qui est sûr, c'est que je ne peux plus le rater. Le fusil a trouvé appui sur un glaçon. Dans la lunette, je suis surpris d'apercevoir une tête brune. Mais si, il s'agit bien du « point noir ».

Feu ! Touché ! Hourrah ! Malgré mes membres ankylosés, je parviens à sauter de joie en prenant garde de ne pas déraper sur le verglas. Mais voici que le « point noir » mortellement touché a eu un dernier sursaut. Il a glissé dans son trou...

Mes yeux s'écarquillent. Il a disparu. Je pleure des larmes de rage et de désespoir, guettant dans la fosse un éventuel « point rouge ». J'y plonge le bras, mais ne ramène que quelques petites crevettes roses. Rien que du krill[1]...

L'injustice rend amer. On met en cause la victime, qui n'y est pourtant vraiment pour rien. Il fallait se munir d'une gaffe, comme le font les Tchouktches : un long filin au bout duquel est ficelée une pièce de bois munie de gros hameçons. Cet instrument est spécialement étudié pour la récupération des « points noirs » sur le point de couler.

Rien qu'à imaginer le « point noir » perdu, mon esprit en broie du noir. Tout est à refaire. Il faut me ressaisir. Je gravis l'empilement de glaces le plus proche pour réitérer l'expérience. Cette chasse est la plus ingrate qui soit.

Valkarkaï-est sera en fête, ce soir. Nous sommes le 9 juin. J'ai quarante-trois ans aujourd'hui et mon entêtement a été récompensé. Je tire au bout d'une corde un joli phoque annelé[2]. Pouchok est venu aux nouvelles, très intéressé par la traînée de sang vermillon sur la glace. Les chiens seront gavés de viande fraîche au dîner. Je suis applaudi par un concert de hurlements approbateurs.

---

1. Crustacés de petite taille constituant une partie du zooplancton.
2. *Phoca foetida*.

— *Hugh !* clamé-je, en brandissant mon fusil pour dominer la troupe impressionnée.

La chasse aux « points noirs » a encore rehaussé mon statut de chef de meute.

Ces derniers jours m'ont vu m'activer bravement autour de la maison. La peau de phoque a été grattée et tendue sur un cadre en bois, pour la sécher. Les filets de viande décorent un étendoir de fortune. Le logis prend l'allure d'une demeure de trappeur : seau empli de graisse, seau empli de viscères, seau empli de sang, seau empli de plumes... L'odeur fétide du phoque (d'où son nom latin) est tenace, mais efficace. Elle a fait fuir mes voisins météorologues qui venaient trop souvent me rendre visite pour échapper à leur routine. Les chiens sont satisfaits. Couchés sur les galets, ils digèrent. Le silence est parfois troublé par un rot ou quelques pets plus ou moins sonores. Koula ronfle après avoir dévoré la tête du « petit noir ». La cervelle et la langue étaient un délice, m'a-t-il confié, quant aux yeux, n'en parlons pas – globuleux à souhait ; et ce dessert de graisse rancie... Le sommeil de Koula est empli de songes gargantuesques de pinnipèdes gigantesques.

C'est le grand nettoyage de printemps à la station. Je regarde dans les jumelles mes voisins déplacer le tas d'ordures accumulé durant tout l'hiver devant leur porte. Volodia me fait signe et s'assure au travers de sa paire de jumelles que j'ai bien reçu son message. Il sollicite un rendez-vous. Je fais signe à mon tour. C'est en quelque sorte son visa qu'il vient d'obtenir des services consulaires de Valkarkaï-est.

Lioudmila et Volodia sont assis à ma table, à siroter une tasse de thé. Avec une grimace éloquente, ils ont décliné le ragoût de phoque que je désirais partager avec eux. Après quelques palabres, Volodia en arrive à l'objet de sa visite. Il désire se rendre à Ianranaï pour emprunter des cartouches à Micha, un de ses amis. Le village est situé à quarante-cinq kilomètres, à mi-chemin de Pevek. Sa vieille motoneige ne tiendra jamais la distance. Il compte donc sur mes chiens. Cette proposition ne m'enthousiasme guère. J'avais prévu de convoyer un chargement de bois flotté récolté le long de la plage. Le littoral est à présent presque déneigé. Dans quelques jours, la marche en traîneau deviendra impossible. La banquise, complètement inondée, est parsemée de trous d'eau libre. Le vent d'est a viré à l'ouest et le ciel s'est assombri de lourds nuages qui ne présagent rien de bon. Une tempête se prépare à souffler sur une glace incertaine qui peut être emportée à tout instant. Beaucoup de raisons pour ne pas entreprendre cette excursion, pourtant je ne peux refuser de lui rendre ce service. Le personnel de la base m'a accueilli si chaleureusement.

— D'accord, Volodia. J'en profiterai pour faire quelques courses, et vous offrir du sucre car j'ai remarqué que vous le rationnez.

— Du sucre ? Nous en avons pour cinq ans, me répond Volodia, avant de préciser : d'un commun accord, nous avons décidé de le réserver à la préparation de la bragga.

Levure, sucre, eau. Laisser fermenter et c'est... excellent pour la santé ! Vous vous souvenez ?

Nous progressons dans une baignoire. Les chiens ont parfois de l'eau jusqu'au ventre. Notre bateau flotte et Pouchok s'amuse comme un fou, sur le miroir inondé. Nous contournons les flancs du cap Chelagsky pour traverser l'isthme qui nous sépare de la baie de Chaunskaïa au fond de laquelle est située la ville de Pevek. Pouchok choisit parfaitement son itinéraire de plaques neigeuses en toundra spongieuse. Parvenus à la crête, nous sommes cueillis par un vent d'une extrême violence.

— Allons voir jusqu'en bas de quoi il retourne, dis-je à Volodia dont le fessier se remet mal des secousses de la randonnée.

Les chiens dévalent l'adret rocailleux à toute allure. Nous nous retrouvons sur la banquise en moins de temps qu'il n'en faut pour conseiller à Volodia de rasseoir son postérieur et de bien le caler sous peine de le voir éjecté. Le paysage a bien changé, ici, depuis mon dernier passage, il y a quarante-cinq jours. Où j'avais dû franchir un chambard de barrières de glace révulsives, je trouve un terrain nivelé par la fonte. Les chaos érodés font pitié. Ils sont livides et sans attrait, aplatis et bouffis. Leur cure d'amaigrissement est irréversible. Bien fait pour eux, ces monstres hideux et obèses qui s'évertuent à entraver la marche des traîneaux...

Les tornades pernicieuses qui se répercutent sur la paroi des falaises m'empêchent de conserver un cap adéquat. Déporté de ma route par la loi du plus fort, je dois m'accroupir sur les patins pour offrir moins de prise aux redoutables rafales. Les ordres que je vocifère à Pouchok s'envolent par bribes au hasard des bourrasques. Puis les chiens s'arrêtent brusquement. Ils se couchent et se lèchent frénétiquement les pattes. Nous sommes dans un champ de « fleurs de sel ». Impossible pour eux d'avancer plus loin sans bottines. Ces esthétiques frisures de givre formées par les cristaux de glace saumâtre ont des arêtes coupantes comme des rasoirs. Un chenal court le long du littoral. La banquise ne demande qu'à quitter terre. Pouchok et moi déclarons forfait. Nous sommes impatients de rallier le confort salutaire de nos niches. Folies que ces raids puérils aux risques inutiles. Rien ne nous sied plus, à présent, dans la tempête, qu'un poêle au ronronnement apaisant. Retour au bercail.

Le paysage est devenu méconnaissable. Le lac a achevé sa débâcle et la banquise n'est plus praticable. La toundra est entièrement mise à nu. De minuscules touffes d'éritriche mauve[1] émaillent la couverture de galets. Je consomme depuis une semaine de somptueuses omelettes. Les canes ont pris, en effet, la bonne habitude de pondre dans le pierrier de la base militaire, à deux pas de chez moi. Mes voisins me jalousent terriblement lorsque je leur offre des œufs qu'eux-mêmes n'ont pu dénicher malgré de longues randonnées en toundra. Il faut prendre garde de ne pas détruire le nid, et de toujours y laisser un œuf pour que la femelle y dépose une nouvelle ponte.

Le traîneau est rangé dans un hangar. Pouchok s'en félicite. Le voilà en grandes vacances. Je suis assis sur une souche, nu comme un ver, à l'entrée du banya. Je récupère d'un bain de vapeur. Dans ce costume d'Adam, la contemplation de montagnes a quelque chose de magique. Je pense à tous ceux qui n'ont pas cette chance ; celle de pouvoir exposer sa nudité sans craindre les piqûres. Ni moustique, ni mouche noire, ni même le moindre taon, à Valkarkaï. Nous sommes les privilégiés de l'Arctique sibérien. J'en ai presque honte, eu égard à ma qualité d'expéditeur en congé balnéaire.

Les jours et les semaines s'écoulent rapidement, employés pour la moitié du temps aux tâches du logis telles que corvée d'eau, ramassage de bois, entretien du poêle, et pour l'autre moitié la promenade des chiens, la chasse, le bricolage ou l'écriture. Mais

1. *Eritrichium*

il y a une ombre à ce tableau idyllique. Les yeux de Koula sont de plus en plus infectés. Aucun remède n'en vient à bout. Son entropion nécessite une opération chirurgicale. J'aimerais mettre à profit notre immobilité pour éradiquer le mal. Pourquoi ne pas pratiquer l'opération ici même ?

En moins d'une semaine, Dimitri, jeune vétérinaire moscovite spécialiste en ophtalmologie, arrive à Valkarkaï après avoir effectué les dix derniers kilomètres de son voyage à pied, le titan d'acier qui le transportait ayant cassé sa boîte de vitesses juste au-dessous du col.

L'intervention consiste à inciser les paupières de chaque œil sous anesthésie générale. Elle va durer plus de deux heures. Moi qui n'éprouve aucune gêne à plonger les mains dans les entrailles d'un phoque, j'en suis complètement retourné.

Pendant sa convalescence, Koula porte une volumineuse collerette en plastique destinée à l'empêcher de se frotter les yeux. Dans la meute, c'est l'hystérie ! Jalousie, peur ou haine de la différence ? Koula devient un exclu. Mais ma mascotte à la vue trouble aura sa revanche. Dès qu'il ouvre les yeux sur un monde nouveau, Koula prend conscience de son imposante stature. Il effectue alors quelques tests de domination, puis, ceux-ci s'étant révélés encourageants, s'attache à faire reconnaître très systématiquement sa supériorité physique. Koula est enfin devenu le chien de traîneau qu'il a toujours rêvé d'être, dans son village natal de la péninsule de Taïmyr.

Pendant tout l'été, le pack va et vient, tantôt s'ouvrant, tantôt se refermant. Le paysage est d'une variété surprenante. Les phoques, nombreux, se donnent le mot pour venir me narguer par des plongeons moqueurs dans les eaux libres. L'un de ces pinnipèdes, trop imprudent, a toutefois payé de sa vie son arrogance. Tiré depuis la rive, il a immédiatement coulé à pic. En cette période estivale, ils ne sont pas encore assez gras pour flotter. La seule embarcation que nous possédons, à Valkarkaï, est un canot pneumatique troué datant de l'époque soviétique ; mais comme l'opposition en ce temps-là, il nécessite de grandes purges. Trop dangereux donc à utiliser en eaux polaires pour tenter de repêcher l'animal. Une chance que Pouchok ait retrouvé l'animal sur la plage de galets, le lendemain.

Le *youjak* a lancé l'offensive. Chahutés par une énorme

houle, les floes[1] ont vaillamment résisté. Au plus fort de l'engagement, ils se fracassaient les uns contre les autres dans des gerbes d'écume et d'embruns. Certains se brisaient comme des verres de cristal, d'autres se retournaient pour offrir moins de prise aux rafales coléreuses. Les plus chanceux parvenaient à fuir vers le large pour mieux se regrouper et former un conglomérat compact, plus apte à endiguer le déchaînement de la tempête. Pendant deux jours entiers, l'issue de la bataille est restée incertaine. Au matin du troisième jour, la glace avait définitivement perdu le combat. La grève n'était plus qu'un mouroir de gros glaçons. La marée en sauverait peut-être certains mais, face à l'immensité d'un océan libre jusqu'au ciel, leur sursis ne durerait guère. L'agonie est inéluctable. Seuls les frimas du grand hiver pourront les faire renaître d'entre les morts.

La mer sent l'iode ; elle me rappelle ma lointaine Bretagne. Lors du précédent fœhn, la température est à peine remontée au-dessus de zéro, signe que l'été s'achève. Nous voilà déjà confrontés aux tempêtes automnales. Il faut, sans tarder, se préparer à l'hiver. En Tchoukotka, cela n'est pas un acte de routine, mais de survie. Pour ma part, je sens bien qu'il me faut m'investir corps et âme pour jouir pleinement de ce bout de vie qui risque de s'achever bientôt.

---

1. Plaques de glace de mer (banquise).

2

La valse des ours

Valkarkaï, octobre 2003

L'automne est, dans le Nord, une période de grande activité. Chaque jour qui passe apporte les prémices de l'hiver. Le soleil est de plus en plus bas. Le gel de plus en plus dur. Il faut se hâter pour achever les travaux d'extérieur, avant que le froid implacable ne les rende impossibles : collecter du bois flotté, rentrer le charbon, consolider la cabane et mieux l'isoler, expédier encore quelques canards dans le garde-manger...

Pour mieux avancer dans ces tâches, j'ai proposé à Léna de me rejoindre à Valkarkaï. Cette Léna-là est cynologue. Mais en quoi une spécialiste de la Chine peut-elle m'être utile, me demanderez-vous ? Je vous invite à consulter vos dictionnaires pour ne pas confondre son domaine d'étude avec celui du sinologue. Les Chinois ne sont pas assimilables aux canidés, même s'ils les consomment. En plus de son propre élevage de chiens de traîneau, Léna dirige un centre de jeunes où elle enseigne l'art de mener une bande de cerbères excités. Elle dresse aussi les nantis toutous des « nouveaux riches » et pratique le journalisme. C'est dire si son temps est compté. Pourtant, rien ne compte plus pour elle que de le passer auprès de chiens, qui plus est lorsque ces chiens sont de traîneau et qu'ils résident en Sibérie, région inconnue des Moscovites, comme chacun sait. Sans réclamer plus de détails sur son futur séjour, elle a quitté sa capitale pour me rejoindre.

Son arrivée à Valkarkaï a été pour elle un choc, à divers titres. D'abord, il y a eu l'extase de la banquise. La mer – qu'elle voyait pour la première fois de sa vie – était gelée ! Puis celui de la toundra, en écho à des lectures passionnées. Enfin il y a eu mes chiens, des monstres. À peine les a-t-elle vus qu'elle les a mesurés sous toutes les coutures, pour arriver à une conclusion qui n'a étonné qu'elle : les vagabonds du pôle possédaient la morphologie type du chien de travail. Même Ermak, le husky né dans la capitale russe, s'était développé de manière éhontée par rapport à son standard d'origine. Cette déduction savante m'a moins surpris que la réaction des intéressés en présence d'une personne du sexe opposé : ils en sont tous tombés amoureux. Une violente rivalité a même opposé mes deux grands puceaux, Koula et Sharik. Pour avoir voulu y mettre bon ordre, Léna s'est trouvée avec une botte en moins et la main transpercée d'un coup de crocs perdu. Nouveau choc pour ma nouvelle assistante.

Une tempête a jeté sur la rive des milliers de petits poissons ressemblant aux capelans. Il s'agit du saïda[1], une espèce apparentée à la morue. Le saïda réside tout autour du pôle, dans les mers arctiques du nord de la Russie, de l'Alaska, du Canada et du Groenland. On en a observé jusqu'à 84° de latitude nord, c'est-à-dire bien plus au nord que tout autre poisson. Grand consommateur de plancton, le saïda joue un rôle clé dans la chaîne alimentaire de plusieurs mammifères marins, d'oiseaux de mer et de poissons de l'Arctique. Mouettes, goélands, marmettes, phoques, bélougas, mais aussi ours polaires en font leur ordinaire. Je m'empresse d'effectuer ma propre récolte et d'en sécher une partie en prévision des durs mois à venir.

Autres victimes de ma prévoyance : les énormes lièvres de mer[2] ou phoques barbus[3], qui viennent outrageusement m'épier. Dans les contrées polaires, je retrouve l'instinct du chasseur. Désolé pour les âmes sensibles qui s'émeuvent des jolis yeux ronds des phoques. Pour ma part, je ne vois en eux que de voluptueux plats de viande, de copieux dîners pour mes chiens et une peau fort efficace contre le froid. Sirotant une tasse de thé, j'observe le mammifère depuis la fenêtre de ma cuisine, qui offre une vue imprenable sur la mer hyperboréenne. Repu, il se laisse porter nonchalamment par la houle, s'étant goinfré de misérables saïdas innocents que je m'apprête à venger d'une balle de 9,3. Si, de mon

1. *Boreogadus saïda.*
2. Selon leur nom russe *morsky zaïets.*
3. *Erignathus barbatus.*

côté, je ne finirai pas mon breuvage, lui n'achèvera pas sa digestion, du moins pas en ce bas monde si barbare. Mon tir l'a expédié vers une nouvelle incarnation, et moi j'observe deux cents kilos de viande bien grasse qui flottent dans une mare de sang ; deux cents kilos de viande bien huileuse qui seront, je l'espère, jetés sur la grève ; deux cents kilos de viande riche en protéines qui coulent face à un chasseur dépité ; deux cents kilos de viande perdue pour moi... mais pas pour les crevettes de krill qui, par milliers, s'activeront jusqu'à ne laisser, sous quelques jours, qu'un squelette aux os blanchis. La chaîne alimentaire est bouclée. Il faut croire que je n'en faisais pas partie.

Je pars en excursion au pied du cap Chelagsky pour récolter les tubercules d'une fleurette rouge[1] aussi nommée « racine d'or » ou « ginseng de Sibérie ». Séchée et bue en infusion, la plante possède des propriétés médicinales incontestables. Puissant stimulant, elle renforce aussi les défenses immunitaires. Je consomme cette potion qui parfume mon thé depuis deux hivers et je puis vous assurer de la véracité de ses propriétés. J'en fais également macérer dans un alcool pur à 70°. La gnole ainsi concoctée tient lieu de remède et vaut bien toutes les bragga de la côte arctique, n'en déplaise à Leonid.

Alors que je déterre ces précieuses racines dans la toundra partiellement gelée, un ours blanc nage vers la plage. Sur le point d'accoster, il décèle ma présence puis aperçoit Pouchok et Tourgen occupés à chasser le spermophile arctique[2] ; aussitôt, il change de cap et replonge dans les eaux. L'ours blanc porte bien son nom latin : *Ursus maritimus*. Il est aussi à l'aise en mer que sur terre. Le grand mâle nage à présent dans les remous du cap. Bien que chahuté par les vagues pyramidales, il tente d'escalader les rochers puis, n'y parvenant pas, repart vers le large. Au retour de ma randonnée, j'aperçois du haut de la falaise un, deux, dix, cent... Jamais je n'ai vu une telle concentration de bélougas. Ils sont bien deux cents à chasser les bancs de petits poissons saïdas. C'est un véritable ballet aquatique, fantastique spectacle pour le promeneur du pôle.

1. *Rodiola rosea*.
2. *Spermophilus undulatus*.

Les nouvelles de la station ne sont pas bonnes. Volodia, destitué de ses fonctions de gouverneur de Valkarkaï-ouest, traîne son spleen à Valkarkaï-est. J'aimerais compatir à sa déchéance, mais je suis bien obligé de reconnaître qu'il y a un certain progrès outre frontière. Viktor et son épouse Nadejda ont la dure responsabilité de rendre Valkarkaï-ouest digne de son statut de station météo internationale. Le couple d'âge mûr a la fibre des anciens *polarnik*[1], mi-pionniers, mi-patriotes, dont la devise rejoint celle énoncée sur mon écriteau de bienvenue : « *Zdies, Rabota !* » Autant dire que l'ambiance a radicalement changé à la base. Ordre, travail et sobriété sont de rigueur. Le sucre est donc réapparu sur la table, les relevés météo sont effectués selon le protocole réglementaire, les moteurs diesel tombent moins souvent en panne et les galipettes doivent être officialisées. Dures mesures qui ne satisfont que leurs instigateurs. Chacun boude à sa façon dans son coin. En France, on aurait entamé une grève générale ou organisé une manifestation. Mais Valkarkaï-ouest est dans la sphère d'influence de la Russie, où les mouvements sociaux sont rares. Il faut admettre, cependant, que la discipline presque militaire instaurée par Viktor et Nadejda a déjà porté ses fruits au-delà de l'imaginable.

La grosse Lioudmila tient désormais sa cuisine propre et la cantine a gagné une étoile. Est-ce pour cette raison que Valéria est subitement tombé amoureux d'elle ? Toujours est-il que peigne et rasoir ont repris du service et que les traces de cambouis se sont faites plus discrètes. On parle même de mariage puisque l'union libre, selon l'ordonnance des deux généraux, n'est plus admise. Évidemment, Lioudmila, de tempérament romantique, rêvait de mieux, mais Valéria a ses qualités, ce qui n'a pas échappé à la sagacité de cette femme d'expérience. Par exemple, le mécanicien est assez malin pour distiller clandestinement quelques liqueurs sorties d'un alambic artisanal. C'est important, pour la cohésion d'un couple, de pouvoir partager une rincette de temps en temps. Cependant l'inspiration artistique n'est plus ce qu'elle était. Les toiles de Lioudmila ont perdu leur griffe d'antan. La peinture est une forme d'art qui supporte difficilement les rigueurs de la vie.

Irina vit très mal le changement de régime. Sa coloration de cheveux est passée par plusieurs teintes du crépuscule polaire

1. Terme utilisé durant l'époque soviétique pour désigner les ouvriers de l'Arctique : météorologues, militaires ou scientifiques.

avant de se stabiliser à l'auburn, signe que ses problèmes ne s'arrangent pas. D'abord, imposer à Irina de se lever toutes les trois heures pour aller braver l'ours polaire au-dehors afin de contrôler une colonne de mercure qui ne parvient jamais à se stabiliser est presque inhumain. Ensuite, il est indécent de condamner à l'abstinence une jeune fille en plein épanouissement sexuel. La frustration physique est la pire des tortures, comme chacun sait, et l'innocente fonctionnaire n'a pas mérité tant de cruauté.

Volodia, en effet, a cessé les odieux harcèlements qui inspiraient à Irina des gémissements dont les murs de la station résonnaient en toute saison. Après une courte crise existentielle, il a entrepris de se forger une hygiène de vie convenable : il s'est mis à dénoncer l'alcoolisme, à fumer la pipe comme un polarnik endurci, et à faire du zèle devant son ordinateur.

Quant à Tania, jeune stagiaire récemment débarquée à Valkarkaï, du même âge qu'Irina, aussi peu jolie, un peu plus ronde, mais résolument plus intelligente, elle a tout de suite plu à Nadejda, qui l'a prise à temps sous son jupon. Sans ce cotillon providentiel, la rechute de Volodia aurait été inévitable.

Toutes ces histoires d'amour, heureuses ou malheureuses, n'ont pas laissé Sharik insensible. Sa tête a disparu de la fenêtre, un beau soir de pleine lune. Lorsqu'elle a réapparu le lendemain matin, les regards de la meute étaient tous tournés vers l'embrasure. L'envie qu'on y lisait ne laissait guère de doute quant à la raison de l'escapade de Sharik. Le collectif de la station – sous la forme de la vieille chienne Kouzia – avait encore frappé.

Comme vous pouvez le constater, la présence de voisins aussi tourmentés a dévié le cours de mon récit d'aventures. Mais ce huis clos de l'Arctique a au moins le mérite de montrer que l'homme, qu'il vive dans une mégalopole ou dans une station météo sibérienne, ne change guère ses habitudes. Il s'évertue à construire autour de lui un univers semé d'embûches et de déséquilibres. Face à ce tableau plein de confusion, plus que jamais je regarde la solitude comme un rempart.

Les chiens ont aboyé furieusement toute la nuit et je me demande bien ce qui a pu tant les exciter. Une petite ronde au matin me fait découvrir une énorme empreinte, assurément celle d'un plantigrade. La piste sinueuse, qui témoigne des hésitations de l'animal, s'arrête à quelques mètres de mon vétéran, Volk, puis retourne vers la plage. Le youjak de la fin septembre a chassé toute la glace de mer, c'est pourquoi les ours ont dû gagner les côtes. Comme ma cabane est construite sur une lagune – d'un côté la mer, de l'autre le lac –, leur migration automnale vers l'ouest, depuis l'île Wrangel, passe inévitablement par cet étroit couloir de galets. Dès lors, les chiens vont m'avertir chaque soir de la présence de nouveaux visiteurs. Une longue période de jeûne a rendu les animaux de plus en plus hardis, les poussant jusqu'à fureter dans les remises attenantes à ma maisonnette.

Une nuit, alors que je satisfais un besoin naturel au-dehors, je crois voir Koula débouler de la plage. Je crie :

— *Koula ! Idi syouda !* (Viens par ici !)

Koula sort de son corridor en titubant de sommeil alors que l'autre individu, sur la grève – un gros ourson intrépide d'un an environ –, court vers moi ! Je n'ai que le temps de battre en retraite avec Koula et d'abaisser le loqueteau ; manœuvre dérisoire en considération de la force du gros bébé. Au village tchouktche de Billings, une porte de dix centimètres d'épaisseur a été pulvérisée par un animal affamé d'un seul coup de patte.

Une femelle et ses deux oursons ont élu domicile non loin de ma demeure, se retirant le jour pour de longues siestes en toundra et se rapprochant la nuit pour de plus en plus audacieuses investigations. Mes coups de feu d'intimidation ne les inquiètent pas le moins du monde.

Si cette petite famille paraît inoffensive, il n'en est pas de même du vieux mâle dont j'avais repéré les traces, la première fois. D'un tempérament acariâtre, il n'a pas supporté que Viktor essaie de lui tirer le portrait. Il l'a pourchassé jusqu'au tracteur où le malheureux s'est bouclé tandis que l'animal, fou de rage, talochait violemment la portière. Finalement, l'assiégé a pu se glisser par l'ouverture opposée et regagner ses pénates. Il est revenu, cette fois armé de son fusil, prendre sa revanche en plaçant du plomb dans l'arrière-train de l'agresseur qui, surpris par les démangeaisons, est allé calmer son urticaire dans les eaux glacées.

Cela n'est qu'une amusante anecdote à inscrire au bas d'une longue liste. Mais Volodia m'a raconté que, l'hiver précédent, il arrivait que le collectif soit littéralement séquestré par les ours. La station ne détenant alors aucune arme, les quatre otages devaient se barricader dans leurs locaux pendant plusieurs jours d'affilée. Parfois même, des portes volaient en éclats tandis que les visiteurs, vraiment sans gêne, nettoyaient la décharge voisine. Quand vous saurez que le terrain de mesures météorologiques est situé à environ cent mètres du bâtiment de vie commune, vous apprécierez mieux le courage de ces météorologues de l'Arctique tenus de faire le voyage huit fois par vingt-quatre heures (selon le règlement), quel que soit le temps, armés seulement d'une modeste lampe électrique.

L'ours est dangereux et imprévisible. Comme l'homme, chaque animal possède son caractère et son humeur du moment. Un ours repu ne réagira pas comme un ours affamé. Un mâle en rut ne se laissera pas impressionner comme une femelle accompagnée d'oursons. Les règles de conduite énoncées par certaines brochures touristiques me font sourire. L'une de ces publications recommande, par exemple, de jeter divers objets qui occuperont l'ours le temps de votre retraite. Jetez un gant, votre chapka, votre portefeuille... C'est à mon avis le plus sûr moyen d'attirer l'attention de l'animal sur ce bipède décidément bien généreux et de terminer votre excursion non seulement à poil mais fauché ; si tant est que vous puissiez l'achever.

Sur l'île Wrangel, une jeune biologiste de vingt-huit ans travaillant dans la réserve naturelle a fini sa carrière déchiquetée. Je n'oublie pas cet accident déplorable (bien qu'exceptionnel), à la veille de reprendre la route. Avoir affaire à des ours à deux pas de son chez-soi n'est déjà pas très rassurant ; sous la seule protection d'une toile de tente dressée près d'un traîneau surchargé de viande, cela devient carrément déraisonnable.

Chaque nuit est dorénavant une angoisse. Dès que le jour faiblit, les chiens se tournent tous dans une direction ou dans une autre et aboient méchamment. Leurs regards se portent souvent sur la base militaire, dans laquelle il n'est pas prudent de traîner à des heures indues. Le matin me trouve soulagé de posséder encore douze chiens, et je suis alors le fil des empreintes pour retracer le film de la nuit. L'inquiétude des longues heures de veille se trouve, en général, justifiée : un ours, parfois même plusieurs, a pénétré dans mes remises, volé de la viande, du poisson, et mâchonné une veille boîte de conserve comme du chewing-gum.

Avec Volodia, nous échangeons les nouvelles.

— Combien d'ours as-tu vus hier ?

— Deux sont passés chez nous au crépuscule, trois à l'aube.

La nuit, je ne sais pas, me dit Volodia. Nous ne sortons plus. Je t'ai entendu tirer, hier.

— Oui. Deux marmettes. Comment va Irina ?

— Un peu patraque. Et Léna ?

— Pas de quoi s'ennuyer. Entre la tempête, le jour, et les ours, la nuit, elle ne sort plus beaucoup non plus. Je l'occupe au raccommodage de mes vêtements d'expédition.

Arktika vient de rouvrir sa fenêtre sur le monde. Un nouvel ordinateur a permis de renouer le lien avec mes internautes. À ma grande surprise, une interruption de plusieurs mois n'a pas été un prétexte suffisant pour qu'on m'oublie. Ce sont plus de cinq cents messages qui sont retirés de ma boîte aux lettres. Des mots d'amitié, d'encouragement, de remerciement.

« Merci pour ton voyage... » Voilà le genre de lettres qui m'étonne le plus. Moi qui ai choisi de vivre ma passion, je suis « remercié » pour mon geste somme toute assez égoïste ! Je ne suis pourtant pas parti à des fins humanitaires, ce qui serait assez louable. Je réalise que les efforts que j'ai dû mettre en œuvre pour réaliser mon choix de vie font exemple pour ceux qui cherchent le leur ; pour ceux qui aimeraient, mais n'osent pas ; pour ceux qui voudraient, mais ne peuvent pas. Je repense à ces enfants myopathes rencontrés avant mon départ, condamnés avant d'avoir pu seulement goûter aux fruits de l'existence. Tout ce courrier me permet de mieux comprendre la chance démesurée qui est la mienne.

Sans doute la persévérance et la force mentale dont il faut faire preuve dans une telle entreprise catalysent-elles les volontés de certains, permettent-elles à quelques autres de surmonter leurs propres soucis, leurs faiblesses ou leurs craintes. Assouvir une passion n'est jamais simple ni gratuit. Le prix à payer est élevé et les sacrifices à concéder énormes. Arktika permet, qui sait, d'échapper à la réalité d'un monde trop dur, le temps d'un vagabondage sur Internet. Le rêve d'aventures n'est plus abstrait, il devient palpable grâce à des textes, des photos et surtout grâce à l'imaginaire qu'il suscite. Comme je les comprends, tous ceux qui m'envient. Je ne céderais ma place pour rien au monde. Chaque jour que je vis est différent du précédent. Le paysage, même, ne cesse jamais sa métamorphose. À Valkarkaï, je n'agis sous la contrainte de personne. Je suis le plus comblé des hommes. Je suis fort, libre et heureux.

Dans les messages, je remarque aussi que les chiens tiennent une place importante. Non qu'on plaigne ces pauvres hères attelés à un traîneau, mais parce qu'à force de vivre dans mes récits, les Pouchok, Koula, Kiss-Kiss... sont devenus des connaissances. Malgré la technologie de transfert de l'information, ultrarapide, l'homme a de plus en plus de difficultés à échanger avec ses semblables. Le nombre croissant des animaux de compagnie répond sans doute à ce manque ; nos petites bêtes savent écouter, communiquer et nous aimer au-delà des masques que nous impose la société.

Tout ce courrier m'encourage et je tâche de répondre à chacune des lettres, bien que le délai soit parfois un peu long, compte tenu du volume de la correspondance. En outre, je dois me battre régulièrement avec la technique. C'est tantôt un logiciel défaillant, un fournisseur d'accès récalcitrant, un disque dur à bout de souffle, un satellite capricieux ou une messagerie surchargée... Le temps ne passe pas, à Valkarkaï. Il fuit, il court sans que je puisse jamais le retenir. Vous ne vous doutez pas du nombre de besognes nécessaires au maintien de la vie à bord de ce vaisseau polaire. Certains m'imaginent assis au bord des flots turquoise tenant d'une main une canne à pêche et de l'autre un verre de bière. Je vous assure que cette image est totalement issue de votre imagination. Vous qui prenez le métro chaque matin pour arriver en retard au bureau à cause des grèves, je vous remercie d'avoir une pensée compatissante pour l'explorateur surmené que je suis. Je n'irai pas jusqu'à dire que je vous envie... bien que déguster un bon steak-frites à la terrasse d'un café d'une ville raisonnablement polluée me fasse parfois saliver.

La porte de ma cabane donne sur le nord. Face à moi l'océan Glacial et le pôle Nord. Pourtant, mon regard se porte toujours vers l'est. Je reprendrai ma route dès que la glace de mer le permettra. Je ne suis plus qu'à mille trois cents kilomètres de mon but, mais je ne sous-estime pas pour autant les difficultés. Les statistiques montrent que la Tchoukotka est la région la plus tempétueuse de l'Arctique russe. Il y a aussi les ours, qui, de plus en plus nombreux, se montrent aussi de moins en moins méfiants envers l'homme. L'aventure n'est donc pas encore achevée.

Valkarkaï, décembre 2003

Les glaces s'entrechoquent, se chevauchent, se brisent. Elles avancent irrémédiablement vers la cabane pour expulser l'intrus que je suis en ce cap nord de la Tchoukotka. Les eaux libres ricanent à l'horizon en projetant dans les airs un sombre brouillard sur le pack en mouvement. Il fait nuit. De cette nuit imparfaite dont est faite la Grande Dame de l'hiver, la nuit polaire. Elle nous enveloppe de sa carapace ténébreuse depuis deux mois et les blizzards s'acharnent à empêcher toute velléité d'activité extérieure.

Le vent règne en maître. Comme la glace, il s'allie au froid pour refouler ces êtres totalement inadaptés que sont les hommes. L'hiver n'a aucune compassion pour les faibles, n'a que faire de l'arrogance de ces explorateurs qui se font un étendard du mot « polaire ». Les « polaires », les seuls, les vrais, arborent une fourrure immaculée et ne craignent ni les morsures du gel ni les jeux maléfiques de la banquise. Ils n'ont pas peur des chaos vertigineux, ni de la nuit permanente. Ils n'ont qu'une seule angoisse : le feu. Lui seul, contenu dans la balle qui pénètre son corps puissant à la vitesse de l'éclair, peut avoir raison du roi de l'Arctique, changer sa majesté d'hercule en un tas de viande inerte. L'ours hait l'homme, son seul prédateur. Je l'ai compris en l'observant attentivement. J'ai constaté sa désinvolture face aux déchaînements des éléments et en ai tiré des leçons d'humilité.

Le Grand Hiver frappera pendant des mois. Avec hargne, il tapera, assènera ses coups sans pitié. Les plus vulnérables ont fui : les canards, les oies, les mouettes, cormorans, cygnes et goélands. Les autres se sont tapis dans l'ombre : lemmings, spermophiles, ours bruns... Rares sont ceux qui acceptent de relever le défi du Grand Hiver.

J'ai cru un moment au réchauffement climatique de la Sibérie, qui nous offrait un automne étrangement complaisant. Oui, l'hiver avait du mal à chasser la douceur estivale.

Et puis brusquement, le froid est arrivé. En ce mois de décembre, Valkarkaï est le lieu de gestation d'Éole, le ventre d'où naissent tous les vents de la Sibérie. – 4 °C dans la cabane pourtant chauffée du matin au soir. Chaque interstice de l'habitacle profite à la froidure, lui permet de gagner du terrain sur la tiédeur de la cahute. La poudrerie s'y engouffre avec audace. Nous nous barricadons. Nous clouons des planches, calfeutrons portes et fenêtres. Mais nous vivons, car la lumière emplit notre logis. J'ai pu dérouler un long câble jusqu'à la station météo, qui nous approvisionne dorénavant en électricité. Volodia a plaisanté en me promettant une ardoise salée du fait de l'augmentation de la taxe d'exportation des ressources énergétiques.

Au-dehors, c'est pire encore qu'au-dedans. S'occuper des chiens devient une épreuve à haut risque. Pauvres bêtes. Comment les protéger lorsque le moindre paravent devient, en l'espace de quelques heures, une immense congère ? Retrouver le point d'attache de la chaîne nécessite de creuser un tunnel sous plusieurs mètres de neige compacte. Lorsque le *pourga* est trop violent, mes compagnons se laissent volontiers conduire aux refuges choisis parmi les résidences des officiers.

Ces blizzards ne sont pourtant que le hors-d'œuvre du menu qui nous attend sur la piste. À présent, je redoute la « tempête de l'hiver », celle dont on parlera jusqu'au printemps, celle qui brisera la banquise instable de la mer de Sibérie orientale ou de la mer des Tchouktches. Puisse notre étoile nous en protéger.

Au chapitre plantigrade, les visites se sont faites plus rares. La mer ayant regelé, les gentils nounours ont rejoint leur terrain de chasse de prédilection : la banquise. Les villageois de la petite localité tchouktche de Ianranaï ont cependant accueilli récemment trois grands mâles venus visiter les poubelles. La nouvelle directrice de l'école primaire a téléphoné, affolée, au chef de la police :

— Vous devez abattre ces ours immédiatement, sans quoi je ferme l'école. J'ai déjà dû renvoyer tous les élèves dans leurs familles !

— Ce n'est pas mon travail de tuer des ours, a répondu calmement le milicien, et la chasse à l'ours est strictement réglementée. De plus, vos enfants ont très bien su pourchasser les bêtes à coups de bâton, l'an passé !

Pour cette ultime étape, mon matériel a été soumis à une revue de détail on ne peut plus sévère. J'appréhende la fin de ce parcours. Je crains la faute sur la dernière ligne droite. La tente, qui attaque son quatrième hiver, a dû être recousue et sa charpente remise en état avec les moyens du bord. Le traitement des peaux, la confection de vêtements de fourrure prennent un temps fou. Mais quelle satisfaction de voir les produits de sa chasse ainsi mis en valeur. Jusqu'aux poils de chien récoltés lors de la mue qui ont permis la confection d'une ceinture antirhumatismale.

Koula et Volk s'étant gelé les testicules l'hiver dernier, ma cynologue a conçu une culotte en laine polaire révolutionnaire. Les roupettes sensibles restent au chaud et le toutou, très à l'aise, peut faire ses besoins sans aucune gêne. Imaginez un instant... Le string douillet de Koula glisse sur ses grosses cuisses musclées... La scène est d'un érotisme torride.

Occupée à ces besognes de couture, Léna a, de surcroît, trouvé le temps de cuisiner de succulents vivres de courses. Apprenez au passage que la préparation d'un matériel d'expédition passe par les travaux d'aiguille plus que par le maniement du tournevis ou du marteau et que le moral d'une meute, comme celui d'un musher, est lié à la gastronomie.

Employé de mon côté à réparer le patin fissuré du traîneau, je ne peux entraîner régulièrement les chiens. La conséquence en est désastreuse. L'énorme énergie accumulée lors des copieux repas n'a pu être dépensée. Artchoum la déverse en pugilats à répétition. Il commence par donner une trempe à Ermak, initiative que j'aurais pu approuver, considérant le caractère agaçant du petit husky, mais il a poussé un peu loin le défoulement. La jugulaire comprimée à l'extrême, la langue déjà bleue, Ermak a dû son salut à la présence d'esprit de Léna, qui a fait lâcher prise à l'agresseur en le soulevant par la queue.

Quelques jours plus tard, je commets l'erreur impardonnable de lâcher le dangereux maniaque alors que Koula, faute de femelle à portée de museau, flirte avec Pourga. Le combat est inévitable, sauvage et farouche. C'est encore par la queue que je traîne les quatre-vingts kilos de viande enragée hors du champ de bataille, avant de pouvoir les séparer en deux tas distincts avec l'aide de ma collaboratrice. Koula, bien que maculé de sang, n'est pas moins fier du résultat que son adversaire indemne. On peut dire que son opération chirurgicale lui a réussi ! Quant à moi, je suis brisé par un lumbago qui justifie l'utilisation de la ceinture suscitée. En prévision du prochain cataclysme canin, j'ai casé un feu à main de détresse dans mon sac de traîneau. À la prochaine castagne, je promets de faire feu à bout portant.

À force d'arguments, Léna est parvenue à me convaincre. Artchoum ne fera pas partie de cette dernière étape. Je dois mettre toutes les chances de mon côté, ne pas prendre le risque de perdre un chien sous la dent de mon *serial killer*. Qu'arriverait-il si Pouchok... Je n'ose même pas y penser. Léna a raison. Il faut être sage. Pourtant, Artchoum était l'un de mes meilleurs chiens d'expédition.

J'allais oublier la bonne nouvelle. Sharik est papa de quatre chiots. Ses nombreuses escapades avaient bien pour but d'assurer sa descendance de clochard reconverti. Le collectif de la station a décidé, à l'unanimité, de nommer le meneur de la portée *Jil*. Ne vous étonnez donc pas, futurs touristes en visite à Valkarkaï, si vous voyez un molosse vous courser la gueule ouverte. Il paraît que ces trois années de pérégrination en solitaire n'ont pas amélioré mon caractère.

Le temps a passé terriblement vite. J'aurai donc vécu presque neuf mois sur la pointe nord de cette magnifique région qu'est la Tchoukotka. Les conditions de glace sont cette année (et comme toutes les années) extrêmement défavorables. D'immenses masses chaotiques côtoient l'eau libre. Je ne m'étendrai pas sur la météo, elle est typique de la région. Dans quelques jours, je quitterai ma chère cabane pour tracer une douce caresse dans le silence de la planète blanche. Moi et mes chiens vivons le Nord à grandes bouffées d'air glacial. Mon seul record sera bien celui de ne prétendre en battre aucun.

ÉTAPE 7

Valkarkaï - Lavrentia, 1 252 km
14 janvier au 9 avril 2004, 87 jours

3

Nuit polaire. Quatrième !

Jour 684 : 14 janvier 2004.
Valkarkaï ; km 10 120.
Position : 70° 05′ N 170° 56′ E

Le sprint de départ est médiocre. Oui, notre procession manque un peu de panache. Est-ce dû à un manque d'enthousiasme de ma part ? J'ai lieu de m'en inquiéter car l'inconnu qui nous attend au bout de notre lac familier risque fort de nous donner du fil à retordre. Le temps est boudeur. Une sorte de « bébé youjak » se donne des airs de tempête. Mon angoisse n'est pourtant pas due aux caprices de la météo. En commandant d'une voix hésitante le départ aux chiens, je romps volontairement avec un genre de vie. Fini, le confort de la cabane. Finie, la sécurité de la terre ferme. Finie, l'insouciance du lendemain. Je réintègre ma peau de nomade du froid pour poursuivre et, qui sait, achever cette folle expédition inaugurée il y a trois ans et demi.

Léna fait les dernières photos avant de fondre en larmes. Sans elle, jamais je n'aurais pu préparer aussi méticuleusement cette étape. Au-delà de l'isba en ruine qui nous a vus faire demi-tour tant de fois, nous attend l'enfer des glaces : des agglomérats monstrueux au travers desquels il faudra, coûte que coûte, faire passer un traîneau ayant subi une grave avarie. Ma réparation tiendra-t-elle ? Cette eau libre, si proche, ne va-t-elle pas nous engloutir ? La tente supportera-t-elle les sévices d'un quatrième hiver ? Les chiens ? Onze, pour tracter cette énorme charge qui nous assure une autonomie de plus d'un mois. Autant de questionnements dont les réponses sont à trouver au-devant de l'étrave.

Tout en guidant ses compagnons, Pouchok ne cesse de se retourner. Il a compris depuis plusieurs jours le pourquoi de tels préparatifs. Loin d'être transporté de joie à l'idée d'un nouveau départ, mon capitaine trouvait bon de se cacher dans les ruines de la base militaire, espérant probablement que, par chance, j'oublierais de l'inscrire sur la liste des candidats à la galère. Son intellect canin, mélange de naïveté et de sagesse, m'amuse. N'est-ce pas lui, après tout, qui a raison ? Pourquoi partir lorsqu'on a trouvé sa « cabane » ? Quelle justification donner à sa quête lorsqu'on croit son voyage accompli ? Pouchok me pose trop de questions. Elles ne cessent de me culpabiliser, de me déstabiliser. Les types comme Koula, Volk ou Sharik, eux, sont de vrais chiens, de bons chiens, conciliants quelles que soient les décisions. Ils n'iront pas, comme Pouchok, se plonger dans des considérations métaphysiques en me fixant de leurs yeux jaunes et en remuant la truffe tout exprès pour que je me sente mal à l'aise dans mes *torboza*[1]. Pouchok m'énerve depuis un certain temps déjà. D'abord il s'est appliqué à saboter chaque entraînement avec des demi-tours intempestifs vers la maison. Ensuite, c'est un capricieux, un gâté, un pourri. Voilà trois jours qu'il ne mange rien, refusant catégoriquement de troquer viande d'ours contre croquettes. Auparavant, c'était l'inverse... Enfin, Pouchok est un espion du KGB. Je le sais depuis que je l'ai surpris à échanger avec Léna (qui a, elle aussi, un passé trouble) des messages codés consistant en pivotements d'oreilles très suspects. Je ne peux pourtant pas me passer de Pouchok. Ce serait comme de conduire une bonne voiture privée de direction. En tout cas, il est grand temps que tout cela change car ce n'est pas seulement mon statut qui est en jeu, mais aussi la réussite d'une entreprise que mon chien de tête est loin d'approuver.

Valkarkaï disparaît et nous voilà déjà confrontés à la cohue des glaces. Le traîneau tangue, gîte, craque, crisse, grince, gémit. Il souffre, mais se fraie un passage dans un atroce chantier de blocs concassés. Jusqu'au cap Kozmina, nous affrontons l'océan des tempêtes. Le traîneau verse dans le creux d'un gros glaçon, mais les chiens attaquent aussitôt sans lui laisser le temps d'achever son tonneau. D'un violent coup de reins, Koula et

1. Bottes de peau (renne ou phoque) des Tchouktches.

Sharik sortent du trou l'énorme engin qui pleure de douleur. Deux ligatures ont cédé sous le choc et des lames de frêne se sont décollées du basket. On dirait un voilier qui a démâté. Les patins acceptent cependant de glisser sans rechigner et notre bateau poursuit sa navigation jusqu'à la fin d'étape. La réparation est simple. Tout le matériel a été prévu. J'en viens à bout après deux heures de travail.

Durant ces jours de progression, ce ne sont qu'arêtes de pression et eau libre me barrant le passage. Folle expédition ! Nos chances de succès sur cette scène de théâtre arctique paraissent bien minces. Pourtant, nous vivons. Nous mangeons à satiété. Nous nous reposons comme il se doit. Nous pensons. Nous rêvons, même. Nous sommes chez nous dans le froid et dans les glaces. Les chiens ont déjà oublié les délices de Valkarkaï. Pouchok est sorti de sa dépression et a retrouvé son moral de croisière hauturière. Il me fait un travail d'horloger. Sa précision et son doigté parviennent encore à me surprendre. Pourtant il fonctionne à l'économie, travaillant toujours bien en deçà de son potentiel intellectuel et physique. Je pourrais lui en demander davantage, mais le voir s'amuser me réconforte. Pouchok et ses coéquipiers se comportent comme de grands chiots. L'expédition, aussi extrême soit-elle, n'est qu'un jeu conçu tout spécialement pour leur plaisir. Dans un tel état d'esprit, le *will go* (la « volonté de tirer » dans le jargon des mushers) n'est soumis à aucune fluctuation. Même si mes chiens ne sont pas des rapides, ce *will go* permanent rend ma meute exceptionnelle. Au-delà de toute présomption, je pense le devoir à cette intimité de sept cents jours, à cette complicité qui nous lie et nous permet de relever un grand défi dans la plus grande simplicité et en totale confiance.

Le traîneau va se briser sur les montagnes de glace. Ce n'est qu'une question de temps. Une vague plus forte qu'une autre, la conjonction néfaste de deux trains d'ondes devraient, tôt ou tard, nous être fatale. Chaque choc, toujours effroyable, traverse mon corps de tremblements. Comment se peut-il qu'un simple agencement de bois et de cordes survive à pareil traitement ? Et soudain, le paysage s'entrouvre : une baie, une plage sur laquelle nous jouissons à pleins poumons du vent d'orient frigorifiant. Les chaos se font rares, mais la glace paraît plus fragile. Mes cartes m'ont déjà mis en garde. Le cap Kibera, face à l'île Chalaourova, devrait être le tournant de mon étape : un virage à quatre-vingt-dix degrés sur ma route. La pointe, connue pour ses féroces courants, est relayée par une trentaine de kilomètres de falaises au-delà desquelles le relief s'adoucira. Je devrais alors toucher une meilleure glace.

Je grimpe sur un bloc pour une observation lointaine. Le cap et l'île se profilent à l'horizon. La glace est lisse, sans aucun débris heurtant le regard. La route est simple. Je trace un trait en travers de la baie, sans considérer la concavité du littoral qui va m'éloigner de la sécurité de la côte. Mais ce qui ressemble à une patinoire n'est autre qu'un gel de saumure qui surnage sur une jeune glace. Les chiens peinent sur cette râpe formée de cristaux de sel.

Une chaussée à peine regelée nous barre la route. Nous filons en diagonale en travers du pont fragile et nous arrêtons pour une collation. Un trou de respiration de phoque forme à la médiane de ce chenal un petit monticule conique percé en son sommet. Ce volcan miniature laisse entrevoir l'épaisseur de la glace... bien mince. Il devrait me faire courir vers la terre. Au lieu de cela, je me contente de faire quelques photos avant de reprendre la marche. Les chiens arrachent leur fardeau sans grand effet. Assoiffés, eux aussi commettent une erreur : celle de s'abreuver de la gadoue salée.

À présent, nous longeons une cassure d'eau libre qui me donne froid dans le dos. L'eau bouillonne à notre passage tandis que la plaque où nous sommes oscille. Un phoque curieux montre le bout de son nez. Espère-t-il avoir trouvé en nous de nouveaux compagnons de jeux ? Je saisis ma hache et frappe la banquise près du chenal. Au premier coup, l'eau apparaît. Mon sang ne fait qu'un tour. Nous marchons sur une glace de moins de dix centimètres d'épaisseur avec une charge d'une demi-tonne ! Si le vent se lève, ce chenal s'élargira en quelques minutes et nous serons perdus.

— *Djî !*

Pouchok s'élance pour franchir le canal mais Kiss-Kiss, apeuré, le freine au dernier instant dans sa course et il tombe à l'eau. Je me précipite au bord de la plaque qui tangue dangereusement pour le tirer par son harnais. En quelques minutes, sa fourrure grise de loup se transforme en guenilles de glace. Il fait – 42 °C. La cassure court jusqu'au cap, nous interdisant la côte. J'hésite. Continuer vers la pointe ? Il nous faudrait deux bonnes heures pour l'atteindre. Largement assez de temps pour qu'une brise nous condamne. Faire demi-tour ? Oui, c'est cela. Reprendre ses traces pour trouver une glace plus sûre. Le phoque, consterné, nous regarde passer une seconde fois sans accorder le moindre intérêt à ses moustaches hérissées.

Après cinq minutes de course, j'arrête à nouveau l'attelage. Mais où allons-nous donc ? L'ouest n'a jamais été notre direction ! Et le chenal, que je n'avais pas remarqué à l'aller, file maintenant jusqu'à l'horizon. Il se serait donc formé après notre passage ? Je crois même le voir s'élargir à vue d'œil. Un prélude de panique monte en moi, mais ma conscience d'explorateur reprend vite le dessus. Il faut de toute urgence le traverser. J'abandonne ma grosse paire de moufles, dételle les chiens, puise une corde dans le sac de traîneau, la noue à la traîne centrale et, d'un joli bond, rejoins l'autre rive du canal. Ermak, Tobby, Kiss-Kiss, Tourgen, Koula et Simba m'ont suivi sans mal. Pouchok, manquant de souplesse dans son armure de glace, prend son deuxième bain. Sachant que les secours seront imminents, il ne s'affole nullement. Cet empoté de Koula, qui avait réussi son premier bond, vient de s'affaler lamentablement dans les eaux en voulant retourner au traîneau. Voltchok n'est pas plus malin. Il est le troisième à patauger piteusement sans pouvoir reprendre patte sur la glace. Les trois autres – les moins courageux – sont sagement couchés au pied du traîneau, visiblement peu enclins à se faire mouiller. Je dois les faire traverser un à un, laisse en main, sautant moi-même la cassure à chaque fois. Il ne reste plus qu'à faire passer le traîneau. Je réattelle ma meute et, grâce à la longue corde, le voilà à nos côtés. Du bon boulot ! Mes mains trempées retrouvent un peu de chaleur dans les mitaines. Cette poussée d'adrénaline ne m'a pas laissé le temps de penser. J'aime ces instants d'intense concentration où le mental se surpasse sans laisser aucune place à la peur, à l'erreur ou à l'incertitude. Il faut être parfait. N'est-ce pas justement cela, l'instinct ?

La côte n'est plus très éloignée, mais les patins jouent les rabots sur la glace et les chiens ont perdu toute vitalité. Tobby s'écroule, malade d'avoir bu cette neige saumâtre. Nous l'abandonnons derrière nous. Il nous rejoindra plus tard.

Nous approchons du piémont côtier, mais la glace pourrie nous en interdit l'accès. La nuit tombe et des traces fraîches d'ours polaire viennent ajouter à mon stress. Il devrait se trouver une isba sous le cap qui nous permettrait de nous sécher. Je prends les devants, fusil sur l'épaule, pour motiver mon équipe qui n'en peut plus. Mais, derrière moi, plus personne ne bouge. Ni les plus affreuses injures, ni quelques coups de botte injustement distribués n'ont d'effet. Pour la première fois de tout le voyage, je dois faire face à une grève générale. Les chiens sont campés sur leur derrière, prêts à subir toutes les foudres.

— C'est bon. Puisque c'est comme ça, moi, je m'en vais me réchauffer à la cabane. Vous n'avez qu'à vous débrouiller avec Pouchok !

Les chiens me regardent m'éloigner, un peu surpris de s'en tirer à si bon compte.

Il n'y a pas une, mais plusieurs bâtisses en bon état. C'est un fameux lieu d'hivernage. Dommage. J'aurais bien établi mes quartiers ici... Mes quartiers ? Mais où ai-je donc la tête ? Ne me suis-je pas engagé à atteindre le détroit de Béring cette année ? Faut-il encore me persuader que l'hivernage est bien terminé ?

J'ai choisi de m'installer dans le banya, petite demeure facile à chauffer avec les quelques rondins de bois flotté que je trouverai sur la plage. Peu après, je vois le traîneau arriver comme par enchantement... Tous me font la fête, Pouchok en tête.

— Alors, Pouchok, je croyais que tu voulais bivouaquer sur la glace avec tes copains. T'as pas l'air plus futé que moi...

Pouchok détourne le regard et se couche sur le dos, les quatre pattes en l'air pour quémander mes caresses. Pouchok est fier et susceptible, mais il n'est pas rancunier. Quelques heures plus tard, alors que tout le monde est déjà couché, Tobby nous rejoint et reprend sa place de lui-même à la ligne d'attache. Il est trois heures du matin.

Tous les baigneurs et leur maître nageur vont passer quarante-huit heures à décongeler dans le petit sauna avant de reprendre leur route. Par ce temps calme et ces basses températures, la glace devrait se consolider sous peu. J'ai pensé un moment couper à travers les montagnes, mais préfère finalement tenter le coup de poker par la banquise.

Mes rêves de cette nuit ont été agités. Je me voyais de retour en France, séparé de mes chiens, entraîné dans un tourbillon dont je ne pouvais plus m'extraire. Je m'éveille avec l'envie de raconter mes malheurs à quelqu'un, mais je suis seul ; tout à coup, je ressens un grand vide.

Le hammam du bout du monde a vu sa porte refermée par un automate. Mon idée est fixe et je ne me laisse distraire par aucune autre : passer le cap, ne pas se dégonfler. L'attelage s'élance. Tout le monde est en pleine forme. Harnais et parkas ont été parfaitement séchés. Le paquetage est rigoureusement bien équilibré et arrimé. Rien ne pourra nous arrêter, aujourd'hui, je le sens. Nous filons par la grève enneigée, traversons les compressions de la rive et sommes sur la banquise. Pouchok sait choisir sa glace, à présent, sans faute. Ses deux bains y sont pour quelque chose. D'épaisses plaques se chevauchent. Aux zones de jonction, la glace est fine. Je reconnais chaque passage et guide précisément l'équipe. Le véhicule me suit sous pilote automatique. Ces sauts de puce nous mènent sans encombre à la pointe maudite. Puisqu'il n'est pas encore de retour de son congé d'hiver, le soleil a délégué des émissaires. Quelques timides rayons empourprent les cimes et la banquise, très loin à l'horizon. Le nouveau pays s'illumine à nous, vers le sud, comme si nous sortions subitement de la pénombre d'une caverne. Une fois doublée la chicane rocailleuse, nous slalomons à quinze kilomètres à l'heure sur des plaques de glaces vives solidement ressoudées et atteignons la sécurité du fond de la baie de Noldye. Debout sur mes patins, je perçois dans le creux de mes reins l'enivrante sensation de vitesse. Chaque à-coup des chiens sur leur traîne est transmis au travers de mes moufles, à mes doigts et jusque dans les fibres de mon corps. Je jette un regard nostalgique au cap Kibera et à l'île Chalaourova, qui s'estompent dans la brume vaporeuse du crépuscule rosé. Je suis enfin heureux d'avoir repris ma route vers le bout de l'Eurasie glaciale.

Adieu nuit polaire ! Et vive le dieu de la Vie ! Le soleil réapparaît pour de bon dans une échancrure d'un massif aux piliers de granite noir étrangement alignés. Ces sculptures typiques de la Tchoukotka ressemblent de loin aux ruines de grandes cités dévastées par un bombardement. Des colonnes extravagantes paraissent avoir été posées à la cime des montagnes par la main d'un géant fou. Certaines prennent la forme de gigantesques *inukssut*[1], d'autres rappellent des obélisques égyptiens, des statues de l'île de Pâques ou, plus prosaïquement, des antennes radar d'une base militaire. J'en profite pour jouir d'un déjeuner, mais à peine me suis-je assis sur le traîneau que l'astre rouge sang nous quitte. Peu m'importe. Je sais dorénavant que nous ne souffrirons plus du mal des ténèbres.

Le terrain est bon et le vent portant ! Ce fait est assez rare pour être mentionné. Nous filons donc sur les lagons gelés, préférant laisser Bilings dans notre nord pour nous rapprocher du Pacifique à vive allure. Le village est posé sur un cordon littoral très étroit qui rappelle que la mer polaire est le garde-manger des Tchouktches de la côte.

Pourga boite méchamment malgré un traitement anti-inflammatoire. Je le soupçonne toutefois d'être un simulateur. Il avait su me jouer un sacré tour au printemps dernier. Nous venions juste de quitter la ville de Pevek lorsqu'il s'était effondré en se faisant traîner dans la neige. Je l'avais aussitôt dételé et nous étions repartis. Profitant, semblait-il, de l'occasion pour nous abandonner, Pourga avait rejoint un groupe de chiens errants dans les faubourgs de la ville. Je croyais donc m'en être débarrassé pour de bon, lorsque je l'avais vu hésiter : la liberté et la disette, ou le travail et la bonne soupe ? Nous nous éloignions rapidement. Soudain, le charlatan avait pris ses jambes à son cou pour nous rattraper, oublieux du mal qui l'avait terrassé quelques instants plus tôt.

Dans le même registre, ce petit effronté d'Ermak se donne des airs de se défoncer au travail mais, arrivé au bivouac, il paraît frais et dispos. Aussitôt déshabillé de son harnais, le voilà qui se précipite sur Tobby pour lui sucer goulûment le zizi – Tobby est devenu la coqueluche de la bande, mais tout de même... Peut-être Ermak est-il assez fourbe pour tendre sa traîne sans véritablement tirer, mais je ne suis pas parvenu à le vérifier.

L'ambiance dans la meute n'est plus ce qu'elle était. La cohésion passée est bien révolue. Chaque chien est sur la défensive. Koula ne supporte plus personne autour de lui, si ce

1. Littéralement « qui ressemble à l'homme » : cairns de pierre construits par les anciens Inuit et utilisés vraisemblablement pour orienter les troupeaux de caribous lors des chasses.

n'est Pouchok, dont il est devenu l'alter ego. C'est la conséquence des mois passés à Valkarkaï. Le sédentaire développe forcément un sens de la propriété privée plus prononcé que le nomade, et le voisin devient un ennemi plus qu'un allié.

Triste nouvelle. Ce matin, j'ai trouvé Pourga mort sous la neige. Depuis quelque temps déjà, je le sentais malade. En plus de sa patte claudicante, il avait développé une inquiétante obésité. Les castrats ont la réputation d'engraisser mais cet état, je le voyais bien, n'était pas normal. Pourga n'était, certes, pas un très bon chien, mais sa disparition m'atteint. Nous sommes dorénavant dix pour tirer un traîneau de cinq cents kilos. Dix au lieu de treize, cela n'a l'air de rien, mais si l'on considère qu'un chien tire en moyenne un peu plus que son propre poids, cela équivaut à cent cinquante kilos de charge utile supplémentaire à répartir entre dix chiens, soit 30 % d'effort en plus pour chaque chien. Ce calcul imparable explique pourquoi l'attelage paraît éprouvé alors que le terrain s'améliore.

Piètre vie que celle du chien de traîneau. Je repense à tous ces compagnons laissés derrière moi au cours du périple : le petit Vostok chez les Nenets, Dingo le boiteux des monts Oural, mon Sokol adoré, le vieux Bim ayant nourri le vieux Bars ayant lui-même déclaré forfait deux ans plus tard, Longgy le rouquin en retraite à Pevek, Artchoum le *killer* renvoyé pour cause d'agressivité incontrôlée et enfin Pourga. La piste est dure. Je le ressens moi-même dans mon corps qui a perdu sa fougue des premières années de voyage. Heureusement que l'expérience a compensé la forme physique déclinante...

La nuit dernière, j'ai éprouvé une belle frayeur. Les chiens se sont mis à aboyer, comme souvent, et j'ai entendu la clochette de Pouchok s'éloigner – il est le seul qui ne soit pas attaché la nuit. Pendant des heures, je le rappelle. En vain. Ce n'est pourtant pas son habitude, de fuguer. Tout au plus s'écarte-t-il du campement de quelques centaines de mètres pour faire sa crotte bien à l'écart, comme le lui dicte son instinct de demi-loup. Je m'inquiète donc et crains le pire. Peut-être a-t-il été renifler le cadavre de Pourga, enfoui sous la neige un peu plus loin et s'est-il trouvé nez à nez avec un glouton qui lui a tranché la gorge d'un coup de griffes. Ou alors est-ce un ours qui lui a broyé le crâne ? J'élucubre nombre de scénarios tous plus terrifiants les uns que les autres quand la petite clochette se remet à tinter. Pouchok revient sain et sauf de son escapade dont je ne parviens pas à percer le mystère. Il terminera la nuit sous l'auvent de la tente, bien qu'un peu incommodé par les vapeurs d'essence.

Les terres sont basses, laides, tristes, ingrates, monotones, désolantes, désabusantes, « désamusantes »... Que de qualificatifs pour décrire le vide ! Blancheur des bancs de sable enneigés. Pâleur des chaos enchevêtrés. Fadeur des brumes effilochées. Le seul relief, dans notre univers maussade, est le reflet des bas nuages qui stagnent au-dessus de l'eau libre. Toute cette grisaille déteint sur nous. Elle nous englue dans la déprime. Voûtés, nous traînons le pas comme des bagnards affamés n'espérant plus qu'une seule chose : un cri, un ordre qui arrêtera cette démoralisante procession. S'extraire de cette mélasse collante dans laquelle nous croupissons dix heures par jour est si facile. Il suffit de prononcer le *Brr !* qu'attendent tous les chiens. Il faut bien du courage pour ne pas rogner sur ses longues heures de peine.

Passé le cap Iakan, nous entrons dans le détroit Long, qui sépare la terre de Tchoukotka de l'île Wrangel.

Wrangel ne découvrit pas l'île qui porte son nom. Il n'y posa d'ailleurs même pas le pied en raison d'un brouillard persistant qui l'empêchait de pousser son exploration dans des eaux inconnues en 1820. Il se contenta de la répertorier sur ses cartes en vertu d'un rapport formel de natifs tchouktches confirmant l'existence d'une terre éloignée de la côte. Le premier véritable « découvreur » de l'île fut Thomas Long, en 1867, un chasseur de baleines américain, capitaine du schooner *Nil*. Il nomma ainsi ce grand caillou de 7 000 km^2 en l'honneur de son prédécesseur. Cette courtoise référence lui valut, à son tour, la faveur des cartographes qui l'immortalisèrent en attribuant son nom à la passe reliant la mer de Sibérie orientale à la mer des Tchouktches.

C'est douze années plus tard que son homonyme, George Washington De Long, vint à passer dans la région, avec un projet plus noble que celui de traquer des cétacés qui seraient bientôt en voie d'extinction. Son projet d'atteindre le pôle Nord à bord de son navire *La Jeannette* se solderait, comme on l'a vu, par un dramatique échec.

Il me tenait à cœur de faire cette parenthèse historique car la confusion (dont j'ai été moi-même victime) est fréquente : on attribue volontiers le toponyme du détroit en question à l'explorateur De Long plutôt qu'au baleinier Long. Un groupe d'îles de l'archipel de Nouvelle-Sibérie porte cependant la mention de De Long. Justice est donc rendue.

Tempête d'ouest par – 35 °C : ré-fri-gé-rante ! La lune y est pour quelque chose, elle qui se pavane pour son amant le zéphyr, idiot qu'il est de s'essouffler pour séduire la belle dame traîtresse. Les chiens sont un peu abrités sous le vent d'un vieux phare en ruine et je me félicite d'avoir trouvé ce précaire refuge.

Des traces ! Elles ont attiré mon attention pour deux raisons. D'abord je n'en ai croisé aucune depuis Valkarkaï car l'essence est denrée rare par ici. Ensuite ces deux rails parallèles ne peuvent être les empreintes d'un bouran puisque la motoneige russe est équipée d'un monoski. Il s'agit d'un skidoo de type scandinave ou canadien. Quel est donc ce chasseur qui suit scrupuleusement la côte à bord d'un si bel engin ?

Le 7 février 2004, après avoir couru cinq cents kilomètres depuis Valkarkaï et dix mille six cents kilomètres depuis le cap Nord de la Norvège, nous traversons l'antiméridien de Greenwich (180° de longitude est ou ouest). Cette ligne arbitraire nous rappelle que nous venons presque de boucler un demi-tour du monde au nord du cercle polaire. Nous nous rapprochons donc de la France en pénétrant en mer des Tchouktches.

Mys-Schmidta n'est plus qu'un village de neuf cents habitants vivant sur les décombres de la prospérité soviétique. Quelle courageuse population ! Il y a deux ans, l'approvisionnement en charbon, fioul et vivres n'avait pas été proprement assuré par le gouvernement de la région. Les habitants avaient dû subir de ce fait un difficile hivernage sans électricité, sans chauffage, sans ravitaillement, et sans salaire.

— – 14 °C dans nos locaux, se rappelle Sergueï, le chef de la station météo qui m'a chaudement accueilli. Tu vois ces bâtiments, là-bas ? Ce ne sont pas des tirs de roquette qui les ont éventrés. C'est nous qui les avons détruits pour en extraire la moindre parcelle de bois. Tout le mobilier y est aussi passé. La faim nous tiraillait l'estomac. Nous n'étions occupés qu'à une seule chose : survivre.

On loue donc ici la politique du nouveau gouverneur, qui a changé radicalement la situation économique dès son élection.

Le mot banya me fait sursauter. Depuis mon arrivée, ce n'est ni la chaleur ni un bon repas qui me faisaient languir. Trop habitué à nos banya hebdomadaires de Valkarkaï, j'ai difficilement supporté la crasse accumulée en vingt jours de route. L'invitation vient de l'administration et je profite donc d'un sauna particulier avec piscine d'eau froide, salon TV et feu de bois. Le plaisir d'ôter ses vêtements collés à la peau par la transpiration et de se laver est tel que je décide de prolonger mon séjour jusqu'au prochain jeudi, jour du bain communal qui, je l'espère, sera un peu moins arrosé tout de même que le précédent.

J'entre dans un magasin pour faire quelques emplettes. Cela faisait six mois que ça ne m'était pas arrivé. La modeste boutique me paraît receler des trésors mais, en honnête homme de la nature, je ressors tout bonnement avec quelques quartiers de viande de renne, du poisson fumé et une miche de pain frais.

Mes chiens ont froid. Leur régime manque de graisses. Cela se voit à leur attitude. Ils restent prostrés, le museau enfoui au creux de leur fourrure pleine de glaçons. Pourtant le thermomètre se stabilise entre – 30 °C et – 40 °C. Rien de plus ordinaire dans le Grand Nord sibérien. Le maître de ce ballet réfrigérant est le vent. Ce dévoreur de calories souffle en permanence de 30 à 60 km/h (hors période de tempête). J'ai pu trouver au sovkhoze du morse à la mode tchouktche. La viande désossée est confinée dans une outre en peau cousue dans les cinq centimètres du cuir de l'animal. De cette manière, elle fermente sans pour autant pourrir. Le résultat est nourrissant et vitaminé, mais le faisandage n'est pas encore parvenu à exciter mes papilles gustatives. C'est le *kapalkhin* qui sera dorénavant au menu des chiens jusqu'au détroit. Cette savante décomposition n'a pas seulement pour but de conserver le produit de sa chasse (même en été). On limite ainsi le risque de trichinose[1]. Le célèbre explorateur mi-danois, mi-groenlandais, Knud Rasmussen – pour lequel j'ai une estime sans bornes – en serait mort, pense-t-on. Cette infection, que

1. Maladie provoquée par des vers parasites qui vivent dans les muscles à l'état larvaire et dans les intestins à l'état adulte.

transmet notamment la viande d'ours, peut être évitée en faisant bouillir suffisamment longtemps la chair du gibier.

Au village, j'apprends le passage d'un aventurier de l'extrême : Mike Horn. Les habitants, qui s'accommodent de vieux bouran délabrés, ne cessent de me vanter les mérites de son skidoo flambant neuf, directement importé d'Alaska. L'énigme des traces trouve là sa solution. Le visage de son guide tchouktche, Nikolaï, serait paraît-il tuméfié de gelures. On n'est donc pas forcément mieux installé sur ces engins que sur un traîneau à chiens. D'ailleurs, leur convoi, inadapté à la progression dans les chaos de glace, a dû faire route au sud à partir de Bilings pour rejoindre la grande piste hivernale reliant la mine d'or de Poliarny à la ville de Pevek. Nos routes ne se seront donc pas croisées.

4

Dans tous les vents de Tchoukotka

Jour 721 : 15 février 2004.
Mys-Schmidta ; km 10 600.
Position : 68° 53′ N 179° 22′ W

Pour la millième fois, je charge mon traîneau dans le vent glacial. Quelle est donc la folie qui m'a conduit jusqu'ici ? Mon corps, fatigué des morsures impitoyables du gel, aspire au repos. Ma peau, continuellement réprimée par plusieurs couches de vêtements, implore la caresse amicale de l'alizé. Je rêve parfois de ne plus avoir à lutter dans mes moindres gestes, de me laisser aller à la douceur de vivre. Il y a trop longtemps que mes yeux se perdent dans le néant de paysages blancs de gris, toujours confrontés à l'austère monotonie. Et aussi toutes ces tracasseries d'arrière-boutique (soucis administratifs rébarbatifs, problèmes budgétaires terre à terre, casse-tête logistiques contre éthique) qui ne cessent d'empoisonner la saveur d'un rêve de beauté et de grandeur inaccessibles. Les chiens et moi-même sommes harassés par le dépassement constant de nos propres limites, par quatre années d'un labeur ahurissant. Pas si simple que cela de s'éloigner d'un système mondialement répandu et universellement reconnu nommé « civilisation ». Nous n'irons donc pas plus loin que le détroit de Béring. Cette évidence me saute aux yeux et j'en fais la révélation à Pouchok qui, l'air compatissant, paraît approuver mes paroles, si tant est que les ai prononcées.

Le vent ne m'a pas quitté depuis mon départ de Mys-Schmidta. Le lido est boursouflé de sastruggis méprisant notre lassitude. Le paysage est d'une mocheté à couper le souffle, du moins m'apparaît-il ainsi. Je rends grâces à la compagnie aérienne soviétique qui m'a offert une magnifique épave d'avion en guise de distraction. Nous nous arrêtons le long du fuselage du Tupolev. Je photographie et filme l'appareil à moitié enfoui sous la neige. Ce court instant d'évasion me procure de la joie. La carcasse est belle et les chiens n'y sont pas insensibles. Kiss-Kiss et Simba se roulent dans la poudrerie pour se masser le corps. Voltchok fixe l'avion de son air ahuri, se demandant peut-être si l'on ne devrait pas enregistrer le traîneau avant l'embarquement. Mais nous laissons le sourire des hôtesses fantômes s'affairer autour des esprits voyageurs et nous en allons par voie terrestre, sans même présenter nos papiers aux services d'immigration de la lagune gelée.

Trop chaud ou trop froid. Trop molle ou trop dure. Trop fort, trop lourd, trop lents... Qu'il s'agisse du temps, de la neige, du vent, du traîneau ou des chiens, je n'arrête pas de me plaindre ; ce qui est un signe évident de fatigue mentale. Le physique lui aussi se manifeste, bien que je lui en laisse rarement l'occasion. Mon bras s'ankylose souvent et de plus en plus longtemps, mes articulations grincent de manière inquiétante. Je n'ai cependant aucune gelure à déplorer ; pas même au visage. Je ne trouve d'ailleurs pas si glorieux d'afficher nez et pommettes en pelures d'oignons. Cela ne fait que prouver que l'on n'est pas adapté. A-t-on déjà vu un Nenets ou un Tchouktche bardé de gelures ?

J'ai beau le martyriser, le corps reste discret dans ses plaintes, pourtant, Dieu sait si je l'expose. Pis encore qu'un nudiste au mois d'août ou qu'une blonde siliconée dans un magazine pour hommes. Sa seule trahison vient au matin, lorsqu'il supplie ma conscience de le laisser au repos. Une note revient de plus en plus souvent, dans mon carnet de bord : « Pas entendu le réveil ! » Je continue pourtant de choisir des horaires très audacieux. Mais la sonnerie tapageuse de l'engin mécanique étant réglée à trois heures du matin, ce n'est qu'à six ou sept heures que j'ouvre un œil et me lève en sursaut, abasourdi de n'avoir rien entendu, atterré à l'idée d'un retard insupportable. C'est là un signe évident de fatigue... physique.

En fin de journée, j'ai pris l'habitude de prendre les devants sur la piste. Marcher seul et à mon rythme me fait du bien. Et puis cela me change du cul des chiens et de leurs chiures à répétition. Je suis sûr qu'eux aussi, et surtout Pouchok, apprécient le changement. Quel soulagement pour lui de ne plus être soumis à une observation critique constante, si ce n'est à cette sempiternelle rengaine inventée par un compositeur manquant vraiment de talent :

— *Jî ! Yap !* OK ! Allez ! *Jî ! Yap ! Jî ! Yap !... Brr !*

Huit heures par jour de cette rengaine, cela a de quoi exaspérer les oreilles les moins mélomanes. Après quatre hivers et des dizaines de milliers de *Jî !* et de *Yap !*, Pouchok se doute bien qu'il a été embauché pour un travail de Sisyphe, et que, pour remplir de kopalkhin le tonneau des Danaïdes, il va falloir suivre ce déséquilibré encore longtemps. Au terme d'une journée épuisante, je n'ai même pas la satisfaction de pointer une position sur la carte qui sanctionne un grand bond en avant. En regard de la dureté de la besogne, le résultat est souvent consternant.

Être philosophe, au pôle, c'est savoir rester sage au campement lorsque les conditions climatiques ne le sont pas. Même en marchant lentement, j'arriverai bien au détroit de Béring avant la fin du printemps. Malgré la platitude du lieu, entre lagon et océan polaire, j'ai pu trouver un rempart au vent furibond et glacial. La ruine protège plus ou moins mes compagnons, mais ma tente reste exposée aux rafales. Je prends mon mal en patience, occupant mon temps entre ménage, couture, cuisine et soins des chiens. Koula – encore lui – requiert une attention toute particulière. Cette force de la nature a la santé fragile. Voilà que l'élastique de maintien de sa petite culotte a provoqué une bien mauvaise gelure sur la partie antérieure du pénis. Le pensant parfaitement protégé par cette laine polaire qu'il porte en soirée, je n'ai pas pris la peine d'ausculter son intimité depuis mon départ. Lorsque je m'en aperçois, la plaie verdâtre s'enfonce jusqu'à l'os. Utiliser une crème par – 35 °C et ce mauvais vent n'est pas envisageable. Reste la graisse interne d'ours blanc, celle que l'on prélève entre les viscères de l'animal. Cet onguent ne gèle qu'à – 30 °C environ et fond immédiatement au contact de la peau. Je lui connaissais des vertus cicatrisantes, mais le résultat est au-delà de toutes mes espérances. En l'espace de quatre jours, Koula est tiré d'affaire et son appareil reproducteur retrouve son aspect normal.

Ces longues heures d'immobilité forcée sont propices à la méditation. Lorsque le battement de la toile affolée mesure le déchaînement des éléments, les pensées ont tendance à caramboler et l'on doit forcer sa conscience à évacuer le stress, s'évader par les sens. Différentes postures de yoga testées dans la tente n'ayant pas eu l'effet d'apaisement escompté, j'ai opté pour le défoulement par l'écriture. Coucher quelques lignes sur le papier est une médication transcendantale que je conseille vivement pour calmer les esprits renfrognés. J'ai donc fièrement pondu une note satirique que je dédie à tous ceux qui, de près ou de loin, fréquentent le milieu sacré et doré de l'Aventure.

Les Nouveaux Aventuriers

Nous ne sommes plus au temps où de valeureux explorateurs partaient en quête de richesses, de territoires, de nouvelles âmes ou de gloire en risquant leur vie pour combler le blanc de cartes imprécises. Il n'y avait alors ni transmission satellitaire pour rendre compte de sa progression ou de ses états d'âme, ni GPS pour assurer sa navigation, ni balise de détresse pour sauver l'expédition en perdition. La clique coulait à pic dans des mers inconnues ou en était réduite à déguster d'innocents chiens de traîneau, en plat de résistance, quand ce n'était pas d'indigestes ceinturons de cuir, en hors-d'œuvre. Ceux qui en réchappaient étaient adulés à la hauteur de leurs exploits. Leur relation de voyage, illustrée de croquis ou de dessins au cachet d'œuvre d'art, donnait fort à rêver dans les chaumières, où des marmots trépignaient d'impatience pour prendre le large et voguer, à leur tour, vers des pays de rêves ou de cauchemars.

Les Nouveaux Aventuriers ont une tout autre quête. Finis, les marches erratiques, la faim, l'isolement et autre inconfort qui rendent le voyage aléatoire. Notre époque ne supporte plus ce genre de négligence. Si les Nouveaux Aventuriers ne peuvent plus prétendre inscrire leur nom dans l'Histoire, les avantages (célébrité, argent) qui découlent d'une expédition bien menée restent des enjeux non négligeables. Partir est toujours difficile. Il apparaît souvent que l'on a plus à perdre qu'à gagner. Aussi les Nouveaux Aventuriers font-ils preuve de sérieux dans les affaires. Une aventure se gère aujourd'hui comme une entreprise. Quitter le confort de ses pantoufles et la quiétude de son doux logis doit bien justifier quelques modestes compensations, après tout.

Le succès d'une expédition se mesure de nos jours à ses retombées médiatiques. Autrement dit, la gloire s'inscrit au travers de l'Audimat. Un projet se doit d'être original, unique, et surtout au goût des médias. Réunir ces trois ingrédients dans un même plat est un art que concoctent certains chefs aventuriers à la perfection. Trouver un prétexte tangible et d'actualité à une aventure tout en respectant la « case » souvent imposée par les diffuseurs est moins évident qu'il n'y paraît.

Il faut d'abord se fixer un but. Suivre la trace d'un illustre prédécesseur pour une version plus moderne de son voyage est un peu passé de mode. On recherchera plutôt l'alibi humanitaire ou scientifique même s'il n'est pas toujours facile à justifier ou à mettre en œuvre. Ou bien alors un record. Si l'idée n'est pas très nouvelle, elle a le mérite d'être aisément vendable et n'engage à aucun débat intellectuel. Le sportif n'a pas besoin de posséder une érudition hors du commun ni un bagage académique. Il lui suffit de faire preuve d'éloquence et d'une certaine suffisance. Modestie et humilité sont absolument à proscrire. Notre personnage doit apparaître sûr de lui pour rassurer et convaincre du bien-fondé d'un investissement rondelet. En effet, la grande aventure a un prix. Et c'est là le fond du deuxième problème : le budget.

Pour boucler un budget, il faut se doter d'une solide équipe de soutien qui saura assurer une communication professionnelle et une logistique sans faille. Sans ses collaborateurs dévoués, notre superman n'est plus rien et son aventure risque bien d'en devenir une, authentique cette fois, avec tous les risques que cela comporte, autrement dit invendable et plus du tout au goût du jour. En bref, un fiasco. À ce stade, l'idée d'aventure véritable a déjà disparu et le projet ne repose plus sur l'intrépide voyageur, mais sur ses associés qui sauront rendre le flou du projet non artistique et le vide de l'histoire palpitant, voire pathétique. Le but est alors de faire de l'image. Les commanditaires ont payé le prix fort et escomptent, légitimement, un retour sur investissement : le cachet du spectacle.

Comme la communication, la logistique est importante. Là, on ne lésinera pas sur les moyens car le héros doit arriver, coûte que coûte, au bout de l'expédition et à l'heure prévue. Les enjeux sont alors trop importants pour laisser une quelconque part de risque à l'aventure. De surcroît, tous les moyens sont bons pour brûler les étapes car la programmation ne supporte pas de délai. Les Nouveaux Aventuriers doivent donc se hâter. Ils doivent même foncer sans se soucier des bouleversements survenus dans la conscience d'incrédules autochtones confrontés au déchaînement insensé d'allochtones bariolés venus combler leurs frustrations ou satisfaire leur orgueil. Cela pourrait donner lieu à réfléchir sur le sens de nos expéditions et le bien-fondé de leur coût. Mais les Nouveaux Aventuriers ne sont pas nés pour penser. Ils ne doivent pas se poser de problème de conscience ou d'éthique. Ils n'ont aucun scrupule face à l'imposture. La surenchère de l'aventure ne mène finalement plus qu'à tromper et se tromper soi-même.

La cadence incroyable de certaines expéditions modernes dites « non motorisées, en autonomie ou sans assistance », me laisse souvent perplexe. Nul doute qu'en d'autres temps celles-ci auraient été placées sous l'examen critique de leurs pairs comme ce fut le cas, par exemple, pour Cook et Peary dans la conquête du pôle Nord, dont la controverse n'a pas cessé. À quand donc une commission chargée de l'inspection des aventures pour débusquer fraudeurs et baratineurs ? À quand et à quoi bon ? S'il est vrai qu'il existe encore bon nombre de véritables baroudeurs, souvent anonymes d'ailleurs, il n'en reste pas moins vrai que l'esprit d'aventure se perd et que le public ne sait plus trop à qui se vouer, ni comment discerner le vrai du faux.

La « lenteur » d'un voyage n'est-elle pas plus méritoire que tout prétendu record de vitesse, aussi futile qu'inutile ? Vingt mois d'hiver sibérien m'ont enseigné qu'endurance vaut mieux que diligence, qu'intégrité et humilité sont plus dignes que célébrité. Pour ma part, j'ai donc choisi l'esprit d'exploration au détriment d'une opération commerciale aussi banale que lucrative.

En 1982, j'avais écrit à Paul-Émile Victor pour lui faire part de mon projet d'hivernage au Groenland. Cet homme de grand talent avait pris la peine de corriger mon dossier en annotant au passage : « ... la qualité de vos textes et de vos photos, à votre retour, restera l'élément déterminant de votre expédition. » Bien des années plus tard et après avoir pas mal bourlingué, j'admets que l'exploit proprement dit n'est que peu de chose en regard de l'expérience. Ne serait-ce pas là la différence entre un simple aventurier et un explorateur ? Quoi qu'il en soit, « conquérir l'inutile » peut être aussi louable que mener une quelconque recherche. L'essentiel n'est-ce pas après tout l'honnêteté de la démarche ? Nous qui offrons une part de rêve, n'avons-nous pas quelque part un rôle de guide, notamment pour la jeunesse en quête de valeurs qu'elle ne trouve pas dans notre société hyper-assistée ?

Cette note écrite à la hâte peut paraître un peu cynique et l'on peut supposer qu'elle se veut dogmatique. Il s'agit pourtant d'un simple essai satirique visant à nous faire réfléchir à la définition même de l'aventure, notion tellement galvaudée aujourd'hui. Cloîtré dans ma tente à la soixante-douzième heure de tempête, j'ai cru bon de réfléchir afin d'oublier le harcèlement du vent et l'aspect désolé de la mer des Tchouktches. Que vive l'Aventure !

Laisser passer le mauvais temps était judicieux, malheureusement il ne s'agissait que du temps. Au matin du quatrième jour, les conditions n'ayant pas changé, je plie bagage. Le soleil brille, mais le blizzard noie le paysage dans une brume ocreuse ondulant comme les embruns de vagues en colère. Ah ! les beaux jours de la péninsule de Taïmyr ou de la Iakoutie lorsque, par – 50 °C, nous étions à l'aise dans nos fourrures ! Rien de tout cela par ici : – 35 °C, vent constant de 70 km/h et 80 % d'humidité. De quoi dégoûter n'importe quel voyageur. Ces conditions n'autorisent aucun répit sur la piste. Les pauses se révèlent tellement inconfortables que les chiens, eux-mêmes, se manifestent pour repartir au plus vite afin de se réchauffer.

Rien ne se perd, dans la toundra. Les moindres traces imprimées à l'automne vivront jusqu'au dégel printanier. Une trace, ce n'est rien d'autre que de la neige tassée. Seuls les flocons cotonneux pourront voiler momentanément les quelques pages de l'histoire hivernale, tant que les vents n'auront pas décidé de chasser la poudreuse pour mieux encore souligner les empreintes. Détourées par le souffle éolien, elles resurgiront du manteau nival en relief. Un vulgaire pissat de renne deviendra, au royaume des vents, une étonnante colonne jaunâtre. Le pas d'un sabot prendra la forme d'un étrange cylindre de neige compactée. Le conte du Grand Nord s'inscrit de façon ineffable jusqu'à la débâcle des éléments.

C'est ainsi que je lis le journal de bord des deux voyageurs au skidoo, si chargé qu'il a dû effectuer deux voyages pour transporter le matériel. La piste est un vrai boulevard et semble au goût de la faune polaire du coin. Gloutons, renards et ours ayant flairé la bonne soupe ont suivi consciencieusement le ruban neigeux. Nous aurions pu, nous-mêmes, tirer parti d'une telle trace si ce n'est qu'en frôlant la banquise nous trouvons une meilleure glisse.

Un ours attire mon attention, près d'une cabane. À l'intérieur, abandonnée, un bidon de combustible américain pour réchaud se lamente de n'être plus que le vestige d'une aventure. Le pauvre est désespérément vide et je compatis à son malheur en rêvassant à la merveilleuse essence purifiée qui lui donnait sa raison d'exister. Tout au long de mon voyage, j'ai dû me contenter des essences locales. Les crus varient en fonction des régions. J'ai goûté à l'ignoble *condensât* du district autonome des Nenets, au millésime B70 de Khatanga, à la A95 de Tiksi qui m'a rendu la vie facile au bivouac, et, enfin, à la graisseuse A76, qui rend les réchauds russes Schmell turbulents. Ces ingénieux mais lunatiques petits tas de ferraille sont pourtant les seuls à se satisfaire d'essence de médiocre qualité. Combien de fois ai-je jeté par-dessus bord ou enfoui dans la neige le fourneau endiablé sous peine de le voir exploser, enflammer la tente ou m'asphyxier.

Depuis Mys-Schmidta, me voici de nouveau confronté à la funeste A76. Je n'ai pu m'en procurer que quelques litres, juste de quoi assurer ma survie. Du fait de cette pénurie (incompréhensible sur le sol sibérien si riche en pétrole), la population tchouktche tend à reprendre l'élevage du chien de traîneau. À quelque chose malheur est bon.

Par leurs traditions préservées en dépit de la marche du temps, les Tchouktches me rappellent les lointains Nenets de la région d'Arkhangelsk. Ceux de la côte sont chasseurs de mammifères marins. Phoques, morses et baleines sont traqués jusqu'à l'automne. À Vankarem, de modernes maisons canadiennes contrastent avec les vieilles isbas en rondins. Une fondation, créée par le gouverneur, est destinée à venir en aide aux populations autochtones. Elle a permis l'installation de ces chalets et la mise en fonction de communications satellitaires.

À la station météo, on me confirme ce que je savais déjà : le vent du nord souffle du nord-ouest depuis un mois et demi à la limite du coup de vent et la température se maintient au-dessous de – 30 °C. Allez donc vous plaindre, après ça, du réchauffement de la planète ! On m'invite à me ravitailler en lard de baleine dans le congélateur communal. Ses galeries, creusées dans le permagel, ont vingt-cinq mètres de long. Chaque chasseur possède sa cellule, fermée par une grille cadenassée, dans laquelle des quartiers géants de phoque, de morse et de baleine s'entassent pêle-mêle.

Les Tchouktches sont des individus hospitaliers mais très rusés. L'un d'eux vient me rejoindre alors que je charge mon traîneau au hameau de Noutepelmien.

— *Frantsouz*, offre-moi ta corde !

— Dans ce cas, offre-moi un chien !

— Je n'ai pas de chien.

— Alors pourquoi veux-tu ma corde ?

— En souvenir.

— Et comment arrimerai-je mon paquetage sans corde ?

— Je t'en donnerai une autre.

— Merci, mais je n'ai pas besoin de ta corde. Celle-là me suffit.

— La mienne est plus longue et plus solide...

— Si ta corde est si longue et si solide, comme tu le dis, pourquoi veux-tu donc la mienne ?

Fin de la conversation.

La convoitise, cependant, n'est pas le propre de tous les Tchouktches. Un vieillard au visage buriné s'approche timidement pour me mettre en garde :

— La tempête se prépare. Le vent doit déjà souffler fort sur le lagon. Tu devrais rester au village.

Je ne suis pas ses recommandations et finis d'atteler les chiens. Tempête ou pas, on n'est jamais mieux que dans son petit chez-soi, me dis-je, pour éviter tout atermoiement.

Sans compas de route (égaré par inattention lors de ma dernière rencontre avec un ours), ma navigation n'est plus aussi précise. Nous dérivons suffisamment pour perdre de vue la côte, à peine discernable, et nous enfoncer vers le centre du lagon. Courant sous le vent, j'ai sous-estimé sa force et, lorsque je me décide enfin à camper, les rafales sont si violentes que la tente refuse obstinément de se poser au sol. Retenue au traîneau par ses haubans, elle risque à tout moment de se déchirer ou de s'envoler. Excédé par les allures de cerf-volant de ma maison, je découpe d'une main un gros bloc de neige pour le poser au sommet du dôme que je retiens de l'autre main. Grâce à ce lest, je peux pelleter suffisamment de neige sur sa bavette pour la stabiliser et passer d'une situation critique à un travail de routine.

Dans les remous du blizzard, les repères se dérobent. Je trébuche sur les monticules de neige, ne sachant plus discerner le haut du bas, la droite de la gauche. Les bourrasques viennent de partout à la fois. Je m'amuse à les braver sachant que le duel sera en ma faveur puisque mon gîte m'attend. Son confort intérieur méprise la démence extérieure. À dix mètres seulement du bivouac, le piège se referme. Je tombe déjà dans les abysses insondables de la blancheur fatale ; vous y perdez la tête avant même d'y perdre le corps. En défiant la sauvagerie, je m'amuse à me défier moi-même. Encore un pas et tout disparaît derrière moi. Le fil d'Ariane est rompu. Mes tripes se nouent. Une boule de fiel monte à ma gorge. Les symptômes de la panique s'éveillent. La machine infernale qui conduit à la démence s'amorce. Elle va bientôt, comme une réaction en chaîne, se répandre dans tout le corps et affoler l'esprit. Mais je lui tiens tête et fais un pas de plus. Ma trace s'efface, aussitôt recouverte d'un pansement de neige, comme si la nature, avide de pureté parfaite, s'efforçait de nettoyer l'empreinte de l'homme sur sa peau blessée. Cet entraînement est jubilatoire, mais je m'aperçois alors – trop tard – que le campement est installé dans une légère dépression du lagon. Pendant les deux jours de tempête qui vont suivre, plus d'un mètre cinquante de neige va nous ensevelir. Les chiens s'étranglent à la ligne d'attache, et, dans la tente, je dois boxer les parois pour ne pas sombrer sous la pression de l'avalanche. Lorsque le blizzard cesse, nous sommes au bord de l'étouffement.

Nos étapes quotidiennes sont de plus en plus courtes. Sans doute parce que nous apprécions tant ces moments de connivence, au campement. Le temps de monter la tente, les chiens profitent d'une petite récréation. Ils viennent à tour de rôle quérir une caresse, une parole, un clin d'œil avant de retourner à leurs jeux, rassurés de m'avoir pris à témoin. Puis c'est l'heure d'attacher mes forçats. L'ordre ne varie guère. Pourtant, à mon appel, tous accourent pour se faire emprisonner le premier. Chacun examine ensuite sa couche, son exposition aux vents, la consistance de son matelas neigeux, le voisinage, tout ce qui assure d'emblée une nuit plus ou moins calme, plus ou moins glaciale sous les étoiles. Il faut ensuite parfaire le nivelage de sa paillasse en grattant un peu la neige afin de profiter d'un petit somme avant le souper. Construire un paravent est inutile. Un muret de neige, c'est une future dune sous laquelle ils risquent d'étouffer, voire de s'étrangler. Mes Sibériens n'ont pas peur du gel ni de la bise. Ils sont nés dans son étreinte et mourront sous sa complainte.

L'attelage s'excite soudain devant une multitude de traces menant à une carcasse de baleine grise. J'y prélève un peu de viande et de graisse séchée avant de rejoindre le grand village de Niechkan. Il y a là tant de chiens que je n'ose pénétrer plus avant et attends mon futur guide qui ne tarde pas à arriver. J'étais attendu : un milicien, répondant au nom d'Igor, vient à ma rencontre en brandissant fièrement une clé ; celle de l'appartement mis à ma disposition par l'administration. Nous sommes le 7 mars, veille du fatidique 8 mars. Les fêtes des Femmes, je les ai vécues sur mon chemin comme des ouragans. Igor répond à mes inquiétudes en m'assurant que la crise est passée. Presque tout le stock de spiritueux est déjà liquidé. La vente d'alcool au village est limitée à une bouteille de vodka par habitant, lors des commémorations. Évidemment, sans le marché de contrebande et la bragga...

— *Jil ! Jil !*

Partout je suis interpellé comme si ce Voyageur français était une vieille connaissance.

— *Jil !* Je t'ai vu arriver hier. Bravo. Tu as un bel attelage. Il paraît que tu voyages depuis longtemps. Quand es-tu parti ? En janvier, en février ?

— Il y a quatre ans.

— ?

Le directeur du sovkhoze est venu me proposer un marché : viande et poisson en échange de discussions techniques interminables. Notre homme est un passionné. Il coud, construit, invente un tas de choses, du vêtement artisanal au véhicule le plus extravagant. Il passe donc au crible mon bagage, ne ménageant pas ses critiques ou restant silencieux lorsqu'une pièce d'équipement lui fait bonne impression. Nous sommes tombés d'accord sur un deuxième marché. Je troque mes vieilles bottes canadiennes rapiécées contre ses *torboza* en peau de phoque nouvellement cousues. Je concède que la transaction n'est pas très équitable (il y perd). J'ai beau le lui faire remarquer, il n'en démord pas, certain de sa bonne affaire. Il m'explique son idée : adapter les semelles de caoutchouc à ses futures bottines de peau. Voilà qui relève d'une conception révolutionnaire !

Soixante kilomètres nous séparent du « village au-delà des

collines[1] ». Nous atteignons Enourmino en six heures, ne prenant même plus la peine de nous découper quelques steaks au passage dans un cadavre de morse échoué.

— Reste là ! Je reviens tout de suite. Surtout ne bouge pas !

Elia court à son logis et s'en revient équipé d'une caméra vidéo, ce qui dans le contexte a de quoi étonner.

— Je vais te poser quelques questions. Reste naturel et regarde bien la caméra !

Elia filme à tour de main tout en menant son interview avec brio. Mon arrivée au village est scénarisée et enrichie d'un commentaire digne d'un journaliste professionnel. La conférence de plein air achevée, il m'invite à me rendre à son logis pour y déguster un ragoût de viande d'ours. Pouchok me fait une jolie manœuvre et chacun participe ensuite au déchargement du traîneau, ce qui crée une cohue indescriptible. Moi, le maniaque du rangement, manque de défaillir à la vue de mon paquetage déballé anarchiquement et réparti, pêle-mêle, entre tous les membres de la population en liesse. Les harnais me sont arrachés des mains par une vieille femme éméchée qui me gueule dans les oreilles qu'elle se charge de les sécher. Une autre, tout aussi hystérique, voudrait m'assurer que la première n'a pas du tout l'intention de me les voler. Les hommes se réjouissent de me voir courir en tous sens pour tenter de rassembler mes effets en vrac tandis qu'Elia continue de tourner son reportage choc. Le bonheur se lit dans les prunelles des visages bronzés, celui de participer à mon aventure, celui de renouer avec les grandes courses en traîneau du passé, celui de retrouver ses racines de *lygoravetlyan*, le fier « homme de la Tchoukotka ».

Le village flanqué de majestueuses montagnes est réputé pour ses importantes colonies de morses. On capture, en outre, le phoque à longueur d'année. Conformément au quota imposé, deux baleines grises ont été prises à l'automne. J'apprends aussi que deux embarcations ont été retournées par le formidable coup de queue d'une baleine du Groenland de vingt mètres de long. Huit tonnes de lard et vingt-quatre tonnes de viande échappaient ainsi aux chasseurs.

Le seul véhicule motorisé du village est un tracteur. Point de chien errant ici. L'animal est un outil indispensable à la survie. Il

1. Selon la toponymie tchouktche.

permet de gagner ses aires de chasse et de transporter le gibier. Chaque famille possède son attelage. Il y en a plus d'une trentaine. Beaucoup de ces chiens ont les yeux bleus, ce qui donne à cette race de Tchoukotka une identité très remarquable. Les huskies sont d'ailleurs le produit de cette souche, croisée avec des races américaines.

Enourmino me fait prendre conscience que je ne suis plus loin du bout du monde. Deux cents kilomètres nous séparent du détroit de Béring. Soudain, je réalise que ma longue route est en passe de s'achever. Je prends peur. Peur, comme toujours, de l'imprévisible et de l'inconnu.

Une jeune fille est venue me voir auprès de mon traîneau. Elle doit avoir seize ans. La peau de son visage paraît si blanche sous sa chapka. Elle est de toute beauté. Ses questions sont spontanées et sans timidité. Certaines évoquent mon amour des chiens, d'autres ma solitude, ma quête. Ses yeux me prouvent qu'elle me comprend. Son sourire illumine l'austérité polaire. Mais bientôt vient l'heure du repas des chiens. Il me faut la quitter pour une tâche moins romantique, celle de découper à la hache des portions d'une tarte de morse prélevée par tranches dans une outre de kopalkhin dure comme du béton.

Ma petite fée du pôle réapparaît en soirée, adorable d'innocence, séduisante de naturel. Elle est venue me présenter des photos en noir et blanc de morse, d'ours et de renard qu'elle a prises et développées elle-même. Chaque image a son histoire qu'elle me conte comme une légende. Ses mots candides chantent à mes oreilles. Elle sent l'animal, l'anime, le fait revivre par la parole et par le geste. Elle-même est primitive et sauvage. Elle est la plus ravissante écologiste, la plus soyeuse militante qu'il m'ait été donné de rencontrer. Sa plaidoirie est empreinte de douce perception, de sage entendement, de saine érudition, en un mot de poésie. Le discours est irrésistible de simplicité. C'est un honneur, pour moi, lorsque ma petite ambassadrice des déserts enneigés m'offre ses clichés en y apposant sa signature. Cette dédicace est le plus noble visa de mon parcours dans le Grand Nord. L'esprit de la mer, celui de la glace et celui de la toundra m'auraient-ils enfin accepté comme membre de leur cercle ? Je veux croire que cette apparition est venue m'annoncer que nous sommes attendus au détroit de Béring.

5

Victoire au détroit de Béring

Jour 748 : 13 mars 2004.
Enourmino ; km 11 050.
Position : 66° 57′ N 171° 52′ W

Intchoun est l'avant-poste du détroit de Béring. Je n'ai pas compté le nombre de cols semés sur ma route. Ils sont nombreux. J'ai, pour prélude à cette étape, choisi la voie des montagnes, plus sûre que la banquise qui peut se rompre à tout moment à la faveur d'un vent de sud ou d'ouest. De surcroît, l'intérêt des ours pour ma cargaison de viande et de graisse m'incite à m'éloigner de leur territoire. Le passage sera l'ultime épreuve de mon périple à travers l'Arctique eurasien.

Je fais mes adieux à la sympathique communauté d'Enourmino. Mon ami Elia se veut rassurant en m'annonçant que le baromètre remonte, mais je sais qu'une pression en hausse alors que la température se radoucit est souvent annonciatrice de fortes chutes de neige. Les regards sont inquiets. L'étape sera difficile. La banquise est traîtresse et les montagnes escarpées. Mon traîneau lourdement chargé contraste avec celui des Tchouktches. Sans se rendre parfaitement compte des difficultés qu'il y a de conduire un tel engin, ils devinent que cela diffère grandement de leur mode de progression, fondé sur la rapidité. En complément de l'éternel kopalkhin, j'emporte deux phoques que j'ai découpés en rondelles et une langue de baleine rancie généreusement offerte par la population.

La montée du col dans la neige fraîche s'annonce ardue. Nous devons avaler trois cent cinquante mètres de dénivelé sur deux kilomètres. Après deux heures d'ascension, les habitations du village paraissent, en contrebas, aussi minuscules que des maisons de poupée. Je m'apprête à filmer lorsque le temps se bouche, nous noyant dans un nuage de vapeur. D'insolentes bourrasques se moquent de notre escalade héroïque. Nous ne traînons donc pas, au col, et, sans rien y voir, amorçons la descente vertigineuse vers la mer. J'ai beau porter de tout mon poids sur le frein, le traîneau se permet encore de rattraper les chiens. Nous glissons sur la surface vitreuse d'une petite langue glaciaire et achevons notre course folle à la porte d'un abri de chasseurs installé sur la côte. Quelques harpons sont stockés sur le toit. Les fenêtres défoncées témoignent de fréquentes visites d'ours passablement curieux. Çà et là, des crânes de morse émergent de la couche neigeuse balayée par les vents.

La banquise paraissant dégagée, nous reprenons la mer. Mais quelle côte ! Des cônes granitiques pareils à des coiffes de sorcières s'élancent vers les cieux sur des hauteurs vertigineuses. Dans les tourbillons de neige, cela ressemble fort aux portes des enfers. S'il y a un lieu sauvage sur terre, c'est bien celui-ci. Quelques traces d'ours viennent nous confirmer que nous ne sommes pas à notre place. Nous fuyons donc ce décor d'épouvante jusqu'à ce que la neige accumulée sous le cap Inkigour freine notre allure. La rive est accore jusqu'à Intchoun. La seule échancrure dans les falaises sera mon lieu de campement. Le choix de la route est à présent décisif. Banquise ou montagne ? Une grande cassure bordée d'immenses empilements de glaces, au large du cap, me fait opter pour ce que je crois être la voie la moins aléatoire : la chaîne des sommets.

Il neige à gros flocons, le lendemain. Le brouillard annihile tout repère. Précédant les chiens, je marche, boussole en main quand, soudain, le vide me happe. Je me retrouve subitement dix mètres en contrebas, assis dans la neige. À peine ai-je le temps de réaliser ce qui m'arrive que l'attelage s'approche du bord du précipice, au-dessus de moi.

— Non ! Pouchok ! Non !...

Mais il est trop tard. C'est la culbute générale. J'observe avec effroi le traîneau qui va écraser les chiens ! Koula et Sharik, ayant peut-être pressenti la catastrophe, se sont écartés au dernier instant.

Je n'arrive pas à comprendre comment, mais la meute se retrouve à mes pieds et je pousse un long soupir de soulagement. Le traîneau s'est réceptionné sur ses patins. Quelques chiens sont coincés par leurs traînes, mais aucun n'est blessé. Seules quelques attaches de sac sont rompues. Deux fois que nous tombons dans un ravin, depuis le début de l'expédition, et deux fois que nous nous en sortons indemnes... Nous avons une chance de pendu. Prions pour qu'elle ne tourne pas.

La rivière sur laquelle nous avons atterri est justement celle que je recherchais. Nous suivons ses longues courbes à pas lents. Comment ai-je pu, par abus de confiance, oublier la perfidie des fleuves supposés gelés ? Nous nous enlisons bientôt dans la slush.

La neige ne va pas cesser de tomber pendant trois jours et trois nuits. L'ascension des cols est harassante. Je trace péniblement la piste, sans skis ni raquettes, ayant présumé qu'au pays du vent, la neige serait suffisamment damée. Heureusement, les galosha que je porte au-dessus de mes bottes de peau se révèlent extrêmement efficaces. Mes larges empreintes ressemblent à celle d'un ours. Je peux donc estimer que mon pas est adapté au terrain.

Trouver son chemin dans un dédale montagneux parsemé de dangereux abîmes demande une grande concentration. Le GPS, que j'utilise d'habitude rarement sur la piste, m'est d'une grande utilité – jusqu'au moment où il affiche un laconique message d'adieu en anglais. Il semblerait qu'il ait trouvé bon de perdre la mémoire de son système, le traître !

Dans la nuit, une tempête impromptue se lève. Elle nous cloue sous un col pendant quarante-huit heures. La tente, mal orientée, est ensevelie sous la neige et j'en viens à maudire le climat de Tchoukotka. Je commence même à douter de l'issue de notre expédition, pressentant que les éléments frapperont encore et encore pour nous pousser à l'erreur. La fin du voyage me paraît plus hasardeuse que jamais...

La couleuvre de la Tcheguitoun est lovée dans un canyon aux à-pics impressionnants. Plusieurs reconnaissances me permettent de trouver un étroit passage entre deux falaises de glace. Je repense au défilé de la Khroma, il y a un an, en Iakoutie. Nous étions frais et forts, alors. Sous cette splendide luminosité, le paysage apparaît sensationnel, intact. Pourtant, à la moindre faute, nous irons nous fracasser les os au fond du gouffre. Inutile de gamberger, la Nature fera de nous ce qu'elle veut. Nous sommes à sa merci, actifs mais soumis. Jamais ma meute et moi n'avons encore connu une telle symbiose. Nous vivons de silence et de non-dit, mais la communication est puissante, impeccable et vitale. Chaque chien est tenu en laisse par le fil immatériel de mon esprit. Nous sommes unis et indissociables. Nous formons une équipe, une famille, une machine parfaitement rodée, irréprochable et déterminée, seulement très fatiguée...

Nous sommes sur la rivière, mais je n'ai pas de quoi me réjouir pour autant. Des gouffres d'eau fumante apparaissent çà et là. Nous ne sommes qu'à mi-chemin d'Intchoun et avons déjà subi pas mal d'épreuves. Notre résistance décline. Quelques bosquets chétifs – les premiers depuis deux mille cinq cents kilomètres – égaient toutefois la compagnie. Nous descendons la rivière prudemment jusqu'à ce qu'un ruisseau de glace trop fine nous barre le passage. Nous traversons en amont jusqu'à la rive opposée, puis je guide les chiens au plus près d'une falaise. Il y a beaucoup de neige. Je brasse avec difficulté. Soudain, je me sens aspiré dans un trou.

L'eau !

J'y suis jusqu'aux hanches et je sens le courant me saisir dans ses mâchoires.

Survivre !

Je m'étale aussitôt dans la neige et me débats pour tenter de m'extraire de ce piège. Après quelques minutes d'angoisse, j'y parviens et rejoins mon attelage. Les chiens sont dans la slush. Les plus nerveux s'enfoncent rapidement. Le traîneau, lui aussi, s'enlise. Combien de temps ce pont de neige va-t-il tenir ? Je ne peux plus avancer. À ma droite : l'eau libre. À ma gauche : la falaise. Et devant : le trou...

J'improvise en toute hâte une traîne fixée à l'arrière du traîneau et fais passer les chiens. Nous allons effectuer une véritable marche à reculons dans nos traces. Ayant compris l'imminence du danger, mes équipiers y mettent toutes leurs forces et nous rejoignons la berge sans encombre en jouant les chasse-neige. Après tant d'émotions, j'estime qu'il est temps de camper et de se sécher. En me couchant, extenué, j'en viens à me demander si les mauvais esprits de Tchoukotka ne sont pas déterminés à nous empêcher d'atteindre le détroit de Béring.

Misant sur le gel de la nuit, je tente à nouveau le passage à l'aube. Quelques chiens prennent un bain forcé, mais notre vitesse nous fait franchir le chenal. Nous allons de l'avant et trouvons un couloir à forte déclivité pour nous extraire de ce nid de serpents. J'escalade la pente en poussant le traîneau, suant à grosses gouttes. Inutile d'encourager les chiens de la voix ; ils font tout ce qu'ils peuvent. L'expédition est leur routine. Nous marchons donc en silence. La neige est si profonde que nous n'avançons qu'à grand-peine.

Depuis Enourmino, je souffre d'une mauvaise bronchite. Chaque quinte de toux vide mon corps du peu d'énergie dont il dispose. Fiévreux, je m'assois dans la neige. Le ciel prend une teinte livide ; la tempête sera sur nous dans quelques heures. Je n'en ai aucun doute. Le pressentir, c'est le lire dans une multitude d'indices qui paraissent explicites pour qui a appris le langage des signes de la nature. Après maintes hésitations, je change de cap. Il nous faut descendre la rivière au plus vite jusqu'à son embouchure. D'après certains renseignements, nous devrions y trouver une cabane en bon état.

Ces quinze kilomètres pourraient faire une sympathique randonnée, n'étaient les pièges qui nous guettent à chaque courbe du torrent. Nous louvoyons avec d'extrêmes précautions. La rivière s'élargit. Le vent forcit. Encore quelques efforts. L'horizon s'entrouvre. Voilà la mer ! Nous virons à l'est et apercevons bientôt le refuge. J'engage mes dernières forces pour gravir la colline sur laquelle est installé l'ancien village. La fièvre me met en nage. Ma poitrine brûle contre le *youjak*. Sans aucune rafale, il souffle avec le ronflement caractéristique d'une turbine. Je dégage la porte d'une vieille cabane. Nous y sommes. Nous sommes sauvés !

J'ai monté la tente à l'intérieur de l'habitation, me sentant incapable de ressortir dans la tourmente en quête de bois de chauffage. Les chiens ont pris place dans le long corridor enneigé. Eux aussi paraissent fatigués. Je passe un long moment auprès d'eux, à les remercier de leurs efforts, à les flatter. Savent-ils au moins pourquoi et combien de temps encore nous devrons lutter ? En dépit de mon abattement, leur compagnie me procure davantage de réconfort que la tiédeur du sac de couchage.

Le lendemain, le vent emporte tout et la température atteint + 5 °C. Dans notre état d'épuisement, aurions-nous tenu le coup dans les montagnes ? Depuis notre départ d'Enourmino, la météo nous a rendu la vie dure, grignotant inexorablement nos forces.

Le youjak a duré trois jours. La banquise s'est ouverte jusqu'à la côte. La mer est bleue, belle, mais impraticable. Les températures positives ne nous permettent pas de reprendre notre route. Il faut tenir et espérer le gel, qui ne saurait tarder, en cette fin de mois de mars. Ma bronchite, elle, ne me lâche pas. Dans chaque village, je récolte toute une panoplie de microbes que j'ai ensuite grand-peine à refouler. Mon organisme, conditionné par l'environnement aseptisé de la toundra, voit ses défenses immunitaires amoindries. Pour pallier cette déficience, je consomme mes précieuses « racines d'or » récoltées à Valkarkaï. C'est, du reste, un excellent tonifiant.

Les chiens ont faim. Les deux phoques que je transportais sont digérés depuis longtemps. Il reste un bout de langue de baleine que je réserve à Pouchok ; pour les autres, j'ai réduit la taille des portions de lard de morse. Dans deux jours, je n'aurai plus rien, à part les dix boulettes de viande d'ours que j'économise en cas de coup dur. Si le redoux se prolonge, il nous faudra marcher le ventre creux. Je tremble à l'idée d'avoir à faire subir ce calvaire à mes compagnons. Je réfléchis, estime, calcule tout en observant le ballet de deux grands corbeaux sur la berge. Hier, ils voletaient au même endroit. Une excursion me fait découvrir une carcasse de morse à moitié dévorée par les bêtes, puis une autre presque intacte, avec sa défense d'ivoire perçant la neige. Notre bonne étoile ne nous a donc pas abandonnés. Certaines expéditions utilisent des déposes de vivres aériennes. Moi j'ai opté pour le ravitaillement marin. C'est moins coûteux, bien que plus aléatoire. Et puis il faut s'accoutumer au goût, parfois douteux, de la venaison putréfiée...

Tcheguitoun est une ancienne localité tchouktche dont les habitants ont été évacués durant la guerre froide. Ne restent aujourd'hui que la cabane que j'occupe et quelques ruines, dont l'inébranlable mirador dominant l'océan polaire. L'orgueilleuse tour d'observation soviétique se permet encore de narguer le monde, en l'occurrence une carcasse de baleine pitoyablement étalée sur les flancs rocheux de la falaise. Deux symboles, face à face, s'affrontent théâtralement et résument, à eux seuls, la fatale confrontation entre deux cultures.

J'ai quitté Tcheguitoun non sans avoir fait une petite prière pour que les esprits du voyage – les bons évidemment – m'accompagnent jusqu'à Intchoun. Il fait encore chaud mais, selon mes prévisions personnelles, le froid devrait être de retour le lendemain.

La profonde soupe neigeuse nous oblige à trimer dans l'ascension d'un col, mais nous avançons et le temps ne s'est pas encore gâté. Des lacs de fonte se sont formés à la suite du youjak. Nous prenons garde de bien les éviter. Le vent de Tchoukotka semble toujours prêt à se dévergonder en tempête et je ne m'y fie guère. Nous bifurquons donc dans une vallée accueillante pour camper à l'abri. Il ne reste que quarante kilomètres jusqu'au village d'Intchoun. Quarante petits derniers kilomètres que j'aimerais tant faire avec un temps, disons, stable...

La météo n'est pas de cet avis. Le lendemain, elle m'offre un temps, disons, très instable... Dès ma sortie de la tente, je reçois une bonne gifle pour parfaire mon éducation et ébranler mon optimisme. Je ne me sens pas de taille à lutter, aujourd'hui. Je n'ai toujours pas recouvré mes forces. Je me recroqueville dans mon abri. Le vacarme des chiens m'avertit bientôt de la présence d'un visiteur bien impudent. Si j'en crois leurs aboiements rageurs, il doit être au pied du traîneau. Ma sortie précipitée de la tente me permet tout juste d'entrevoir un renard polaire qui prend la fuite sur la pente neigeuse. Dans ma hâte, je n'ai pas eu le temps de charger mon fusil. Les chiens, dans leur colère, ont arraché le buisson sur lequel était fixée la ligne d'attache. Je m'apprête à y remettre de l'ordre lorsque le petit fuyard, nullement intimidé, revient vers nous, ou plutôt vers moi ! Rien n'exprime l'agressivité dans son attitude, mais j'ai souvent entendu parler de ces bêtes enragées dont le comportement frise la folie. Mes vociférations ne suffisent pas à l'effrayer et c'est finalement moi qui prends peur, ne sachant trop ce que signifie sa danse autour de moi. J'effectue une prudente retraite, quoique déshonorante aux yeux de ma meute abasourdie. Se pourrait-il que l'animal ait pris la tunique de faon blanche dont je suis vêtu pour une grande maman renard ou pour un ours ? Nul doute qu'il va nous revenir...

Les chiens ne tardent pas, effectivement, à se manifester. Fusil chargé en main, je l'attends, ne portant cette fois que mes sous-vêtements noirs. Sans se soucier le moins du monde des menaces des chiens, le voilà qui s'approche d'un pas assuré.

Pauvre renard qui paie de sa vie sa curiosité ou sa confiance pour le moins excessive.

C'est décidé. J'atteindrai Intchoun aujourd'hui même et quelle que soit la météo. Ma détermination ne fait cependant pas changer le temps. Lors de notre sortie de la vallée, quelque chose me dit que la journée ne va pas être facile. Le vent forcit, le chasse-neige gagne en hauteur et la visibilité se réduit. Nous laissons, une à une, les montagnes dans notre nord, suivant strictement notre progression sur la carte. Notre allure est rapide car le traîneau s'est allégé.

Intchoun : vingt kilomètres. Boutique, chaleur, banya...

La pancarte publicitaire issue de mon imagination est plutôt rassurante. Peut-être m'est-elle apparue pour refouler la crainte de cette ultime confrontation. À part l'azimut donné par ma boussole, je ne distingue rien et il nous faut traverser un massif élevé avant d'atteindre le lagon. Nous sommes encore sur les hauteurs et, trop légèrement vêtu, je me sens frigorifié. Sortir ma malitsa me ferait perdre temps et calories. Je cours donc à côté du traîneau, la gorge haletante et glaireuse.

Intchoun : sept kilomètres

Nous aurions dû atteindre le lagon mais, dans les bourrasques, je n'aperçois qu'un haut plateau entouré de hautes parois. Où sommes-nous donc ? Puisque je n'y comprends plus grand-chose, je poursuis droit sur le village. Attention à la faute ! Sans visibilité, nous pouvons très bien nous trouver précipités du haut d'une de ces falaises.

Intchoun : quatre kilomètres

Il s'avère que le haut plateau n'est autre que le lagon. Il faut tenir. Pouchok a compris que nous arrivons bientôt. Il se trémousse d'excitation tout en se posant beaucoup de questions. Le voilà qui vire à quatre-vingt-dix degrés. Aurait-il senti le village ? Je le laisse faire un moment, puis préfère me fier à mon propre sens de l'orientation, sauf le respect que je dois à mon chien de tête.

Intchoun : deux kilomètres

Rien en vue. Je m'inquiète. Si nous manquons le village, nous sommes morts. La tempête est très mauvaise, le vent du nord glacial. Depuis une crête, je distingue vaguement des cubes noirs au lointain. Le village ?

— *Yourî !*

J'encourage les chiens qui ont couru quarante kilomètres sans une seule pause. Les cubes disparaissent puis réapparaissent. Ce sont des rochers... Mon cœur bat la chamade. Pouchok, la queue en panache, martèle la neige durcie de son pas rapide et guilleret. Nous nous rapprochons vite des formes évanescentes. Ce sont bien des cubes !

Intchoun : cinq cents mètres

Nous avons gagné !

Les multiples tâches d'installation m'ont occupé jusqu'au soir. Lorsque je m'écroule sur mon sac de couchage, hébété de fatigue, mes yeux s'embuent soudain et je sanglote comme un enfant à la barbe hirsute. Pour une fois, je ne contrôle plus la situation. Sans trop reconnaître le bonheur de la tristesse, le corps craque, l'esprit flanche. Cette foi qui m'a guidé dès les prémices du projet, la tension nerveuse de quatre années de route, ce carcan que je me suis forgé dans une bataille de mille jours, cette force qui m'a permis de vaincre une multitude d'obstacles sur un itinéraire de onze mille kilomètres, cette détermination farouche qui m'a conduit au bout du monde et de moi-même... tout s'écroule soudain sous une avalanche de souvenirs que mon cerveau restitue en une rétrospective éclair. Il y a : le kayak dans les fjords de Norvège, la mer Blanche lumineuse, la marche des rennes, Sokol, mon petit chien, la mort qui rôde sur la péninsule de Guyda, les beaux jours de Taïmyr, le naufrage en mer des Laptev, mes amis de Tchokourdakh, la cabane de Valkarkaï, les chaos de glace, l'eau libre, les blizzards, la solitude, la nuit, les ours, les froids démentiels... Le dernier hiver a été un véritable combat dont nous sortons victorieux. Je saisis la dernière carte topographique marquée « Ouelen ». Glissent sur mes joues deux perles cristallines, éphémères condensés d'émotions, qui viennent entacher le papier froissé où s'inscrivent, en caractères cyrilliques, deux mots qui m'ont aimanté depuis tant d'années : *Беринга пролив*. Le détroit de Béring. Nous n'en sommes plus qu'à vingt-huit kilomètres.

Intchoun compte six cents Tchouktches : trois cents hommes et trois cents chiens. Le vent du nord est sec et froid. Il faut être Tchouktche pour habiter un tel lieu. Chacun s'accorde cependant à dire que ce mois d'avril est un peu frisquet.

Une jolie petite chienne de trois mois est venue féminiser ma meute. J'ai pensé qu'Intcha serait un joli nom, eu égard à son lieu de naissance. Je peux à présent me targuer de posséder un attelage constitué d'individus issus de chacune des régions de l'Arctique russe. Pouchok et Sharik sont originaires de la région d'Arkhangelsk, Kiss-Kiss et Voltchok de Tioumen, Volk, Koula et Simba de Taïmyr, Tobby et Tourgen de Iakoutie et enfin la petite Intcha de Tchoukotka. Ermak le fou fait exception puisqu'il me vient de Moscou. Intcha n'a pas été longue à m'adopter. Elle a aussi un faible pour Pouchok, qui la materne en attendant d'en faire son épouse, du moins le suppute-t-il. Intcha est extrêmement intelligente et très séduisante, avec ses yeux bleus langoureux.

Nous sommes dimanche, jour du finale de l'expédition. Peu de badauds ont décidé d'y accorder de l'importance. Je suis seul et le vent balaie la rue principale du village, histoire de rappeler au pauvre voyageur que je suis que le printemps n'a rien à faire dans cette contrée désolée du Grand Nord.

Ma nouvelle passagère prend place à bord d'une petite caisse arrimée sur l'avant du traîneau. Rassurée par ma présence à l'autre extrémité du véhicule, Intcha s'est sagement assise pour observer, avec beaucoup d'intérêt, ces grands gaillards qui se font docilement harnacher. Aussitôt la dernière habitation passée, nous sommes pris dans le tumulte habituel. Je resserre la ceinture de ma malitsa, vérifie mon cap et traverse le mur du vent jusqu'au lagon d'Ouelen. La dernière montagne nous séparant du détroit de Béring apparaît. Elle cache le cap Dejnev, extrémité orientale d'un continent que nous avons traversé de part en part. Encore un peu étourdi par la tornade essuyée sur les sommets, je réalise que nous sommes enfin au bout de l'Eurasie. Nous venons de gagner l'expédition Arktika. Nous sommes le 4 avril 2004.

La plage du bout du monde est jalonnée de fûts rouillés soigneusement alignés sur une dizaine de kilomètres. On aurait pu faire mieux, pour signaler ce lieu mythique. En se laissant conduire par ces balises, on atterrit pile sur le quartier général des gardes-frontières, dernier bastion de l'empire défait avant le Nouveau Monde et son abominable rêve américain. Même si, par un affreux concours de circonstances, vous alliez malencontreusement vous égarer plus à l'est, les fonctionnaires chargés de la sécurité du territoire auraient tôt fait de vous faire rebondir à l'ouest. Dommage car, une fois dépassé ce finistère religieusement défendu, vous attend la frontière entre aujourd'hui et hier. Je veux parler de la ligne de changement de date, et de ses vingt-quatre heures de décalage horaire.

Quatre-vingt-neuf kilomètres séparent l'Asie de l'Amérique. Lors des époques glaciaires successives, l'énorme quantité de glace retenue sur les continents provoqua un abaissement du niveau des océans d'une centaine de mètres, asséchant une plaine alluviale à laquelle on a donné le nom de Béringie. Il y a environ douze mille ans, des hommes originaires de Sibérie empruntèrent ce pont naturel pour peupler le Nouveau Monde. Ce furent les premiers Américains.

De très loin, je les ai aperçus. Ils sont une bonne centaine et je crois en reconnaître certains. Notre finale est héroïque. Justement, une banderole portant l'inscription *Finish* est tendue au-dessus du comité d'accueil venu fêter l'explorateur et sa valeureuse équipe de champions du monde d'endurance polaire. Des caméras de télévision françaises, russes et même américaines pointent leurs objectifs dans notre direction tandis que les notes discordantes d'une fanfare se mêlent à un chant folklorique tchouktche. Quelle cacophonie !

Les chiens, attirés par l'assemblée, ont accéléré. Nous franchissons l'oriflamme en un sprint prodigieux. C'est alors que je commande à mon attelage un demi-tour qu'il effectue magnifiquement. Le traîneau s'immobilise face à la foule en délire dans un dérapage contrôlé. Un micro se tend aussitôt vers moi.

— Gilles Elkaim, vous êtes le premier homme au monde à réussir ce parcours. Quelles sont vos impressions après quatre années de route ?

— Euh ! Heureux !...

— Gilles, dites-nous quel a été le moment le plus difficile de votre voyage ? Parlez bien dans le micro, s'il vous plaît.

— Le plus difficile ? C'était...

— Une photo avec vos chiens ! Gilles, merci. Quels sont vos projets après un tel périple ?

— Mes projets ? Je pense que...

— Salut, Gilles ! Tu me reconnais ?

Cet hystérique brandit un magnum de champagne qu'il agite pour faire péter le bouchon, mais le liquide est un peu gelé et ça ne marche pas très bien. Le bouchon est coincé. Mon sourire est niais... La photo est sûrement ratée.

La cohue m'a ensuite emporté dans sa vague jusqu'à l'hôtel où devait se tenir la conférence de presse. Je me suis retourné pour faire signe aux chiens, mais nous étions déjà trop éloignés... La chaleur m'a envahi d'un seul coup. Une hôtesse élégante m'a prié de passer au vestiaire pour retirer mes fourrures. J'ai ôté ma peau de renne et c'est alors seulement que je me suis éveillé... sur la plage d'Ouelen. Seul... Je venais de ranger ma malitsa sur le traîneau. Il faisait un peu chaud. Je m'étais senti mal. Les chiens m'ont regardé bizarrement. Juste un mauvais rêve.

Discrétion et intégrité ont été et resteront les priorités d'Arktika. C'est ce que je me dis pour refouler quelques relents de vanité indécente, pour me consoler un peu de cette joie intérieure que je ne peux communiquer à personne, si ce n'est à ma meute, qui s'en contrefiche éperdument. Koula lève la patte pour arroser d'un jet d'urine une tige de ferraille tordue par le temps. Les autres se frottent le dos ou se lèchent assidûment les coussinets. Voltchok s'est endormi. Il ronfle déjà ouvertement. L'arrivée au détroit de Béring est pour eux un jour comme les autres. C'est une bonne leçon d'humilité. Les chiens savent se montrer dignes en toute circonstance.

Nous devions être attendus à la station météo. Je m'y rends et me présente. Un individu me répond. Il parle vite, s'énerve tout seul et m'explique avec véhémence que nous devons passer notre chemin... Je ne m'attarde donc pas et quitte la place, prêt à affronter le labyrinthe du village le plus oriental du continent eurasien. Apercevant un homme s'en revenant de la banquise, je vais droit vers lui sans hésiter.

— L'administration, s'il vous plaît !

— Mais nous sommes dimanche !

— Je suis le Voyageur français...

— Et moi, je suis le chasseur tchouktche... Bon, prenez la rue principale. Après deux bâtiments, vous tombez sur un immeuble. Deuxième étage. Première porte à gauche.

Cent chiens nous attendent, les babines retroussées, et je n'aperçois aucun passage à travers les congères. Le chasseur n'est guère ému devant mon désarroi. Je dois insister un peu pour qu'il consente à m'indiquer la faille.

Atteindre la rue centrale sans avarie majeure est un exploit. Nous sommes stationnés près dudit immeuble et le chef de l'administration vient à nous.

— Garez votre véhicule par là-bas !

J'avais oublié d'apposer la pancarte « *Convoi exceptionnel. Vingt mètres de long* ». Mais le héros est fatigué ; il préfère obtempérer sans pour autant demander l'impossible à son pauvre chien de tête. Le fonctionnaire m'avoue que notre hébergement pose un problème. Nous devons donc attendre. C'est à peine si les passants nous remarquent.

Nadejda est venue à notre secours, son énergie débordante palliant la mollesse de certains. Les chiens ont sagement trouvé place sur la plage enneigée. Intcha et son maître sont invités dans un appartement surchauffé où règne une joviale atmosphère embellie du sourire édenté de mon hôtesse.

Si, au premier abord, l'accueil a paru un peu froid au village, les jours qui suivent me permettent de faire plus amplement connaissance avec la population. Célèbre par sa position géographique et ses graveurs sur ivoire de morse, la bourgade voit passer de nombreux touristes, et la réaction du quidam face au voyageur est bien différente de celle d'autres hameaux plus isolés.

Le musée est riche de splendides œuvres d'art. Chaque défense est un conte, une légende, une scène de la vie quotidienne ou traditionnelle. Mais il n'y a pas que les canines hypertrophiées des morses qui intéressent les artistes. On sculpte aussi l'os pénien de ce même mammifère, qui doit bien mesurer soixante-dix centimètres. Certains Tchouktches, taquins de nature, en font des pieds de tabouret et invitent malicieusement des jeunes femmes à s'y asseoir.

— Le siège vous convient-il, mademoiselle ?

La farce ne manque pas de déclencher l'hilarité générale..

J'aurais aimé participer aux chasses automnales, traquer la baleine et le morse. Je reste en admiration devant le courage de ce peuple qui a su réapprendre les gestes d'autrefois. Chasse au harpon, construction de baïdare[1], élevage de chiens de traîneau..., toutes ces techniques du passé ont resurgi par simple nécessité, celle de survivre dans un Grand Nord aujourd'hui dramatiquement laissé pour compte.

1. Barque en peau de morse propulsée à l'aide de rames, possédant parfois mât et voile.

6

Cent kilomètres de bonus

Jour 771 : 9 avril 2004.
Ouelen ; km 11 256.
Position : 66° 09′ N 169° 50′ W

Le détroit de Béring proprement dit est à une dizaine de kilomètres à l'est d'Ouelen. Notre marche s'achèvera complètement lorsque nous aurons foulé les rivages de la mer de Béring. Nous devons d'ailleurs rejoindre Lavrentia, à une centaine de kilomètres au sud, afin de nous embarquer dans un avion en direction d'Anadyr, capitale de la Tchoukotka.

Intcha est la seule enthousiaste, pour cet ultime départ. C'est avec une visible satisfaction qu'elle s'installe aux commandes du vaisseau et donne de la voix pour encourager les grands dadais au travail.

Le ciel prend une teinte sombre. Le vent du nord pousse les glaces au sud de la péninsule des Tchouktches et les eaux sont entièrement libres sous le cap Dejnev. Nous commençons seulement la longue ascension d'une chaîne montagneuse. Elle va se poursuivre durant les quatorze heures de cette dernière randonnée. Un traîneau se profile dans les hauteurs. Nous ne sommes pas longs à le rattraper car son allure est lente. Rien d'étonnant à cela, les chiens du vieil homme sont si petits que je me demande comment ils sont parvenus à le hisser jusqu'ici ! Sans scrupules, nous le dépassons. Le Tchouktche avait voulu me vendre quelques morceaux de phoque au prix d'un animal entier, quelques jours auparavant. Je les avais troqués contre une poignée de cartouches et il s'en était retourné satisfait du marché.

Sur la crête, je rejoins encore deux équipages partis d'Ouelen. Nous bavardons un moment en casse-croûtant de morse pourri, le temps que les chiens nains et leur conducteur du troisième âge nous retrouvent. Après avoir replié consciencieusement une serviette sur les fines tranches de viande verdâtre, le chef de troupe donne le signal de départ. Il nous est difficile de trouver notre place, dans cette caravane. Je suis contraint de freiner fréquemment le traîneau pour éviter que Kiss-Kiss ne morde le derrière du conducteur qui me devance. Je pense un instant m'extraire du convoi, mais cette initiative n'est pas du goût de Pouchok qui, pour une fois, voudrait bien s'affranchir de ses responsabilités. Après tout, moi aussi j'ai envie de jouer les touristes en me laissant guider.

Trois autres traîneaux ont rallié notre cortège. Décidément, on s'est donné le mot pour prendre la route aujourd'hui. Nous sommes à présent sept attelages sur la piste, que nous quittons d'ailleurs pour prendre un raccourci... Je me méfie toujours des raccourcis. Lors des fréquentes pauses nécessaires pour nous regrouper, la conversation tourne autour de ma meute, de mon équipement. Moqueurs au premier abord, les voilà impressionnés par la force de mon attelage et l'excellence de mon leader. Mes chiens tractent aujourd'hui dans les trois cent cinquante kilos alors que leurs homologues tchouktches se contentent de tirer leur conducteur assis sur son traîneau. Cela fait une sacrée différence lorsqu'on progresse dans les montagnes. Malgré cela, notre allure est plus rapide.

Après avoir essuyé une violente averse de neige sur les hauteurs, mes compagnons perdent leurs repères. Ça discute sec et les avis diffèrent. Je consulte ma carte.

— Nous longeons la rivière Ribnaïa, dis-je. D'après moi, nous devons la remonter jusqu'au col.

— Il a raison ! s'exclame le vieux. C'est ce que je vous dis depuis tout à l'heure !

Et sans attendre, il lance ses chiens nains dans l'ascension.

Ma bande commence à prendre goût aux voyages en groupe ; tirer de conserve avec des énergumènes de la même espèce l'intéresse au plus haut point. Pouchok observe attentivement le désordre des voisins en se demandant comment il se fait que leurs maîtres ne profèrent pas de tonnants « *F... dogs !* » Il ne perd jamais de vue sa petite amie Intcha, qui gambade joyeusement dans les montées ou se repose dans sa caisse lorsque notre vitesse augmente. Qu'un attelage étranger se rapproche trop de nous et la voilà qui aboie. Moi aussi, je m'amuse beaucoup.

Lorsque la nuit tombe, nous sommes encore à une trentaine de kilomètres de Lavrentia.

— La descente vers la baie est dangereuse. Il y a des à-pics, préviennent-ils pour me rendre plus inquiet que je ne le suis.

L'ampoule de ma lampe frontale ayant cru bon de griller au moment opportun, nous progressons sans nous voir. Je ne distingue rien d'autre que les petites loupiotes de la ville d'en bas, à une vingtaine de kilomètres, et les petites loupiotes des étoiles d'en haut, tout à fait semblables, à quelques années-lumière. Soudain, nous piquons droit dans le vide. J'ai branché le pilote automatique Pouchok et me contente d'équilibrer mon engin, qui rebondit violemment sur les rochers. Quelle atmosphère ! Une fois l'amerrissage correctement effectué sur la banquise, je tente de retrouver mes compagnons de route. Sur les sept attelages, nous ne sommes plus que trois. Le vieux aux chiens nains doit encore être là-haut. Les autres sont morts ou perdus. Nous nous en soucions peu. Il ne nous reste plus qu'à traverser la baie pour achever cette longue étape.

Il est minuit lorsque nous atteignons la ferraille, le béton et les congères de la cité endormie. Nous sommes le 9 avril 2004. Mon compteur personnel affiche onze mille quatre cents kilomètres, les coussinets de Pouchok sept mille kilomètres. Je remercie un à un mes chiens sous la voûte étoilée. Je n'oublie pas Sokol, qui ne m'a jamais complètement quitté. Nous avons vécu ensemble une belle histoire, pleine d'aventures, de dangers, de rencontres, de bonheur et de détresse parfois. Nous avons atteint notre but. Il ne nous reste plus qu'à le dépasser...

Jour 771 : 9 avril 2004
Lavrentia ; km 11 376
Position : 65° 35" N 171° W

ÉPILOGUE

Après le grand blanc : le grand vide

Au moment où les tensions internationales sont à leur paroxysme, la démarche qui consiste à mener une expédition dans le Grand Nord pourrait paraître superflue. Les grands de ce monde ont déifié l'économie, synonyme de pouvoir, de richesse, de croissance. L'homme, leurré ou persécuté par ces valeurs trop pragmatiques, semble se refermer sur lui-même et assiste, impuissant, à la menace des vérités essentielles qui régissent le fondement de toute humanité.

Ouvrir une fenêtre sur l'imaginaire serait-il si futile, ou si puéril ? L'homme du XXIe siècle, empreint d'une sagesse trop cartésienne, n'aurait-il plus soif de confrontation avec lui-même ? Serait-il voué à l'indigence des sens ?

Quel est le but de votre expédition ? me demande-t-on souvent.

Derrière l'alibi d'un itinéraire géographique se cache une recherche plus fondamentale. Explorer, c'est tenter de saisir les mutations subtiles d'un monde qui nous échappe sensuellement parce que nous allons trop vite et n'observons que trop superficiellement. Se dégager du voile opaque tissé par notre naissance, notre culture, notre éducation permet d'accéder à une vision plus directe du milieu dans lequel on évolue. S'extraire du carcan de son propre personnage oblige à se responsabiliser vis-à-vis d'un environnement, surtout lorsqu'il s'agit de l'Arctique, qu'on l'appréhende seul et avec, pour tout véhicule, un traîneau à chiens. Le temps devient, dans ces conditions, la clé de voûte d'un programme fondé sur l'adaptation. Les choses à la fois vécues et profondément ressenties apparaîtront belles et véritables. C'est ce que l'on nomme aujourd'hui l'« authenticité ».

La « quête » est un autre mot à la mode. La quête de soi-même paraît être un mobile suffisant, en tout cas suffisamment vague pour répondre à toute interrogation déplaisante.

Disséquer le pourquoi du comment n'est jamais simple pour le voyageur qui ne détient pas forcément la clé du mystère de sa mission. Vivre son aventure n'est-il pas déjà amplement suffisant ? Si toutefois je devais trouver une explication qui puisse justifier de manière plus probante mon engagement, je dirais que je partais à la rencontre de la beauté. Cela peut paraître abstrait, et tellement subjectif. J'en conviens. La beauté peut être dissimulée dans son jardin. Elle peut être intérieure et se croiser dans le regard de l'autre, dans son amour. Mais que faire, lorsqu'au fil du parcours d'une vie, elle ne paraît plus ? Accepter ? La rêver ? Partir à sa recherche ? Ce sont finalement là les trois étapes fondamentales du cheminement d'un voyage : forger sa foi, constituer sa force, exécuter. La quatrième phase, et non des moindres, se situe au terme de l'aventure : l'exploiter.

Un si long voyage n'est-il pas sans danger ? C'est une bonne question.

Ces milliers de kilomètres de toundra sauvage m'ont évidemment mis en décalage total avec le monde civilisé, probablement parce que je ne suis ni un sportif avide de record ni un chef d'entreprise apte à fabriquer des dollars, mais plus modestement un chasseur de rêves. Et le rêve pur ne se vend pas. C'est là notre force à nous, explorateurs, qui voulons doubler la réalité en nous moquant, pour un temps, de ces valeurs que l'on nous fait passer pour définitives alors qu'elles ne sont qu'approximatives.

Se réadapter à la société – remettre les pieds sur terre comme diraient certains aigris – après quatre années de pérégrinations dans le désert polaire n'est pas seulement difficile. Cela paraît même impossible. Mais le désire-t-on vraiment ? Revient-on jamais d'un tel périple ? Écrire, réaliser, conférer, ce n'est pas seulement faire revivre son aventure aux yeux des autres, mais la poursuivre à l'intérieur de soi dans une autre dimension. Le voyage n'est donc jamais véritablement achevé. Il se prolonge et chaque projet est une nouvelle étape d'une seule et même aventure, celle de la vie.

Durant quatre années, un homme a marché dans les plus grands froids, dans la plus grande solitude, dans les espaces les plus sauvages de la planète. Qu'a-t-il donc trouvé dans ces immensités glacées ? Ni plus ni moins que vous : le bonheur, son bonheur.

Post-scriptum

Il faut toujours que les tâches les plus ingrates m'incombent. C'est, paraît-il, le privilège du chien de tête. Délégué par mon maître pour achever cet ouvrage, j'ai longuement hésité à assumer la lourde responsabilité du mot de la fin. D'abord parce que je suis un chien et que la bête se doit d'être réservée. Ensuite parce que l'homme, dans toute son ingratitude, ne prête que peu d'attention à nos propos et à nos états d'âme – certains prétendent même que nous n'en avons pas ! Dieu sait pourtant qu'il gagnerait à s'imprégner de notre sagesse. La philosophie animale, et la philosophie tout court, serait-elle rentable que son monde tournerait un peu plus rond. Un jour, j'écrirai un traité de psychologie canine qui trouvera un écho auprès de mes condisciples et, je l'espère, auprès de l'espèce humaine qui, bien qu'un peu butée, n'est pas complètement irrécupérable.

Plutôt que d'achever cet ouvrage par de dithyrambiques formules, je me dois de répondre à la question que vous vous posez tous. Que sont devenus les chiens d'Arktika ?

Parvenu au détroit de Béring après une effroyable course de quatre années, je me suis trouvé en veine de confidences. J'ai interpellé mon chef d'un mouvement d'oreilles.

— Maître, j'ai mené votre attelage sur sept mille kilomètres. Je n'irai pas plus loin.

— Qu'y a-t-il, Pouchok ? N'es-tu pas heureux de tirer une demi-tonne dans les chaos de glace ? m'a répondu la crapule, visiblement interloquée.

J'en ai froncé la truffe.

— Ce n'est pas ça. Vous savez bien que je n'ai rien contre

quelques centaines de kilos de plus ou de moins. Et je ne rechigne devant aucune neige, même si elle est vierge. Mais je vais bientôt avoir cinq ans et, en bon demi-loup, je voudrais fonder une famille.

Devant son air marri, Koula, qui écoutait la conversation malgré son extrême confidentialité, est intervenu en remuant la queue.

— C'est une excellente idée ! Moi, je propose un compromis. Tu – Koula ose le tutoyer – m'as souvent dit que les poilus sibériens étaient les chiens de traîneau les mieux adaptés aux expéditions. Nous pourrions développer nos races pour les préserver...

Ainsi naquit l'idée du camp Arktika, dont je suis le responsable. Nous y sommes mandatés pour assurer notre descendance au sein d'un élevage de chiens sibériens unique au monde. L'endroit est confortable. Nous jouissons d'une luxueuse niche individuelle en pin et la cantine propose des produits du terroir d'excellente qualité. Une tonne de viande tous les deux mois, c'est un régime dont je ne me plains pas. Il y a fort à parier, cependant, que tout cela n'est qu'un leurre, et je subodore que nos meilleurs rejetons seront déportés bientôt au goulag arctique. Enfin, pour l'instant, nous vivons heureux, dans le calme et dans la paix. Bien sûr, ça castagne de temps en temps, mais les combats ne sont jamais dénués de sens. Il s'agit de piquer l'os du voisin, de gagner les faveurs d'une bâtarde en chaleur. Ce sont, en clair, de saines peccadilles qui sont loin d'égaler les lourds péchés de la gent humaine. Je vous assure que nous avons beaucoup d'humour. Rien à voir avec la débauche d'infamie et de furibondes niaiseries divulguées dans la triste réalité de vos sociétés. Oui, je comprends. Cela vous donne envie de vous échapper et de rêver...

À tout seigneur tout honneur, je commencerai par vous éclairer sur ma propre situation matrimoniale. Il était initialement prévu de m'accorder pour épouse Intcha la Tchouktche pour laquelle j'ai beaucoup d'affection, à défaut d'une grande passion. Il en a été décidé autrement. Je dois vous préciser que la dictature dans laquelle nous vivons ne nous autorise pas à choisir nous-mêmes notre conjointe, si ce n'est clandestinement. Mon statut d'aristocrate ne me permet pas d'ailleurs de séduire la première roturière venue. Intcha ira donc se chercher un autre mari. Les sentiments n'ont rien à voir là-dedans. Il s'agit, je crois, de critères de gabarit. L'adolescente aux yeux turquoise a été assez perturbée dans sa croissance du fait de l'arrêt brutal de l'expédition, et surtout la concurrence féminine – qu'elle n'a pas bien supportée. On m'a donc attribué une malamute descendante de champions d'Europe. L'heureuse élue, bien ronde et un peu dévergondée, se nomme Massik. Entre un demi-loup doté d'une intelligence hors normes (c'est de moi qu'il s'agit...) et une malamute aux capacités physiques sévèrement sélectionnées par les Eskimos d'Alaska, nous devrions obtenir des chiots d'exception, aptes à de futures grandes expéditions polaires. Quel enfer !

Simba, le très rare samoyède aborigène, joue les nounous en attendant de plus intimes ébats. Ioulka est une congénère de sa race issue également d'une dynastie de championnes de Russie. De nos jours, posséder quelques diplômes n'est pas superflu. Elle est blanche et très poilue ; ce qui, chez nous, est un critère de beauté. Intcha, avec son poil ras, en est par conséquent très jalouse.

J'ai le plaisir de vous annoncer la naissance de Kouss-Kouss et de Miou-Miou, fils du très malin Kiss-Kiss, qui a pris de vitesse Koula pour sauter sur l'aguichante Margot. Margot est l'unique husky de notre maman adoptive, Léna, la cynologue employée à des travaux de couture dans notre merveilleuse cabane de Tchoukotka. J'ai du mal à lui faire comprendre que l'ardeur que nous mettons à nous chamailler – c'est un faible mot – n'est due qu'à la vie ascétique que nous a fait mener ce gredin pendant quatre ans. La brave femme, pleine de dévouement, est parvenue, à maintes reprises, à sauver la vie de certains de mes compatriotes en jouant encore de l'aiguille, cette fois pour repriser les infortunés catcheurs restés sur le carreau. Le dernier en date a été Koula – il y voit très clair depuis son opération. La grosse veine de sa cheville avait été tranchée net par le croc habile de Sharik. Comme un malheur n'arrive jamais seul, le coup de dents vengeur de l'irascible colosse de Taïmyr avait atterri sur le béton. Le malheureux a perdu dans la bataille une canine de bonne taille et un bon morceau de gencive en sus.

Je ne m'étendrai pas sur les aventures de Tourgen. Je ne l'aime pas beaucoup depuis qu'il a osé me casser la figure, à moi, vénérable chien de tête ! Lui aussi ne possède que trois canines, et c'est bien fait.

Volk, le papa de Koula, a achevé sa vie cet été sur les rivages de la mer de Béring. Le vétéran a tiré courageusement son traîneau jusqu'au terme de l'expédition. Je lui décerne la médaille du Mérite car il est resté un jeune homme jusqu'au bout, dans sa tête et dans son corps.

Ermak, Tobby et Voltchok, ayant opté pour la nationalité tchouktche, se portent bien ; ils vivent dans la famille de Nikolaï, chasseur de morses à Lavrentia. Nous sommes enfin débarrassés de ce husky complètement cinglé. Je regrette néanmoins Tobby et Voltchok, qui étaient de joyeux et inoffensifs compagnons de jeux.

Comme vous pouvez le constater, la concupiscence est dorénavant notre moulée quotidienne. Pas de quoi se lamenter. Pourtant, je ressens parfois une certaine mélancolie. Poser sa crotte dans une neige pulvérulente en se disant qu'on est le premier à souiller un espace vierge a quelque chose d'envoûtant. Oui, j'éprouve une profonde nostalgie des steppes arctiques, de leur mystère, de leur pureté cristalline et cette indicible liberté que l'on éprouve seulement dans les grandes solitudes glaciales.

Foi de laïka, on y retournera !

Gorbovo, le 20 mars 2005
Signé : Pouchok

ANNEXES

Petit glossaire de l'Arctique sibérien

Babouchka : grand-mère russe.

Balok : wagon, citerne, conteneur maritime ou toute autre cahute de tôle ou de planches aménagée en abri ou habitation. Chez les peuples dolganes, il s'agit d'une cabane de toile, de peau et de bois montée sur un traîneau tiré par un attelage de huit à douze rennes.

Bortsch : soupe au chou rouge agrémentée parfois de viande.

Boulotchki : petits soufflés que l'on déguste en friandise avec le thé.

Bouran : motoneige russe à monoski.

Bragga ou *brashka* : alcool artisanal obtenu par la fermentation d'un mélange d'eau, de sucre et de levure.

Chapka : coiffe en fourrure (le plus souvent de renard, de loup, de chien ou de glouton).

Floe : plaque de glace de mer (banquise).

Glouton (*Gulo gulo*) ou *carcajou* (terme canadien) : carnassier de la famille des mustélidés vivant dans la toundra ou la taïga. Il ressemble à un gros blaireau ou à un petit ours brun. Prédateur extrêmement puissant et charognard rusé, il dérobe souvent les proies prises aux pièges des trappeurs.

Gouze : longue pelisse avec capuche intégrée, en fourrure de renne (parfois de faon), portée par les Nenets, poils tournés à l'extérieur, au-dessus d'une *malitsa*, tunique qui, elle, se porte poils à l'intérieur.

Hummock : bloc de glace formé par le choc ou la pression de plusieurs *floes*.

Iaranga : tente en peau de renne des éleveurs nomades tchouktches, plus vaste que la *tchoum* et à l'architecture plus complexe.

Isba : maison en rondins que l'on trouve dans la campagne russe.

Kamous : pièce de pelleterie aux poils drus et ras prélevée sur le jarret du renne. Très résistante et imperméable, elle est utilisée pour la confection de moufles, de bottes ou de peaux antidérapantes pour les skis.

Khoreï : longue perche de sapin qui permet, chez les Nenets, de guider les rennes au traîneau.

Kisy : terme utilisé en Sibérie pour désigner les cuissardes (ou *toboggi*) des Nenets.

Kolkhoze : coopérative réunissant des travailleurs en vue de la gestion d'une exploitation fondée sur la propriété sociale des moyens de production et sur le travail collectif.

Krill : crustacés de petite taille constituant une partie du zooplancton.

Letnik : congélateur naturel creusé dans le permagel.

Lipti : longues chaussettes (en laine ou fourrure de renne) que les Nenets portent à l'intérieur de leurs cuissardes (*toboggi* ou *kisy*).

Malitsa : longue tunique en fourrure de renne intégrant capuche et mitaines. Elles est portée (poils tournés à l'intérieur) par les Nenets et est suffisamment ample pour retourner le bras à l'intérieur de la manche afin de se réchauffer ou d'ôter le vêtement, qui ne possède aucune fermeture.

Metel : littéralement « tourbillon de neige », en russe : le blizzard.

Musher : terme d'origine scandinave qui désigne un conducteur de traîneau à chiens.

Pack : glace de mer permanente en dérive.

Panty ou *bois de velours* : les bois des rennes mâles se recouvrent, au printemps, d'une espèce de velours qui tombe à l'automne. Les *panty* sont récoltés après deux mois de croissance en sciant quelques andouillers de la bête. Le bois de velours prévient l'arthrite, ralentit le processus de vieillissement, améliore les défenses immunitaires et combat l'impuissance.

Paziomok : le chasse-neige, en russe.

Pemmican : aliment énergétique d'origine amérindienne, riche en protéines, préparé à base de viande séchée pulvérisée, mélangée à toutes sortes d'ingrédients (baies, champignons, soja, bambou, sésame...). Le tout est pris dans la graisse et conservé en tablettes.

Pergélisol ou *permagel* (en anglais *Permafrost*, en russe *merzlota*) : sous-sol perpétuellement gelé. Seule la couche supérieure peut dégeler en été : c'est le mollisol.

Polarnik : terme utilisé durant l'époque soviétique pour désigner les ouvriers de l'Arctique : météorologues, militaires ou scientifiques.

Pourga : le blizzard, en russe.

Pulka : mot d'origine scandinave désignant un petit traîneau tiré par un homme ou par un ou deux chiens.

Samagon : alcool fort obtenu en distillant la *bragga*.

Sastruggis : vagues de neige sculptée et compactée par les vents dominants.

Slush : mélange de neige et d'eau qui remonte de la rivière ou de la mer par les fissures de la glace.

Sovkhoze : grande exploitation d'État de l'ex-URSS.

Spirit : alcool pur à 70° ou 90°. La boisson préférée des Sibériens !

Stroganina : poisson gelé coupé en fines lamelles et mangé cru.

Taïga : grande zone de forêt boréale ou sub-boréale formée de conifères.

Tchoum : tente traditionnelle des Nenets, en forme de tipi.

Toboggi : bottes de fourrure de renne en forme de cuissardes portées par les Nenets.

Torboza : bottes de peau (renne ou phoque) des Tchouktches.

Touloup : long manteau en laine de mouton.

Toundra : zone située au nord de la forêt boréale, à la végétation pauvre formée de mousses, de lichen et parfois d'arbustes poussant sur un sol gelé ou partiellement gelé.

Zek : détenu du Goulag.

Les chiens polaires sibériens

Il n'y a pas une, mais des races sibériennes, aussi différentes de caractère et de physionomie que peuvent l'être le petit berger nenets (tel Kiss-Kiss) et l'imposant chien de Taïmyr (tel Koula) à l'aspect léonin. Cette gamme est complétée par toute une palette de bâtards aussi extravagants et hirsutes que le seraient les spécimens obtenus du croisement d'ours polaires et de singes macaques. Le terme laïka est souvent utilisé (à tort) pour désigner cette famille canine très disparate du nord de la Russie.

Les seules races reconnues à ce jour internationalement sont les suivantes :

— Le chien d'ours de Carélie est un chien de berger et de chasse que l'on rencontre dans cette république jouxtant la Finlande.

— Le laïka appartient à la famille des spitz, qui font partie des plus anciennes races de chiens, issues de l'âge de pierre (jusqu'à 7 000 ans avant Jésus-Christ). Ces chiens nordiques sont des gardiens de troupeau, chasseurs d'ours et d'élans. Selon les standards actuels, la race laïka comporte trois variétés :

- le laïka russo-européen ;
- le laïka de Sibérie occidentale originaire du nord de l'Oural, élevé par les peuples khanti et mansi ;
- le laïka de Sibérie orientale, élevé par les Evenkes.

— Le samoyède, chien de chasse et de trait, est un aussi un spitz de l'Arctique et l'une des plus anciennes races de Sibérie. C'est l'explorateur Robert Falcon Scott (vainqueur du pôle Sud en 1912) qui introduisit la race en Europe, en 1890.

— Le husky de Sibérie est issu de métissages entre des races eskimos américaines et des chiens de Tchoukotka. Ces derniers furent exportés en masse vers l'Alaska au plus fort de la ruée vers l'or du Klondike, en 1898. Ces « petits rats », comme on les surnommait alors sur le continent américain, étaient considérés comme les plus endurants de tous les chiens d'attelage. Une statue érigée en l'honneur du célèbre musher Leonard Seppala, à New York, représente d'ailleurs son chien de tête Balto, de race tchouktche.

D'autres races aborigènes existent dans le Grand Nord russe, mais elles ne sont pas encore répertoriées ni standardisées. C'est le cas, par exemple, du chien de berger nenets, du chien de Taïmyr, du chien de Tchoukotka...

Tous ces clochards de l'Arctique ont pour point commun leur rusticité, leur vigueur, leur robustesse et leur endurance exceptionnelles ; ce qui les rend parfaitement aptes au halage d'un traîneau. Ils sont aussi, selon les caractères, vifs, enjoués, hardis, obéissants ou indépendants.

Depuis l'apparition de motoneiges en Russie, il y a une vingtaine d'années, le chien de traîneau a été peu à peu supplanté par son concurrent mécanique. Le chasseur pouvait se déplacer plus vite, sur de plus grandes distances, sans effort et, qui plus est, l'engin s'avérait moins gourmand au repos. Après la chute de l'Union soviétique, le Grand Nord dut faire face à une pénurie généralisée. L'essence et les pièces détachées devenues rares, la machine perdit peu à peu sa suprématie. Depuis quelques années, on observe certains peuples, notamment les Tchouktches, qui renouent avec leur passé en pratiquant l'élevage de chiens d'attelage.

Malgré les progrès technologiques, le traîneau à chiens reste le mode le transport le mieux adapté, le plus fiable et le plus sûr dans l'Arctique. Quant au chien, il est et restera le meilleur ami de l'homme.

Les dix commandements du voyageur polaire

Avant de partir en expédition dans le Grand Nord, il faut bien préparer son bagage. Plutôt que de présenter une liste d'équipement, forcément incomplète, je conseille de mettre dans sa valise dix devises qu'il sera utile d'appliquer pour un bon usage du milieu polaire.

1. S'activer pour ne pas geler.
2. Être sec et le rester.
3. Ne pas « perdre » ses mains.
4. Ne s'inquiéter que du lendemain.
5. Toujours prévoir l'imprévisible.
6. Ne pas compter sur sa chance, seulement la saisir.
7. Ravaler sa vanité, entretenir sa ténacité.
8. Ouvrir l'œil et la fermer.
9. Rester optimiste face à l'adversité.
10. Ne jamais s'apitoyer sur son sort.

Arktika en chiffres

Une exploration ne se mesure pas en chiffres. Cependant il m'a semblé intéressant d'en citer quelques-uns pour un bref état des lieux de l'aventure Arktika.

Départ : le 30 mai 2000
Arrivée : le 9 avril 2004
Durée passée dans le Grand Nord (période dans la cabane incluse) : 1 138 jours (dont 4 nuits polaires)
Nombre de jours sur la piste (période dans la cabane non incluse) : 771 jours
Nombre de jours de progression effective : 524
Moyenne journalière effective : 22 km/j
Distance totale parcourue : 11 372 km
Distance parcourue en traîneau à chiens : 6 764 km
Distance parcourue en kayak : 2 350 km
Distance parcourue à skis et pulka : 1 090 km
Distance parcourue à pied : 810 km (dont 248 km avec les chiens bâtés)
Distance parcourue en traîneau à rennes : 358 km
Distance journalière la plus longue : 120 km
Distance parcourue par chaque chien :

Pouchok	Sharik	Ermak	Kiss-Kiss	Voltchok	Artchoum	Koula	Volk	Longgy
7 012	6 850	6 079	6 079	6 079	4 827	4 779	4 779	4 747

Simba	Bars	Tobby	Tourgen	Pourga	Sokol	Vostok	Bim	Intcha
4 188	3 505	2 827	2 582	1 856	1 268	530	302	150

Latitude la plus septentrionale de l'itinéraire : 73° 41′ N (cap Liguy, Iakoutie)

Latitude la plus méridionale de l'itinéraire : 64° 08′ N (rivière Dvina, région d'Arkhangelsk)
Longitude la plus occidentale de l'itinéraire : 24° 58′ E (Lakselv, Norvège)
Longitude la plus orientale de l'itinéraire : 169° 50′ W (Ouelen, Tchoukotka)
Nombre de degrés de longitude parcourus : 165° 12′
Nombre total de pas dans la neige estimés : 20 millions (pour un pas de 45 cm)
Nombre moyen de coups de pagaie à la minute : 45 ; au kilomètre : 900
Nombre total de coups de pagaie estimés : 2 millions
Charge maximale du traîneau : 600 kg
Température la plus basse enregistrée : – 62 °C
Température la plus haute enregistrée : + 35 °C
Vitesse du vent la plus élevée : 150 km/h
Nombre de jours de blizzard : 100
Budget annuel moyen (tout compris) : 10 000 euros

Le transfert de technologies spatiales

par Pierre Brisson, de l'Agence spatiale européenne

L'Europe spatiale s'est construite au cours des quatre dernières décennies en s'appuyant sur les compétences d'un tissu académique fort et d'un tissu industriel qui a su se donner les moyens de l'indépendance technologique par rapport aux États-Unis et à l'Union soviétique.

Les efforts consentis par l'Europe pour pouvoir prétendre au rang de puissance spatiale de premier plan sont considérables. Si l'on cumule les investissements publics et privés, on atteint la somme colossale de plus de cent cinquante milliards d'euros supportés par les États membres de l'ESA, l'Agence spatiale européenne.

Ce trésor technologique a soutenu les succès que l'on sait en passant de la famille des lanceurs Ariane aux satellites d'observation de la Terre, aux exploits des astronautes dans la station spatiale et puis, dernièrement, au fantastique succès de la mission Cassini-Huygens, qui a permis de se poser sur Titan, une des lunes de Saturne.

Les applications dans la vie de tous les jours des technologies développées dans le cadre de programmes spatiaux par des laboratoires ou des industriels en Europe sont importantes. Certaines, fondamentales, ont changé notre vie. Mais qui le remarque et qui véritablement se rend compte des problèmes résolus en partie ou en totalité par le transfert, l'adaptation et l'adoption de nouvelles technologies d'origine spatiale dans notre vie ?

Prenons l'airbag. Il intègre un accéléromètre qui va analyser un brusque changement de vitesse provoqué par un choc. Ce dernier, associé à une cartouche pyrotechnique, va libérer un gaz qui va, à son tour, gonfler un ballon de protection entre les passagers et les obstacles de l'habitacle.

Sans la technologie développée pour les accéléromètres des programmes spatiaux, rien n'aurait été possible !

Sans l'élément pyrotechnique, qui seul permet un gonflage en quelques millisecondes, l'airbag n'aurait jamais vu le jour car il se serait déployé après le choc.

L'utilisation de technologies mises au point à l'origine dans le spatial permet de faciliter la vie et le travail d'explorateurs en conditions extrêmes. Durant trois années, des tests de systèmes de communication, de couvertures satellitaires (Inmarsat, Globalstar, Iridium) et de navigation ont été réalisés par Gilles Elkaim, au cours de son expédition polaire.

Le suivi de position par satellite est un facteur de sécurité important lors d'une aventure en solitaire. Le sauvetage de Gilles Elkaim par des secouristes militaires russes, dans le nord de la Iakoutie, en novembre 2002, fut une combinaison exemplaire de courage, de coordination et de technologie. Trois heures seulement après l'envoi de son signal de détresse, l'explorateur put être arraché à son enfer de glace. Ce sauvetage n'aurait certainement pas eu lieu sans les moyens technologiques modernes de communication (téléphone-satellite) et de positionnement (balise Argos) mis à la disposition du marcheur polaire par l'Agence spatiale européenne.

La protection de l'environnement passe par la connaissance de la nature et l'examen des zones touchées par les pollutions. Les régions polaires sont fragiles. Elles régissent ou influencent les phénomènes physiques à l'échelle planétaire. Le satellite Envisat nous permet de mieux analyser l'impact de l'activité industrielle.

Le parcours de Gilles Elkaim dans le Grand Nord russe, et notamment dans les zones littorales arctiques, corrobore certaines de nos données par une étude de terrain dans des régions d'accès strictement réglementé.

Cette expérience unique d'exposition au froid, à la nuit polaire, à la solitude, au stress pendant quatre ans permet aux médecins et psychologues de mieux préparer les entraînements ou parfaire la sélection d'astronautes ; notamment pour une mission martienne qui aura à subir des conditions un peu analogues.

Fait remarquable, au terme de son quatrième hiver passé dans l'Arctique sibérien, l'explorateur ne présentait aucune gelure, son corps semblant s'être parfaitement adapté à l'environnement polaire (phénomènes de vasoconstriction et de dilatation).

Enfin la mission de Gilles Elkaim et celle de l'Agence spatiale européenne poursuivent le même but, celui de l'exploration.

Les efforts consentis dans le cadre des programmes spatiaux ont donné à l'Europe une capacité technologique inégalée. Il est juste que ces développements profitent à l'ensemble de la communauté au travers de la valorisation et du transfert de technologies.

Remerciements

Une aventure de quatre ans (cinq en comptant sa préparation) m'a fait rencontrer un grand nombre de personnes sur ma route. Chacune a ajouté sa pierre à l'édifice d'Arktika. Je tiens ici à les remercier en espérant n'en oublier aucune. Et tout spécialement :

Laurent Andrès et Christian Strohl pour mes nuits chaudes.
Olivier Arribe (ex-consul de France en Russie) pour son soutien dans la France moscovite.
Pierre Brisson pour sa diplomatie dans la difficile tâche de concrétisation d'un partenariat.
Vivien Basson pour ses traîneaux.
Christophe Charbonnier pour la santé de l'équipe.
Nicole Chavignaud pour ses bons comptes.
Jean-Loup Chrétien pour son parrainage.
Édouard Coudurier pour avoir lancé la machine dès sa genèse.
Olivier Dauchot pour m'avoir épaulé par ses mots et par ses actes.
Patrice Dheu pour son enthousiasme et son souci du détail.
Alain Fournier-Sicre pour sa participation active et passionnée.
Danièle Fournier-Sicre pour notre pension canine.
M. Frisbol pour m'avoir simplement dit d'arriver au bout.
Dimitri Goncharov pour les jolis yeux de Koula.
Christophe Hébert pour sa péniche, qui me permit de refaire surface, et pour tout le reste.
Alain Hubert pour ses conseils techniques et son éthique.
Hans Kappler pour y avoir cru.
Nicole Lattès (ainsi que toute son équipe éditoriale) pour sa capacité d'écoute.
Jérôme Lecas pour avoir écouté Olivier.
Thérèse Lemoine pour son amitié, ses bonnes adresses et tous les coups durs partagés.

Jean Malaurie pour sa préface et son charisme.
Yves Mouden pour son grain de folie.
Anne et Georges Nguyen pour leur amitié, leur hospitalité et les traductions.
Frédéric Pagnier pour son assistance désintéressée.
Régis Picart pour ses chroniques.
Léna Potselueva pour son dévouement et l'adoption provisoire de ma famille canine.
Maud Templeraud dont l'énergie égale celle de Kiss-Kiss.
M. Verney-Carron pour les phoques, les rennes, les perdrix et son arme de persuasion envers les ours.
Et encore : Jean Bastié, Laurent Benoza, docteur Busnel, Isabelle Chotel, Jean-Ulric Cillard, Jean de Reydet, Christian Lafont, Éric Flachaire, Sylviane Meyer, Alain Rastoin, Patrice Vit.
Un grand *spassibo* à Alexandre Borodin, Mikhaïl Mikhaïlovitch Oparin, Dimitri Shparo, Ivan Sivy, Viktor Petrovitch Terechkov et à tous mes amis russes, nenets, khanti, inganassanes, dolganes, evenkes, ioukhaguirs, iakoutes et tchouktches rencontrés le long de la piste. Je suis également reconnaissant au quartier général des Forces armées, au service fédéral des Frontières et au service de la Sécurité de l'État russe de m'avoir autorisé à effectuer ce parcours.

Arktika a fédéré de nombreux partenaires. Leur collaboration a été précieuse pour mettre un pas devant l'autre jusqu'au détroit de Béring. Qu'ils reçoivent ici toute ma gratitude.

Agence spatiale européenne (ESA/TTP)
Conseil régional de Bretagne
Le Télégramme
Vokrug Sveta magazine
Crédit Mutuel de Bretagne
Mutuelle du Morbihan
Royal Canin et Eukanuba (aliments pour chiens)
Lestra Sport (sacs de couchage)
Francital (vêtements techniques)
Cébé (lunettes et masques)
Valandré (vêtements en duvet)
Lowland (tentes)
Fortis (montre spatiale)
Serpe-Iesm (balises de détresse)
Nic-Impex (bâtons et peaux de skis)
Hagan (skis)
Traîneaux Jurassiens (traîneaux et équipements d'attelage)
PL Diffusion (réchauds MSR)
Polyform et River Équipement Service (équipement de kayaks)

Garmin (GPS)
Icom (radios VHF)
Petzl (lampes frontales)
Princeps (coussins de kayaks)
Verney-Carron (armes de chasse)
Coutellerie Bignon
Centre de rééducation de Kerpape (suivi médical)
France Info
Grands Reportages magazine
ABX Logistics
Daher Int'L
Polartec Challenge
Mairie de Quimper
Mairie de Glomel
Au Vieux Campeur
Société de géographie
Rotary Club de Moscou
Unesco (Russie)
Clinique Center de Moscou
Club France
Institut polaire français
Magasin Le Sport
Caves du Moros
Jestin
Planète Bleue
MC4 production

Table

Cet ouvrage a été imprimé par

FIRMIN DIDOT

GROUPE CPI

Mesnil-sur-l'Estrée

pour le compte des Éditions Robert Laffont
24, avenue Marceau, 75008 Paris
en septembre 2005

Cet ouvrage à été composé et mis en pages
par ÉTIANNE COMPOSITION
à Montrouge.

Dépôt légal : octobre 2005
N° d'édition : 46244/01 - N° d'impression : 75198
Imprimé en France.